职业教育机电类
系列教材

U0683915

电气 CAD 实用教程

微课版 | AutoCAD 2020版

常卫花 崔风华 王利平 / 主编

张慧玲 郑迎华 李振华 刘芳 杨秋平 汪浩 / 副主编

ELECTROMECHANICAL

人民邮电出版社
北京

图书在版编目（CIP）数据

电气 CAD 实用教程：微课版：AutoCAD 2020 版 / 常
卫花，崔风华，王利平主编. -- 北京：人民邮电出版社，
2025. --（职业教育机电类系列教材）. -- ISBN 978-7
-115-66380-1

Ⅰ．TM02-39

中国国家版本馆 CIP 数据核字第 2025KJ5185 号

内 容 提 要

本书重点介绍了 AutoCAD 2020 版在电气设计应用方面的各种基本操作方法和技巧，在讲解知识点时，不仅列举了大量电气设计的实例，还设计了自测练习题，使读者能够通过实践掌握 AutoCAD 电气设计的基本操作方法和技巧。本书内容主要包括电气图制图规则和表示方法、简单电气符号的绘制、基本绘图工具、认识和绘制控制电路工程图、认识和绘制电力电气工程图、认识和绘制建筑电气工程图和龙门刨床电气设计综合实例等内容。

本书既可作为电气设计初学者的入门与提高教材，也可作为电气工程技术人员的参考书。

◆ 主　　编　常卫花　崔风华　王利平
　　副 主 编　张慧玲　郑迎华　李振华　刘　芳　杨秋平　汪　浩
　　责任编辑　刘晓东
　　责任印制　王　郁　焦志炜

◆ 人民邮电出版社出版发行　　北京市丰台区成寿寺路 11 号
　　邮编　100164　电子邮件　315@ptpress.com.cn
　　网址　https://www.ptpress.com.cn
　　三河市君旺印务有限公司印刷

◆ 开本：787×1092　1/16
　　印张：17.5　　　　　　　　　　　　　　2025 年 9 月第 1 版
　　字数：437 千字　　　　　　　　　　　2025 年 9 月河北第 1 次印刷

定价：59.80 元

读者服务热线：(010)81055256　印装质量热线：(010)81055316
反盗版热线：(010)81055315

前　言

党的二十大报告指出："实施科教兴国战略，强化现代化建设人才支撑"。为了贯彻落实党的二十大精神，我们在充分调研和论证的基础上，精心编写了本书。

AutoCAD 是 Autodesk 公司开发的集二维绘图、三维设计、参数化设计、协同设计、通用数据库管理和互联网通信功能于一体的计算机辅助绘图软件包。随着计算机的发展，计算机辅助设计（Computer Aided Design，CAD）和计算机辅助制造（Computer Aided Manufacturing，CAM）得到了飞速发展。AutoCAD 作为一种十分重要的设计工具，因具有操作简单、功能强大、性能稳定、兼容性好、扩展性强等优点，成为 CAD 系统中应用最为广泛的图形软件之一。此外，AutoCAD 采用的 ".dwg" 文件格式也成为二维绘图的一种常用技术标准。AutoCAD 不仅在电气设计平面图、系统图等的绘制方面发挥着重要的作用，而且其绘图的便利性和可修改性也大大提升了设计师的工作效率。本书的具体特点如下。

1. 循序渐进，由浅入深

本书首先介绍电气图制图规则和表示方法、简单电气符号的绘制和基本绘图工具等知识，然后介绍认识和绘制控制电路工程图、电力电气工程图、建筑电气工程图的方法，最后讲解龙门刨床电气设计综合实例。

2. 案例丰富，简单易懂

本书从帮助用户快速熟悉和提升 AutoCAD 电气设计技巧的角度出发，注重理论与实际应用相结合，力求通过大量实例将最常见的方法与技巧全面、细致地介绍给读者，使读者快速掌握。

3. 技能与素质教育紧密结合

本书在讲解 AutoCAD 电气设计专业知识的同时，紧密结合素质教育，从专业知识的角度引导学生提升相关素质品质。

4. 项目式教学，实操性强

本书采用项目式教学，把 AutoCAD 电气设计应用知识分解并融入一个个实际操作的训练项目中，增强了本书的实用性。

本书由新乡职业技术学院的常卫花、崔凤华、王利平担任主编，新乡职业技术学院的张慧玲、郑迎华、李振华、刘芳、杨秋平、汪浩担任副主编。在本书编写过程中，得到了新乡中凯科电电力技术有限公司总经理陈旺的悉心指导及公司相关工程技术人员的大力支持，在此表示衷心感谢。

由于编者水平有限，书中难免存在不足之处，望广大读者批评指正。

编　者
2025 年 4 月

目　录

电气图制图规则和表示方法

项目导入

AutoCAD 电气设计是计算机辅助设计与电气设计相结合而产生的一门交叉性学科。虽然在现代电气设计中应用 AutoCAD 进行辅助设计是比较常见的事情，但专门讲解利用 AutoCAD 进行电气设计的方法和技巧的中文书籍很少。本项目将介绍电气图的相关基础知识，包括电气图的分类、特点，电气图 CAD 制图的相关规则，以及电气图的基本表示方法和连接线的表示方法等。

素养目标

1. 强调遵守国家电气图制图标准的重要性，培养学生的规则意识和遵循规范的行为习惯，使学生具有法治观念和对工作的严谨态度。

2. 电气图的精确性和清晰性对保证电气系统的正确安装、运行和维护至关重要。这要求学生在绘图时注重细节，养成一丝不苟的工作态度。

3. 鼓励学生探索和应用新的表示方法和制图技术，以提高图纸的绘制效率和质量，培养创新精神和持续改进的意识。

相关知识

一、电气图分类及特点

对用电设备来说，电气图主要是指主电路图和控制电路图；对供配电设备来说，电气图主要是指一次回路和二次回路的电路图。但要表示清楚一项电气工程或一种电气设备的功能、用途、工作原理、安装和使用方法等，只有这几种图是不够的。电气图的种类很多，下面分别介绍常用的几种。

（一）电气图分类

根据各电气图所表示的电气设备、工程内容及使用的表达形式，电气图通常分为以下几类。

1. 系统图或框图

系统图或框图就是用符号或带注释的框概略表示系统或分系统的基本组成、相互关系及主要特征的一种简图。例如，电动机的主电路（见图 0-1）表示了它的供电关系，其供电过程是电源 L1、L2、L3 三相→熔断器 FU→接触器 KM→热继电器的发热元件 FR→电动机。又如，某变电所供电系统图（见图 0-2）表示这个变电所把 10kV 电压通过变压器变换为 0.38kV 电压，经断路器 QF 和母线后，通过 FU-QK1、FU-QK2、FU-QK3 分别供给 3 条支路。系统图或框图常用来表示整个工程或其中某一项目的供电方式和电能输送关系，也可表示某一装置或设备各主要组成部分的关系。

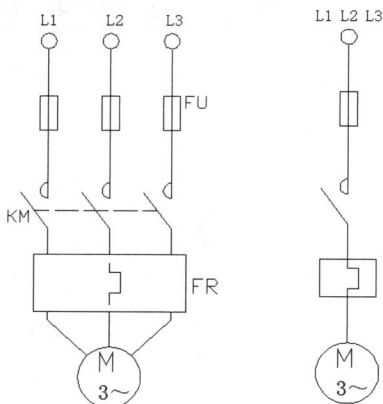

图 0-1　电动机的主电路

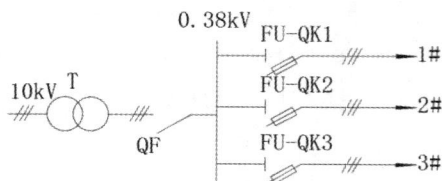

图 0-2　某变电所供电系统图

2. 电路图

电路图就是按工作顺序将图形符号自上而下、从左到右排列，详细表示电路、设备或成套装置的全部基本组成和连接关系，而不考虑其实际位置的一种简图。因为电路图能够帮助读者深入理解设备的工作原理，分析和计算电路特性及参数，所以这种图又被称为电气原理图或原理接线图。例如，在磁力启动器电路图（见图 0-3）中，当按下启动按钮 SB2 时，接触器 KM 的线圈将得电，其常开主触点闭合，使电动机得电，启动运行；另一个辅助常开触点闭合，进行自锁。当按下停止按钮 SB1 或热继电器 FR 动作时，KM线圈失电，常开主触点断开，电动机停止运行。图 0-3 表示了电动机的操作控制原理。

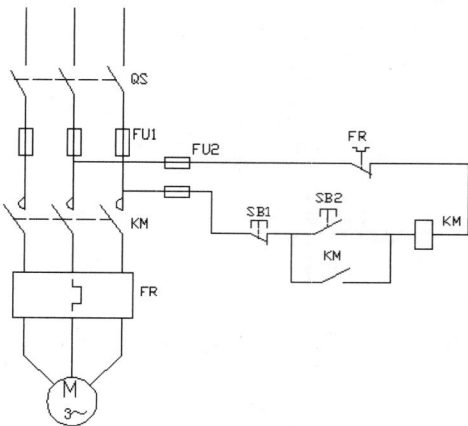

图 0-3　磁力启动器电路图

3. 接线图

接线图主要用于表示电气装置内部元件之间及外部其他装置之间的连接关系，便于制作、安装及维修人员进行接线和检查。图 0-4 所示为磁力启动器控制电动机的主电路接线图，清楚地表示了各元件之间的实际位置和连接关系：电源（L1、L2、L3）先由 BX-3×6 的导线接至端子排 X 的 1、2、3 号，再通过熔断器 FU1～FU3 接至交流接触器 KM 的主触点，然后经过继电器的发热元件接到端子排 X 的 4、5、6 号。

当一个装置比较复杂时，接线图又可分解为以下几种。

（1）单元接线图：表示成套装置或设备中一个结构单元内各元件之间连接关系的一种接线图。这里的"结构单元"是指在各种情况下可独立运行的组件或某种组合体，如电动机、开关柜等。

（2）互连接线图：表示成套装置或设备的不同单元之间连接关系的一种接线图。

（3）端子接线图：表示成套装置或设备的端子以及接在端子上的外部接线（必要时还包括内部接线）的一种接线图，如图0-5所示。

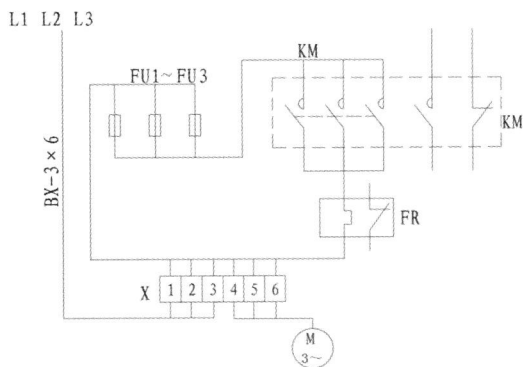

图0-4 磁力启动器控制电动机的主电路接线图

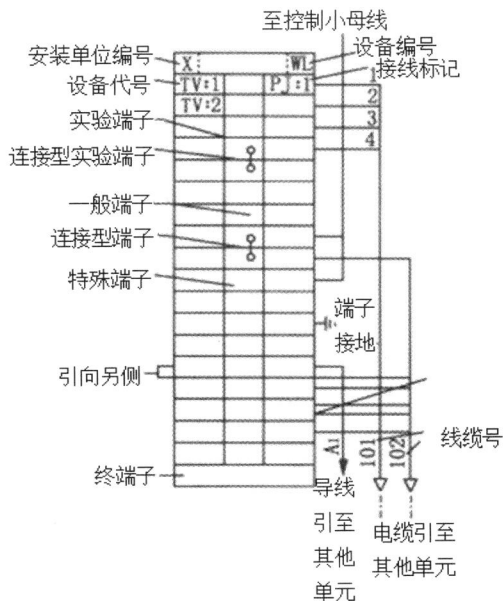

图0-5 端子接线图

（4）电线电缆配置图：表示电线电缆两端位置的一种接线图，必要时还包括电线电缆功能、特性和路径等信息。

4. 电气平面图

电气平面图是表示电气工程项目的电气设备、装置和线路的平面布置图，一般是在建筑平面图的基础上制作出来的。常见的电气平面图有供电线路平面图、变配电所平面图、电力平面图、照明平面图、弱电系统平面图、防雷与接地平面图等。图0-6所示为某车间的动力电气平面图，表示了各车床的具体平面位置和供电线路。

5. 设备布置图

设备布置图表示各种设备和装置的布置形式、安装方式以及相互之间的尺寸关系，通常由平面图、主视图、断面图、剖面图等组成。这种图按三视图的原理绘制，与一般机械图没有太大区别。

6. 设备元件和材料表

设备元件和材料表就是把成套装置、设备、装置中各组成部分和相应数据列成表格，用来表示各组成部分的名称、型号、规格和数量等，便于读者了解各元器件在装置中的作用和功能，从而读懂装置的工作原理。设备元件和材料表是电气图中重要的组成部分，它既可置于图中的某一位置，也可单列一页（视元器件材料多少而定）。为了方便书写，通常自下而上进行排序。表 0-1 所示为某开关柜上的设备元件表。

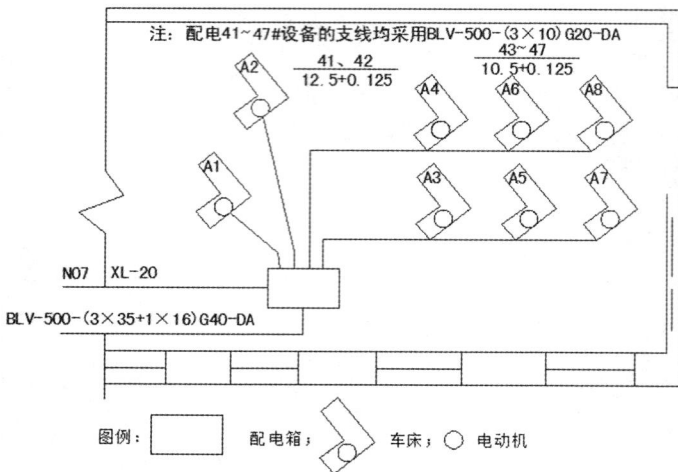

图 0-6　某车间的动力电气平面图

表 0-1　　　　　　　　　　　　某开关柜上的设备元件表

符号	名称	型号	数量
ISA-351D	微机保护装置	=220V	1
KS	自动加热除湿控制器	KS-3-2	1
SA	跳、合闸控制开关	LW-Z-1a，4，6a，20/F8	1
QC	主令开关	LS1-2	1
QF	自动空气开关	GM31-2PR3，0A	1
FU1-2	熔断器	AM1 16/6A	2
FU3	熔断器	AM1 16/2A	1
1-2DJR	加热器	DJR-75-220V	2
HLT	手车开关状态指示器	MGZ-91-1-220V	1
HLQ	断路器状态指示器	MGZ-91-1-220V	1
HL	信号灯	AD11-25/41-5G-220V	1
M	储能电动机		1

7. 产品使用说明书上的电气图

生产厂家往往会随产品使用说明书附上电气图，供用户了解该产品的组成、工作过程及注意事项，以达到正确使用、维护和检修的目的。

8. 其他电气图

除了上述常用的主要电气图，对于较为复杂的成套装置或设备，为了便于制造，还有局部的大样图、印刷电路板图等。而有时为了装置的技术保密，往往只给出装置或系统的功能图、流程图、逻辑图等。所以，电气图种类很多，但这并不意味着所有的电气设备或装置都应具备这些图纸。根据表达的对象、目的和用途不同，所需电气图的种类和数量也不一样。对于简单的装置，可把电路图和接线图合二为一；对于复杂的装置或设备，则应分解为几个系统，并且每个系统有以上各种类型的电气图。总之，电气图作为一种工程语言，在表达清楚的前提下，越简单越好。

（二）电气图特点

电气图与其他工程图有着本质的区别，它表示系统或装置中的电气关系，具有其独特的一面。其主要特点如下。

1. 清楚

电气图是用图形符号、连线或简化外形来表示系统或设备中各组成部分之间相互电气关系及其连接关系的一种图。如某变电所电气图（见图 0-7），将 10kV 电压变换为 0.38kV 电压，分配给 4 条支路，用文字符号表示，并给出了变电所各设备的符号、部分电流方向，以及各设备连接关系和相互位置关系，但没有给出具体位置和尺寸。

图 0-7　某变电所电气图

2. 简洁

电气图是采用电气元器件或设备的图形符号、文字符号和连线来表示的，没有必要画出电气元器件的外形结构。所以对于系统构成、功能及电气接线等，通常采用图形符号、文字符号来表示。

3. 独特

电气图主要表示成套装置或设备中各元器件之间的电气关系、连接关系，不论是说明电气设备工作原理的电路图、供电关系的电气系统图，还是表明安装位置和接线关系的电气平面图和接线图等，都表达了各元器件之间的连接关系，如图 0-1～图 0-4 所示。

4. 布局有序

电气图的布局依据图所表达的内容而定。电路图、系统图是按功能布局，只考虑元器件之间的功能关系，而不考虑元器件的实际位置，要突出设备的工作原理和操作过程，按照元器件的动作顺序和功能作用，自上而下、从左到右布局。而对于接线图、电气平面图、布置图，则要考虑元器件的实际位置，所以应按位置布局，如图 0-4 和图 0-6 所示。

5. 多样

对系统元件和连线的描述有多种方法，这使得电气图具有多样性。例如，元件可采用集中表示法、半集中表示法、分散表示法，连线可采用多线表示法、单线表示法和混合表示法。同时，对于一个电气系统中的各种电气设备和装置，从不同角度去考虑，它们也存在不同关系。

（1）电能是通过 FU、KM、FR 送到电动机 M 的，它们之间存在能量传递关系，如图 0-8 所示。

图 0-8　能量传递关系

（2）从逻辑关系来看，只有当 FU、KM、FR 都正常时，M 才能得到电能，所以它们之间存在"与"的关系。也就是说，只有 FU 正常为"1"、KM 合上为"1"、FR 没有被烧断为"1"时，M 才能为"1"，表示可得到电能。其逻辑图如图 0-9 所示。

（3）从保护的角度表示，对电动机进行短路保护。当电路电流突然增大而发生短路时，FU 被烧断，使电动机失电。在这种情况下，它们之间存在信息传递关系："电流"输入 FU，FU 根据电流的大小输出"烧断"或"不烧断"，如图 0-10 所示。

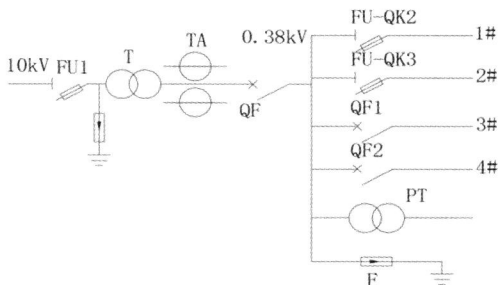

图 0-9　逻辑图

图 0-10　FU 的信息传递

二、电气图 CAD 制图规则

电气图是一种特殊的专业技术图，除了必须遵守《电气技术用文件的编制 第1部分：规则》（GB/T 6988.1—2024）等标准外，还要严格遵照执行机械制图、建筑制图等方面的有关规定。由于相关标准和规定很多，这里只简单地介绍一些与电气图制图有关的标准和规定。

（一）图纸格式和幅面尺寸

1. 图纸格式

电气图图纸的格式与机械图图纸、建筑图图纸的格式基本相同，通常由边框线、图框线、标题栏、会签栏组成，如图 0-11 所示。

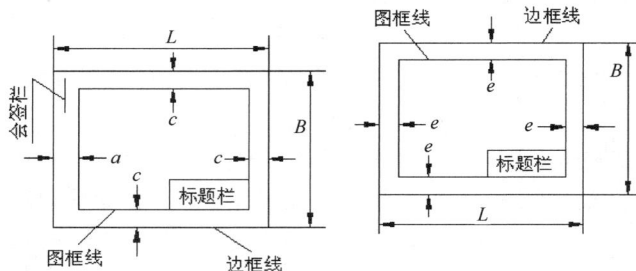

图 0-11　电气图图纸格式

图 0-11 中的标题栏相当于设备的铭牌，标示着这张图纸的名称、图号、张次、制图者和审核者等有关人员的签名，其一般格式见表 0-2。标题栏通常放在图纸的右下角，也可放在其他位置，但必须在本张图纸上，而且标题栏的文字方向与看图方向一致。会签栏是留给相关的水、暖、建筑、工艺等专业设计人员在会审图纸时签名用的。

表 0-2　标题栏的一般格式

××电力勘察设计院			××区域 10kV 开闭及出线电缆工程	施工图
所长		校核		
主任工程师		设计	10kV 配电装备电缆联系及屏顶小母线布置图	
专业组长		CAD 制图		
项目负责人		会签		
日期	年 月 日	比例	图号	B812S-D01-14

2. 幅面尺寸

由边框线围成的区域称为图纸的幅面。幅面大小分为 5 类，即 A0～A4，其尺寸如表 0-3 所示。根据需要，可对 A3、A4 号图纸进行加长，加长幅面尺寸如表 0-4 所示。

表 0-3 基本幅面尺寸 单位：mm

幅面代号	A0	A1	A2	A3	A4
宽×长（$B \times L$）	841×1189	594×841	420×594	297×420	210×297
留装订边边宽（c）	10	10	10	5	5
不留装订边边宽（e）	20	20	10	10	10
装订侧边宽（a）	25				

表 0-4 加长幅面尺寸 单位：mm

序号	代号	尺寸 $B \times L$	序号	代号	尺寸 $B \times L$
1	A3×3	420×891	4	A4×4	297×841
2	A3×4	420×1189	5	A4×5	297×1051
3	A4×3	297×630			

当表 0-3 和表 0-4 中的幅面尺寸仍不能满足需要时，可按《技术制图 图纸幅面和格式》（GB/T 14689—2008）的相关规定，选用其他加长幅面的图纸。

（二）图幅分区

为了确定图上内容的位置及用途，应对一些幅面较大、内容复杂的电气图进行分区。图幅分区的方法是将图纸相互垂直的两边各自加以等分，分区数为偶数。每一分区的长度为 25～75mm。分区线采用细实线。每个分区内的竖边方向用大写英文字母编号，横边方向用阿拉伯数字编号，编号顺序应从标题栏相对的左上角开始。

图幅分区后，相当于建立了一个坐标系，分区代号用该区域的字母和数字表示，字母在前，数字在后，如 B3、C4，也可用行（如 A、B）或列（如 1、2）表示。这样在说明设备工作元件时，就可以让读者很方便地找出所指元件。

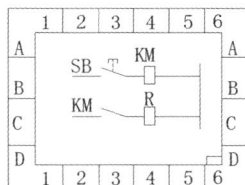

图 0-12 图幅分区示例

在图 0-12 中，将图幅分成 4 行（A～D）和 6 列（1～6）。图幅内所绘制的元件 KM、SB、R 在图上的位置被唯一地确定下来了，其相关信息如表 0-5 所示。

表 0-5 图上元件的相关信息

序号	元件名称	符号	行号	列号	区号
1	继电器线圈	KM	B	4	B4
2	继电器触点	KM	C	2	C2
3	开关（按钮）	SB	B	2	B2
4	电阻器	R	C	4	C4

（三）图线、字体及其他

1. 图线

图中所用的各种线条称为图线。国家标准规定了基本图线，即粗实线、细实线、波浪线、双折线、虚线、细点画线、粗点画线和双点画线等几种图线，分别用代号 A、B、C、D、F、G、J 和 K 表示。

2. 字体

图中的文字（如汉字、字母和数字）是图的重要组成部分。按《技术制图 字体》（GB/T 14691—1993）的规定，汉字采用长仿宋体，字母、数字可采用直体、斜体；字体号数，即字体高度（单位：mm）分为 20、14、10、7、5、3.5、2.5 和 1.8 这 8 种，字体宽度等于字体高度除以 $\sqrt{2}$，而数字和字母的笔画宽度为字体高度的 1/10 或 1/14。因汉字笔画较多，故不宜用 2.5 号字和 1.8 号字。

3. 箭头和指引线

电气图中有两种形式的箭头：开口箭头，如图 0-13（a）所示，表示电气连接中能量或信号的流向；实心箭头，如图 0-13（b）所示，表示力、运动、可变性方向。

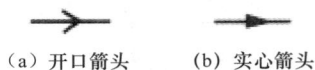

（a）开口箭头　　（b）实心箭头

图 0-13　箭头

指引线用于指示注释的对象，其末端指向被注释处，并加注以下标记：若指在轮廓线内，用一黑点表示，如图 0-14（a）所示；若指在轮廓线上，用一箭头表示，如图 0-14（b）所示；若指在电气线路上，用一短线表示，如图 0-14（c）所示。

（a）指在轮廓线内　　　　（b）指在轮廓线上　　　　（c）指在电气线路上

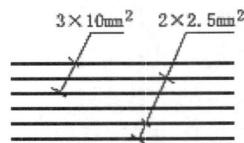

图 0-14　指引线

4. 围框

当需要在图上显示其中一部分所表示的是功能单元、结构单元或项目组（电器组、继电器装置）时，可以用点画线围框表示。为了让图面清晰，围框的形状可以是不规则的，如图 0-15 所示。围框内有两个继电器，每个继电器有 3 对触点，用一个围框表示这两个继电器（KM1、KM2）的作用关系会更加清晰，且它们之间具有互锁和自锁功能。

当用围框表示一个单元时，若在围框内给出了可在其他图纸或文件内查阅更详细资料的标记，则其内的电路等可用简化形式表示或省略。如果在表示一个单元的围框内的图上包含不属于该单元的元件符号，则必须对这些符号加点画线围框并加代号或注解。例如，图 0-16（a）中的–A 单元内包含熔断器 FU、按钮 SB、接触器 KM 和功能单元–B 等，它们在一个框内；而–B 单元在功能上与–A 单元有关，但不装在–A 单元内，所以用点画线将其围起来，并且加了注释，表明–B 单元在图 0-16（b）中给出了详细资料，这里将其内部连接线省略。但应注意，在采用围框表示时，围框线不应与元件符号相交。

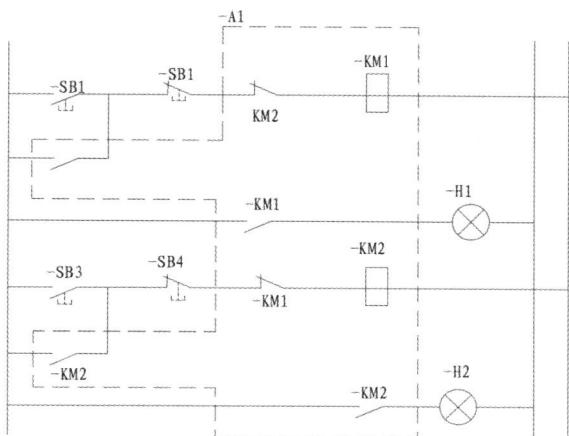

图 0-15　围框示例

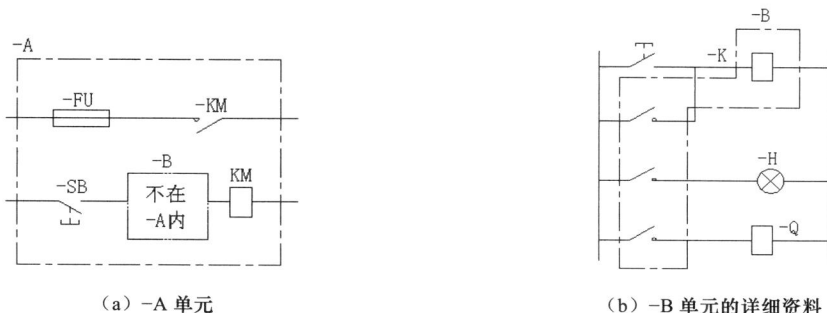

（a）-A 单元　　　　　　　　　（b）-B 单元的详细资料

图 0-16　含点画线的围框

5. 比例

图上所画图形符号的大小与物体实际大小的比值称为比例。大部分的电气线路图不是按比例绘制的，但电气平面图等则按比例绘制或部分按比例绘制，这样在平面图上测出两点间的距离就可根据比例值计算出两者间的实际距离（如线的长度、设备间距等），这对导线的放线及设备机座、控制设备等的安装都有利。

电气图常采用的比例有 1∶10、1∶20、1∶50、1∶100、1∶200、1∶500。

6. 尺寸标注

有时，一些电气图上标注了尺寸数据。尺寸数据是进行电气工程施工和构件加工等工作的重要依据。

尺寸由尺寸线、尺寸界线、尺寸起止点（实心箭头或45°斜短画线）、尺寸数字 4 个要素组成，如图 0-17 所示。

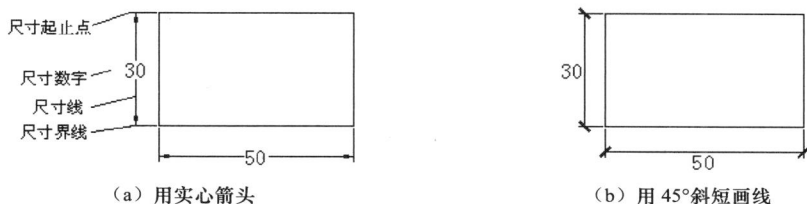

（a）用实心箭头　　　　　　　　（b）用45°斜短画线

图 0-17　尺寸标注示例

图纸上的尺寸通常以毫米（mm）为单位；除特殊情况外，图上一般不另标注单位。

7. 建筑电气平面图专用标志

在电力、电气照明平面布置和线路敷设等建筑电气平面图上往往画有一些专用标志。这些标志与电气设备安装、线路敷设有着密切关系，了解这些标志的含义对阅读电气图十分有利。

（1）方位

建筑电气平面图一般按"上北下南，左西右东"表示建筑物的方位，但在许多情况下用方位标记表示其朝向。方位标记如图 0-18 所示，其箭头方向表示正北方向（N）。

（2）风向频率标记

风向频率标记是根据某一地区多年来统计出的各方向刮风次数的平均百分比值，并按一定比例绘制而成，如图 0-19 所示。它像一朵玫瑰花，故又称风向玫瑰图，其中实线表示全年的风向频率，虚线表示夏季（6—8 月）的风向频率。由图 0-19 可见，该地区常年以西北风为主，夏季以西北风和东南风为主。

图 0-18　方位标记

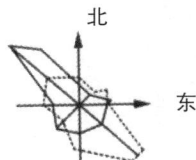

图 0-19　风向频率标记

（3）标高

标高分为绝对标高和相对标高。绝对标高又称海拔高度，我国以青岛市外黄海平面作为零点来确定绝对标高尺寸。相对标高是选定某一参考面或参考点为零点而确定的高度尺寸。建筑电气平面图均采用相对标高，一般采用室外某一平面或某层楼平面作为零点来确定标高，这一标高又称安装标高或敷设标高，标高示例如图 0-20 所示。其中，图 0-20（a）用于室内平面图和剖面图，标注的数字表示高出室内平面某一确定的参考点 2.50m，图 0-20（b）用于总平面图上的室外地面，其数字表示高出地面 6.10m。

（4）建筑物定位轴线

定位轴线一般是根据载重墙、柱、梁等主要载重构件的位置所画的轴线。定位轴线编号的方法是：水平方向，从左到右用数字编号；垂直方向，自下而上用字母（易造成混淆的 I、O、Z 不用）编号；数字和字母分别用点画线引出。图 0-21 中的 A、B、C 和 1、2、3、4、5 均为定位轴线。

（a）标高 1 +2.50　　（b）标高 2 +6.10

图 0-20　标高示例

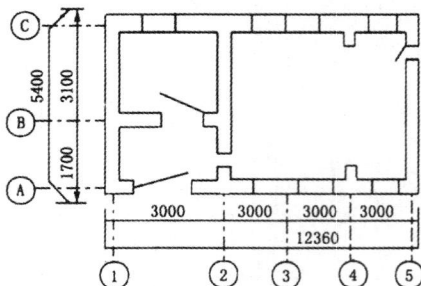

图 0-21　定位轴线标注方法示例

有了定位轴线，就可以确定图上所画的设备位置，计算出电气管线的长度，便于下料和施工。

8．注释、详图

（1）注释

对于用图形符号表达不清楚或不便表达的地方，可以添加注释。添加注释时可采用两种方式：一是直接将注释放在所要说明的对象附近；二是添加标记，将注释放在另外的位置或另一页。当图中出现多个注释时，应将这些注释按编号顺序放在图纸边框附近。如果是多张图纸，一般性注释放在第一张图上，其他注释则放在与其内容相关的图上。注释一般采用文字、图形、表格等形式，目的就是把对象表达清楚。

（2）详图

详图实质上是用图形来注释，相当于机械制图中的剖面图，就是把电气装置中某些零部件和连接点等的结构、做法及安装工艺要求放大并详细表示出来。详图既可放在要详细表示的对象所在的图上，也可放在另一张图上，但必须用一个标识将它们联系起来。标注在总图上的标识称为详图索引标识，标注在详图上的标识称为详图标识。例如，11 号图上的 1 号详图在 18 号图上，则在 11 号图上的索引标识为"1/18"，在 18 号图上的详图标识为"1/11"，这采用了相对标注法。

（四）电气图布局方法

图的布局应从有利于对图的理解出发，做到结构合理、排列均匀、图面清晰、便于阅读。

1．图线布局

电气图的图线一般用于表示导线、信号通路、连接线等，要求采用直线，并尽可能减少交叉和弯折。图线的布局方法有以下两种。

（1）水平布局：将元件和设备按行布置，使其连接线处于水平状态，如图 0-22 所示。

（2）垂直布局：将元件和设备按列布置，使其连接线处于竖直状态，如图 0-23 所示。

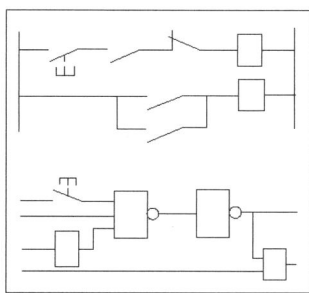

图 0-22　图线水平布局示例

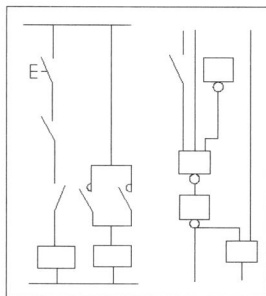

图 0-23　图线垂直布局示例

2．元件布局

在电路中，元件一般按因果关系和动作顺序从左到右、自上而下布置，看图时也要遵循这一规律。例如，图 0-24 是水平布局，从左到右分析，FU、SB1、SB3、KM 都处于闭合状态，KT 线圈才能得电。经延时后，KT 的常开触点闭合，KM 得电并自锁。如果不按这一规律来分析，就不易看懂这个电路图中的动作过程。

在接线图或设备布置图等图中是按元件的实际位置来布局的，这样便于看出各元件间的相对位置和导线走向。例如，图 0-25 所示为某两个单元按位置布局示例，表示了两个单元的相对位置和导线走向。

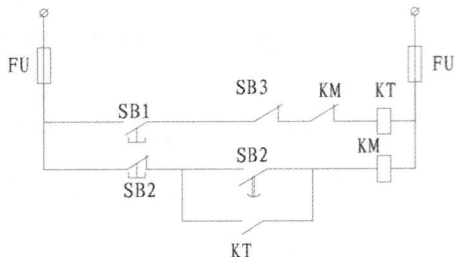

图 0-24　元件布局示例

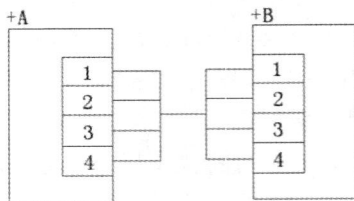

图 0-25　某两个单元按位置布局示例

三、电气图基本表示方法

电气图可以通过线路、电气元件、元器件触头和工作状态来表示。

（一）线路的表示方法

线路的表示方法包括多线表示法、单线表示法和混合表示法 3 种。

1. 多线表示法

在电气图中，电气设备的每根连接线或导线各用一根图线表示的方法，称为多线表示法。图 0-26 所示为采用多线表示法绘制的一个具有正、反转功能的电动机主电路图。虽然多线表示法能比较清楚地表示电路的工作原理，但图线太多，对于比较复杂的设备，会出现很多交叉，反而有碍于读图。多线表示法一般用于表示各相或各线内容的不对称和要详细表示各相或各线具体连接方法的场合。

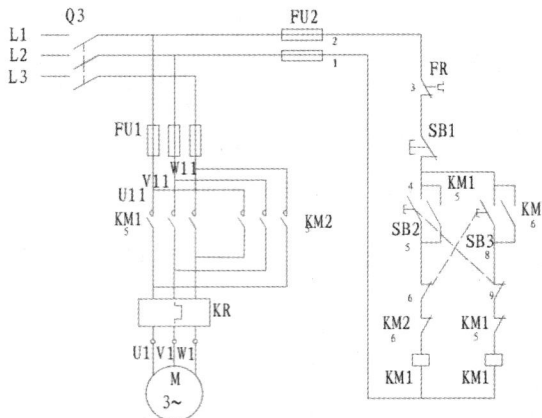

图 0-26　多线表示法示例

2. 单线表示法

在图中，电气设备的两根或两根以上的连接线或导线只用一根图线来表示，这种表示方法称为单线表示法。图 0-27 所示为用单线表示法绘制的具有正、反转功能的电动机主电路图。这种表示法主要适用于三相电路或各线基本对称的电路图中。对于不对称的部分可以在图中添加注释，例如，图 0-27 中的热继电器是两相的，所以图中标注了"2"。

3. 混合表示法

在同一个图中，如果一部分采用单线表示法，另一部分采用多线表示法，则称这种表示方法为混合表示法，如图 0-28 所示。为了表示三相绕组的连接情况，该图用了多线表示法；为了说明两相热继电器的连接情况，该图也用了多线表示法；而断路器 QF、熔断器 FU、接触器 KM1 都是三相对称，采用了单线表示法。混合表示法既具有单线表示法简洁、精练的优点，又具有多线表示法描述精确、充分的优点。

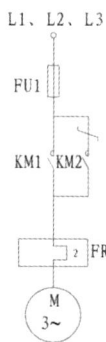

图 0-27　单线表示法示例　　　　　图 0-28　混合表示法示例

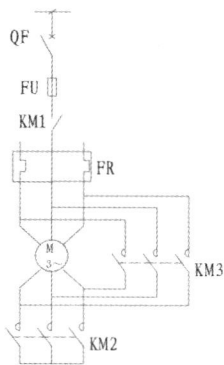

（二）电气元件的表示方法

在电气图中，电气元件通常采用图形符号来表示，绘出其电气连接情况，并在符号旁边标注项目代号（文字符号），必要时还会标注有关的技术数据。

在电气图中，元件完整图形符号的表示方法包括集中表示法、半集中表示法和分开表示法 3 种。

1. 集中表示法

在简图上把设备或成套装置中的一个项目各组成部分的图形符号绘制在一起的方法，称为集中表示法。在集中表示法中，各组成部分用机械连接线（虚线）连接，并且连接线必须是一条直线段。由此可见，这种表示法只适用于简单的电路图。图 0-29 中有两个项目，继电器 KA 有 1 个线圈和 1 对触点，接触器 KM 有 1 个线圈和 3 对触头，它们分别用机械连接线连接起来，各自构成一体。

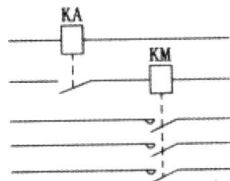

图 0-29　集中表示法示例

2. 半集中表示法

在简图中把一个项目中某些部分的图形符号分开布置，并用机械连接线把它们连接起来，这种方法称为半集中表示法。例如，图 0-30 中，KM 具有 1 个线圈、3 对主触头和 1 对辅助触头，表达得很清楚。在半集中表示法中，机械连接线既可以弯折，也可以有分支和交叉。

3. 分开表示法

在简图中把一个项目中某些部分的图形符号分开布置，并使用项目代号（文字符号）表示它们之间关系的方法，称为分开表示法，也称为展开法。对图 0-30 采用分开表示法，就得到了图 0-31。由此可见，只要把半集中表示法中的机械连接线去掉，在同一个项目的图形符号上标注同样的项目代号就可以实现分开表示法。这样图中的虚线就少了，图面更简洁，但是在读图过程中，要寻找各组成部分比较困难，必须综观全图，在图中把同一项目的图形符号全部找出，否则可能遗漏。为了看清元件、器件和设备各组成部分，便于寻找其在图中的位置，可将分开表示法与半集中表示法结合起来，或者采用插图、表格表示各部分的位置。

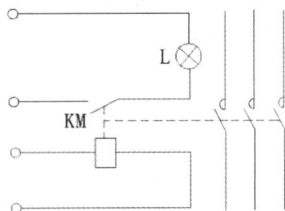

图 0-30　半集中表示法示例　　　　图 0-31　分开表示法示例

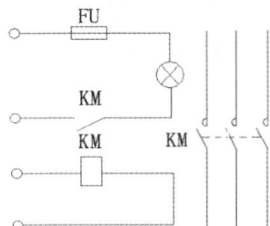

4. 项目代号的标注方法

采用集中表示法和半集中表示法绘制的元件，其项目代号只在图形符号旁边标出并与机械连接线对齐，如图 0-29 和图 0-30 中的 KM。

采用分开表示法绘制的元件，其项目代号应标注在项目的每一部分的对应符号旁边，如图 0-31 所示。必要时，可对同一项目的同类部件（如各辅助开关、各触点）加注序号。

标注项目代号时应注意如下几点。

（1）项目代号的标注位置尽量靠近图形符号。

（2）对于图线水平布局的图，项目代号应标注在符号上方；对于图线垂直布局的图，项目代号标注在符号左侧。

（3）项目代号中的端子代号应标注在端子或端子位置的旁边。

（4）围框的项目代号应标注在其上方或右侧。

（三）元器件触头和工作状态的表示方法

1. 元器件触头位置

元器件触头在同一电路中，当它们得电和受力作用后，各触点符号的动作方向应一致。对于采用分开表示法绘制的图，触头位置可以灵活设置，没有严格规定。

2. 元器件工作状态的表示方法

在电气图中，通常应表示元器件和设备的可动部分在非激励或不工作时的状态或位置。具体如下。

（1）继电器和接触器处于非激励的状态，图中的触头状态是非受电下的状态。

（2）断路器、负荷开关和隔离开关在断开位置。

（3）带零位的手动控制开关在零位，不带零位的手动控制开关在图中规定位置。

（4）机械操作开关（如行程开关）处于非工作的状态或位置（即搁置）时的情况及机械操作开关在工作位置的对应关系，一般表示在触点符号的附近或另附说明。

（5）温度继电器、压力继电器都处于常温和常压（一个大气压）时的状态。

（6）事故、备用、报警等开关或继电器的触点应该表示在设备正常使用时的位置；如有特定位置，应在图中另附说明。

（7）多重开闭器件的各组成部分须表示在相互一致的位置上，而不管电路的工作状态。

3．元器件技术数据的标志

电路中的元器件的技术数据（如型号、规格、整定值、额定值等）一般标在图形符号的附近。对于图线水平布局的图，尽可能标在图形符号下方；对于图线垂直布局的图，则标在项目代号的右侧；对于继电器、仪表、集成块等方框符号或简化外形符号，则可标在方框内，如图 0-32 所示。

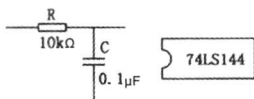

图 0-32　元器件技术数据的标志

四、电气图中连接线的表示方法

在电气图中，各元件之间采用导线相连接，导线起到传输电能、传递信息的作用。因此，读者应了解连接线的表示方法。

（一）连接线的一般表示法

1．导线的一般表示法

一般的图线就可表示单根导线。对于多根导线，既可以分别画出，也可以只画一根图线，但需加标志。若导线少于 4 根，可用短画线数量代表根数；若多于 4 根，可在短画线旁边加数字表示，如图 0-33（a）所示。

表示导线特征的方法：在横线上方标出电流种类、配电系统、频率和电压等；在横线下方标出电路的导线数乘每根导线的截面面积（mm^2），当导线的截面不同时，可用"+"将其分开，如图 0-33（b）所示。

要表示导线的型号、截面、安装方法等，可采用短划指引线，加标导线属性和敷设方法，如图 0-33（c）所示。该图表示导线的型号为 BLV（铝芯塑料绝缘线），其中 3 根导线的截面面积为 $25mm^2$，1 根导线的截面面积为 $16mm^2$；敷设方法为穿入塑料管（VG），塑料管管径为 40mm，沿地板暗敷（FC）。

要表示电路相序的变换、极性的反向、导线的交换等，可采用交换号，如图 0-33（d）所示。

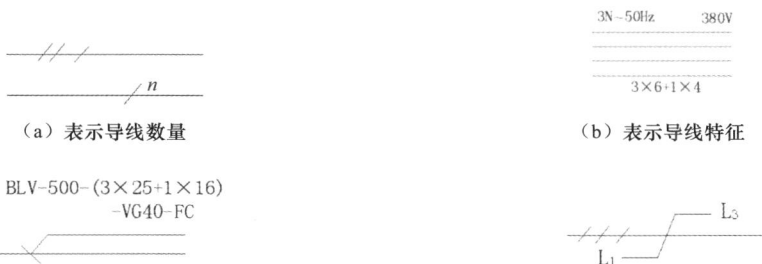

（a）表示导线数量

（b）表示导线特征

（c）表示导线的型号、截面、安装方法等

（d）表示电路相序的变换、极性的反向、导线的交换等

图 0-33　导线的表示方法

2．图线的粗细

一般而言，电源主电路、一次电路、主信号通路等用粗实线表示，控制回路、二次回路等用细实线表示。

3．连接线的分组和标记

为了方便看图，应按功能对多根平行连接线进行分组。若不能按功能分组，可任意分组，但每组不应多于 3 根，组间距应大于线间距。

为了便于看出连接线的功能或去向，可在连接线上方或中断处做信号名标记或其他标记，如图 0-34 所示。

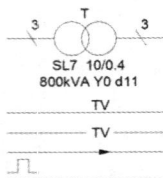

图 0-34　连接线标记示例

4．导线连接点的表示

导线的连接点有 T 形连接点和多线的"十"字形连接点。对于 T 形连接点，既可加实心圆点，也可不加实心圆点，如图 0-35（a）所示；对于"十"字形连接点，必须加实心圆点，如图 0-35（b）所示；而对于只交叉不连接的，不能加实心圆点，如图 0-35（c）所示。

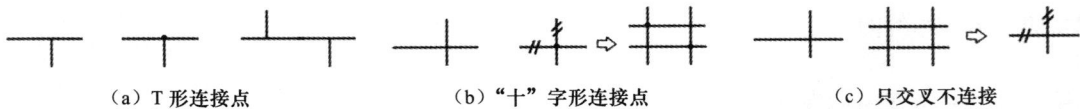

（a）T 形连接点　　　　　　　　（b）"十"字形连接点　　　　　　　（c）只交叉不连接

图 0-35　导线连接点示例

（二）连接线的连续表示法和中断表示法

1．连续表示法

连接线可用多线或单线表示。为了避免线条太多，并保持图面的清晰，对于多条去向相同的连接线，常采用单线表示法，如图 0-36 所示。

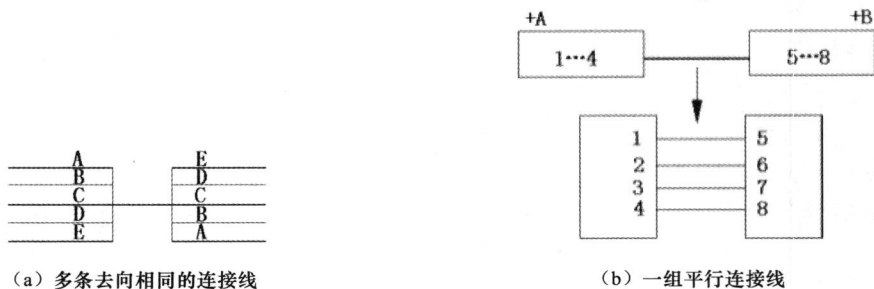

（a）多条去向相同的连接线　　　　　　　　　（b）一组平行连接线

图 0-36　连续表示法

当导线汇入用单线表示的一组平行连接线时，在汇入处应折向导线走向，而且每根导线两端应采用相同的标记，如图 0-37 所示。

连续表示法中导线的两端应采用相同的标记。

2．中断表示法

为了简化线路图或使多张图采用相同的导线，连接线一般采用中断表示法。

在同一张图中，中断处的两端应给出相同的标记，并给出表示导线的连接线去向的箭头，如图 0-38 中的 G 标记。对于多张不同的图，应在中断处采用相对标记法，即中断处标记名相同，并标注"图序号/图区位置"。例如，图 0-38 中的断点 L 标记，在第 20 号图纸上标有"L3/C4"，表示 L 中断处与第 3 号图纸的 C 行 4 列处的 L 断点相连；而在第 3 号图纸上标有"L20/A4"，表示 L 中断处与第 20 号图纸的 A 行 4 列处的 L 断点相连。

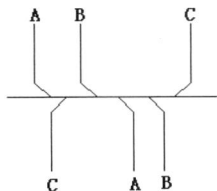

图 0-37 汇入导线表示法

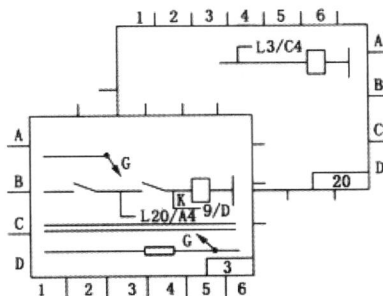

图 0-38 中断表示法

对于接线图，中断表示法的标注采用相对标注，即在本元件的出线端标注去连接的对方元件的端子号。图 0-39 中，PJ 元件的 1 号端子与 CT 元件的 2 号端子相连接，而 PJ 元件的 2 号端子与 CT 元件的 1 号端子相连接。

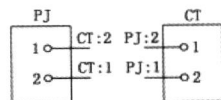

图 0-39 中断表示法的相对标注

五、电气图形符号的构成和分类

按简图形式绘制的电气图中，元件、设备、线路及其安装方法等都是借用图形符号、文字符号和项目代号来表达的。分析电气工程图，首先要清楚这些符号的表现形式、内容、含义以及它们之间的相互关系。

（一）电气图形符号的构成

电气图形符号包括一般符号、符号要素、限定符号和方框符号。

1. 一般符号

一般符号是用来表示一类产品或此类产品特征的简单符号，如电阻、电容、电感等，如图 0-40 所示。

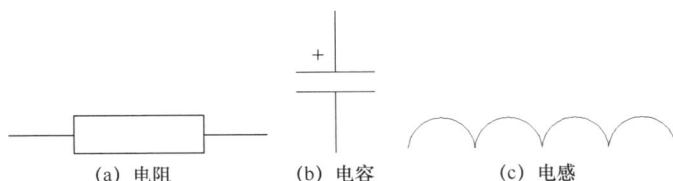

(a) 电阻 (b) 电容 (c) 电感

图 0-40 电阻、电容、电感符号

2. 符号要素

符号要素是一种具有确定意义的简单图形，必须同其他图形组合构成一个设备或概念的完整符号。例如，真空二极管是由外壳、阴极、阳极和灯丝 4 个符号要素组成的。符号要素一般不能单独使用，只有按照一定方式组合起来，才能构成完整的符号。符号要素的不同组合可以构成不同的符号。

3. 限定符号

用于提供附加信息、加在其他符号上的符号称为限定符号。限定符号一般不代表独立的设备、器件和元件，仅用来说明某些特征、功能和作用等。限定符号一般不单独使用，一般符号加上不同的限定符号，可得到不同的专用符号。例如，在开关的一般符号上加上不同的限定符号，可分别得到隔离开关、断路器、接触器、按钮开关、转换开关等。

4. 方框符号

方框符号用于表示元件、设备等的组合及功能，它既不给出元件、设备的细节，也不考虑所有连接。方框符号在系统图或框图中使用得最多，另外，电路图中的外购件、不可修理件也可用方框符号表示。

（二）电气图形符号的分类

新的《电气简图用图形符号 第 1 部分：一般要求》（GB/T 4728.1—2018）采用国际电工委员会（IEC）标准，在国际上具有通用性，有利于进行对外技术交流。《电气简图用图形符号》（GB/ T 4728）共分为以下 13 个部分。

1. 一般要求

包括本标准内容提要、名词术语、符号的绘制、编号的使用及其他规定。

2. 符号要素、限定符号和其他常用符号

包括轮廓和外壳、电流和电压的种类、可变性、力或运动的方向、流动方向、材料的类型、效应或相关性、辐射、信号波形、机械控制、操作件和操作方法、非电量控制、接地、接机壳和等电位、理想电路元件等内容。

3. 导体和连接件

包括电线、屏蔽或绞合导线、同轴电缆、端子与导线连接、插头和插座、电缆终端头等内容。

4. 基本无源元件

包括电阻器、电容器、铁氧体磁芯、压电晶体、驻极体等内容。

5. 半导体管和电子管

包括二极管、三极管、晶闸管、电子管等内容。

6. 电能的发生与转换

包括绕组、发电机、变压器等内容。

7. 开关、控制和保护器件

包括触点、开关、开关装置、控制装置、启动器、继电器、接触器和保护器件等内容。

8. 测量仪表、灯和信号器件

包括指示仪表、记录仪表、热电偶、遥测装置、传感器、灯、电铃、蜂鸣器、扬声器等内容。

9. 电信：交换和外围设备

包括交换系统、选择器、电话机、电报和数据处理设备、传真机等内容。

10. 电信：传输

包括通信电路、天线、波导管器件、信号发生器、激光器、调制器、解调器、光纤传输线路等内容。

11. 建筑安装平面布置图

包括发电站、变电站、网络、音响和电视的分配系统、建筑用设备、露天设备等内容。

12. 二进制逻辑元件

包括计算器、存储器等内容。

13. 模拟元件

包括放大器、函数器、电子开关等内容。

项目 一
简单电气符号的绘制

项目导入

本项目带读者了解 AutoCAD 的基本操作环境，熟悉常用的绘图命令与编辑命令，并逐步绘制电气符号图形。

AutoCAD 提供了大量的绘图工具，可以帮助用户完成电气符号图形的绘制，具体包括直线、圆、椭圆和椭圆弧、矩形等绘制工具，以及复制、镜像、偏移、阵列、移动、旋转等编辑工具。通过这一部分的学习，读者可以了解 AutoCAD 中的绘图与编辑命令，为后续的学习奠定基础。

为了快捷、准确地绘制图形，AutoCAD 还提供了精确定位工具、对象捕捉功能、自动追踪功能等，利用这些工具和功能可以方便、迅速、准确地实现图形的绘制和编辑，不仅可提高工作效率，而且可更好地保证图形的质量。

素养目标

1. 培养学生的团队协作能力和沟通能力。
2. 通过绘制电气符号图形，学生可以了解其重要性和应用价值，从而增强自己的责任感和使命感。

相关知识

一、AutoCAD 2020 操作环境简介

操作环境是指与 AutoCAD 相关的操作界面、绘图系统设置等，接下来进行简要介绍。

（一）AutoCAD 2020 操作界面

AutoCAD 2020 的操作界面是显示、编辑图形的主要区域，如图 1-1 所示，包括标题栏、菜单栏、功能区、绘图区、十字光标、导航栏、坐标系图标、命令行窗口、状态栏、布局标签和快速访问工具栏等。

1. 标题栏

在 AutoCAD 2020 绘图窗口的最上方是标题栏，其中显示了当前系统正在运行的应用程序（AutoCAD 2020）和用户正在使用的图形文件。第一次启动 AutoCAD 时，在 AutoCAD 2020 绘图窗口的标题栏中将显示 AutoCAD 2020 在启动时自动创建并打开的图形文件的名称 Drawing1.dwg，如图 1-1 所示。

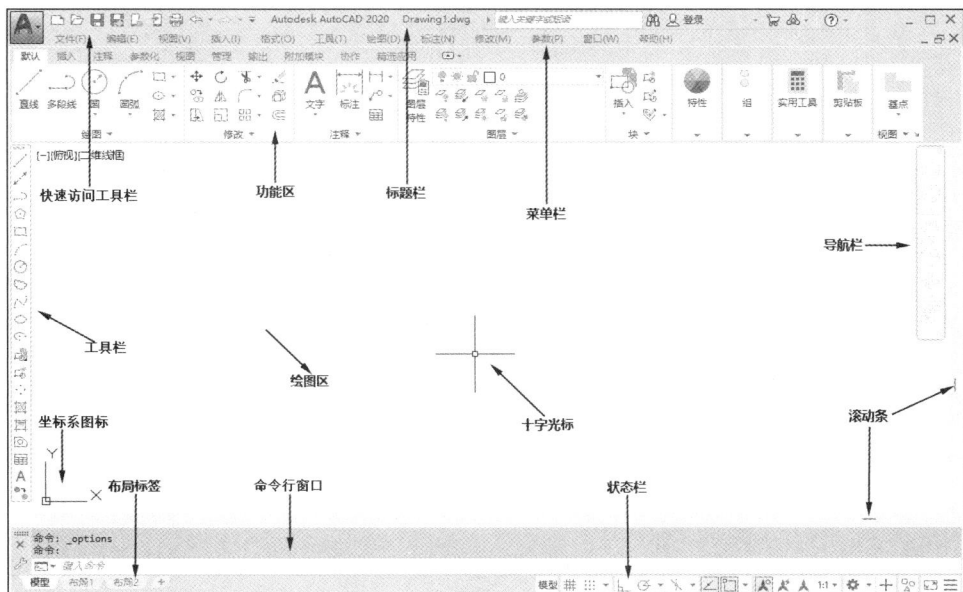

图 1-1　AutoCAD 2020 的操作界面

注意

安装 AutoCAD 2020 后，默认的操作界面如图 1-2 所示，在绘图区中右击，打开快捷菜单，如图 1-3 所示。选择"选项"命令，打开"选项"对话框，选择"显示"选项卡，在"窗口元素"选项组中将"颜色主题"设置为"明"，如图 1-4 所示。单击"窗口元素"选项组中的"颜色"按钮，打开"图形窗口颜色"对话框（见图 1-5），在"界面元素"列表框中选择要更换颜色的界面元素，这里选择"统一背景"元素，然后在"颜色"下拉列表框中选择需要的窗口颜色（通常按视觉习惯设置白色为窗口颜色），单击"应用并关闭"按钮。此时 AutoCAD 的绘图区就变换了背景色，如图 1-1 所示。

图 1-2　AutoCAD 2020 默认的操作界面

图 1-3　快捷菜单

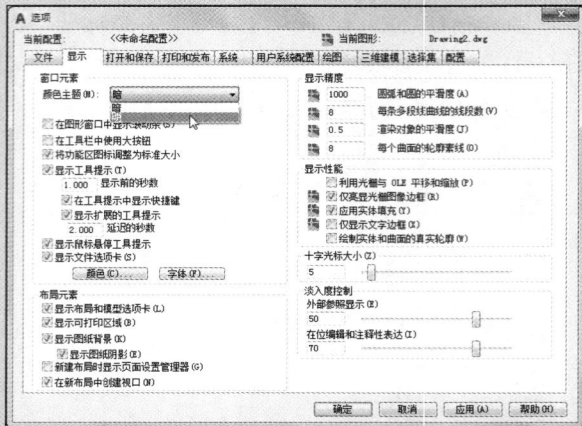

图 1-4　"选项"对话框

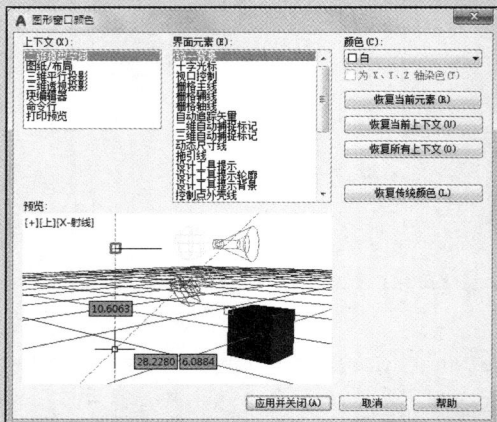

图 1-5　"图形窗口颜色"对话框

2. 快速访问工具栏

快速访问工具栏包括"新建""打开""保存""另存为""从 Web 和 Mobile 中打开""保存到 Web 和 Mobile""打印""放弃""重做"这几个最常用的工具按钮。用户也可以单击本工具栏右侧的下拉按钮，从打开的下拉列表中选择需要的其他常用工具。

3. 菜单栏

在快速访问工具栏处调出菜单栏，如图 1-6 所示，调出的菜单栏如图 1-7 所示。与其他 Windows 程序一样，AutoCAD 2020 的菜单也是下拉形式的，并包含子菜单。AutoCAD 2020 的菜单栏中有"文件""编辑""视图""插入""格式""工具""绘图""标注""修改""参数""窗口""帮助"12 个菜单，这些菜单几乎包含 AutoCAD 2020 的所有绘图命令。

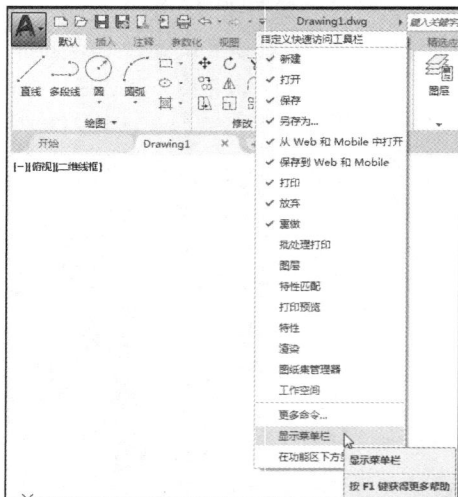

图 1-6　调出菜单栏

图 1-7　调出的菜单栏

4．功能区

在默认情况下，功能区包括"默认""插入""注释""参数化""视图""管理""输出""附加模块""协作""精选应用"等选项卡，如图 1-8 所示（所有的选项卡见图 1-9）。每个选项卡集成了相关的操作工具，方便了用户的使用。用户可以单击功能区选项卡后面的 ⌐ 按钮控制功能区的展开与收缩。

图 1-8　默认情况下出现的选项卡

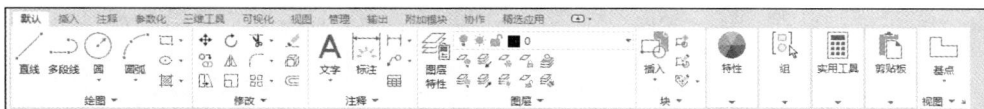

图 1-9　所有的选项卡

将鼠标指针放在功能区的任意位置，单击鼠标右键，打开图 1-10 所示的快捷菜单。单击某一个未在功能区显示的选项卡名称，系统将自动在功能区中打开该选项卡；反之，关闭选项卡。

5．工具栏

工具栏是一组图标型工具的集合。选择菜单栏中的"工具"→"工具栏"→"AutoCAD"命令，如图 1-11 所示，可以选择并打开需要的工具栏。在工具栏中，把鼠标指针移动到某个图标上，稍停片刻，即可在该图标的一侧看到相应的功能提示。

图 1-10　快捷菜单

图 1-11　"工具"菜单

6. 状态栏

状态栏在操作界面的底部，依次有"坐标""模型空间""栅格""捕捉模式""推断约束""动态输入""正交模式""极轴追踪""等轴测草图""对象捕捉追踪""二维对象捕捉""线宽""透明度""选择循环""三维对象捕捉""动态 UCS""选择过滤""小控件""注释可见性""自动缩放""注释比例""切换工作空间""注释监视器""单位""快捷特性""锁定用户界面""隔离对象""图形特性""全屏显示""自定义"等功能按钮，如图 1-12 所示。单击部分开关按钮可以实现对应功能的开/关。其中的部分按钮可以控制图形或绘图区的状态。

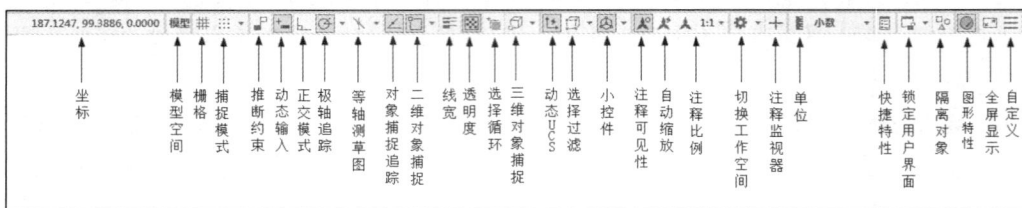

图 1-12 状态栏

注意　　默认情况下，AutoCAD 2020 不会显示状态栏的所有功能按钮，可以单击状态栏右侧的"自定义"按钮，从打开的菜单中选择要显示的功能按钮。状态栏中显示的功能按钮可能发生变化，具体取决于当前选择的对象以及当前选择的是"模型"选项卡还是"布局"选项卡等。

（二）文件管理

文件管理包括新建文件、打开文件、保存文件、另存文件、退出等操作。

1. 新建文件

当启动 AutoCAD 的时候，系统会自动新建一个名为 Drawing1.dwg 的文件。如果想新画一张图，可以新建文件。

【执行方式】

命令行：NEW。

菜单栏：选择菜单栏中的"文件"→"新建"命令。

主菜单：单击操作界面左上角的程序图标，在弹出的菜单中选择"新建"命令。

工具栏：单击"标准"工具栏中的"新建"按钮，或单击快速访问工具栏中的"新建"按钮。

快捷键：Ctrl+N。

【操作步骤】

执行上述操作后，系统将打开图 1-13 所示的"选择样板"对话框，从中选择合适的模板，单击"打开"按钮，即可新建一个图形文件。

2. 打开文件

【执行方式】

命令行：OPEN。

菜单栏：选择菜单栏中的"文件"→"打开"命令。

主菜单：单击操作界面左上角的程序图标，在弹出的菜单中选择"打开"命令。

工具栏：单击"标准"工具栏中的"打开"按钮 📂，或单击快速访问工具栏中的"打开"按钮 📂。

快捷键：Ctrl+O。

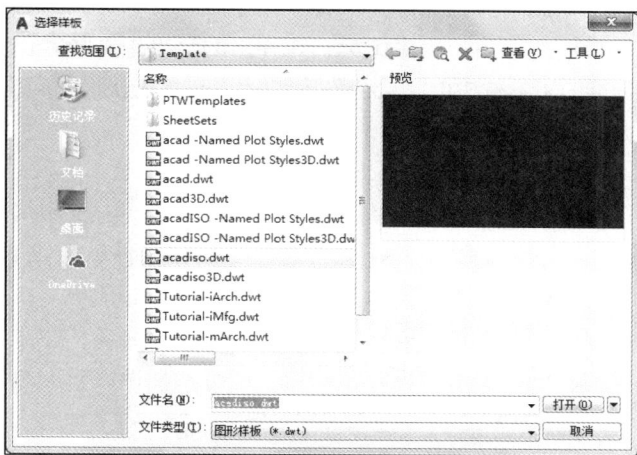

图 1-13　"选择样板"对话框

【操作步骤】

执行上述操作后，打开"选择文件"对话框，如图 1-14 所示。

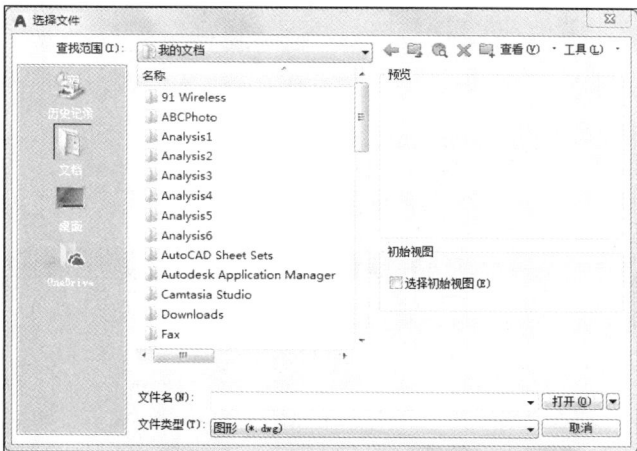

图 1-14　"选择文件"对话框

【选项说明】

在"文件类型"下拉列表框中可选择".dwg"".dwt"".dws"".dxf"等文件格式。其中，".dws"文件是包含标准图层、标注样式、线型和文字样式的样板文件；".dxf"文件是以文本形式存储的图形文件，许多第三方应用软件都支持该格式。

技巧　　　高版本 AutoCAD 可以打开低版本".dwg"文件，而低版本 AutoCAD 无法打开高版本".dwg"文件。如果我们只是自己画图，可以不用考虑文件版本，为文件命名后，直接单击"保存"按钮即可；如果需要把图纸传给其他人，就需要根据对方使用的 AutoCAD 版本来选择保存的文件版本。

3. 保存文件

【执行方式】

命令名：QSAVE 或 SAVE。

菜单栏：选择菜单栏中的"文件"→"保存"命令。

主菜单：单击操作界面左上角的程序图标，在弹出的菜单中选择"保存"命令。

工具栏：单击"标准"工具栏中的"保存"按钮 ，或单击快速访问工具栏中的"保存"按钮 。

快捷键：Ctrl+S。

【操作步骤】

执行上述操作后，若文件已命名，则系统会自动保存文件；若文件未命名（即默认名 Drawing1.dwg），则系统会打开图 1-15 所示的"图形另存为"对话框。在"文件名"文本框中重新为文件命名，在"保存于"下拉列表框中指定文件的保存路径，在"文件类型"下拉列表框中指定文件的保存类型，然后单击"保存"按钮，即可将文件以新的名称保存。

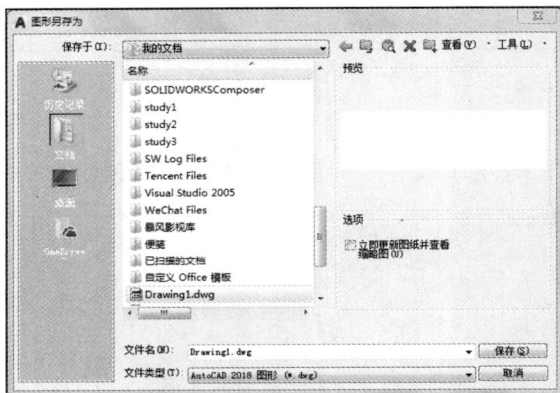

图 1-15 "图形另存为"对话框

> **技巧** 为了保证使用低版本软件的人也能正常打开文件，可以将文件保存成低版本的。

4. 另存文件

已保存的图纸也可以另存为新的文件名。

【执行方式】

命令行：SAVEAS。

菜单栏：选择菜单栏中的"文件"→"另存为"命令。

主菜单：单击操作界面左上角的程序图标，在弹出的菜单中选择"另存为"命令。

工具栏：单击快速访问工具栏中的"另存为"按钮 。

【操作步骤】

执行上述操作后，打开"图形另存为"对话框，将文件重命名并保存。

5. 退出

绘制完图形后，如不继续绘制，可以直接退出软件。

【执行方式】

命令行：QUIT 或 EXIT。

菜单栏：选择菜单栏中的"文件"→"退出"命令。

主菜单：单击操作界面左上角的程序图标，在弹出的菜单中选择"关闭"命令。

按钮：单击 AutoCAD 操作界面右上角的"关闭"按钮 ✕ 。

【操作步骤】

执行上述操作后，若用户对图形所做的修改尚未保存，则会打开图 1-16 所示的"系统警告"对话框。单击"是"按钮，系统将保存文件，然后退出软件；单击"否"按钮，系统将不保存文件。若用户对图形所做的修改已经保存，则会直接退出软件。

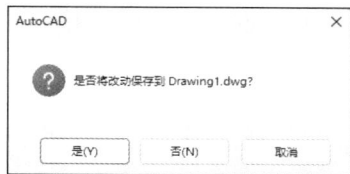

图 1-16　"系统警告"对话框

（三）显示图形

使用"缩放"和"平移"命令可以在绘图区中放大、缩小和移动图形。

1. 缩放图形

使用"缩放"命令可将图形放大或缩小，以便观察和绘制图形。该命令并不改变图形的实际位置和尺寸，只是改变视图的比例。

【执行方式】

命令行：ZOOM。

菜单栏：选择菜单栏中的"视图"→"缩放"→"实时"命令。

工具栏：单击"标准"工具栏中的"实时缩放"按钮 ±_Q 。

功能区：在"视图"选项卡中单击"导航"面板中的"范围"下拉按钮，在弹出的下拉列表中选择"实时"选项，如图 1-17 所示。

图 1-17　选择"实时"选项

【操作步骤】

```
命令：ZOOM
指定窗口的角点，输入比例因子（nX 或 nXP），或者[全部(A)/中心(C)/动态(D)/范围(E)/上一个(P)/比例(S)/窗口(W)/对象(O)] <实时>：
```

【选项说明】

（1）输入比例因子：根据输入的比例因子，以当前的视图窗口为中心，将视图窗口中显示的内容放大或缩小。nX 表示根据当前视图指定比例，nXP 表示指定相对于图纸空间单位的比例。

（2）全部（A）：缩放以显示所有可见对象和视觉辅助工具。

（3）中心（C）：缩放以显示由中心点和比例值/高度值定义的视图。高度值较小时，增大放大比例；高度值较大时，减小放大比例。

（4）动态（D）：使用矩形视图框进行平移和缩放。视图框表示视图，既可以更改它的大小，也可以在图形中移动它。移动视图框或调整它的大小，将其中的视图平移或缩放，以使其充满整个视图窗口。

（5）范围（E）：缩放以显示所有对象的最大范围。

（6）比例（S）：使用比例因子缩放视图以更改其比例。

（7）上一个（P）：缩放以显示上一个视图。

（8）窗口（W）：缩放以显示矩形窗口指定的区域。

（9）对象（O）：缩放以尽可能大地显示一个或多个选定的对象并使其位于视图的中心。

（10）实时：交互缩放以更新视图的比例，鼠标指针将变为带有加号或减号的放大镜形状。

教你一招

在使用 AutoCAD 绘图的过程中，大家都习惯滚动鼠标滚轮来缩小或放大图纸，但在缩放图纸的时候经常遇到这样的情况，即滚动鼠标滚轮，而图纸无法继续缩小或放大，并且状态栏中提示"已无法进一步缩小"或"已无法进一步缩放"等信息。这时视图缩放并不满足我们的要求，还需要继续缩放。

AutoCAD 在打开图纸文件的时候，首先读取文件里的图形数据，然后生成用于屏幕显示的数据。在 AutoCAD 中，生成显示数据的过程称为重生成。当用鼠标滚轮缩小或放大图形到一定比例的时候，AutoCAD 判断需要重新根据当前视图范围来生成显示数据，因此就会提示无法继续缩小或放大。这时直接输入 RE 命令，按 Enter 键就可以继续缩放了。

如果想显示全图，最好不要用鼠标滚轮，直接输入 ZOOM 命令并按 Enter 键，然后输入 E 或 A 并按 Enter 键，AutoCAD 在全图缩放时会根据情况自动进行重生成。

2. 平移图形

使用"平移"命令可通过单击或移动鼠标来重新放置图形。

【执行方式】

命令行：PAN。

菜单栏：选择菜单栏中的"视图"→"平移"→"实时"命令。

工具栏：单击标准工具栏中的"实时平移"按钮 🖐 。

功能区：在"视图"选项卡中单击"导航"面板中的"平移"按钮，如图 1-18 所示。

图 1-18 单击"平移"按钮

【操作步骤】

执行上述平移操作后，按住鼠标左键并拖曳即可平移图形。当移动到图形的边缘时，鼠标指针将变成三角形。

另外，AutoCAD 2020 为显示控制命令设置了一个右键快捷菜单，如图 1-19 所示。在该快捷菜单中，用户可以方便地切换显示控制命令。

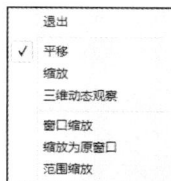

图 1-19　右键快捷菜单

（四）基本操作

在 AutoCAD 中，有一些基本操作，这些基本操作不仅是进行 AutoCAD 绘图的必备知识，也是深入学习 AutoCAD 功能的关键。

1. 命令的输入

AutoCAD 提供了多种命令输入方式，下面以绘制直线段为例进行介绍。

（1）在命令行中输入命令。命令字符不区分大小写，如命令"LINE"与"line"相同。执行命令时，在命令行提示中经常出现相应的命令选项。在命令行中输入绘制直线段的命令"LINE"后，命令行提示与操作如下。

```
命令：LINE↙
指定第一个点：（在绘图区指定一点或输入一个点的坐标）
指定下一点或 [放弃(U)]：
```

命令行中不带方括号的提示为默认选项（如上面的"指定第一个点"），此时可以直接输入直线段的起点坐标或在绘图区指定一点；如果要选择其他选项，则应该先输入该选项的标识字符，如"放弃"选项的标识字符"U"，然后按系统提示输入数据。有时在命令选项的后面带有尖括号，尖括号内的数值为默认值。

（2）在命令行中输入命令缩写，如 L（LINE）、C（CIRCLE）、A（ARC）、Z（ZOOM）、R（REDRAW）、M（MOVE）、CO（COPY）、PL（PLINE）、E（ERASE）等。

（3）选择"绘图"菜单中对应的命令，在命令行窗口中可以看到对应的命令说明及命令。

（4）单击"绘图"工具栏中对应的按钮，在命令行窗口中也可以看到对应的命令说明及命令。

（5）如果在前面刚使用过要输入的命令，可以在绘图区右击，打开快捷菜单，在"最近的输入"子菜单中选择需要的命令，如图 1-20 所示。"最近的输入"子菜单中存储了最近使用的命令，如果经常重复使用某个命令，使用这种方法就比较快捷。

（6）如果要重复使用上次使用的命令，可以直接在命令行中按 Enter 键，系统将立即重复执行上次使用的命令。这种方法适用于重复执行某个命令。

2. 命令的重复、撤销和重做

在绘图过程中经常重复使用相同的命令或者用错命令，下面介绍命令的重复、撤销和重做操作。

图 1-20　绘图区快捷菜单

（1）命令的重复

按 Enter 键可重复调用上一个命令，不管上一个命令是完成了还是被取消了。

（2）命令的撤销

在命令执行的任何时刻都可以撤销或终止命令。

【执行方式】

命令行：UNDO。

菜单栏：选择菜单栏中的"编辑"→"放弃"命令。

工具栏：单击标准工具栏中的"放弃"按钮 ⇦，或单击快速访问工具栏中的"放弃"按钮 ⇦ 。

快捷键：Esc。

（3）命令的重做

已被撤销的命令要恢复重做，可以恢复撤销的最后一个命令。

【执行方式】

命令行：REDO（快捷命令为 RE）。

菜单栏：选择菜单栏中的"编辑"→"重做"命令。

工具栏：单击标准工具栏中的"重做"按钮 ⇨，或单击快速访问工具栏中的"重做"按钮 ⇨。

快捷键：Ctrl+Y。

【操作步骤】

AutoCAD 2020 可以一次性执行多重放弃和重做操作。单击快速访问工具栏中的"放弃"按钮 ⇦ 或"重做"按钮 ⇨ 后面的下拉按钮，在弹出的下拉列表中可以选择要放弃或重做的操作，如图 1-21 所示。

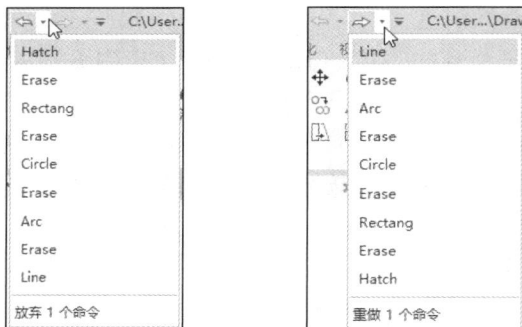

（a）"放弃"下拉列表　　（b）"重做"下拉列表

图 1-21　"放弃"和"重做"下拉列表

二、AutoCAD 二维绘图命令

二维图形是指在二维平面绘制的图形，主要包括点、直线、圆、圆弧、圆环、椭圆和椭圆弧、平面图形、多段线和样条曲线等。AutoCAD 不仅提供了大量的绘图工具，可以帮助用户完成二维图形的绘制，而且提供了许多二维绘图命令，用户利用这些命令可以快速、方便地完成电气图形的绘制。下面介绍常用的二维绘图命令。

（一）直线类命令

直线类命令主要包括"直线""构造线"等命令，这两个命令是 AutoCAD 中最简单的绘图命令。

1. 命令执行方式

命令行：LINE。

菜单栏：选择菜单栏中的"绘图"→"直线"命令（见图 1-22）。

工具栏：单击"绘图"工具栏中的"直线"按钮（见图 1-23）。

功能区：在"默认"选项卡中单击"绘图"面板中的"直线"按钮（见图 1-24）。

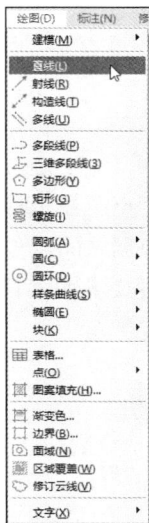

图 1-22 "绘图"菜单   图 1-23 "绘图"工具栏   图 1-24 "绘图"功能区

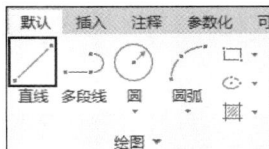

直线类命令及其快捷命令如表 1-1 所示。

表 1-1 直线类命令及其快捷命令

命令名称	命令行命令	快捷命令
直线	LINE	L
构造线	XLINE	XL

2. 数据的输入方法

在 AutoCAD 中，点的坐标可以用直角坐标、极坐标、球面坐标和柱面坐标表示，每一种坐标又分别具有两种坐标输入方法：绝对坐标和相对坐标。其中，直角坐标和极坐标最为常用，下面主要介绍它们的输入方法。

（1）直角坐标：用点的 X、Y 坐标值表示的坐标。

例如，在命令行中输入点的坐标提示下，输入"15,18"，则表示输入一个 X、Y 的坐标值分别为 15、18 的点。此为绝对坐标的输入方法，表示该点的坐标是相对于当前坐标原点的，如图 1-25（a）所示。如果输入"@10,20"，则为相对坐标的输入方法，表示该点的坐标是相对于前一点的，如图 1-25（b）所示。

（2）极坐标：用长度和角度表示的坐标，只能用来表示二维点的坐标。

在绝对坐标的输入方法下，表示为"长度<角度"，如"25<50"，其中长度为该点到坐标原点的距离，角度为该点到原点的连线与 X 轴正方向的夹角，如图 1-25（c）所示。

在相对坐标的输入方法下，表示为"@长度<角度"，如"@25<45"，其中长度为该点到前一点的距离，角度为该点到前一点的连线与 X 轴正方向的夹角，如图 1-25（d）所示。

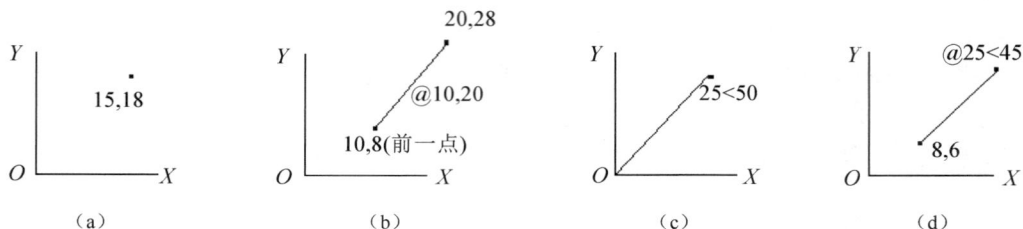

图 1-25　坐标的输入方法

（3）动态数据的输入。

单击状态栏中的"动态输入"按钮 ，打开动态输入功能，可以在屏幕上动态地输入某些参数数据。例如，绘制直线段时，在光标附近会动态地显示"指定第一个点"及坐标输入框，当前坐标输入框中显示的是光标所在位置，可以在其中输入数据，两个数据之间以逗号隔开，如图 1-26 所示。指定第一个点后，系统会动态地显示直线段的角度，同时要求输入长度值，如图 1-27 所示，其输入效果与"@长度<角度"方式相同。

图 1-26　动态输入坐标数据

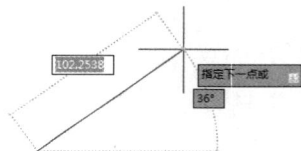

图 1-27　动态输入长度值

下面分别讲解点与距离值的输入方法。

（1）点的输入。

在绘图过程中常需要输入点的位置，AutoCAD 提供了如下几种输入点的方法。

① 直接在命令行窗口中输入点的坐标。笛卡儿坐标有两种输入方法："X,Y"（点的绝对坐标，如"100,50"）和"@X,Y"（相对于上一点的相对坐标，如"@50,-30"）。

极坐标的输入方法为"长度<角度"（其中，长度为点到坐标原点的距离，角度为原点到该点连线与 X 轴的正方向夹角，如"20<45"）或"@长度<角度"（相对于上一点的相对极坐标，如"@50<-30"）。

提示　第二个点和后续点的默认设置为相对极坐标，不需要输入@。如果需要使用绝对坐标，请使用#作为前缀。例如，要将对象移动到原点，请在提示输入第二个点时输入"#0,0"。

② 单击绘图区，在绘图区中直接取点。

③ 用目标捕捉方式捕捉绘图区中已有图形的特殊点（如端点、中点、中心点、插入点、交点、切点、垂足等）。

④ 直接输入距离：先拖曳出橡筋线以确定方向，然后用键盘输入距离值。这样有利于准确控制对象的长度等参数。

（2）距离值的输入。

在 AutoCAD 中，有时需要提供高度、宽度、半径、长度等距离值。AutoCAD 提供了两种输入距离值的方法：一种是用键盘在命令行窗口中直接输入数值；另一种是在绘图区中拾取两点，以两点间的距离确定所需数值。

（二）圆类图形命令

圆类图形命令主要包括"圆""圆弧""圆环""椭圆和椭圆弧"等命令，这几个命令在 AutoCAD 中十分常用。

其执行方式与直线类命令类似，这里不再赘述。圆类图形命令及其快捷命令如表 1-2 所示。

表 1-2　　　　　　　　　　圆类图形命令及其快捷命令

命令名称	命令行命令	快捷命令
圆	CIRCLE	C
圆弧	ARC	A
圆环	DONUT	DO
椭圆和椭圆弧	ELLIPSE	EL

（三）平面图形命令

简单的平面图形命令包括"矩形""多边形"命令。

其执行方式与直线类命令类似，这里不再赘述。平面图形命令及其快捷命令如表 1-3 所示。

表 1-3　　　　　　　　　　平面图形命令及其快捷命令

命令名称	命令行命令	快捷命令
矩形	RECTANG	REC
多边形	POLYGON	POL

（四）多段线和样条曲线相关命令

多段线是一种由线段和圆弧组合而成的图形对象，多段线可具有不同线宽。由于其组合形式多样、线宽多变，弥补了直线或圆弧功能的不足，适合绘制各种复杂的图形轮廓。

样条曲线常用于创建不规则形状的曲线，广泛应用于需要用精确曲线描述的领域，比如地理信息系统（GIS）和汽车设计。样条曲线通过控制点来塑造曲线形态，使得设计师能够准确地描绘出复杂的轮廓和形状，如图 1-28 所示。

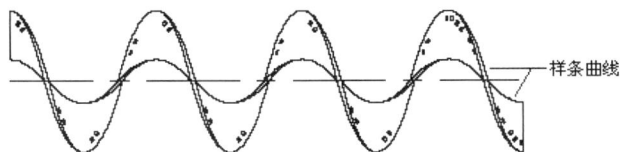

图 1-28　样条曲线

多段线和样条曲线相关命令及其快捷命令如表 1-4 所示。其执行方式与直线类命令类似，这里不赘述。

表 1-4　　　　　　　　　多段线和样条曲线相关命令及其快捷命令

命令名称	命令行命令	快捷命令
绘制多段线	PLINE	PL
编辑多段线	PEDIT	PE
绘制样条曲线	SPLINE	SPL
编辑样条曲线	SPLINEDIT	SPE

项目实例 1——绘制阀符号

本实例利用"直线"命令绘制连续线段，从而绘制出阀符号，如图 1-29 所示。

【操作步骤】

系统通常默认打开动态输入功能，单击状态栏中的"动态输入"按钮，关闭动态输入功能。单击"默认"选项卡"绘图"面板中的"直线"按钮 ，在绘图区中指定一点（即点 1）后，根据系统提示，指定阀的其余 3 个点，命令行提示与操作如下。

图 1-29　阀符号

```
命令：_line
指定第一个点：232,600
指定下一点或 [放弃(U)]：@0,-170
指定下一点或 [放弃(U)]：@443<23（见图 1-30）
指定下一点或 [闭合(C)/放弃(U)]：@0,-170
指定下一点或 [闭合(C)/放弃(U)]：C✓
```

结果如图 1-29 所示。

图 1-30　指定点 3

微课

项目实例 1——
绘制阀符号

项目实例 2——绘制探测器符号

本实例利用"直线"命令绘制图 1-31 所示的探测器符号。

【操作步骤】

（1）系统通常默认打开动态输入功能，如果该功能没有打开，单击状态栏中的"动态输入"按钮 将其打开。在"默认"选项卡中单击"绘图"面板中的"直线"按钮 ，在动态输入框中输入第一个点的坐标"0,0"，如图 1-32 所示，按 Enter 键确认第一个点。

微课

项目实例 2——
绘制探测器符号

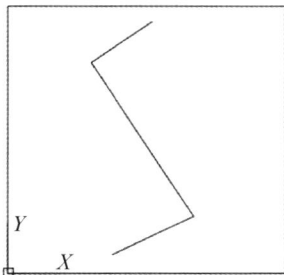

图 1-31 探测器符号

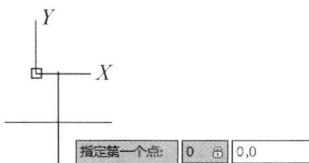

图 1-32 输入第一个点的坐标

（2）在动态输入框中输入长度值"360"，按 Tab 键切换到角度输入框，输入角度值"0"，如图 1-33 所示，按 Enter 键确认第二个点。

（3）重复上述步骤，输入第三个点的长度值"360"，角度值"90"；输入第四个点的长度值"360"，角度值"180"；最后选择"闭合"选项，完成探测器外框的绘制，如图 1-34 所示。

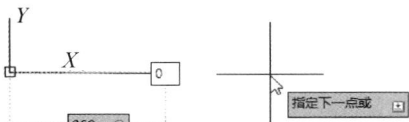

图 1-33 设置第二个点

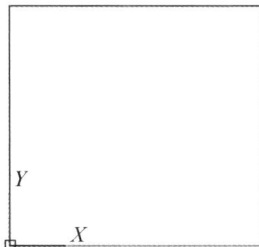

图 1-34 绘制探测器外框

单击状态栏中的"动态输入"按钮，关闭动态输入功能。在"默认"选项卡中单击"绘图"面板中的"直线"按钮，绘制内部结构，命令行提示与操作如下。

```
命令：_line
指定第一个点：135,25
指定下一点或 [放弃(U)]：241,77
指定下一点或 [放弃(U)]：108,284
指定下一点或 [闭合(C)/放弃(U)]：187,339
指定下一点或 [闭合(C)/放弃(U)]：
```

结果如图 1-31 所示。

注意

（1）输入坐标时，逗号必须在英文状态下输入，否则会出现错误。

（2）一般每个命令有 4 种执行方式，这里只给出了命令行执行方式，其他 3 种执行方式的操作方法与命令行执行方式类似。

微课

项目实例3——绘制电抗器符号

本实例利用"直线"和"圆弧"命令绘制电抗器符号，如图 1-35 所示。

项目实例3——
绘制电抗器符号

【操作步骤】

（1）单击"默认"选项卡"绘图"面板中的"直线"按钮 ，绘制一组垂直相交的适当长度的直线段（一条水平直线段与一条竖直直线段），如图 1-36 所示。

（2）单击"默认"选项卡"绘图"面板中的"圆弧"按钮 ，绘制圆头部分的圆弧，命令行提示与操作如下。

图 1-35　电抗器符号

```
命令: _arc
指定圆弧的起点或 [圆心(C)]:（打开"对象捕捉"开关，指定起点为水平线段的左端点）
指定圆弧的第二个点或 [圆心(C)/端点(E)]: c↙
指定圆弧的圆心:（指定圆心为水平线段的右端点）
指定圆弧的端点或 [角度(A)/弦长(L)]: a↙
指定包含角: -270↙
```

结果如图 1-37 所示。

图 1-36　绘制一组垂直相交的直线段

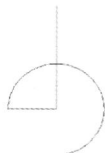

图 1-37　绘制圆弧

注意　此处绘制圆弧时，圆弧的曲率是遵循逆时针方向的，所以在采用指定圆弧的两个端点和半径模式时，需要注意端点的指定顺序，否则有可能导致圆弧的凹凸形状与预期相反。

（3）单击"默认"选项卡"绘图"面板中的"直线"按钮 ，绘制一条适当长度的竖直直线段，直线段起点为圆弧的下端点，结果如图 1-35 所示。

项目实例 4——绘制感应式仪表符号

微课

项目实例 4——
绘制感应式仪表符号

本实例利用"直线""椭圆""圆环"命令绘制感应式仪表符号，如图 1-38 所示。

【操作步骤】

（1）单击"默认"选项卡"绘图"面板中的"椭圆"按钮 ，命令行提示与操作如下。

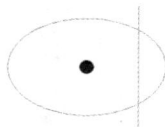

图 1-38　感应式仪表符号

```
命令: _ellipse
指定椭圆的轴端点或 [圆弧(A)/中心点(C)]:（指定一点为椭圆的轴端点）
指定轴的另一个端点:（在水平方向指定椭圆的另一个轴端点）
指定另一条半轴长度或 [旋转(R)]:（指定一点，以确定椭圆另一条半轴的长度）
```

结果如图 1-39 所示。

（2）单击"默认"选项卡"绘图"面板中的"圆环"按钮◎，命令行提示与操作如下。

```
命令：_donut
指定圆环的内径 <0.5000>: 0↙
指定圆环的外径 <1.0000>: 150↙
指定圆环的中心点或 <退出>:（指定椭圆的中心点位置）
指定圆环的中心点或 <退出>: ↙
```

结果如图 1-40 所示。

图 1-39　绘制椭圆

图 1-40　绘制圆环

（3）单击"默认"选项卡"绘图"面板中的"直线"按钮／，在椭圆中心偏右位置绘制一条竖直直线段，结果如图 1-38 所示。

> **注意**　在绘制圆环时，可能无法一次确定圆环外径大小以确定圆环与椭圆的相对大小，可以通过多次绘制的方法找到一个相对合适的外径值。

项目实例 5——绘制缓慢吸合继电器线圈符号

本实例绘制缓慢吸合继电器线圈符号，先利用"矩形"命令绘制外框，再利用"直线"命令绘制内部图线及外部连接线，如图 1-41 所示。

【操作步骤】

（1）单击"默认"选项卡"绘图"面板中的"矩形"按钮□，绘制矩形外框，命令行提示与操作如下。

图 1-41　缓慢吸合继电器线圈符号

微课

项目实例 5——绘制缓慢吸合继电器线圈符号

```
命令：RECTANG↙
指定第一个角点或 [倒角(C)/标高(E)/圆角(F)/厚度(T)/宽度(W)]:（在适当位置指定一点）
指定另一个角点或 [面积(A)/尺寸(D)/旋转(R)]:（在适当位置指定另一点）
```

结果如图 1-42 所示。

（2）单击"默认"选项卡"绘图"面板中的"直线"按钮／，绘制内部图线，尺寸适当即可，结果如图 1-43 所示。

图 1-42　绘制矩形外框

图 1-43　绘制内部图线

（3）单击"默认"选项卡"绘图"面板中的"直线"按钮／，绘制外部连接线，尺寸适当即可，结果如图 1-41 所示。

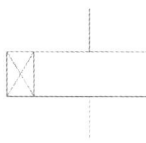

项目实例6——绘制可调电容器符号

本实例主要利用"直线"命令绘制可调电容器的正负极，然后利用"多段线"命令绘制带箭头的斜线表示电容值可调，如图 1-44 所示。

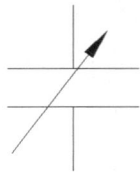

【操作步骤】

图 1-44　可调电容器符号

（1）单击"默认"选项卡"绘图"面板中的"直线"按钮，绘制直线段，通常采用以两点确定一条直线的方式绘制直线段，命令行提示与操作如下。

```
命令：LINE↙
指定第一个点：100,100↙
指定下一点或 [放弃(U)]：200,100↙
命令：LINE↙
指定第一个点：100,70↙
指定下一点或 [放弃(U)]：@100,0↙
```

结果如图 1-45 所示。

重复"直线"命令，捕捉水平直线段的中点以绘制长度为 50 的竖直直线段，结果如图 1-46 所示。

图 1-45　绘制水平直线段

图 1-46　绘制竖直直线段

（2）绘制多段线。单击"默认"选项卡"绘图"面板中的"多段线"按钮，绘制带箭头的斜线，命令行提示与操作如下。

```
命令：_pline
指定起点：（指定起点）
当前线宽为 0.0000
指定下一个点或 [圆弧(A)/半宽(H)/长度(L)/放弃(U)/宽度(W)]：（指定端点）
指定下一个点或 [圆弧(A)/闭合(C)/半宽(H)/长度(L)/放弃(U)/宽度(W)]：W
指定起点宽度 <0.0000>：0
指定端点宽度 <0.0000>：8
指定下一个点或 [圆弧(A)/闭合(C)/半宽(H)/长度(L)/放弃(U)/宽度(W)]：（朝相反方向捕捉线上点）
```

结果如图 1-44 所示。

项目实例7——绘制整流器框形符号

本实例先利用"多边形"命令绘制外框，再利用"直线"和"样条曲线拟合"命令绘制内部结构，如图 1-47 所示。

【操作步骤】

（1）单击"默认"选项卡"绘图"面板中的"多边形"按
钮，绘制一个四边形，命令行提示与操作如下。

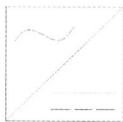

图 1-47　整流器框形符号

```
命令：_polygon
输入侧面数 <4>：✓
指定正多边形的中心点或 [边(E)]：（在适当位置指定一点）
输入选项 [内接于圆(I)/外切于圆(C)] <I>：✓
指定圆的半径：（适当指定一点作为外接圆半径，使四边形的边大约处于垂直正交位置，见图 1-48）
```

（2）单击"默认"选项卡"绘图"面板中的"直线"按钮，绘制 3 条直线段，并将其中
一条直线段设置为虚线，如图 1-49 所示。

图 1-48　绘制四边形

图 1-49　绘制直线段

（3）单击"默认"选项卡"绘图"面板中的"样条曲线拟合"按钮，绘制样条曲线，命
令行提示与操作如下。

```
命令：_spline
当前设置：方式=拟合　节点=弦
指定第一个点或 [方式(M)/节点(K)/对象(O)]：指定下一点：（指定一点）
指定下一点或 [起点切向(T)/公差(L)]：（适当指定一点）<正交 关>
指定下一点或 [端点相切(T)/公差(L)/放弃(U)]：（适当指定一点）
指定下一点或 [端点相切(T)/公差(L)/放弃(U)/闭合(C)]：（适当指定一点）
指定下一点或 [端点相切(T)/公差(L)/放弃(U)/闭合(C)]：（适当指定一点）
指定下一点或 [端点相切(T)/公差(L)/放弃(U)/闭合(C)]：（指定一点或进行其他操作）
```

结果如图 1-47 所示。

三、精确绘制图形

为了快捷、精确地绘制图形，AutoCAD 还提供了多种必要和辅助的绘图工具和功能，如精
确定位工具、对象捕捉功能、自动追踪功能等。利用这些工具和功能，可以方便、迅速、准确
地实现图形的绘制和编辑，不仅可提高工作效率，而且能更好地保证图形的质量。

（一）精确定位工具

精确定位工具是指能够快速、准确地定位某些特殊点（如端点、中点、圆心等）和特殊位
置（如水平位置、垂直位置）的工具。

1. 栅格显示

如果要使绘图区显示出网格（类似传统的坐标纸），可以利用栅格显示工具来完成。下面介绍控制栅格显示及设置栅格参数的方法。

【执行方式】

菜单栏：选择菜单栏中的"工具"→"绘图设置"命令。

状态栏：单击状态栏中的"栅格"按钮 ▦（仅限于打开与关闭）。

快捷键：F7（仅限于打开与关闭）。

【操作步骤】

选择菜单栏中的"工具"→"绘图设置"命令，打开"草图设置"对话框，"捕捉和栅格"选项卡如图 1-50 所示。

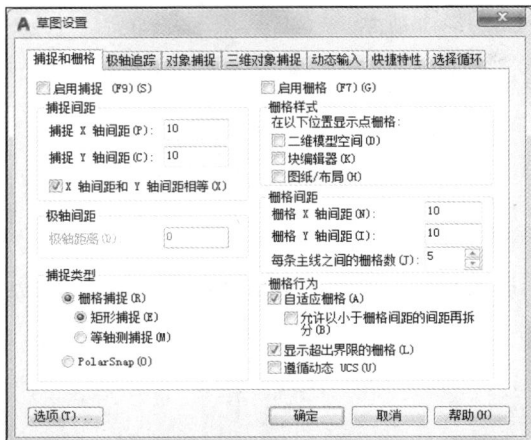

图 1-50 "捕捉和栅格"选项卡

【选项说明】

（1）"启用栅格"复选框：控制是否显示栅格。

（2）"栅格样式"选项组：设置栅格样式。

① 二维模型空间：将二维模型空间的栅格样式设置为点栅格。

② 块编辑器：将块编辑器的栅格样式设置为点栅格。

③ 图纸/布局：将图纸和布局的栅格样式设置为点栅格。

（3）"栅格间距"选项组。

"栅格 X 轴间距"和"栅格 Y 轴间距"文本框用于设置栅格在水平与垂直方向上的间距。如果将"栅格 X 轴间距"和"栅格 Y 轴间距"设置为 0，则系统会自动将捕捉的栅格间距应用于栅格，且其原点和角度总是与捕捉栅格的原点和角度相同。另外，还可以通过 GRID 命令在命令行中设置栅格间距。

（4）"栅格行为"选项组。

① 自适应栅格：勾选后，在缩小一个图形时，自适应栅格会限制栅格密度，以避免过多细节丢失。如果勾选"允许以小于栅格间距的间距再拆分"复选框，则在放大一个图形时，自适应栅格会生成更多间距更小的栅格，以更好地显示细节。

② 显示超出界限的栅格：在设置栅格时允许其超越设定的图形界限进行显示。

③ 遵循动态 UCS：更改栅格平面以跟随动态 UCS 的 XY 平面。

技巧

在"栅格间距"选项组的"栅格 X 轴间距"和"栅格 Y 轴间距"文本框中输入数值时，若在"栅格 X 轴间距"文本框中输入一个数值后按 Enter 键，系统会将该值自动传送给"栅格 Y 轴间距"，这样可减少工作量。

2. 捕捉模式

为了准确地在绘图区中捕捉点，AutoCAD 提供了捕捉工具。利用该工具可以在绘图区中生成一个隐含的栅格（捕捉栅格），这个栅格能够捕捉光标，以约束光标只能落在栅格的某一个节点上。这样一来，用户便能精确地捕捉和选择这个栅格上的点。接下来主要介绍捕捉栅格的参数设置方法。

【执行方式】

菜单栏：选择菜单栏中的"工具"→"绘图设置"命令。

状态栏：单击状态栏中的"捕捉模式"按钮 ⊞（仅限于打开与关闭）。

快捷键：F9（仅限于打开与关闭）。

【操作步骤】

选择菜单栏中的"工具"→"绘图设置"命令，打开"草图设置"对话框，"捕捉和栅格"选项卡如图 1-50 所示。

【选项说明】

（1）"启用捕捉"复选框：控制捕捉功能的开关，与按 F9 键或单击状态栏上的"捕捉模式"按钮 ⊞ 作用相同。

（2）"捕捉间距"选项组：设置捕捉参数。其中，"捕捉 X 轴间距"和"捕捉 Y 轴间距"文本框用于确定捕捉栅格点在水平和垂直两个方向上的间距。

（3）"极轴间距"选项组：该选项组只有在选择 PolarSnap 捕捉类型时才可用。既可以在"极轴距离"文本框中输入距离值，也可以在命令行中输入 SNAP 命令，然后设置捕捉的相关参数。

（4）"捕捉类型"选项组：确定捕捉类型。AutoCAD 提供了两种捕捉类型——栅格捕捉和 PolarSnap。

① 栅格捕捉：按正交位置捕捉位置点。栅格捕捉又分为"矩形捕捉"和"等轴测捕捉"两种方式。在"矩形捕捉"方式下，栅格以标准的矩形显示；在"等轴测捕捉"方式下，栅格和光标十字线不再相互垂直，而是呈绘制等轴测图时的特定角度，在绘制等轴测图时使用这种方式十分方便。

② PolarSnap：可以根据设置的任意极轴角捕捉位置点。

3. 正交模式

在绘图过程中，经常需要绘制水平直线段和竖直直线段，但是用光标选择线段的端点时很难保证两个点严格位于同一水平方向或垂直方向，为此，AutoCAD 提供了正交模式。当启用正交模式时，不仅画线或移动对象时只能沿水平方向或垂直方向移动光标，也只能绘制平行于坐标轴的正交线段。

【执行方式】

命令行：ORTHO。

状态栏：单击状态栏中的"正交模式"按钮 。

快捷键：F8。

【操作步骤】

命令：ORTHO✓
输入模式 [开(ON)/关(OFF)] <开>：（设置开或关）

技巧　　　　正交模式必须依托其他绘图工具才能显示出具体的效果。

（二）对象捕捉

在利用 AutoCAD 画图时经常要用到一些特殊的点，如圆心、切点、线段或圆弧的端点、中点等。如果只利用光标在图形上进行选择，要准确地找到这些点是十分困难的，为此，AutoCAD 提供了一些识别这些点的工具，使用这些工具可轻松、快速地绘制图形，且绘制结果比传统的手工绘图更精确、更容易维护。在 AutoCAD 中，这种功能称为对象捕捉功能。

1. 对象捕捉设置

在 AutoCAD 中绘图之前，可以根据需要开启一些对象的捕捉模式，绘图时，系统就能自动捕捉这些对象，从而加快绘图速度，提高绘图质量。

【执行方式】

命令行：DDOSNAP。

菜单栏：选择菜单栏中的"工具"→"绘图设置"命令。

工具栏：单击"对象捕捉"工具栏中的"对象捕捉设置"按钮🔲。

状态栏：单击状态栏中的"二维对象捕捉"按钮🔲（仅限于打开与关闭）。

快捷键：F3（仅限于打开与关闭）。

快捷菜单：按住 Shift 键并右击，在弹出的快捷菜单中选择"对象捕捉设置"命令。

2. 特殊位置点的捕捉

在绘制图形时，有时需要指定一些特殊位置点，如圆心、端点、中点、平行线上的点等，可以使用对象捕捉功能来捕捉这些点，常用的捕捉模式及其说明如表 1-5 所示。

表 1-5　　　　　　　　　　　常用的捕捉模式及其说明

捕捉模式	快捷命令	功能
端点	END	捕捉几何对象的最近端点或角点
中点	MID	捕捉对象（如线段或圆弧等）的中点
圆心	CEN	捕捉圆或圆弧的圆心
几何中心		捕捉多段线、二维多段线和二维样条曲线的几何中心点
节点	NOD	捕捉用 POINT 或 DIVIDE 等命令生成的点
象限点	QUA	捕捉距光标最近的圆或圆弧上可见部分的象限点，即圆周上 0°、90°、180°、270°位置的点
交点	INT	捕捉对象（如线段、圆或圆弧等）的交点
延长线	EXT	捕捉对象延长路径上的点
插入点	INS	捕捉块、图形、文字、属性或属性定义等对象的插入点
垂足	PER	在线段、圆、圆弧或其延长线上捕捉一个点，与最后生成的点形成连线，与该线段、圆或圆弧正交
切点	TAN	基于最后生成的一个点，从选中的圆或圆弧上引切线，捕捉切线与圆或圆弧的交点

续表

捕捉模式	快捷命令	功能
最近点	NEA	捕捉离拾取点最近的线段、圆、圆弧等对象上的点
外观交点	APP	捕捉两个对象在视图平面上的交点。若两个对象没有直接相交,则系统自动计算其延长后的交点;若两个对象在空间上为异面直线,则系统计算其投影方向上的交点
平行线	PAR	捕捉与指定对象平行方向上的点

AutoCAD 提供了命令行、工具栏和快捷菜单 3 种执行对象捕捉的方法。

在使用捕捉特殊位置点的快捷命令前,必须选择绘制对象的命令或工具,再在命令行中输入对应的快捷命令。

(三)自动追踪

自动追踪是指按指定角度或与其他对象建立指定关系绘制对象。利用自动追踪功能可以对齐路径,有助于以精确的位置和角度创建对象。自动追踪包括对象捕捉追踪和极轴追踪两种追踪方式。对象捕捉追踪是指以捕捉到的特殊位置点为基点,按指定的极轴角或极轴角的倍数对齐要指定点的路径;极轴追踪是指根据给定的极轴角或极轴角的倍数将要指定的点对齐的路径,极轴追踪需要和对象捕捉功能配合着使用,也就是状态栏中的"极轴追踪"按钮和对象捕捉都处于已启用的状态。

1. 对象捕捉追踪

对象捕捉追踪必须配合对象捕捉功能一起使用,即使状态栏中的"二维对象捕捉"按钮 🖸 和"对象捕捉追踪"按钮 ∠ 均处于打开状态。

【执行方式】

命令行:DDOSNAP。

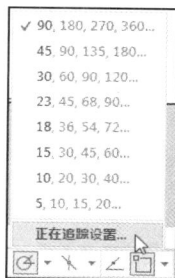

菜单栏:选择菜单栏中的"工具"→"绘图设置"命令。

工具栏:单击"对象捕捉"工具栏中的"对象捕捉设置"按钮 🔒 。

状态栏:单击状态栏中的"二维对象捕捉"按钮 🖸 和"对象捕捉追踪"按钮 ∠ ,或单击"极轴追踪"按钮右侧的下拉按钮,在弹出的下拉列表中选择"正在追踪设置"选项,如图 1-51 所示。

快捷键:F11。

图 1-51 下拉列表

【操作步骤】

执行上述操作或者在"二维对象捕捉"按钮或"对象捕捉追踪"按钮上右击,在弹出的快捷菜单中选择"设置"命令,在弹出的"草图设置"对话框中选择"对象捕捉"选项卡,勾选"启用对象捕捉追踪"复选框,完成对象捕捉追踪设置。

2. 极轴追踪

极轴追踪也必须配合对象捕捉功能一起使用,即使状态栏中的"极轴追踪"按钮 🔂 和"二维对象捕捉"按钮 🖸 均处于打开状态。

【执行方式】

命令行:DDOSNAP。

菜单栏：选择菜单栏中的“工具”→“绘图设置”命令。

工具栏：单击“对象捕捉”工具栏中的“对象捕捉设置”按钮。

状态栏：单击状态栏中的“二维对象捕捉”按钮和“极轴追踪”按钮。

快捷键：F10。

微课

项目实例 8——绘制动合触点符号

项目实例 8——绘制动合触点符号

本实例绘制图 1-52 所示的动合触点符号。

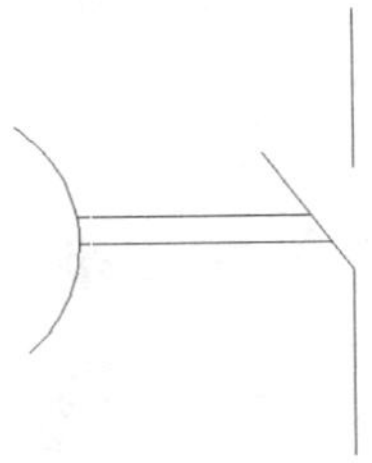

图 1-52　动合触点符号

【操作步骤】

（1）单击状态栏中的“二维对象捕捉”按钮右侧的下拉按钮，在打开的下拉列表中选择“对象捕捉设置”选项，如图 1-53 所示。在弹出的“草图设置”对话框中选择“对象捕捉”选项卡，单击“全部选择”按钮，将所有特殊位置点设置为可捕捉状态，如图 1-54 所示。

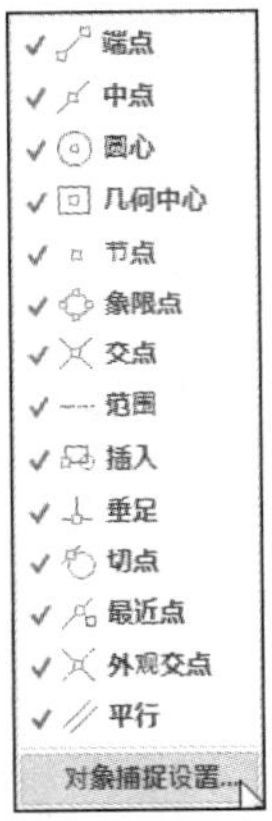

图 1-53　下拉列表

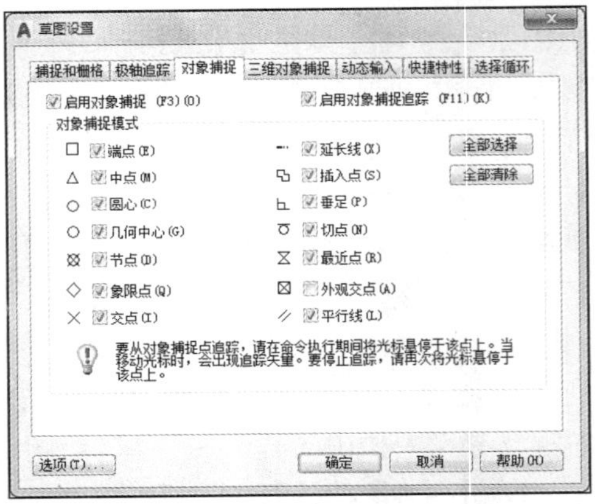

图 1-54　“草图设置”对话框

对话框选项说明

（1）“启用对象捕捉”复选框：勾选该复选框，在“对象捕捉模式”选项组中，被选中的捕捉模式将处于激活状态。

（2）“启用对象捕捉追踪”复选框：用于打开或关闭对象捕捉追踪功能。

（3）“对象捕捉模式”选项组：该选项组中列出了各种捕捉模式，勾选某一复选框，则相应的捕捉模式处于激活状态。单击“全部清除”按钮，则所有捕捉模式被清除；单击“全部选择”按钮，则所有捕捉模式被选中。

（4）“选项”按钮：单击该按钮，在弹出的“选项”对话框中选择“绘图”选项卡，在其中可对各种捕捉模式进行设置。

（2）在“默认”选项卡中单击“绘图”面板中的“圆弧”按钮，绘制一个大小适当的圆弧。

（3）在“默认”选项卡中单击“绘图”面板中的“直线”按钮，在绘制的圆弧右边绘制连续线段。在绘制完一条线段后，单击状态栏上的“正交模式”按钮，这样就能保证接下来绘制的线段与当前线段是正交的。绘制的连续线段如图 1-55 所示。

（4）在"默认"选项卡中单击"绘图"面板中的"直线"按钮，同时单击状态栏中的"对象捕捉追踪"按钮，将光标放在刚绘制的竖直直线段的起始端点附近，然后向上移动鼠标，这时会显示一条追踪线（见图1-56），表示目前光标处于竖直直线段的延长线上。

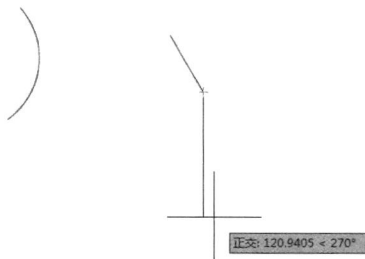

图 1-55　绘制的连续线段 　　　　　　　　图 1-56　显示追踪线

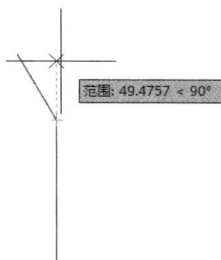

（5）在合适的位置单击以确定直线段的起点；再向上移动鼠标，指定竖直直线段的终点。

（6）再次在"默认"选项卡中单击"绘图"面板中的"直线"按钮，将光标移动到圆弧附近的适当位置，系统会显示离光标最近的特殊位置点，单击鼠标左键，系统会自动捕捉该特殊位置点，并将其作为直线段的起点，如图1-57所示。

（7）水平移动光标到斜线附近，这时系统也会自动显示斜线上离光标最近的特殊位置点，单击鼠标左键，系统会自动捕捉该点，并将其作为直线段的终点，如图1-58所示。

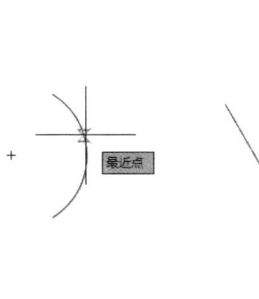

图 1-57　捕捉直线段的起点 　　　　　　　图 1-58　捕捉直线段的终点

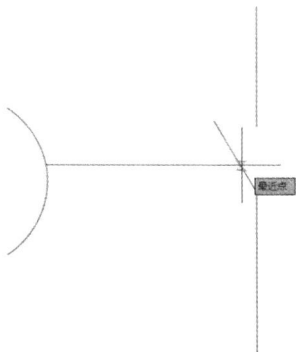

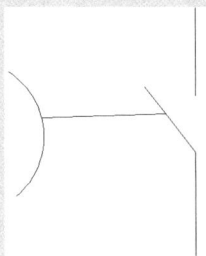

图 1-59　非正交直线段

（8）用相同的方法绘制第二条水平线，结果如图 1-52 所示。

项目实例 9——绘制手动操作开关

本实例绘制手动操作开关，如图 1-60 所示。

【操作步骤】

（1）单击状态栏中的"极轴追踪"按钮 ⊙ 和"对象捕捉追踪"按钮 ∠，打开极轴追踪和对象捕捉追踪功能。

（2）在状态栏中的"极轴追踪"按钮 ⊙ 上单击鼠标右键，在弹出的快捷菜单中选择"正在追踪设置"命令，如图 1-61 所示。打开"草图设置"对话框，选择"极轴追踪"选项卡，设置"增量角"为 30，选中"用所有极轴角设置追踪"单选按钮，如图 1-62 所示，单击"确定"按钮，完成极轴追踪的设置。

图 1-60　手动操作开关

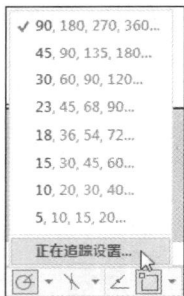

图 1-61　快捷菜单

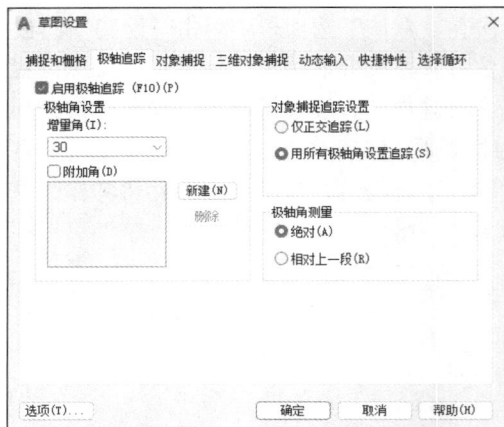

图 1-62　"极轴追踪"选项卡

对话框选项说明

在"草图设置"对话框的"极轴追踪"选项卡中，各选项功能如下。

（1）"启用极轴追踪"复选框：勾选该复选框即可启用极轴追踪功能。

（2）"极轴角设置"选项组：设置极轴角的值。既可以在"增量角"下拉列表框中选择一种角度值，也可以勾选"附加角"复选框，单击"新建"按钮设置任意附加角。系统在进行极轴追踪时，将同时追踪增量角和附加角（可以设置多个附加角）。

（3）"对象捕捉追踪设置"和"极轴角测量"选项组：按界面提示，选中相应的单选按钮。利用自动追踪功能可以完成三视图的绘制。

（3）在"默认"选项卡中单击"绘图"面板中的"直线"按钮 ╱，在图中适当位置指定直线段的起点，将光标向上移动，显示极轴角度为 90°，如图 1-63 所示。单击鼠标左键，绘制一条竖直直线段。继续移动光标到左上方，显示极轴角度为 120°，如图 1-64 所示。单击鼠标左键，绘制一条与竖直直线段成 30°夹角的斜线。

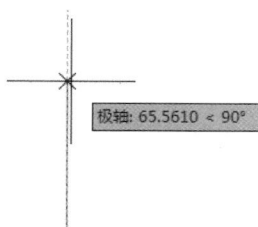

图 1-63　极轴角度为 90°　　　　　　　　图 1-64　极轴角度为 120°

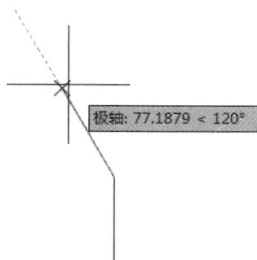

（4）单击状态栏中的"对象捕捉"按钮 ，打开对象捕捉功能。在"默认"选项卡中单击"绘图"面板中的"直线"按钮 ，捕捉竖直直线段的上端点（见图 1-65）。向上移动光标，显示极轴角度为 90°，如图 1-66 所示。单击鼠标左键，以确定直线段的起点（需保证该起点在第一条竖直直线段的延长线上），绘制长度适当的竖直直线段，如图 1-67 所示。

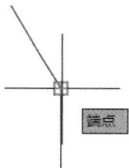

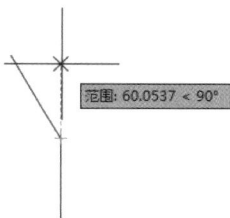

图 1-65　捕捉上端点　　　　图 1-66　确定直线段的起点　　　图 1-67　绘制竖直直线段（1）

（5）在"默认"选项卡中单击"绘图"面板中的"直线"按钮 ，捕捉斜线的中点（见图 1-68）作为起点，绘制一条水平直线段，如图 1-69 所示。

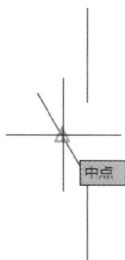

图 1-68　捕捉斜线的中点　　　　　　　　图 1-69　绘制水平直线段

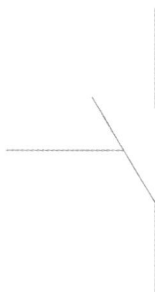

（6）在"默认"选项卡中单击"绘图"面板中的"直线"按钮 ，捕捉水平直线段的左端点，向上移动光标，在适当位置单击以确定直线段的起点，绘制一条竖直直线段，如图 1-70 所示。

（7）选取水平直线段，在"特性"面板的"线型"下拉列表框中选择"其他"选项（见图 1-71），打开图 1-72 所示的"线型管理器"对话框。单击"加载"按钮，打开"加载或重载线型"对话框，选择 ACAD_ISO02W100 线型，如图 1-73 所示。单击"确定"按钮，返回到"线型管理器"对话框，选择刚加载的线型，单击"确定"按钮，即可将水平直线段的线型更改为 ACAD_ISO02W100，结果如图 1-60 所示。

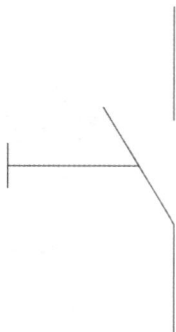

图 1-70　绘制竖直直线段（2）

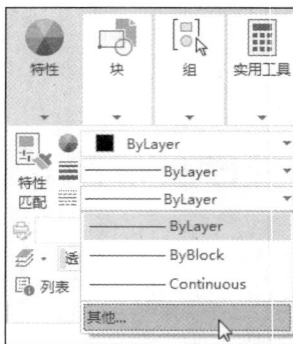

图 1-71　"线型"下拉列表框

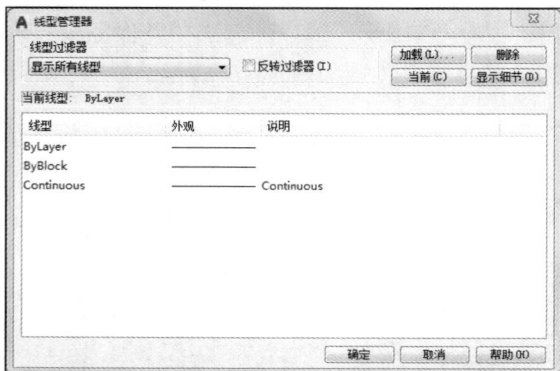

图 1-72　"线型管理器"对话框

图 1-73　"加载或重载线型"对话框

四、编辑命令

　　将二维图形的编辑命令与绘图命令配合使用，可以进一步完成复杂图形对象的绘制工作，并且有利于合理安排和组织图形，保证绘图准确，减少重复线条，由此可见，熟练掌握和运用编辑命令有助于提高设计和绘图的效率。

（一）复制类命令

　　复制类命令包括"复制""镜像""偏移""阵列"等命令，下面以"复制"命令为例讲解这些命令的执行方式。其他编辑命令的执行方式与"复制"命令类似，此处不再赘述。命令执行方式如下。

　　命令行：COPY（快捷命令为 CO）。

　　菜单栏：选择菜单栏中的"修改"→"复制"命令（见图 1-74）。

　　工具栏：单击"修改"工具栏中的"复制"按钮 ❖（见图 1-75）。

　　功能区：在"默认"选项卡中单击"修改"面板中的"复制"按钮 ❖（见图 1-76）。

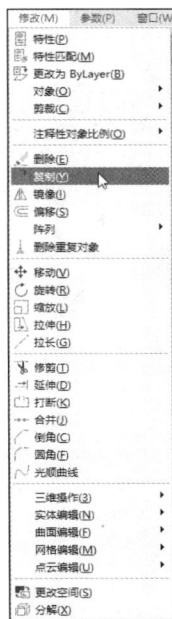

图 1-74 "修改"菜单　　　　图 1-75 "修改"工具栏　　　　图 1-76 "修改"面板

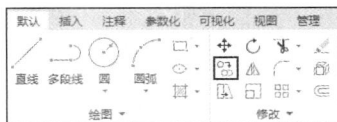

复制类命令及其快捷命令如表 1-6 所示。

表 1-6　　　　　　　　　　　　复制类命令及其快捷命令

命令名称	命令行命令	快捷命令
复制	COPY	CO
镜像	MIRROR	MI
偏移	OFFSET	O
阵列	ARRAY	AR

（二）改变位置类命令

改变位置类命令的功能是按照指定要求改变当前图形或图形某部分的位置，主要包括"移动""旋转""缩放"等命令。

改变位置类命令及其快捷命令如表 1-7 所示。

表 1-7　　　　　　　　　　　　改变位置类命令及其快捷命令

命令名称	命令行命令	快捷命令
移动	MOVE	M
旋转	ROTATE	RO
缩放	SCALE	SC

（三）改变图形特性类命令

改变图形特性类命令包括"修剪""删除""延伸""拉伸""拉长"等命令。使用这类编辑命令，可在对指定对象进行编辑后，使其几何特性发生改变。

改变图形特性类命令及其快捷命令如表 1-8 所示。

表 1-8 　　　　　　　　改变图形特性类命令及其快捷命令

命令名称	命令行命令	快捷命令
修剪	TRIM	TR
删除	ERASE	E
延伸	EXTEND	EX
拉伸	STRETCH	S
拉长	LENGTHEN	LEN

项目实例 10——绘制二极管

微课

项目实例 10——
绘制二极管

本实例绘制图 1-77 所示的二极管。

【操作步骤】

（1）在"默认"选项卡中单击"绘图"面板中的"直线"按钮 ╱，采用相对输入方式或者绝对输入方式，绘制一条起点为（100,100）、长度为 150 的直线段。

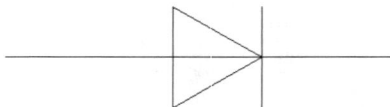

（2）在"默认"选项卡中单击"绘图"面板中的"多段线"按钮 ⊃，绘制二极管的上半部分，命令行提示与操作如下。

图 1-77　二极管

```
命令：_pline
指定起点：200,120✓（指定多段线起点在直线段的左上方，输入其起点坐标（200,120））
当前线宽为 0.0000（按 Enter 键使用系统默认线宽）
指定下一个点或 [圆弧(A)/半宽(H)/长度(L)/放弃(U)/宽度(W)]：_per 到（按住 Shift 键并右击，在弹
出的快捷菜单中选择"垂直"命令，捕捉刚指定的起点到水平直线段的垂足）
指定下一个点或 [圆弧(A)/半宽(H)/长度(L)/放弃(U)/宽度(W)]：@40<150✓　　（用极坐标输入法，绘制
长度为 40，与 X 轴正方向成 150°夹角的直线段）
指定下一点或 [圆弧(A)/闭合(C)/半宽(H)/长度(L)/放弃(U)/宽度(W)]：_per 到（捕捉一条直线到水平
直线段的垂足）
指定下一点或 [圆弧(A)/闭合(C)/半宽(H)/长度(L)/放弃(U)/宽度(W)]：
```

绘制的多段线效果如图 1-78 所示。

（3）在"默认"选项卡中单击"修改"面板中的"镜像"按钮 ⚠，将绘制的多段线以水平直线段为轴进行镜像，生成二极管符号，命令行提示与操作如下。

图 1-78　多段线效果

```
命令：_mirror
选择对象：（选择多段线）
选择对象：
指定镜像线的第一点：（选取水平直线段的端点）
指定镜像线的第二点：（选取水平直线段的另一个端点）
要删除源对象吗？[是(Y)/否(N)] <N>：
```

结果如图 1-77 所示。

技巧

镜像对创建对称的图样非常有用。先绘制半个对象，然后将其镜像即可，而不必绘制整个对象。

默认情况下，在镜像文字、属性及属性定义时，镜像后所得到的图样中不会反转或倒置。文字的对齐和对正方式在镜像图样前后保持一致。如果制图时要反转文字，可将 MIRRTEXT 系统变量设置为 1，其默认值为 0。

项目实例 11——绘制三相变压器

微课

项目实例 11——
绘制三相变压器

本实例绘制图 1-79 所示的三相变压器。

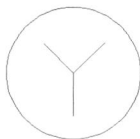

【操作步骤】

（1）在"默认"选项卡中单击"绘图"面板中的"圆"按钮⊙和"直线"按钮／，绘制 1 个圆和 3 条共端点直线段，尺寸适当即可。注意，此处利用对象捕捉功能捕捉 3 条直线段的共同端点为圆心，如图 1-80 所示。

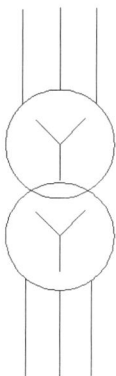

图 1-79　三相变压器　　　　　　　　　　图 1-80　绘制圆和直线段

（2）在"默认"选项卡中单击"修改"面板中的"复制"按钮，复制图形，命令行提示与操作如下。

```
命令: _copy
选择对象:（选择刚绘制的图形）
选择对象:
当前设置: 复制模式 = 多个
指定基点或 [位移(D)/模式(O)] <位移>:（在适当位置指定一点）
指定第二个点或 [阵列(A)] <使用第一个点作为位移>:（在正上方适当位置指定一点，见图 1-81）
指定第二个点或 [阵列(A)/退出(E)/放弃(U)] <退出>:
```

结果如图 1-82 所示。

（3）结合正交和对象捕捉功能，在"默认"选项卡中单击"绘图"面板中的"直线"按钮／，绘制 6 条竖直直线段，结果如图 1-79 所示。

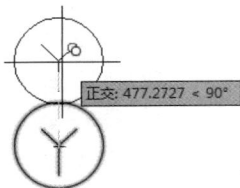

图 1-81　指定第二个点

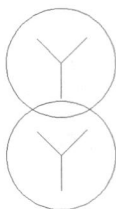

图 1-82　复制对象

命令选项说明

（1）指定基点：指定一个坐标点后，AutoCAD 2020 会把该点作为复制对象的基点。指定第二个点后，系统将根据这两点（基点和第二个点）确定的位移矢量，把选择的对象复制到第二个点处。如果直接按 Enter 键，即选择默认的"使用第一个点作为位移"，则基点被当作相对于 X、Y、Z 的位移。例如，若指定第二个点的坐标为（2,3），并按两次 Enter 键，则对象从它当前的位置开始，在 X 轴正方向上移动 2 个单位，在 Y 轴正方向上移动 3 个单位。一次复制完成后，可以不断指定新的第二个点，从而实现多重复制。

（2）位移(D)：直接输入位移值，表示以选择对象时的拾取点为基准，以拾取点坐标为移动方向，沿一定的纵横比移动指定位置后所确定的点为基点。例如，选择对象时的拾取点坐标为（2,3），输入位移 5，则表示以（2,3）点为基准，沿纵横比为 3:2 的方向移动 5 个单位所确定的点为基点。

（3）模式(O)：控制是否自动重复该命令，用于确定复制模式是单个还是多个。

（4）阵列(A)：指定在线性阵列中排列的副本数量。

项目实例 12——绘制排风扇

本实例绘制图 1-83 所示的排风扇。

【操作步骤】

（1）在"默认"选项卡中单击"绘图"面板中的"矩形"按钮 ▢ ，在适当位置任选一点作为矩形起点，绘制一个 250×250 的矩形，如图 1-84 所示。

（2）在"默认"选项卡中单击"修改"面板中的"偏移"按钮 ⊜ ，选择步骤（1）绘制的矩形为偏移对象，将其向内进行偏移，偏移距离为 20，命令行提示与操作如下。

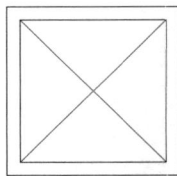

微课

项目实例 12——
绘制排风扇

图 1-83　排风扇

```
命令：_offset
当前设置：删除源=否　图层=源　OFFSETGAPTYPE=0
指定偏移距离或 [通过(T)/删除(E)/图层(L)] <通过>：20
选择要偏移的对象，或 [退出(E)/放弃(U)] <退出>：(选择矩形)
指定要偏移的那一侧上的点，或 [退出(E)/多个(M)/放弃(U)] <退出>：
选择要偏移的对象，或 [退出(E)/放弃(U)] <退出>：
```

结果如图 1-85 所示。

图 1-84　绘制 250×250 的矩形

图 1-85　偏移矩形

（3）在"默认"选项卡中单击"绘图"面板中的"直线"按钮 ，在步骤（2）偏移的矩形内绘制对角线，完成排风扇的绘制，如图 1-83 所示。

命令选项说明

（1）指定偏移距离：输入一个距离值，或按 Enter 键，使用当前的距离值，系统会把该距离值作为偏移距离，如图 1-86 所示。

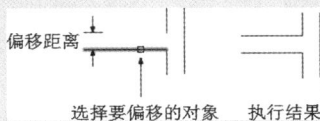

图 1-86　指定偏移距离

（2）通过(T)：指定偏移对象的通过点。选择该选项后会出现如下提示。

选择要偏移的对象，或 [退出(E)/放弃(U)] <退出>:（选择要偏移的对象，按 Enter 键结束操作）。

指定通过点或 [退出(E)/多个(M)/放弃(U)] <退出>:（指定偏移对象的一个通过点）。

操作完毕后，系统会根据指定的通过点绘制出偏移对象，如图 1-87 所示。

 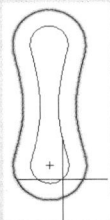 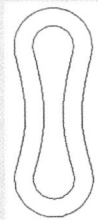

（a）要偏移的对象　　　（b）指定通过点　　　（c）执行结果

图 1-87　指定偏移对象的通过点

（3）删除(E)：偏移后，将源对象删除。选择该选项后会出现如下提示。

要在偏移后删除源对象吗？ [是(Y)/否(N)] <否>:。

（4）图层(L)：确定将偏移对象创建在当前图层上或源对象所在的图层上。选择该选项后会出现如下提示。

输入偏移对象的图层选项 [当前(C)/源(S)] <源>:。

项目实例 13——绘制点火分离器图形符号

微课

项目实例 13——绘制点火分离器图形符号

本实例绘制图 1-88 所示的点火分离器图形符号。

【操作步骤】

（1）绘制圆。单击"默认"选项卡中"绘图"面板中的"圆"按钮⊘，以（50,50）点为圆心，分别绘制半径为 1.5mm 和 20mm 的圆，如图 1-89 所示。

（2）绘制箭头。单击"默认"选项卡"绘图"面板中的"多段线"按钮⤵，通过改变线宽绘制箭头。起点宽度为 0，终点宽度为 1mm，箭头尺寸如图 1-90 所示。利用对象捕捉功能，使箭头的尾部位于圆 2 最右边的象限点上，如图 1-91 所示。

（3）绘制水平直线段。单击"默认"选项卡"绘图"面板中的"直线"按钮╱，启用对象捕捉和正交模式，以箭头尾部为起点，向右绘制一条长度为 7mm 的水平直线段，如图 1-92 所示。

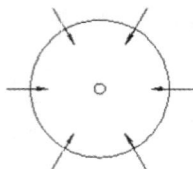

图 1-88　点火分离器图形符号

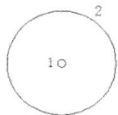

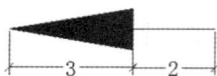

图 1-89　绘制圆　　　图 1-90　绘制箭头　　　图 1-91　设置箭头　　　图 1-92　绘制直线段

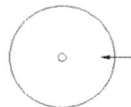

（4）阵列箭头。单击"默认"选项卡"修改"面板中的"环形阵列"按钮，阵列步骤（2）和步骤（3）绘制的箭头和直线段，命令行提示与操作如下。

```
命令：_arraypolar
选择对象：［选择步骤（2）和步骤（3）绘制的箭头和直线段］
选择对象：✓
类型 = 极轴　关联 = 否
指定阵列的中心点或［基点(B)/旋转轴(A)］：
选择夹点以编辑阵列或［关联(AS)/基点(B)/项目(I)/项目间角度(A)/填充角度(F)/行(ROW)/层(L)/旋转项目(ROT)/退出(X)］<退出>：i✓
输入阵列中的项目数或［表达式(E)］<6>：6✓
选择夹点以编辑阵列或［关联(AS)/基点(B)/项目(I)/项目间角度(A)/填充角度(F)/行(ROW)/层(L)/旋转项目(ROT)/退出(X)］<退出>：f✓
指定填充角度(+=逆时针、-=顺时针)或［表达式(EX)］<360>：✓
选择夹点以编辑阵列或［关联(AS)/基点(B)/项目(I)/项目间角度(A)/填充角度(F)/行(ROW)/层(L)/旋转项目(ROT)/退出(X)］<退出>：✓
```

结果如图 1-88 所示。

项目实例 14——绘制热继电器动断触点图形符号

本实例绘制图 1-93 所示的热继电器动断触点图形符号。

【操作步骤】

（1）新建文件。启动 AutoCAD 2020 应用程序，单击快速访问工具栏中的"打开"按钮，系统弹出"选择文件"对话框，打开资源包中的源文件\1\绘制动断（常闭）触点符号.dwg 文件，单击"打开"按钮，设置保存路径，命名为"热

微课

项目实例 14——绘制热继电器动断触点图形符号

图 1-93　热继电器动断触点图形符号

继电气动断触点.dwg"并保存。

（2）绘制虚线 2。单击"默认"选项卡"绘图"面板中的"直线"按钮 ╱，以图 1-94（a）中直线段 1 的上端点为起点，水平向右绘制长度为 6mm 的直线段，并将绘制的直线段线型改为虚线，如图 1-94（b）所示。

（3）平移虚线段 2。单击"默认"选项卡"修改"面板中的"移动"按钮 ✛，将虚线段 2 向左上方平移，命令行提示与操作如下。

```
命令：_move
选择对象：找到 1 个（选择虚线段 2）
选择对象：✓
指定基点或 [位移(D)] <位移>：（单击虚线段 2 的右端点）
指定第二个点或 <使用第一个点作为位移>：（单击斜线中点）
```

结果如图 1-94（c）所示。

（4）绘制连续直线段。单击"默认"选项卡"绘图"面板中的"直线"按钮 ╱，在对象捕捉和正交模式下，依次绘制直线段 3、直线段 4、直线段 5。绘制方法如下：捕捉虚线段 2 的右端点，以其为起点，向上绘制长度为 2mm 的竖直直线段 3；捕捉直线段 3 的上端点，以其为起点，向左绘制长度为 1.5mm 的水平直线段 4；捕捉直线段 4 的左端点，向上绘制长度为 1.5mm 的竖直直线段 5，如图 1-94（d）所示。

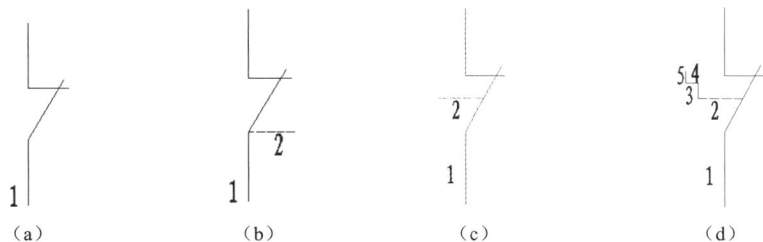

图 1-94　绘制热继电器动断触点图形符号

（5）镜像直线段。单击"默认"选项卡"修改"面板中的"镜像"按钮 ⚠，以虚线段 2 为镜像线，对直线段 3、直线段 4、直线段 5 进行镜像操作，命令行提示与操作如下。

```
命令：_mirror
选择对象：找到 3 个（选择直线段 3、直线段 4、直线段 5）
选择对象：✓
指定镜像线的第一点：（单击虚线段 2 的左端点）
指定镜像线的第二点：（单击虚线段 2 的右端点）
要删除源对象吗？ [是(Y)/否(N)] <否>：✓
```

结果如图 1-93 所示。

项目实例 15——绘制熔断式隔离开关图形符号

本实例绘制图 1-95 所示的熔断式隔离开关图形符号。

【操作步骤】

（1）单击"默认"选项卡"绘图"面板中的"直线"按钮 ╱，绘制 1 条水平直线段和 3 条首尾相连的竖直直线段，其中上面两条竖直直线段以水平直线段为分界点，下面两条竖直直线段以图 1-96 中的点 1 为分界点。

图 1-95　熔断式隔离开关图形符号

> **注意**　这里绘制的 3 条首尾相连的竖直直线段不能用一条线段代替，否则无法进行后续操作。

（2）单击"默认"选项卡"绘图"面板中的"矩形"按钮 ▭，绘制一个穿过中间竖直直线段的矩形，如图 1-97 所示。

（3）单击"默认"选项卡"修改"面板中的"旋转"按钮 ↻，捕捉图 1-98 中的端点，旋转矩形和中间的竖直直线段，命令行提示与操作如下。

```
命令：_rotate
UCS 当前的正角方向：ANGDIR=逆时针　ANGBASE=0
选择对象：（选择矩形和中间的竖直直线段）
选择对象：↙
指定基点：（捕捉图 1-98 中的端点）
指定旋转角度，或 [复制(C)/参照(R)] <0>：（指定合适的角度）
```

结果如图 1-95 所示。

图 1-96　绘制线段　　　　　图 1-97　绘制矩形　　　　　图 1-98　捕捉端点

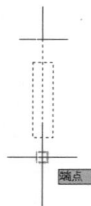

项目实例 16——绘制加热器

本实例绘制图 1-99 所示的加热器。

【操作步骤】

（1）在"默认"选项卡中单击"绘图"面板中的"多边形"按钮 ⬠，绘制一个正三角形，命令行提示与操作如下。

```
命令：_polygon
输入侧面数 <4>：3
指定正多边形的中心点或 [边(E)]：
输入选项 [内接于圆(I)/外切于圆(C)] <I>：
指定圆的半径：
```

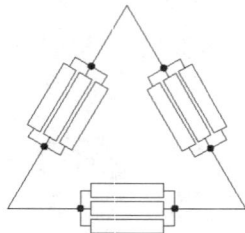

图 1-99　加热器

结果如图 1-100 所示。

（2）在"默认"选项卡中单击"绘图"面板中的"矩形"按钮 ⬜，绘制两个大小不同的矩形，如图 1-101 所示。

（3）在"默认"选项卡中单击"修改"面板中的"复制"按钮 ⬚，复制小矩形，命令行提示与操作如下。

```
命令：COPY
找到 1 个（选择步骤（2）绘制的小矩形）
当前设置：复制模式 = 多个
指定基点或 [位移(D)/模式(O)] <位移>：选择大矩形左边中点
指定第二个点或 [阵列(A)] <使用第一个点作为位移>：按 F8 键，将小矩形复制到大矩形的上下两条边上
指定第二个点或 [阵列(A)/退出(E)/放弃(U)] <退出>：
```

结果如图 1-102 所示。

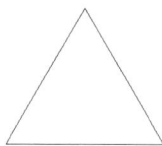

图 1-100　绘制三角形　　　　图 1-101　绘制矩形　　　　图 1-102　复制小矩形

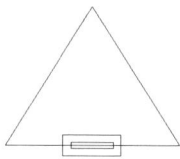

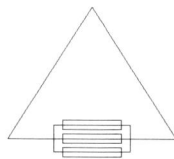

（4）在"默认"选项卡中单击"修改"面板中的"修剪"按钮 ✂，将多余的线条删除，命令行提示与操作如下。

```
命令：_trim
当前设置：投影=UCS，边=无
选择剪切边...
选择对象或 <全部选择>：
选择要修剪的对象，或按住 Shift 键选择要延伸的对象，或[栏选(F)/窗交(C)/投影(P)/边(E)/删除(R)/
放弃(U)]：(选取线段)
选择要修剪的对象，或按住 Shift 键选择要延伸的对象，或[栏选(F)/窗交(C)/投影(P)/边(E)/删除(R)/
放弃(U)]：(选取线段)
选择要修剪的对象，或按住 Shift 键选择要延伸的对象，或[栏选(F)/窗交(C)/投影(P)/边(E)/删除(R)/
放弃(U)]：(选取线段)
选择要修剪的对象，或按住 Shift 键选择要延伸的对象，或[栏选(F)/窗交(C)/投影(P)/边(E)/删除(R)/
放弃(U)]：
```

（5）在"默认"选项卡中单击"修改"面板中的"旋转"按钮 ↻，分别以加热单元左右线段的端点为基点，复制并旋转加热单元到 60° 和 -60° 的位置。

（6）在"默认"选项卡中单击"绘图"面板中的"圆环"按钮 ◉，在导线交点处绘制实心圆环，表示导线连接，命令行提示与操作如下。

```
命令：DONUT
指定圆环的内径 <0.0000>：
指定圆环的外径 <5.0000>：2
指定圆环的中心点或 <退出>：
指定圆环的中心点或 <退出>：
指定圆环的中心点或 <退出>：
```

指定圆环的中心点或 <退出>：
指定圆环的中心点或 <退出>：
指定圆环的中心点或 <退出>：

结果如图 1-99 所示。

技巧　修剪对象时不仅支持点选、框选等常用的选择方式，而且可以不断累积选择。当然，最简单的选择方式是当出现选择修剪边界的相关提示时，直接按空格键或 Enter 键，此时将把绘图区中的所有图形作为修剪边界，以修剪图中的任意对象。将所有对象作为修剪对象省略了选择修剪边界的操作，因此大多数设计人员选择使用这种方式。但笔者建议具体情况具体对待，不要什么情况都使用这种方式。

命令选项说明　（1）按住 Shift 键：选择要修剪的对象时，如果按住 Shift 键，系统会自动将"修剪"命令转换成"延伸"命令。

（2）边(E)：选择该选项时，可以选择对象的修剪方式，即延伸和不延伸。

① 延伸(E)：延伸边界以进行修剪。在此方式下，如果剪切边没有与要修剪的对象相交，系统会延伸剪切边直至与要修剪的对象相交（剪切边的延伸不会实际绘出），然后进行修剪，如图 1-103 所示。

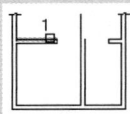

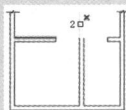

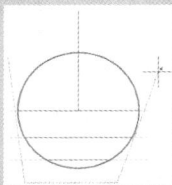

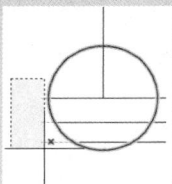

（a）选择剪切边　　（b）选择要修剪的对象　　（c）修剪结果

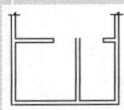

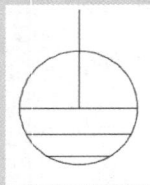

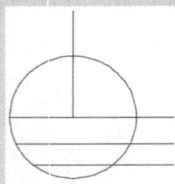

图 1-103　以延伸边界的方式修剪对象

② 不延伸(N)：不延伸边界并修剪对象。只修剪与剪切边相交的对象。

（3）栏选(F)：选择该选项时，系统将以"栏选"的方式选择修剪对象，如图 1-104 所示。

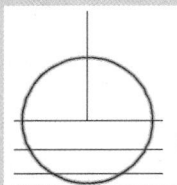

（a）选择剪切边　　（b）选择要修剪的对象　　（c）修剪结果

图 1-104　以"栏选"的方式选择修剪对象

（4）窗交(C)：选择该选项时，系统将以"窗交"的方式选择修剪对象，如图 1-105 所示。

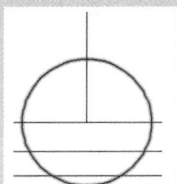

（a）选择剪切边　　（b）选择要修剪的对象　　（c）修剪结果

图 1-105　以"窗交"的方式选择修剪对象

项目实例17——绘制动断按钮符号

本实例利用"直线"和"偏移"等命令绘制动断按钮符号的基本轮廓，然后利用"修剪""删除""延伸"等命令对图形进行细化处理，结果如图1-106所示。在绘制过程中，应熟练掌握"延伸"命令的运用。

图1-106 动断按钮符号

【操作步骤】

（1）在"默认"选项卡中单击"图层"面板中的"图层特性"按钮，打开"图层特性管理器"选项板，新建如下两个图层。

① 将第一个图层命名为"实线"，采用默认属性。

② 将第二个图层命名为"虚线"，线型为ACAD_ISO02W100，其余属性采用默认设置。

（2）将"实线"图层设置为当前图层。在"默认"选项卡中单击"绘图"面板中的"直线"按钮，绘制初步图形，如图1-107所示。

（3）在"默认"选项卡中单击"绘图"面板中的"直线"按钮，分别以图1-107中的 a 点和 b 点为起点，竖直向下绘制长度为3.5mm的直线段，结果如图1-108所示。

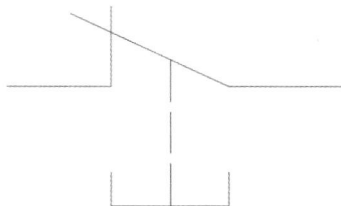

图1-107 绘制初步图形

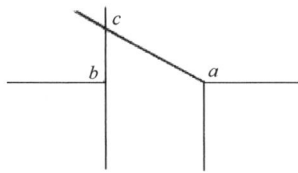

图1-108 绘制直线段（1）

（4）在"默认"选项卡中单击"绘图"面板中的"直线"按钮，以图1-108中的 a 点为起点、b 点为终点，绘制直线段 ab，结果如图1-109所示。

（5）在"默认"选项卡中单击"绘图"面板中的"直线"按钮，捕捉直线段 ab 的中点，以其为起点，竖直向下绘制长度为3.5mm的直线段，并将其所在图层更改为"虚线"，如图1-110所示。

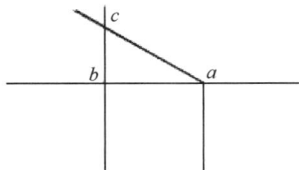

图1-109 绘制直线段（2）

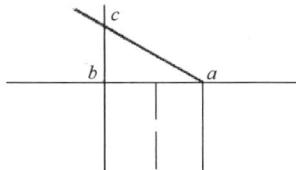

图1-110 绘制虚线段

（6）在"默认"选项卡中单击"修改"面板中的"偏移"按钮，以直线段 ab 为起始边，偏移出两条水平直线段，偏移距离分别为2.5mm和3.5mm，如图1-111所示。

（7）在"默认"选项卡中单击"修改"面板中的"修剪"按钮和"删除"按钮，对图形进行修剪，并删除直线段 ab，结果如图1-112所示。

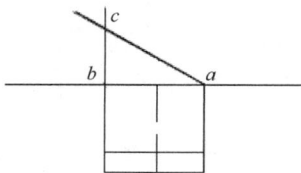

图 1-111　偏移线段　　　　　　　　　　图 1-112　修剪图形

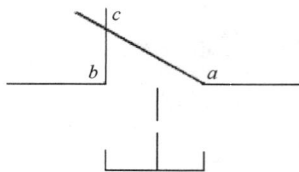

（8）在"默认"选项卡中单击"修改"面板中的"延伸"按钮，选择虚线段作为延伸对象，将其延伸到斜线 *ac* 上，命令行提示与操作如下。

```
命令：_extend
当前设置：投影=UCS，边=无
选择边界的边...
选择对象或 <全部选择>：（选取斜边 ac）
选择对象：
选择要延伸的对象，或按住 Shift 键选择要修剪的对象，或[栏选(F)/窗交(C)/投影(P)/边(E)/放弃
(U)]：（选取虚线段）
选择要延伸的对象，或按住 Shift 键选择要修剪的对象，或[栏选(F)/窗交(C)/投影(P)/边(E)/放弃(U)]：
```

结果如图 1-106 所示。

教你一招

（1）系统规定可以用作边界对象的有直线段、射线、双向无限长线、圆弧、圆、椭圆、二维和三维多段线、样条曲线、文本、浮动的视口和区域。如果选择二维多段线作为边界对象，系统会忽略其宽度，而把对象延伸至多段线的中心线上。如果要延伸的对象是适配样条多段线，则延伸后会在多段线的控制框上增加新节点。如果要延伸的对象是锥形的多段线，系统会修正延伸端的宽度，使多段线从起始端平滑地延伸至新的终止端。如果延伸操作导致新终止端的宽度为负值，则取宽度值为 0，如图 1-113 所示。

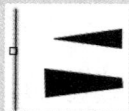

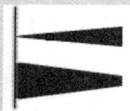

（a）选择边界对象　　（b）选择要延伸的多段线　　（c）延伸结果

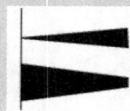

图 1-113　延伸对象

（2）选择要延伸的对象时，如果按住 Shift 键，系统会自动将"延伸"命令转换成"修剪"命令。

项目实例 18——绘制管式混合器符号

本实例利用"直线"和"多段线"命令绘制管式混合器符号的基本轮廓，再利用"拉伸"命令细化图形，结果如图 1-114 所示。

图 1-114　管式混合器符号

微课

项目实例 18——绘制管式混合器符号

【操作步骤】

（1）在"默认"选项卡中单击"绘图"面板中的"直线"按钮 ╱ ，在空白位置绘制连续直线段，如图 1-115 所示。

（2）在"默认"选项卡中单击"绘图"面板中的"直线"按钮 ╱ ，在步骤（1）所绘图形的左右两侧分别绘制两条竖直直线段，如图 1-116 所示。

（3）在"默认"选项卡中单击"绘图"面板中的"多段线"按钮 ⌐⊃ 和"直线"按钮 ╱ ，绘制图 1-117 所示的图形。

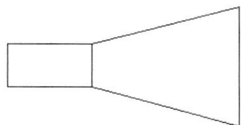

图 1-115　绘制连续直线段　　　　图 1-116　绘制竖直直线段　　　　图 1-117　绘制多段线和直线段

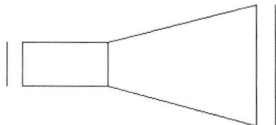

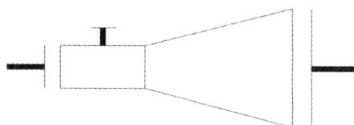

（4）在"默认"选项卡中单击"修改"面板中的"拉伸"按钮 ▵ ，选择右侧多段线为拉伸对象并对其进行拉伸操作，命令行提示与操作如下。

```
命令：_stretch
以交叉窗口或交叉多边形选择要拉伸的对象…
选择对象：（框选右侧的水平多段线）
选择对象：
指定基点或 [位移(D)] <位移>：（选择水平多段线右端点）
指定第二个点或 <使用第一个点作为位移>：（在水平方向上指定一点）
```

结果如图 1-114 所示。

技巧　　　使用 STRETCH 命令仅移动位于交叉选择窗口内的顶点和端点，而不更改那些位于交叉选择窗口外的顶点和端点。此外，部分包含在交叉选择窗口内的对象也会被拉伸。

教你一招　　（1）必须采用"窗交(C)"方式选择拉伸对象。

（2）拉伸选择对象时，指定第一个点后，若指定第二个点，系统将根据这两点决定矢量拉伸对象。若直接按 Enter 键，系统不会把第一个点作为 X 轴和 Y 轴的分量值。

项目实例 19——绘制单向击穿二极管

微课

项目实例19——
绘制单向击穿二极管

本实例绘制图 1-118 所示的单向击穿二极管。

【操作步骤】

（1）在"默认"选项卡中单击"绘图"面板中的"多边形"按钮 ⬠ ，绘制边长为 10mm 的正三角形，结果如图 1-119 所示。

（2）在"默认"选项卡中单击"绘图"面板中的"直线"按钮 ╱ ，在正交和对象捕捉模式下，捕捉正三角形最上面的顶点 A，以其为起点，向上绘制一条长度为 10mm 的竖直直线段，

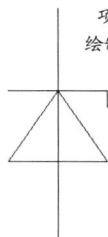

图 1-118　单向击穿二极管

如图 1-120 所示。

（3）在"默认"选项卡中单击"修改"面板中的"拉长"按钮 ∕，将步骤（2）绘制的竖直直线段向下拉长 18mm，命令行提示与操作如下。

```
命令：_lengthen
选择对象或 [增量(DE)/百分比(P)/总计(T)/动态(DY)]: de
输入长度增量或 [角度(A)] <0.0000>: 18
选择要修改的对象或 [放弃(U)]:（选择竖直直线段的下半部分）
选择要修改的对象或 [放弃(U)]:
```

结果如图 1-121 所示。

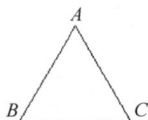

图 1-119　绘制正三角形　　　　图 1-120　绘制竖直直线段　　　　图 1-121　拉长竖直直线段

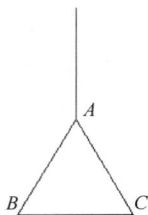

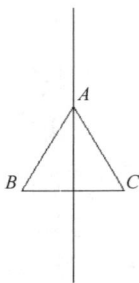

（4）在"默认"选项卡中单击"绘图"面板中的"直线"按钮 ∕，在正交和对象捕捉模式下捕捉点 A，向左绘制一条长度为 5mm 的水平直线段 1，如图 1-122 所示。

（5）在"默认"选项卡中单击"修改"面板中的"镜像"按钮 ⚌，对水平直线段 1 进行镜像操作，结果如图 1-123 所示。

（6）在"默认"选项卡中单击"绘图"面板中的"直线"按钮 ∕，以图 1-123 中的水平直线段 2 的右端点为起点，向下绘制长度为 2mm 的竖直直线段，如图 1-118 所示。至此，完成单向击穿二极管的绘制。

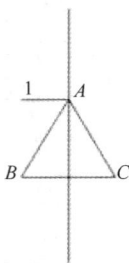

图 1-122　绘制水平直线段　　　　　　　图 1-123　镜像水平直线段

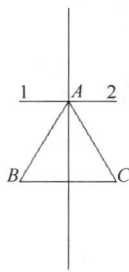

命令选项说明

（1）增量(DE)：用指定增加量的方法来改变对象的长度或角度。

（2）百分比(P)：用指定要修改对象的长度占总长度的百分比的方法来改变圆弧或直线段的长度。

（3）总计(T)：用指定新的总长度或总角度值的方法来改变对象的长度或角度。

（4）动态(DY)：在该模式下，可以使用拖曳鼠标的方法来动态地改变对象的长度或角度。

教你一招

"拉伸"和"拉长"命令的区别如下。

"拉伸"和"拉长"命令都可以改变对象的大小，不同的是，"拉伸"命令可以一次性框选多个对象，不仅会改变对象的大小，还会改变对象的形状；而"拉长"命令只改变对象的长度或角度，且不受边界的局限，可拉长的对象包括直线段、弧线和样条曲线等。

项目实例 20——绘制配套连接器

本实例绘制图 1-124 所示的配套连接器。

项目实例 20——
绘制配套连接器

【操作步骤】

（1）在"默认"选项卡中单击"绘图"面板中的"矩形"按钮 ▭，绘制一个边长为 50mm 的正方形，如图 1-125 所示。

（2）在"默认"选项卡中单击"修改"面板中的"分解"按钮，对矩形进行分解。

（3）在"默认"选项卡中单击"绘图"面板中的"直线"按钮 ，捕捉矩形上下两条边线的中点，绘制一条竖直直线段，如图 1-126 所示。

图 1-124　配套连接器

（4）在"默认"选项卡中单击"修改"面板中的"圆角"按钮 ，对矩形的左侧进行倒圆角处理，圆角半径为 10mm，命令行提示与操作如下。

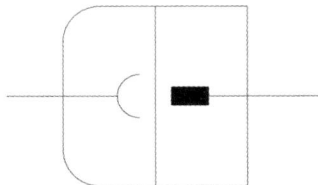

```
命令: _fillet
当前设置: 模式 = 修剪, 半径 = 0.0000
选择第一个对象或 [放弃(U)/多段线(P)/半径(R)/修剪(T)/多个(M)]: R
指定圆角半径 <0.0000>: 10
选择第一个对象或 [放弃(U)/多段线(P)/半径(R)/修剪(T)/多个(M)]: M
选择第一个对象或 [放弃(U)/多段线(P)/半径(R)/修剪(T)/多个(M)]: （选取矩形的上边线）
选择第二个对象, 或按住 Shift 键选择对象以应用角点或 [半径(R)]: （选取矩形的左侧边线）
选择第一个对象或 [放弃(U)/多段线(P)/半径(R)/修剪(T)/多个(M)]: （选取矩形的左侧边线）
选择第二个对象, 或按住 Shift 键选择对象以应用角点或 [半径(R)]: （选取矩形的下边线）
```

结果如图 1-127 所示。

图 1-125　绘制正方形　　　　图 1-126　绘制竖直直线段　　　　图 1-127　圆角处理

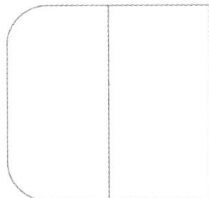

（5）在"默认"选项卡中单击"绘图"面板中的"圆弧"按钮 ，在图中适当位置绘制一段半径为 6mm 的圆弧，如图 1-128 所示。

（6）在"默认"选项卡中单击"绘图"面板中的"直线"按钮 ，捕捉圆弧的左侧中点，绘制一条长度为 30mm 的水平直线段，如图 1-129 所示。

（7）在"默认"选项卡中单击"绘图"面板中的"矩形"按钮 ▭ ，在图中适当位置绘制一个 10mm×5mm（长×宽）的矩形。

（8）在"默认"选项卡中单击"绘图"面板中的"图案填充"按钮▨，打开"图案填充创建"选项卡，选择 SOLID 图案，对步骤（7）创建的矩形进行图案填充，结果如图 1-130 所示。

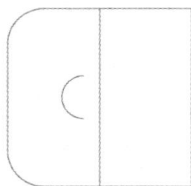
图 1-128　绘制圆弧

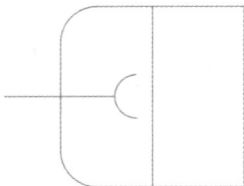
图 1-129　绘制水平直线段

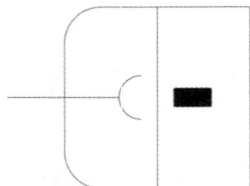
图 1-130　填充图案

（9）在"默认"选项卡中单击"绘图"面板中的"直线"按钮 ╱ ，捕捉小矩形的右侧中点，绘制一条长度为 30mm 的水平直线段，结果如图 1-124 所示。

命令选项说明

（1）多段线(P)：在一条二维多段线的两条直线段的节点处插入平滑的圆弧。选择多段线后，系统会根据指定的圆弧半径，把多段线的各顶点用平滑的圆弧连接起来。

（2）修剪(T)：决定在用圆角连接两条边时，是否修剪这两条边，如图 1-131 所示。

（a）修剪

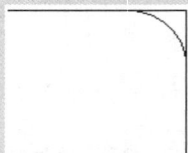
（b）不修剪

图 1-131　圆角连接的两种方式

（3）多个(M)：可以同时对多个对象进行圆角处理，而不必重新启用命令。

（4）按住 Shift 键并选择两条直线段，可以快速创建零距离倒角或零半径圆角。

教你一招

几种情况下的圆角。

（1）当两条线段相交或不相连时，利用圆角进行修剪和延伸。如果将圆角半径设置为 0，则不会创建圆弧，操作对象将被修剪或延伸直到它们相交。当两条线段相交或不相连时，使用"圆角"命令可以自动进行修剪和延伸，比单独使用"修剪"和"延伸"命令更方便。

（2）对平行直线段倒圆角。不仅可以对相交或不相连的线段倒圆角，对平行的直线段、构造线和射线同样可以倒圆角。对平行的直线段进行倒圆角时，系统将忽略原来的圆角设置，自动调整圆角半径，生成以圆弧连接的两条直线段。这在绘制键槽或类似零件时比较方便。对平行线倒圆角时，第一个选定对象必须是直线段或射线，不能是构造线，因为构造线没有端点，但其可以作为倒圆角的第二个对象。

（3）对多段线加圆角或删除圆角。如果想在多段线上适合圆角半径的每条线段的顶点处插入相同长度的圆弧，可在倒圆角时选择"多段线(P)"选项；如果想删除多段线上的圆角和圆弧线，也可以使用"多段线(P)"选项，只需将圆角半径设置为 0，"圆角"命令将删除该圆弧并延伸直线段，直到它们相交。

项目实训——电线杆绘制

为了把发电厂发出的电能输送给用户，必须有电力输送线路，电线杆是其中的一个重要组成部分。其绘制思路如下：把电线杆的绘制分成绘制基本图形和标注基本图形两个部分，先绘制基本图形，然后标注基本图形以完成整个图形的绘制，结果如图 1-132 所示。

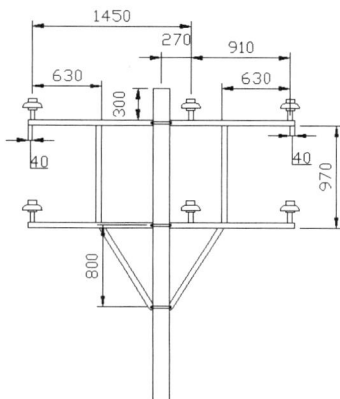

图 1-132　电线杆

一、设置绘图环境

（1）建立新文件。打开 AutoCAD 2020，单击快速访问工具栏中的"新建"按钮，在弹出的"选择样板"对话框中单击"打开"按钮右侧的下拉按钮，在弹出的下拉列表中选择以"无样板打开-公制"方式建立新文件，将新文件命名为"电线杆.dwg"并保存。

（2）开启栅格显示。单击状态栏中的"栅格"按钮，或者按 F7 键，在绘图区中显示栅格，命令行中会提示"命令: <栅格 开>"。若想关闭栅格，可以再次单击状态栏中的"栅格"按钮，或者按 F7 键。

二、绘制图形

1. 绘制基本杆体

（1）单击"默认"选项卡"绘图"面板中的"矩形"按钮，绘制起点在原点的大小为150mm×3000mm 的矩形，结果如图 1-133 所示。

（2）单击"默认"选项卡"绘图"面板中的"矩形"按钮▢，绘制起点在图 1-134 所示的中点，大小为 1220mm×50mm 的矩形，结果如图 1-135 所示。

（3）单击"默认"选项卡"修改"面板中的"镜像"按钮⚖，以通过图 1-134 所示中点的垂直直线段为镜像线，把大小为 1220mm×50mm 的矩形镜像复制到左边，结果如图 1-136 所示。

图 1-133　绘制矩形　　　图 1-134　捕捉中点　　　图 1-135　绘制矩形　　　图 1-136　镜像复制矩形

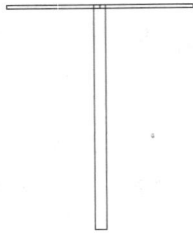

（4）单击"默认"选项卡"修改"面板中的"移动"按钮✛，把两个大小为 1220mm×50mm 的矩形垂直向下移动，移动距离为 300mm，结果如图 1-137 所示。

（5）单击"默认"选项卡"修改"面板中的"复制"按钮🗍，把两个大小为 1220mm×50mm 的矩形垂直向下复制，复制距离为 970mm，结果如图 1-138 所示。

2. 绘制绝缘子

（1）单击"默认"选项卡"绘图"面板中的"矩形"按钮▢，绘制长为 80mm、宽为 40mm 的矩形，如图 1-139 所示。

（2）单击"默认"选项卡"修改"面板中的"分解"按钮🗗，对矩形进行分解；单击"默认"选项卡"修改"面板中的"偏移"按钮⊆，将直线段 4 向下偏移，偏移距离为 48mm，如图 1-140 所示。

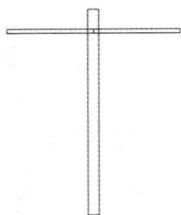

图 1-137　移动矩形　　　图 1-138　复制矩形　　　图 1-139　绘制矩形　　　图 1-140　偏移直线段

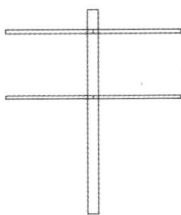

（3）单击"默认"选项卡"修改"面板中的"拉长"按钮╱，将直线段向左右两端分别拉长 48mm，结果如图 1-141 所示。

（4）单击"默认"选项卡"绘图"面板中的"圆弧"按钮⌒，选择"起点，圆心，端点"方式，起点选择图 1-141 所示的 A 点，圆心选择 B 点，端点选择 C 点，绘制图 1-142（a）所示的圆弧，用同样的方法绘制左边的圆弧，如图 1-142（b）所示。

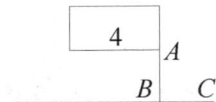

图 1-141　拉长直线段

（5）单击"默认"选项卡"绘图"面板中的"矩形"按钮▢，以 O 点为起点，绘制长为 80mm、宽为 20mm 的矩形，如图 1-143（a）所示。

（6）单击"默认"选项卡"绘图"面板中的"矩形"按钮▢，以 M 点为起点，绘制长为 96mm、宽为 40mm 的矩形，如图 1-143（b）所示。

（7）单击"默认"选项卡"修改"面板中的"移动"按钮✛，将矩形以 M 为基点向右移动 20mm，结果如图 1-143（c）所示。

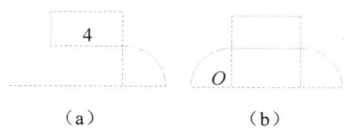

图 1-142　绘制圆弧

（a）　　　　（b）

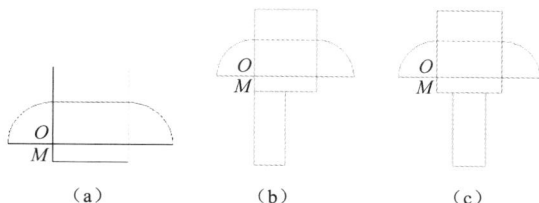

（a）　　　　（b）　　　　（c）

图 1-143　绘制矩形

（8）单击"默认"选项卡"修改"面板中的"删除"按钮🖋，删除多余的直线段，完成绝缘子图形的绘制，如图 1-144 所示。

3．完成绘制

（1）单击"默认"选项卡"修改"面板中的"移动"按钮✛，把绝缘子图形以图 1-145 所示中点为移动基准点，以图 1-146 所示端点为移动目标点进行移动，结果如图 1-147 所示。

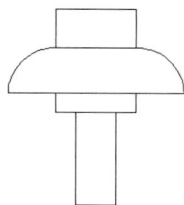

图 1-144　绝缘子

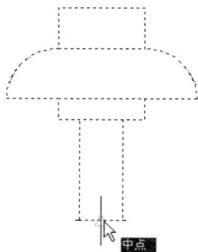

图 1-145　捕捉中点

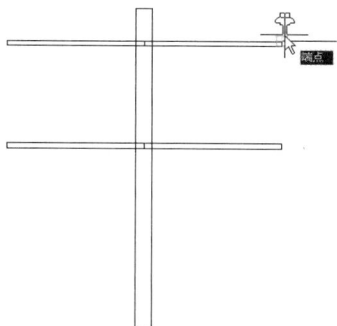

图 1-146　捕捉端点

（2）单击"默认"选项卡"修改"面板中的"移动"按钮✛，把绝缘子图形向左边移动，移动距离为 40mm，结果如图 1-148 所示。

（3）单击"默认"选项卡"修改"面板中的"复制"按钮🖧，把绝缘子图形向左边复制，复制距离为 910mm，结果如图 1-149 所示。

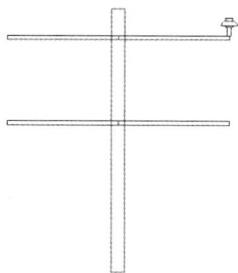

图 1-147　移动绝缘子

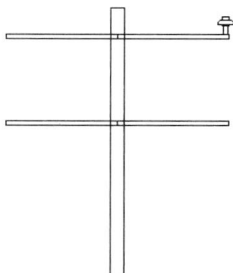

图 1-148　左移绝缘子

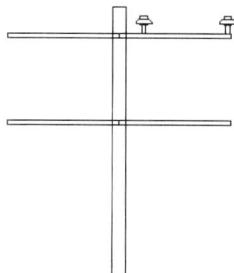

图 1-149　复制绝缘子

（4）单击"默认"选项卡"修改"面板中的"复制"按钮🖧，以图 1-150 所示端点为复制基准点，把两个绝缘子图形垂直向下复制到下边的横栏上，结果如图 1-151 所示。

（5）单击"默认"选项卡"修改"面板中的"镜像"按钮⚊，以通过图 1-152 所示中点垂直直线段为镜像线，把右边两个绝缘子图形对称复制，结果如图 1-153 所示。

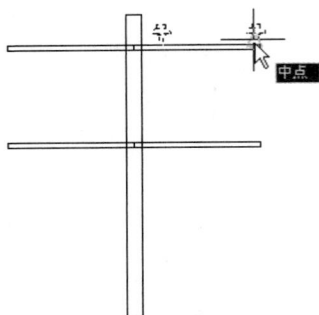

图 1-150　捕捉中点

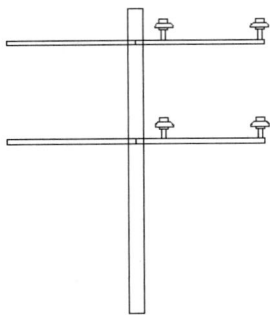

图 1-151　复制绝缘子

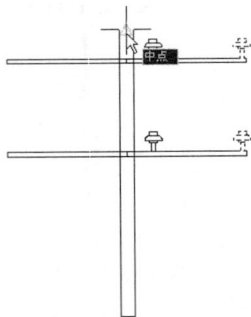

图 1-152　捕捉中点

（6）选择"视图"选项卡"导航"面板中"范围"下拉列表中的"实时"选项，局部放大图 1-154 所示的图形，预备下一步操作。

（7）单击"默认"选项卡"绘图"面板中的"矩形"按钮▢，绘制起点在图 1-155 所示的中点，大小为 85mm×10mm 的矩形，效果如图 1-156（a）所示。

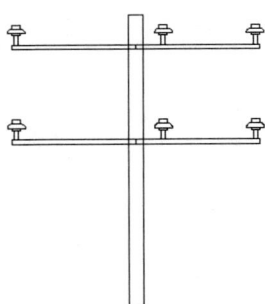

图 1-153　复制图形

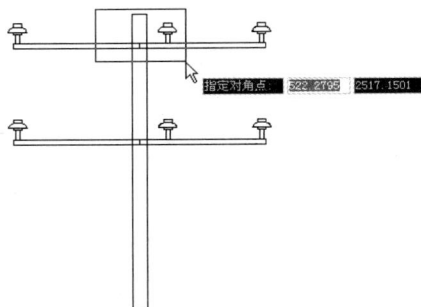

图 1-154　捕捉图形

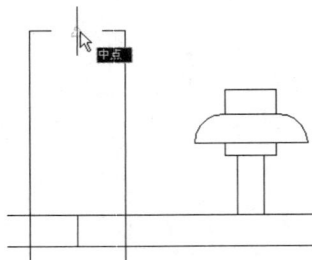

图 1-155　捕捉中点

（8）单击"默认"选项卡"修改"面板中的"镜像"按钮⚖，以 85mm×10mm 的矩形下边为镜像线，把该矩形对称复制，结果如图 1-156（b）所示。

（9）单击"默认"选项卡"修改"面板中的"分解"按钮🗂，把两个 85mm×10mm 的矩形分解成线条。

（10）单击"默认"选项卡"修改"面板中的"删除"按钮✎，删除两个 85mm×10mm 矩形的左右两边和中间的线条，结果如图 1-157 所示。

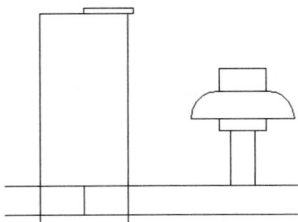

（a）

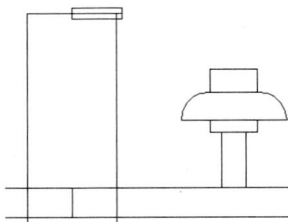

（b）

图 1-156　绘制矩形

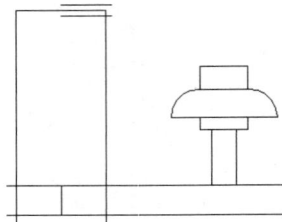

图 1-157　分解并删除图形

（11）单击"默认"选项卡"修改"面板中的"圆角"按钮⌒，然后单击图 1-158 所示的两条平行线段，创建圆弧，结果如图 1-159 所示。

（12）单击"默认"选项卡"绘图"面板中的"圆"按钮⊙，以半圆弧的圆心为圆心，绘制直径为 10mm 的圆，结果如图 1-160 所示。

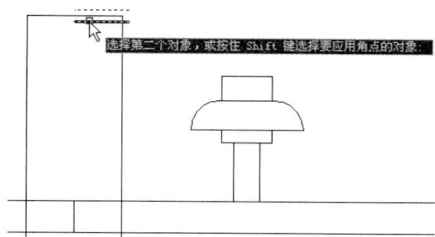

图 1-158　选择对象　　　　图 1-159　创建圆弧　　　　图 1-160　绘制圆

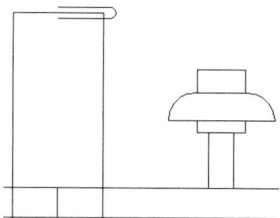

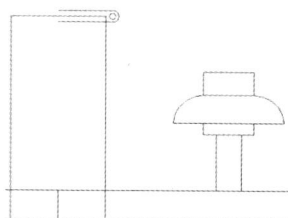

（13）单击"默认"选项卡"修改"面板中的"镜像"按钮⚐，把半边螺栓套图形向左对称复制，结果如图 1-161 所示。

（14）单击"默认"选项卡"修改"面板中的"移动"按钮✥，把螺栓套图形向下移动，移动距离为 325mm，结果如图 1-162 所示。

（15）单击"默认"选项卡"修改"面板中的"复制"按钮❀，把螺栓套图形向下复制，复制距离为 970mm，结果如图 1-163 所示。

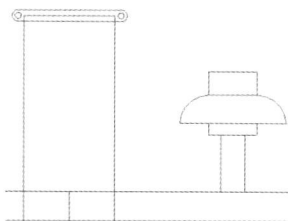

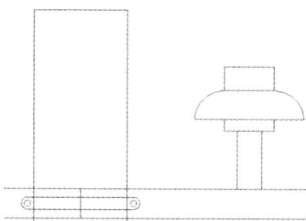

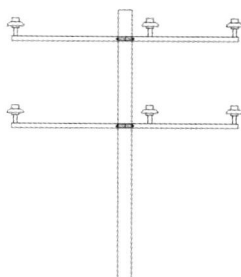

图 1-161　镜像半边螺栓套图形　　　图 1-162　移动螺栓套图形　　　图 1-163　复制螺栓套图形

（16）单击"默认"选项卡"修改"面板中的"修剪"按钮✂，以图 1-164 所示矩形为修剪边，修剪掉鼠标指针处的线条，结果如图 1-165 所示。

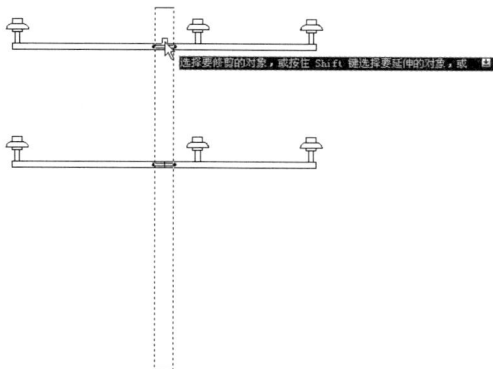

图 1-164　选择修剪边　　　　　　　　图 1-165　修剪结果

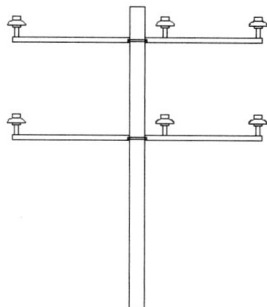

（17）单击"默认"选项卡"绘图"面板中的"矩形"按钮▢，局部放大后，绘制起点

在图 1-166 所示的端点，大小为 50mm×920mm 的矩形，结果如图 1-167 所示。

（18）单击"默认"选项卡"修改"面板中的"移动"按钮✛，将 50mm×920mm 的矩形向右移动 475mm，结果如图 1-168 所示。

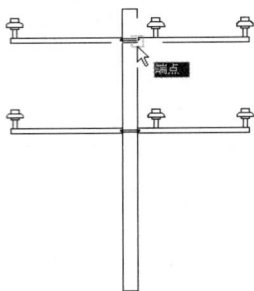

图 1-166　捕捉端点　　　　　图 1-167　绘制矩形　　　　　图 1-168　移动矩形

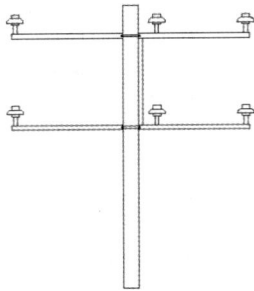

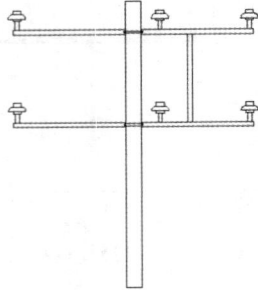

（19）单击"默认"选项卡"修改"面板中的"复制"按钮❀，将图 1-169 所示的螺栓套图形向下复制，复制距离为 800mm，结果如图 1-170 所示。

（20）选择"视图"选项卡"导航"面板中的"范围"下拉列表中的"实时"选项，局部放大图 1-171 所示的图形，预备下一步操作，结果如图 1-172 所示。

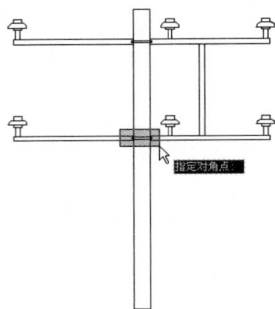

图 1-169　捕捉图形　　　　　图 1-170　复制图形　　　　　图 1-171　捕捉图形

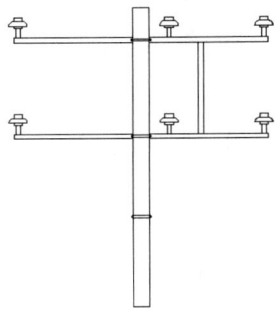

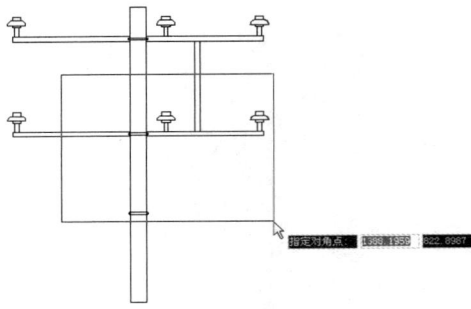

（21）单击"默认"选项卡"修改"面板中的"圆角"按钮⌒，单击图 1-173 中鼠标指针处的两条平行线段，创建圆弧，结果如图 1-174 所示。

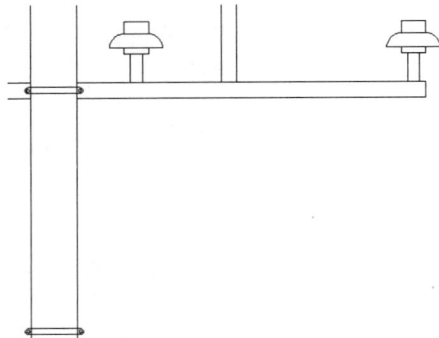

图 1-172　局部放大图形　　　　　　　　图 1-173　捕捉平行线段

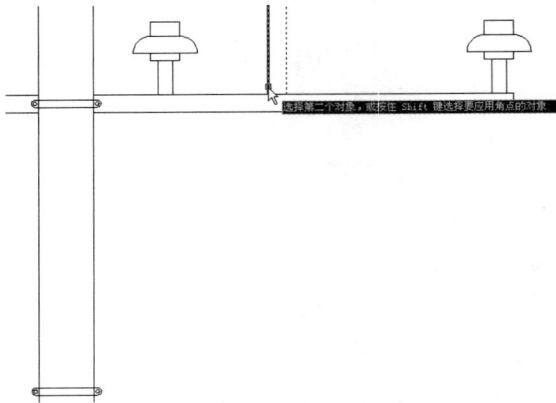

（22）单击"默认"选项卡"绘图"面板中的"直线"按钮 ╱，绘制图 1-175 和图 1-176 所示的两个圆心的连线，结果如图 1-177 所示。

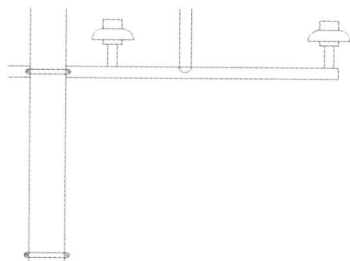

图 1-174　创建圆弧　　　　图 1-175　捕捉起点　　　　图 1-176　捕捉终点

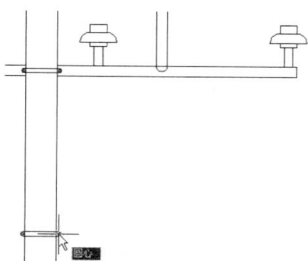

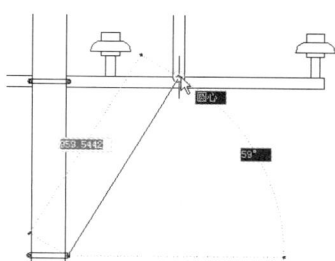

（23）单击"默认"选项卡"修改"面板中的"偏移"按钮 ⊂，把斜线向两边偏移复制，复制距离为 25mm，结果如图 1-178 所示。

（24）单击"默认"选项卡"修改"面板中的"删除"按钮 ✎，删除斜线和绘制的圆弧，结果如图 1-179 所示。

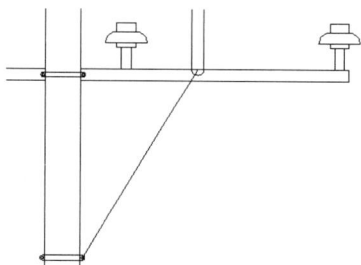

图 1-177　绘制斜线　　　　图 1-178　偏移复制斜线　　　　图 1-179　删除图形

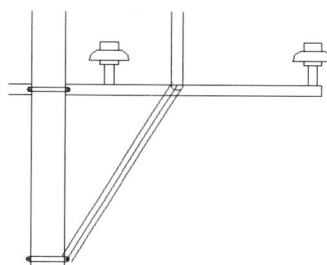

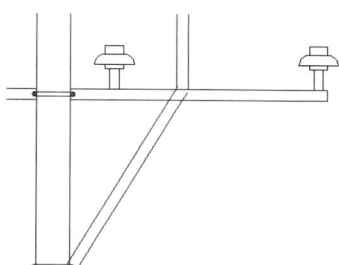

（25）单击"默认"选项卡"修改"面板中的"修剪"按钮 ⅓，以图 1-180 所示的矩形为修剪边，修剪掉鼠标指针处的两段线条，结果如图 1-181 所示。

（26）单击"默认"选项卡"修改"面板中的"圆角"按钮 ⌐，单击图 1-182 中鼠标指针处两条平行的斜线，创建圆弧，结果如图 1-183 所示。

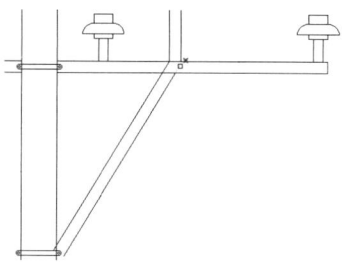

图 1-180　捕捉修剪边　　　　图 1-181　修剪图形　　　　图 1-182　捕捉对象

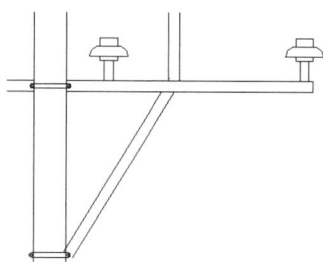

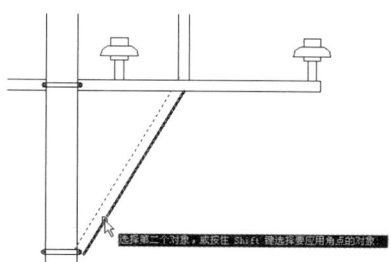

（27）单击"默认"选项卡"修改"面板中的"修剪"按钮 ⅓，以图 1-184 所示的虚线为修剪边，修剪掉虚线左边的线条，结果如图 1-185 所示。

（28）单击"默认"选项卡"修改"面板中的"镜像"按钮 ⚠，以图 1-186 中鼠标指针所在的通过电线杆中点的垂直直线段为对称轴，把右边的虚线图形对称复制，结果如图 1-187 所示。

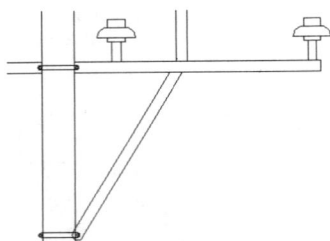

图 1-183　创建圆弧　　　　　图 1-184　捕捉修剪边　　　　　图 1-185　修剪图形

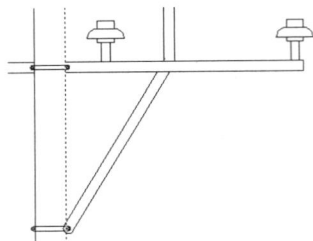

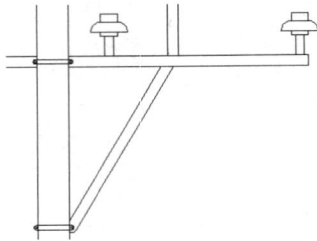

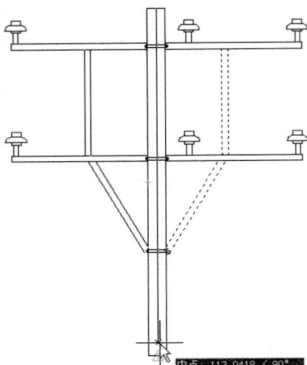

中点: 113.0418 < 90°

图 1-186　选择对称轴　　　　　　　　　　图 1-187　对称复制图形

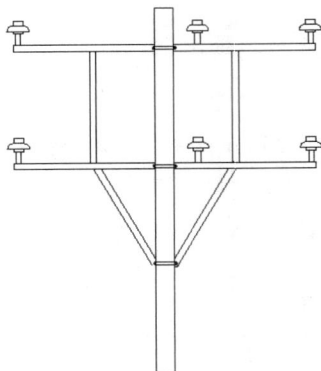

拓展知识

一、电容器相关知识

电容器是由两个相互靠近的导体中间夹着一层绝缘物质构成的，是电子产品中必不可少的元件。电容器具有"通交流、阻直流"的特性和存储一定电荷的能力，常用于信号耦合、平滑滤波或谐振选频电路。

电路原理图中的电容器用字母"C"表示。电容量的基本单位是法拉（F），简称法，常用单位还有毫法（mF）、微法（μF）、纳法（nF）、皮法（pF），它们之间的换算关系是：$1F=10^3mF=10^6\mu F=10^9nF=10^{12}pF$。

（一）电容器的分类及符号

常见的电容器有无极性电容器、有极性电容器以及可变电容器 3 类。

1. 无极性电容器

无极性电容器的两个金属电极没有正负极性之分，使用时，两极可以进行交换连接。无极性电容器的种类有很多，常见的有瓷介电容器、涤纶电容器、聚苯乙烯电容器、独石电容器、无极性电容器等，常见无极性电容器的实物外形及符号如图 1-188 所示。

图 1-188　常见无极性电容器的实物外形及符号

2. 有极性电容器

有极性电容器，也称电解电容器，其两个金属电极有正负极性之分，使用时要使正极端连接电路的高电位，负极端连接电路的低电位，否则有可能引起电容器的损坏。

常见有极性电容器有铝电解电容器和钽电解电容器等，其实物外形及符号如图 1-189 所示。其中，铝电解电容器具有体积小、容量大等特点，适用于低频、低压电路中；钽电解电容器具有体积小、容量大、寿命长、误差小等特点，但价格较高。

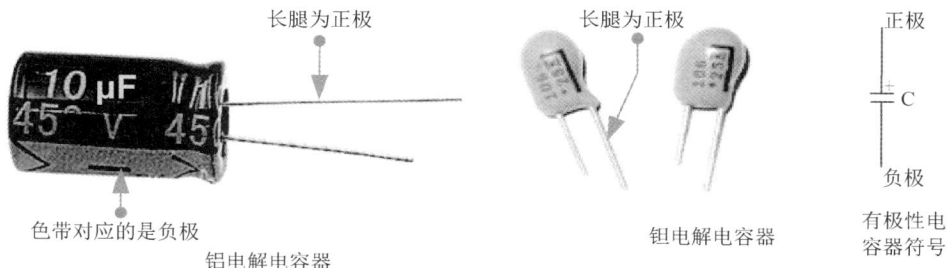

图 1-189　常见有极性电容器的实物外形及符号

3. 可变电容器

在电容器中，电容量可以调整的电容器被称为可变电容器。可变电容器可以根据需要调节电容量，主要在接收电路中用于选择信号（调谐）。

常见可变电容器有单联可变电容器、双联可变电容器以及微调可变电容器等，其实物外形及符号如图 1-190 所示。

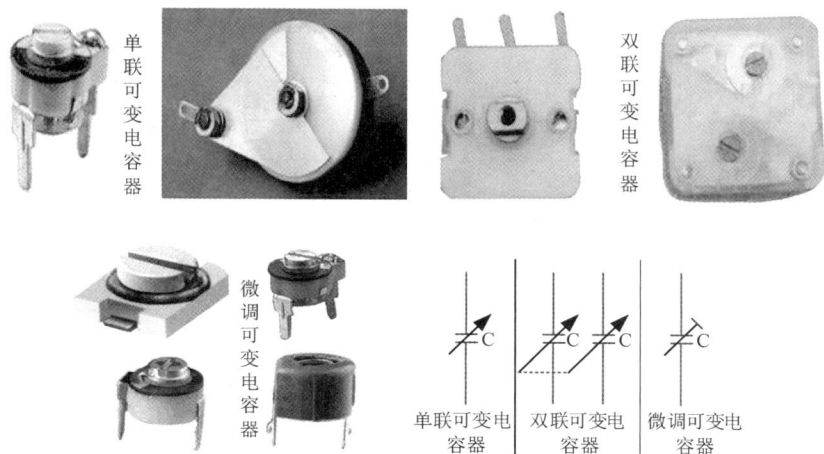

图 1-190　常见可变电容器的实物外形及符号

（二）电容器的主要参数

1. 耐压值：电容器的耐压值是指在允许的环境温度范围内，电容器长期安全工作所能承受的最大电压有效值。常用固定式电容器的直流工作电压包括 6.3V、10V、16V、25V、40V、63V、100V、160V、250V、400V、500V、630V、1000V 等。

2. 允许偏差：电容器的允许偏差是电容的标称容量与实际电容量的最大允许偏差范围。

3. 标称容量：电容器的标称容量是指标示在电容器表面的电容量。

（三）电容器的命名规则

虽然电容器的种类有很多，但其命名规则基本相同，都是由名称、材料、类型、耐压值、标称容量及允许偏差 6 部分构成的，如图 1-191 所示，其中的每个数字及字母均代表不同的含义。材料、类型、允许偏差部分的数字及字母所代表的含义分别如表 1-9、表 1-10、表 1-11 所示。

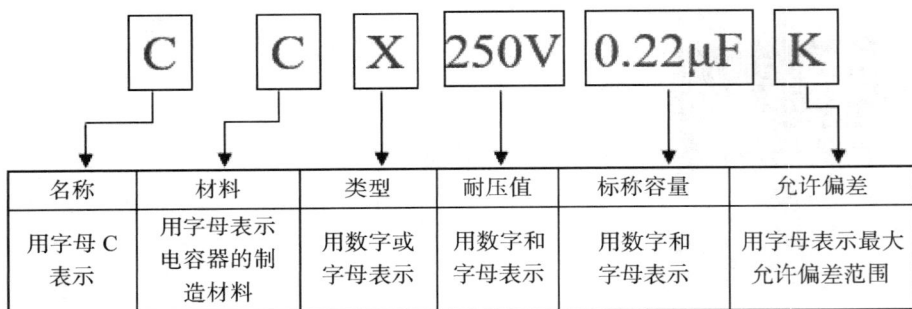

C	C	X	250V	0.22μF	K
名称	材料	类型	耐压值	标称容量	允许偏差
用字母 C 表示	用字母表示电容器的制造材料	用数字或字母表示	用数字和字母表示	用数字和字母表示	用字母表示最大允许偏差范围

图 1-191　电容器的命名规则

表 1-9　　　　　　　　　电容器名称中材料部分的字母所代表的含义

字母	材料	字母	材料	字母	材料	字母	材料
A	钽电解	N	铌电解	G	合金电解	V	云母纸
B	聚苯乙烯等非极性有机薄膜	L	聚酯等极性有机薄膜	H	纸膜复合	Y	云母
C	高频瓷介	O	玻璃膜	I	玻璃釉	Z	纸介
D	铝电解	Q	漆膜	J	金属化纸介		
E	其他材料电解	T	低频瓷介				

表 1-10　　　　　　　　　电容器名称中类型部分的数字及字母所代表的含义

数字代号	类别				字母	含义
	瓷介电容器	云母电容器	有机电容器	电解电容器		
1	圆形	非密封	非密封	箔式	G	高功率
2	管形	非密封	非密封	箔式	J	金属化型
3	叠片	密封	密封	烧结粉非固体	Y	高压型
4	独石	密封	密封	烧结粉非固体	W	微调型
5	穿心		穿心			

续表

数字代号	类别				字母	含义
	瓷介电容器	云母电容器	有机电容器	电解电容器		
6	支柱等					
7				无极性		
8	高压	高压	高压			
9			特殊	特殊		

表 1-11　　　　　　　电容器名称中允许偏差部分的字母所代表的含义

字母	允许偏差	字母	允许偏差	字母	允许偏差
Y	±0.001%	D	±0.5%	H	+100%～0
X	±0.002%	F	±1%	R	+100%～−10%
E	±0.005%	G	±2%	T	+50%～−10%
L	±0.01%	J	±5%	Q	+30%～−10%
P	±0.02%	K	±10%	S	+50%～−20%
W	±0.05%	M	±20%	Z	+80%～−20%
B	±0.1%	N	±30%	C	±0.25%

（四）电容器的标识方法

电容器的种类有很多，为了使用方便，应统一标识各种类型的电容器的标称容量、允许偏差、工作电压等参数。电容器常用的规格标识方法有直标法、数码法和色标法。

1. 直标法

直标法是指在电容器表面直接标出其主要参数和技术指标的一种标识方法，可以用阿拉伯数字、字母和文字符号标出。直标法示例如图 1-192 所示。

（1）直接将数字和字母结合来进行标识，例如，100nF、33μF、10mF、3300pF 等。

（2）用有规律组合的字母及数字作为标识，例如，3.3pF 用 3p3 表示，4.7μF 用 4μ7 表示等。

2. 数码法

数码法示例如图 1-193 所示，即用 3 位数字直接标识电容器的容量，其中第一、第二位数字表示标称容量的最高两位有效数字，第三位数字表示最高两位有效数字后边零的个数。当第三位数字为 9 时，表示的倍数为 10^{-1}，电容量的单位为 pF。例如，473 表示 $47 \times 10^3 \mathrm{pF}$，0.047μF；101 表示 100pF；339 表示 $33 \times 10^{-1} \mathrm{pF}$ 等。

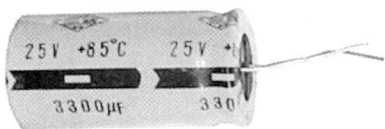

直标法：标称容量为3300μF，耐压值为25V

图 1-192　直标法示例

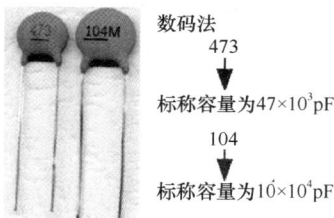

数码法
473
标称容量为$47 \times 10^3 \mathrm{pF}$
104
标称容量为$10 \times 10^4 \mathrm{pF}$

图 1-193　数码法示例

3. 色标法

色标法是指用不同颜色的色带和色点在电容器表面上标出其主要参数。允许偏差及工作电压均可用相应的颜色标识，各种颜色代表的数字含义与色环电阻标识的方法相同，其单位为 pF。例如，图 1-194 所示电容器的颜色排列为黄色、紫色、橙色、银色，表示电容器的标称容量为 47000pF（0.047μF），允许偏差为±10%。

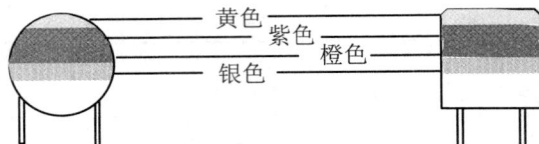

图 1-194　色标法示例

此外，颜色还可以用来表示电容器的耐压值，不同颜色所表示的电容器耐压值如表 1-12 所示。

表 1-12　　　　　　　　　不同颜色所表示的电容器耐压值

颜色	黑色	棕色	红色	橙色	黄色	绿色	蓝色	紫色	灰色
耐压值/V	4	6.3	10	16	25	32	40	50	63

（五）电容器应用电路

1. 电容器串联电路

两个或多个电容器首尾依次连接，并且在这些电容器中通过同一电流，这种连接方式称为电容器的串联。n 个电容器串联电路如图 1-195 所示。

对外端口而言，多个电容器串联的电路可以用一个等效电容器 C 来替代，其倒数值等于各个电容值倒数之和，如（式 1）所示。

$$\frac{1}{C} = \frac{1}{C_1} + \frac{1}{C_2} + \cdots + \frac{1}{C_n} \qquad （式 1）$$

电容器串联电路中，串联电路的总电容值减小。串联的电容器越多，总电容值越小。我们在进行电路识图的过程中，可以将多个串联的电容器看作 1 个电容器，如图 1-196 所示。

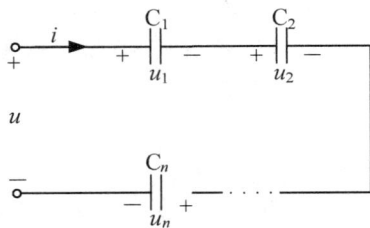

图 1-195　n 个电容器串联电路

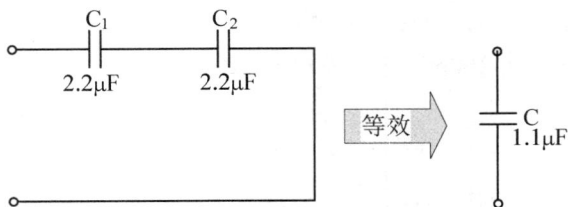

图 1-196　电容器串联电路的等效电路

2. 电容器并联电路

两个或两个以上电容器在电路中连接在两个公共节点之间，并且这些电容器承受同一电压，这种连接方式称为电容器的并联。n 个电容器并联电路如图 1-197 所示。

对外端口而言，多个电容器并联的电路可以用一个等效电容器 C 来替代，其值为多个电容值之和，如（式 2）所示。

$$C = C_1 + C_2 + \cdots + C_n \qquad （式 2）$$

电容器并联电路中，电路的总电容值增加。并联的电容器越多，总电容值越大。我们在进行电路识图的过程中，可以将多个并联的电容器看作 1 个电容器，如图 1-198 所示。

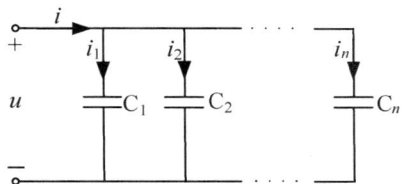

图 1-197　n 个电容器并联电路　　　　图 1-198　电容器并联电路的等效电路

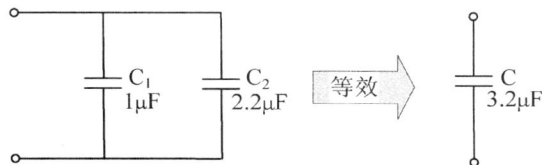

3. 电容器分压电路

不仅电阻可以构成分压电路，电容器也可以构成分压电路。图 1-199 所示为电容器分压电路。图中 C_1 和 C_2 串联构成电容器分压电路。对于一定频率的交流输入信号，电容器 C_1 和 C_2 会呈现出一定的容抗，这样就能降低输出信号的幅度。电容器分压电路主要用于对交流输入信号的分压衰减。

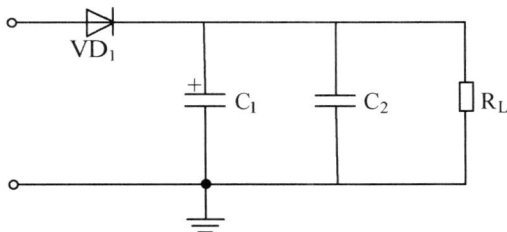

4. 电容器滤波电路

滤波电容器接在直流电压的正负极之间，用来滤除直流电源中不需要的交流成分，使直流电更平滑。通常采用大容量的电解电容器，也可以在电路中同时并接其他类型的小容量电容器，以滤除高频交流电。图 1-200 所示为常见的半波整流滤波电路，电路中，VD_1 为整流二极管，C_1 为主滤波电容器，C_2 为高频滤波电容器。整流二极管 VD_1 将 50Hz 的交流电转换成单相脉动直流电，这种直流电中包含大量的交流成分，利用电容器"隔直流、通交流"的特性，将交流成分通过 C_1 流到地，而直流成分流经负载电阻 R_L，从而使负载上得到直流电压。

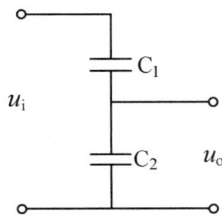

图 1-199　电容器分压电路　　　　图 1-200　常见的半波整流滤波电路

由于 50Hz 交流成分的频率较低，C_1 的容量要求取值较大，一般选取 100μF～3300μF 的电解电容器。由于电解电容器具有感抗特性，对于高频干扰信号不能起到很好的滤波作用，因此并联一个小电容器 C_2，C_2 的容量小，几乎无感抗，对高频干扰信号呈现通路，这样 C_1 将低频交流信号滤除，C_2 将高频交流信号滤除。

5. 电容器耦合电路

在交流信号处理电路中，耦合电容器用于连接信号源和信号处理电路，或者作为两个放大器的级间连接，以隔断直流，让交流信号或脉冲信号通过，使前后级放大电路的直流工作点互不影响。典型的电容器耦合电路如图 1-201 所示，C_1、C_2、C_3 表示耦合电容器，C_1 用来隔断放大电路与信号源之间的直流通路，C_2 用来隔离第一级放大电路和第二级放大电路之间的直流通路，使得两级放大电路的直流工作点相互独立，C_3 用来隔离放大电路与负载之间的直流通路，这样信号源、两级放大电路和负载之间无直流联系，互不影响。耦合电容器的另一作用是进行交流耦合，即保证交流信号畅通无阻地经过放大电路，沟通信号源、两级放大电路和负载三者之间的交流通路。

6. 旁路电容器电路

在交/直流信号的电路中，将电容器并接在电阻两端或由电路的某点跨接到公共电位上，为交流信号或脉冲信号设置一条通路，避免交流信号成分因通过电阻而产生压降衰减。典型的旁路电容器电路如图 1-202 所示，由于电容器具有"隔直流、通交流"的特性，因此直流信号电流仅通过电阻 R_1 到地；对于交流信号电流，因为 C_1 容量较大，容抗比 R_1 值小得多，所以交流信号电流不流过 R_1，而是通过 C_1 到地。

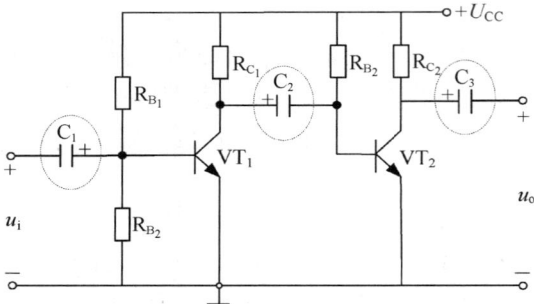

图 1-201 典型的电容器耦合电路   图 1-202 典型的旁路电容器电路

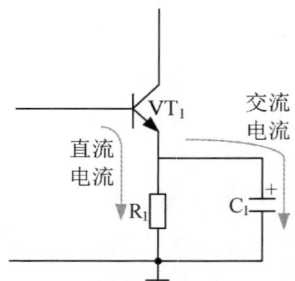

7. 电容器移相电路

（1）RC 超前移相电路

典型的 RC 超前移相电路如图 1-203（a）所示。RC 超前移相电路是利用电容器上电流相位超前电压的特性进行工作的，通过电容器 C 的电流 i_i 超前输入电压 u_i 一个相移角 φ，i_i 在电阻 R 上的压降 u_R 即输出电压 u_o，所以输出电压 u_o 超前输入电压 u_i 一个相移角 φ，φ 在 $0°\sim90°$，由组成移相网络的 R、C 的比值决定，其矢量图如图 1-203（b）所示。由于输出电压取自电阻，我们称这种电路为 RC 超前移相电路。

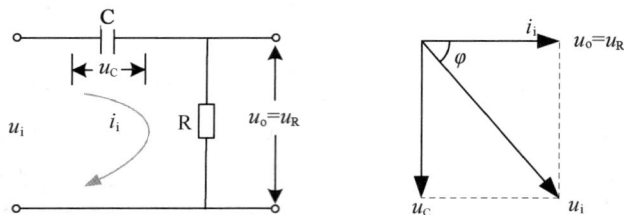

（a）典型的 RC 超前移相电路   （b）矢量图

图 1-203 RC 超前移相电路

（2）RC 滞后移相电路

如图 1-204（a）所示的电路中，输出电压取自电容器 C，而不是电阻 R。在这种情况下，由于电容器的电流相位超前于其上的电压，输出电压 u_o 将滞后于输入电压 u_i 一个相移角 φ。这种配置构成了一个 RC 滞后移相电路，其矢量图如图 1-204（b）所示。

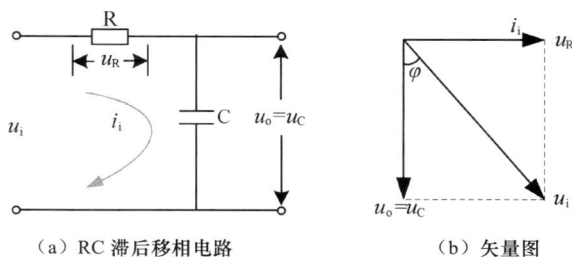

（a）RC 滞后移相电路　　　　　（b）矢量图

图 1-204　RC 滞后移相电路

8. 电容器积分电路

图 1-205 所示为电容器积分电路，输入信号加在电阻 R_1 和电容器 C_1 的串联电路上，电容器两端的电压作为输出信号。当电路参数的选择满足时间常数 $\tau=R_1C_1>>T/2$ 时，电路的输出信号电压与输入信号电压的积分成正比。其输出电压如（式3）所示。

$$u_o = u_C = \frac{1}{C}\int i\mathrm{d}t \approx \frac{1}{RC}\int u_i\mathrm{d}t \qquad （式3）$$

电容器积分电路的输出电压波形为锯齿波。当电路处于稳态时，其输入、输出电压波形如图 1-206 所示。当输入脉冲信号为高电平时，输入信号电压开始通过电阻 R_1 对电容器 C_1 充电，在 C_1 上的电压极性为上正下负。由于电路时间常数 $\tau=R_1C_1$ 比较大，因此在 C_1 上的电压上升比较缓慢，是按指数规律上升的。又因时间常数远大于脉冲宽度，对电容器充电不久，输入脉冲就跳变为零，对电容器的充电就结束了，也就是 C_1 上的电压按指数规律上升了很小一段，由于是指数曲线的起始段，这一段是近似线性的。在这一充电期间，电流自上而下地流过 C_1，在 C_1 上的电压极性为上正下负。

在输入脉冲信号消失后，输入端电压 u_i 为零，这相当于输入端对地短接。由于 C_1 上已经充到了上正下负的电压，此时 C_1 开始放电，放电电流回路：C_1 上端→R_1→输入端→C_1 下端（即地端）。放电也是按指数规律进行的，随着放电的进行，C_1 上的电压下降。由于时间常数比较大，因此放电也是缓慢的。当 C_1 中的电荷尚未放完时，输入脉冲信号再次出现，开始对电容器 C_1 再度充电，这样分别充电、放电循环下去。

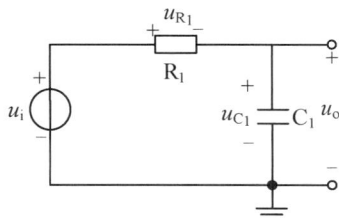

图 1-205　电容器积分电路

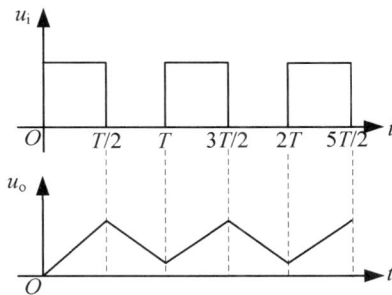

图 1-206　电容器积分电路的输入、输出电压波形

二、二极管相关知识

二极管，又称为晶体二极管，是一种常见的半导体器件，是由一个 P 型半导体和 N 型半导

体形成 PN 结，并在 PN 结两端引出相应的电极引线，再加上管壳密封制成的。由 P 区引出的电极称为正极或阳极，由 N 区引出的电极称为负极或阴极。二极管具有单向导电的特点。常见的二极管有整流二极管、稳压二极管、开关二极管、发光二极管等。

（一）二极管的分类及符号

二极管按材料可以分为锗管和硅管两大类。两者性能的区别在于：锗管的正向压降比硅管小，锗管的反向漏电流比硅管大，锗管的 PN 结可以承受的温度比硅管低。

二极管按用途可以分为普通二极管和特殊二极管。普通二极管包括检波二极管、整流二极管、开关二极管和稳压二极管；特殊二极管包括变容二极管、光电二极管和发光二极管。

下面介绍几种常见的二极管，主要有整流二极管、稳压二极管、开关二极管、发光二极管等。

1. 整流二极管

整流二极管是一种将交流电转变成直流电的半导体器件，通常包含一个 PN 结，有正、负两个端子。

整流二极管的封装形式多样，其中金属壳封装是常见的一种，其实物及电路符号如图 1-207 所示。由于整流二极管的正向电流较大，因此整流二极管多为面接触型晶体二极管，结面积大、结电容大，但工作频率低，主要用于整流电路中。

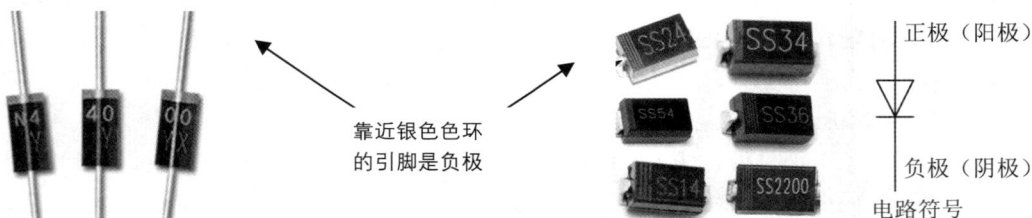

图 1-207　整流二极管的实物及电路符号

2. 稳压二极管

稳压二极管是一种特殊的面接触型硅二极管，具有反向击穿时两端电压基本不随电流大小变化的特性，一般工作于反向击穿状态，应用于稳压、限幅等场合。

稳压二极管与普通小功率二极管相似，主要有塑料封装、金属封装和玻璃封装等封装形式，其实物外形及电路符号如图 1-208 所示。

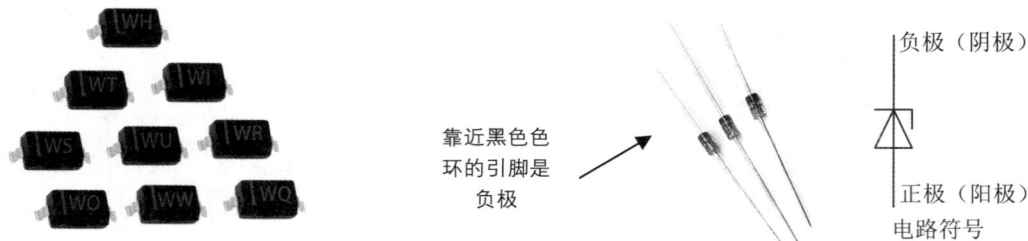

图 1-208　稳压二极管的实物外形及电路符号

3. 开关二极管

开关二极管与普通二极管的性能相似，只是这种二极管导通、截止速度非常快，能满足高频和超高频电路的需要。

开关二极管一般采用玻璃或陶瓷外壳进行封装，从而减小管壳的电容，其实物外形及电路符号如图 1-209 所示。开关二极管的开关时间很短，是一种非常理想的无触点电子开关，具有开关速度快、体积小、使用寿命长、可靠性高等特点，主要应用于脉冲和开关电路中。

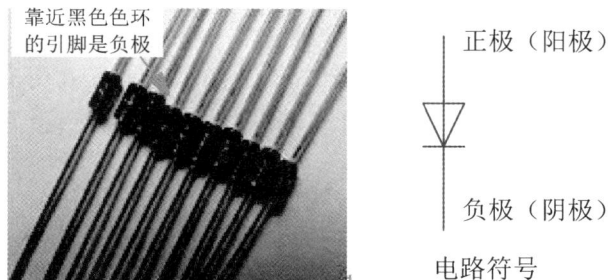

图 1-209　开关二极管的实物外形及电路符号

4. 发光二极管

发光二极管（Light-Emitting Diode，LED）是一种将电能转换为光能的器件，是用磷化镓、磷砷化镓、砷化镓等材料制成的。当正向电压高于开启电压、PN 结有一定强度正向电流通过时，发光二极管能发出可见光或不可见光（红外光）。发光二极管发出的光线颜色主要取决于制造材料及其所掺杂质，常见的光线颜色有红色、黄色、绿色和蓝色等，其常见外形及电路符号如 1-210 所示。

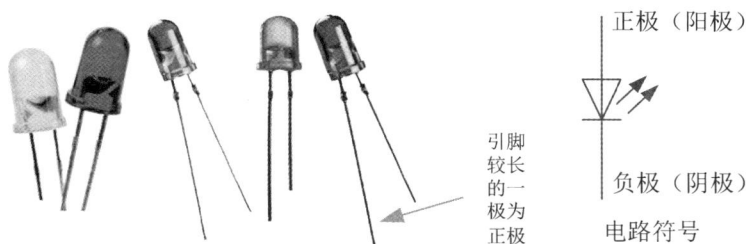

图 1-210　发光二极管的常见外形及电路符号

发光二极管的种类有很多，可分为普通单色发光二极管、高亮度发光二极管、超高亮度发光二极管、变色发光二极管、闪烁发光二极管、电压控制型发光二极管、红外发光二极管和负阻发光二极管等。

（二）二极管的主要参数

1. 最大整流电流 I_F

在正常工作情况下，二极管允许的最大正向平均电流称为最大整流电流 I_F，使用时，二极管的平均电流不能超过这个数值。

2. 反向工作峰值电压 U_{RWM}

反向加在二极管两端，而不会引起 PN 结击穿的最大电压称为最高反向电压（又称反向工作峰值电压）U_{RWM}，工作电压仅为击穿电压的 1/2～1/3，工作电压的峰值不能超过 U_{RWM}。

3. 反向峰值电流 I_{RM}

二极管加反向工作峰值电压 U_{RWM} 时的反向电流值称为反向峰值电流 I_{RM}，I_{RM} 越小，二极管的单向导电性越好。I_{RM} 受温度影响很大，使用时要加以注意。硅管的反向电流较小，一般在几微安以下；锗管的反向电流较大，一般为硅管的几十到几百倍。

4. 最高工作频率 f_M

由于 PN 结电容的影响，二极管的工作频率有一个上限。f_M 是指二极管的最高工作频率，如果信号频率超过 f_M，二极管单向导电性将变差，甚至不复存在。在用于检波或高频整流时，应选择 f_M 高于电路实际工作频率 2 倍或更多的二极管，否则电路不能正常工作。

（三）二极管的命名规则

二极管的命名根据国家或地区的不同而有所区别，在对国产二极管进行命名时，通常包括 5 部分内容，即名称、材料、类型、序号以及规格，如图 1-211 所示。不同的数字和字母代表的含义也有所不同，如表 1-13、表 1-14 所示。

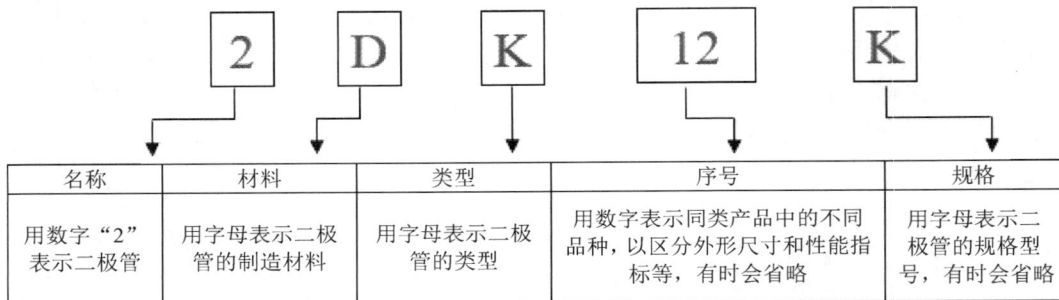

名称	材料	类型	序号	规格
用数字"2"表示二极管	用字母表示二极管的制造材料	用字母表示二极管的类型	用数字表示同类产品中的不同品种，以区分外形尺寸和性能指标等，有时会省略	用字母表示二极管的规格型号，有时会省略

图 1-211 国产二极管的命名规则

表 1-13 国产二极管类型字母所代表的含义

符号	意义	符号	意义	符号	意义	符号	意义
P	普通管	Z	整流管	U	光电管	H	恒流管
V	微波管	L	整流堆	K	开关管	B	变容管
W	稳压管	S	隧道管	JD	激光管	BF	发光二极管
C	参量管	N	阻尼管	CM	磁敏管		

表 1-14 国产二极管材料字母所代表的含义

符号	意义	符号	意义	符号	意义
A	N 型锗材料	C	N 型硅材料	E	化合物材料
B	P 型锗材料	D	P 型硅材料		

（四）二极管应用电路

1. 二极管整流电路

整流电路是利用二极管的单向导电性把交流电压转换成脉动电压的电路。图 1-212（a）所示为一个单相半波整流电路，它由变压器 T、二极管 VD 及负载电阻 R_L 组成。电压 u_2 的幅值一般远远大于二极管的正向压降，因而可以认为当 $u_2>0$ 时，二极管 VD 正向偏置处于导通状态，此时变压器提供的电压完全加在负载电阻上，即 $u_o=u_2$；当 $u_2<0$ 时，二极管 VD 反向偏置处于截止状态，电路相当于断路，$u_o=0$。交流电压 u_2 和输出电压 u_o 的波形图如图 1-212（b）所示。

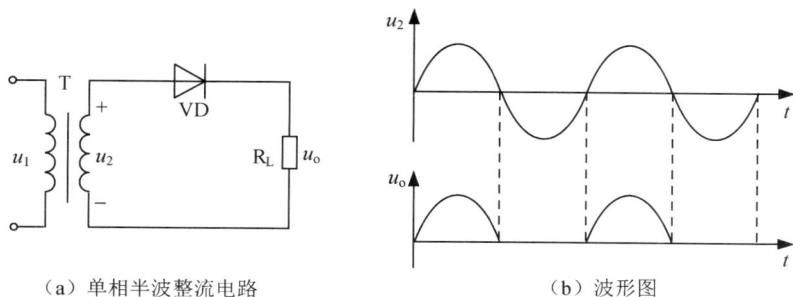

（a）单相半波整流电路　　　　　　　　　（b）波形图

图 1-212　二极管半波整流电路

2．二极管限幅电路

限幅电路是利用二极管的单向导电性和正向导通时其正向导通电压基本为一定值的特点来限制输出电压幅值的电路。图 1-213（a）中，当 $u_i<U$ 时，二极管 VD 处于截止状态，$u_o=u_i$；当 $u_i>U$ 时，二极管 VD 处于导通状态，$u_o=U$。波形图如图 1-213（b）所示。

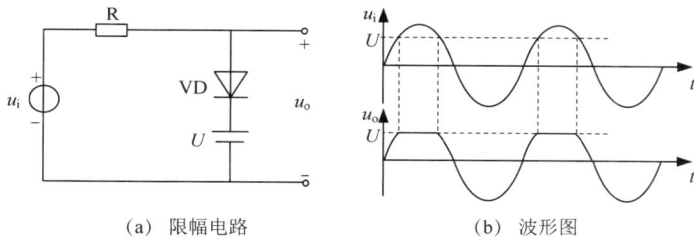

（a）限幅电路　　　　　　　　　　（b）波形图

图 1-213　二极管限幅电路

3．二极管稳压电路

利用稳压二极管组成的简单稳压电路如图 1-214 所示。R 为限流电阻，用来限制流过稳压二极管的电流。当稳压二极管 VD_Z 两端电压小于其稳定电压 U_Z 时，稳压二极管处于截止状态；当稳压二极管 VD_Z 两端电压大于其稳定电压 U_Z 时，稳压二极管处于导通状态，其两端电压 U_Z 保持不变，负载两端电压等于稳压二极管的稳定电压，也保持不变，从而起到稳定电压的作用。

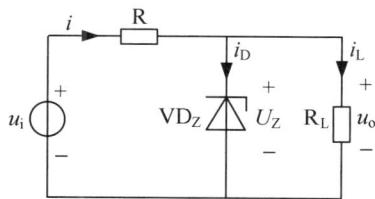

图 1-214　二极管稳压电路

自测练习题

1．AutoCAD 文件有多种输出格式，下列输出格式不正确的是（　　　　）。

　　A．.dwfx　　　　　　　　　　　　　　　B．.wmf

　　C．.bmp　　　　　　　　　　　　　　　D．.dgx

2．坐标（@100,80）表示（　　　　）。

　　A．该点距原点 X 轴正方向的位移为 100，Y 轴正方向的位移为 80

　　B．该点相对原点的距离为 100，该点与前一点的连线与 X 轴的夹角为 80°

    C. 该点相对前一点 X 轴正方向的位移为 100，Y 轴正方向的位移为 80

    D. 该点相对前一点的距离为 100，该点与前一点的连线与 X 轴的夹角为 80°

3. 要恢复使用 U 命令放弃的操作，应该使用（　　　）命令。

    A. REDO（重做）　　　　　　　　　　　　B. REDRAW（重画）

    C. REGEN（重生成）　　　　　　　　　　D. REGENALL（全部重生成）

4. 要重复使用刚刚执行的命令，可按（　　　）键。

    A. Ctrl　　　　　　　　B. Alt　　　　　　　　C. Enter　　　　　　　　D. Shift

5. 对极轴角进行设置，把增量角设置为 30°，把附加角设置为 10°，采用极轴追踪时，不会显示极轴对齐的是（　　　）。

    A. 10°　　　　　　　　B. 30°　　　　　　　　C. 40°　　　　　　　　D. 60°

6. 已有一个画好的圆，要绘制一组同心圆可以使用（　　　）命令来实现。

    A. STRETCH（伸展）　　　　　　　　　　B. OFFSET（偏移）

    C. EXTEND（延伸）　　　　　　　　　　D. MOVE（移动）

7. 在对图形对象进行复制操作时，指定了基点坐标为（0,0），系统要求指定第二个点时直接按 Enter 键结束，则复制出的图形所处位置是（　　　）。

    A. 没有复制出新图形　　　　　　　　　　B. 与原图形重合

    C. 图形基点坐标为（0,0）　　　　　　　D. 系统提示错误

8. 使用"偏移"命令时，下列说法正确的是（　　　）。

    A. 偏移值可以小于 0，这时是向反方向偏移

    B. 可以框选对象，以一次偏移多个对象

    C. 一次只能偏移一个对象

    D. "偏移"命令执行时不能删除源对象

9. 在进行移动操作时，给定了基点坐标为（190,70），系统要求给定第二个点时输入"@"，按 Enter 键结束，那么图形对象移动量是（　　　）。

    A. 到原点　　　　　　　B. 190,70　　　　　　C. −190,−70　　　　　　D. 0,0

10. "拉伸"命令能够按指定的方向拉伸图形，此命令只能用（　　　）方式选择对象。

    A. 交叉窗口　　　　　　B. 窗口　　　　　　　C. 点　　　　　　　　　D. ALL

11. 要剪切与剪切边延长线相交的圆，则需执行的操作为（　　　）。

    A. 剪切时按住 Shift 键　　　　　　　　　B. 剪切时按住 Alt 键

    C. 修改"边"参数为"延伸"　　　　　　D. 剪切时按住 Ctrl 键

12. 对一个对象倒圆角之后，发现有时对象被修剪，有时却没有被修剪，究其原因是（　　　）。

    A. 修剪之后应当选择"删除"

    B. 圆角选项里有 T，可以控制对象是否被修剪

    C. 应该先进行倒角，再修剪

    D. 用户的误操作

13. 对两条平行的直线段倒圆角，将圆角半径设置为 20mm，其结果是（　　　）。

    A. 不能倒圆角　　　　　　B. 以半径为 20mm 倒圆角

    C. 系统提示错误　　　　　D. 倒出半圆，其直径等于两直线段间的距离

实战演练

实战演练 1——绘制射灯符号

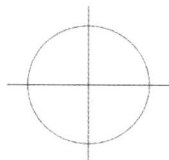

绘制图 1-215 所示的射灯符号。

操作提示如下。

（1）利用"直线"命令绘制两条垂直相交的直线段。

（2）利用"圆"命令以直线段的交点为圆心绘制适当半径的圆。

图 1-215 射灯符号

实战演练 2——绘制电抗器符号

绘制图 1-216 所示的电抗器符号。

操作提示如下。

（1）利用"直线"命令绘制两条垂直相交的直线段。

（2）利用"圆弧"命令绘制连接弧。

（3）利用"直线"命令绘制竖直直线段。

图 1-216 电抗器符号

实战演练 3——绘制密闭插座

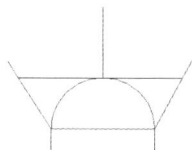

绘制图 1-217 所示的密闭插座。

操作提示如下。

（1）利用"直线"和"圆弧"命令绘制半圆及其直径。

（2）利用精确定位工具绘制其他各图线。

图 1-217 密闭插座

实战演练 4——绘制简单电路

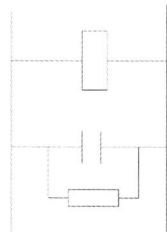

绘制图 1-218 所示的简单电路。

操作提示如下。

（1）利用"矩形"命令绘制操作器件符号。

（2）启用"对象捕捉"和"对象捕捉追踪"功能，利用"直线"和"矩形"命令绘制下方的电容和电阻符号。

（3）利用"直线"命令绘制导线。

图 1-218 简单电路

实战演练 5——绘制防水防尘灯

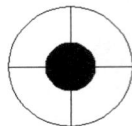

绘制图 1-219 所示的防水防尘灯。

操作提示如下。

（1）利用"圆"命令绘制外形。

（2）利用"缩放"命令将圆进行复制缩放。

（3）利用"直线"命令绘制十字交叉线。

（4）利用"图案填充"命令填充中心。

微课

图 1-219 防水防尘灯

实战演练 5——
绘制防水防尘灯

实战演练 6——绘制电流互感器

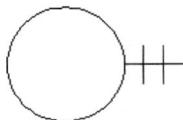

绘制图 1-220 所示的电流互感器。

操作提示如下。

（1）利用"圆"和"直线"命令绘制基本图形。

（2）利用"偏移"命令绘制平行直线。

微课

图 1-220 电流互感器

实战演练 6——
绘制电流互感器

实战演练 7——绘制变压器

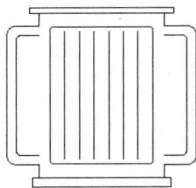

绘制图 1-221 所示的变压器。

操作提示如下。

（1）利用"矩形""分解""圆角""偏移"命令绘制中间外轮廓。

（2）利用"直线""偏移""修剪""镜像"命令绘制上下部分。

（3）利用"矩形""直线""偏移"命令绘制中间部分。

微课

图 1-221 变压器

实战演练 7——
绘制变压器

实战演练 8——绘制桥式电路

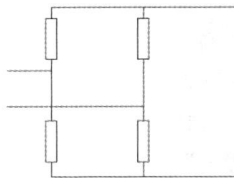

绘制图 1-222 所示的桥式电路。

操作提示如下。

（1）利用"直线"和"复制"命令绘制电路。

（2）利用"矩形"和"复制"命令绘制电阻。

（3）利用"修剪"命令完成图形的绘制。

微课

图 1-222 桥式电路

实战演练 8——
绘制桥式电路

项目导入

AutoCAD 提供了图层工具，用于规定每个图层的颜色和线型，并且设计人员可以把具有相同特征的图形对象放在同一图层上进行绘制，这样绘图时不用分别设置类似对象的线型和颜色，不仅方便绘图，而且存储图形时只需存储其几何数据和所在图层，既节省了存储空间，又提高了工作效率。文字标注是图形中很重要的一部分内容。在进行设计时，通常不仅要绘制出图形，还要在其中标注一些文字，如技术要求、注释说明等，用于对图形对象进行解释。

素养目标

1. 通过学习 AutoCAD 中的图层管理，强化学生遵守规范和标准的意识。

2. 通过学习如何在 AutoCAD 中进行美观的图案填充和文字标注，可以培养学生的审美观念和设计能力，从而提高学生的艺术修养和创新能力。

相关知识

一、AutoCAD 的图层

图层的概念类似投影片，可将不同属性的对象分别放置在不同的投影片（图层）上。例如，将图形中的主要线段、中心线、尺寸标注等分别绘制在不同的图层上，每个图层可设定不同的线型、线条颜色，然后把不同的图层堆叠在一起形成一个完整的视图。这样可使视图层次分明，方便图形对象的编辑与管理。一个完整的图形就是由它所包含的所有图层上的对象叠加在一起构成的，如图 2-1 所示。

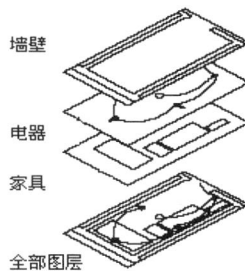

墙壁

电器

家具

全部图层

图 2-1　图层效果

（一）图层的设置

在使用图层功能绘图之前，要对图层的各项特性进行设置，包括创建和命名图层、设置当前图层、设置图层的颜色和线型、图层是否关闭、图层是否冻结、图层是否锁定，以及删除图层等。

1. 利用"图层特性管理器"选项板设置图层

AutoCAD 2020 提供了详细、直观的"图层特性管理器"选项板，用户不仅可以通过该选项板中的各选项及其二级选项板设置图层特性，还可以方便、快捷地实现创建新图层、设置图层颜色及线型等各种操作。

【执行方式】

命令行：LAYER。

菜单栏：选择菜单栏中的"格式"→"图层"命令。

工具栏：单击"图层"工具栏中的"图层特性"按钮。

功能区：在"默认"选项卡中单击"图层"面板中的"图层特性"按钮，或在"视图"选项卡中单击"选项板"面板中的"图层特性"按钮。

【操作步骤】

执行上述操作后，系统将打开图 2-2 所示的"图层特性管理器"选项板。

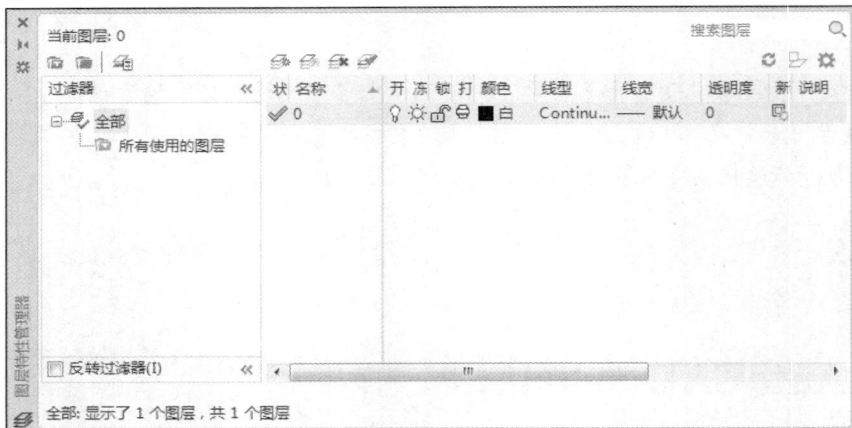

图 2-2 "图层特性管理器"选项板

【选项说明】

（1）"新建特性过滤器"按钮：单击该按钮，打开"图层过滤器特性"对话框，从中可以基于一个或多个图层特性创建图层过滤器，如图 2-3 所示。

（2）"新建组过滤器"按钮：单击该按钮可以创建一个"组过滤器"，其中包含用户选定并添加到该过滤器的图层。

（3）"图层状态管理器"按钮：单击该按钮，打开"图层状态管理器"对话框，如图 2-4 所示，从中可以将图层的当前特性设置保存到命名图层状态中，以后可以再恢复这些设置。

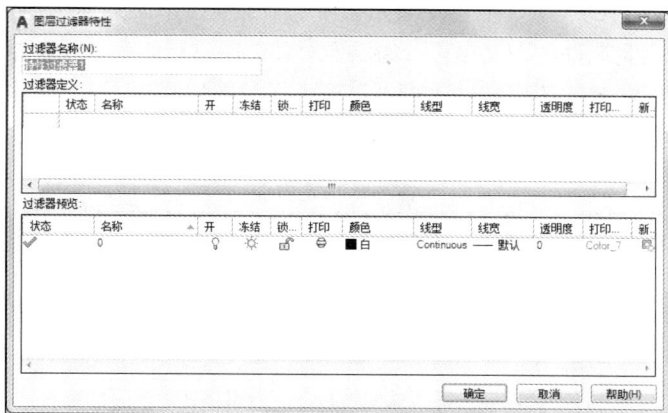

图 2-3 "图层过滤器特性"对话框

（4）"新建图层"按钮 ▨：单击该按钮，在图层列表中将出现一个新图层，名称为"图层 1"。用户既可使用此名称，也可进行重命名。要想同时创建多个图层，可选中一个图层名后输入多个名称，各名称之间以逗号分隔。图层的名称可以包含字母、数字、空格和特殊符号，AutoCAD 2020 支持长达255 个字符的图层名称。新图层继承了创建新图层时所选中的已有图层的所有特性（如颜色、线型、打开/关闭状态等）；如果新建图层时没有图层被选中，则新图层保持默认的属性设置。

（5）"在所有视口中都被冻结的新图层视口"按

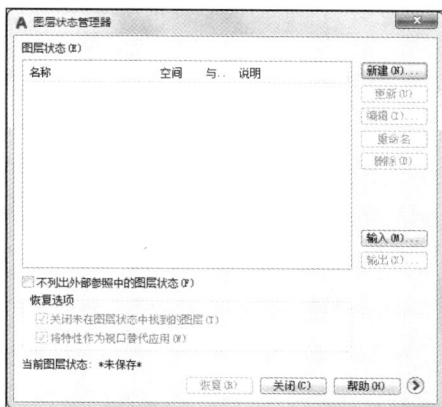

图 2-4 "图层状态管理器"对话框

钮 ▨：单击该按钮将创建新图层，然后在所有现有布局视口中将其冻结。可以在"模型"空间或"布局"空间中使用此按钮。

（6）"删除图层"按钮 ▨：在图层列表中选中某一图层，然后单击该按钮可将该图层删除。

（7）"置为当前"按钮 ▨：在图层列表中选中某一图层，然后单击该按钮则把该图层设置为当前图层，并在"当前图层"列中显示其名称。当前图层的名称存储在系统变量 LAYER 中。另外，双击图层名称也可将其设置为当前图层。

（8）"搜索图层"文本框：通过输入字符，按图层名称快速过滤图层列表，且这种过滤器设置在关闭图层特性管理器时不会被保存。

（9）"过滤器"列表：显示图形中的图层过滤器列表。单击 « 或 » 按钮可展开或收拢"过滤器"列表。当"过滤器"列表处于收拢状态时，请使用位于"图层特性管理器"选项板左下角的"展开或收拢弹出图层过滤器树"按钮 ▨▾来显示"过滤器"列表。

（10）"反转过滤器"复选框：勾选该复选框，将显示所有不满足选定图层特性过滤器中的条件的图层。

（11）图层列表区：显示已有的图层及其特性。要修改某一图层的某一特性，单击它所对应的图标即可。右击图层列表区中的空白区域，在弹出的快捷菜单中选择相应命令，可快速选中所有图层。图层列表区中各列的含义如下。

① 状态：指示项目的类型，有图层过滤器、正在使用的图层、空图层和当前图层 4 种。

② 名称：显示满足条件的图层名称。如果要对某图层进行修改，首先要选中该图层的名称。

③ 状态转换图标：在"图层特性管理器"选项板的图层列表中有一些图标，单击这些图标可以打开或关闭相应的功能。各图标功能说明如表 2-1 所示。

表 2-1   各图标功能说明

图示	名称	功能说明
♀/♀	打开/关闭	将图层设定为打开或关闭状态。当处于关闭状态时，该图层上的所有对象将隐藏，只有处于打开状态的图层才会在绘图区中显示，并且可以通过打印机打印出来。因此，绘制复杂的图形时，先将不编辑的图层暂时关闭，可降低图形的复杂性。图 2-5（a）和图 2-5（b）所示分别为尺寸标注图层打开和关闭时的情形
☼/❅	解冻/冻结	将图层设定为解冻或冻结状态。当图层处于冻结状态时，该图层上的对象均不会显示在绘图区中，也不能通过打印机打印出来，同时不会执行重生成（REGEN）、缩放（ZOOM）、平移（PAN）等操作。因此，若将视图中不需要编辑的图层暂时冻结，可加快绘图速度。而 ♀/♀（打开/关闭）功能只是单纯地将对象隐藏，并不会加快绘图速度
❒/🔒	解锁/锁定	将图层设定为解锁或锁定状态。被锁定的图层仍然显示在绘图区中，但不能编辑、修改其中的对象，只能绘制新的图形，这样可防止重要的图形被修改
🖶/🖶	打印/不打印	设定该图层是否可以通过打印机打印出来
🗖/🗖	新视口解冻/新视口冻结	仅在当前布局视口中冻结选定的图层。如果图层在图形中已冻结或关闭，则无法在当前视口中解冻该图层

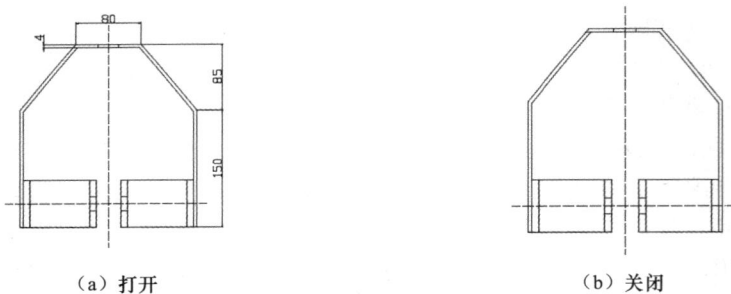

（a）打开   （b）关闭

图 2-5   打开和关闭尺寸标注图层

④ 颜色：显示和改变图层的颜色。如果要改变某一图层的颜色，单击其对应的颜色图标，在弹出的"选择颜色"对话框中可以选择需要的颜色，如图 2-6 所示。

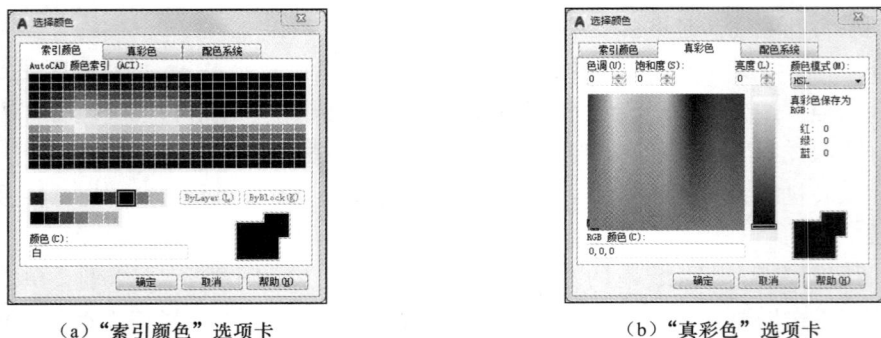

（a）"索引颜色"选项卡   （b）"真彩色"选项卡

图 2-6   "选择颜色"对话框

⑤ 线型：显示和修改图层的线型。如果要修改某一图层的线型，单击该图层对应的"线型"，打开"选择线型"对话框，其中列出了当前可用的线型，如图 2-7 所示。

⑥ 线宽：显示和修改图层的线宽。如果要修改某一图层的线宽，单击该图层对应的"线宽"，打开"线宽"对话框，如图 2-8 所示。其中"线宽"列表框中列出了当前可用的线宽，用户可从中选择需要的线宽；"旧的"选项显示了前面赋予图层的线宽，当创建一个新图层时，采用默认线宽（其值为 0.01in，即 0.254mm），默认线宽的值由系统变量 LWDEFAULT 设置；"新的"选项显示了赋予图层的新线宽。

⑦ 透明度：可以选定图层的透明度，有效值为 0～90，值越大，对象越显得透明。

⑧ 打印样式：显示打印图形时各项属性的设置。

图 2-7 "选择线型"对话框   图 2-8 "线宽"对话框

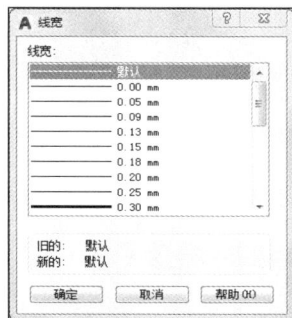

> **技巧**　合理利用图层可以事半功倍。在绘制图形时，可预先设置一些基本图层，每个图层都有专门的用途，这样只需绘制一份图形文件，就可以组合出许多需要的图纸，也可针对各个图层进行修改，提高工作效率。

2. 利用"特性"面板设置图层

AutoCAD 2020 的"特性"面板如图 2-9 所示，单击其下拉按钮，展开该面板，可以快速查看和改变所选对象的图层、颜色、线型和线宽等特性。在绘图区中选择任何对象都将在该面板中自动显示它所在的图层、颜色、线型等属性。"特性"面板各部分的功能介绍如下。

（1）"对象颜色"下拉列表框：单击右侧的下拉按钮，用户可从打开的下拉列表中选择一种颜色，使之成为当前颜色。如果选择"更多颜色"选项，在弹出的"选择颜色"对话框中可以选择其他颜色。修改当前颜色后，不论在哪个图层上绘图都会采用这种颜色，但各个图层的颜色设置互不影响。

图 2-9 "特性"面板

（2）"线型"下拉列表框：单击右侧的下拉按钮，用户可从打开的下拉列表中选择一种线型，使之成为当前线型。修改当前线型后，不论在哪个图层上绘图都会采用这种线型，但各个图层的线型设置互不影响。

（3）"线宽"下拉列表框：单击右侧的下拉按钮，用户可从打开的下拉列表中选择一种线宽，使之成为当前线宽。修改当前线宽后，不论在哪个图层上绘图都会采用这种线宽，但各个图层的线宽设置互不影响。

（4）"打印类型"下拉列表框：单击右侧的下拉按钮，用户可从打开的下拉列表中选择一种

打印样式，使之成为当前打印样式。

教你一招

图层的设置有哪些原则？

（1）在够用的基础上越少越好。不管是什么专业、什么阶段的图纸，图纸上的所有图元都可以按照一定的规律来组织和整理。例如，电气专业的原理图就按连接导线、实体符号、虚线、文字等来定义图层，然后在画图的时候，根据类别把各个图元放到相应的图层中去。

（2）0 层的使用。很多人喜欢在 0 层上画图，因为 0 层是默认层。白色是 0 层的默认颜色，因此有时候看上去会是白花花的一片，不易辨识。不建议在 0 层上随意画图，而是建议用它来定义块。定义块时，先将所有图元均设置为 0 层，然后定义块。这样，在插入块时，插入的是哪个层，块就在对应的哪个层。

（3）图层颜色的定义。定义图层的颜色时要注意两点：一是不同的图层一般要用不同的颜色；二是颜色的选择应该根据打印时线宽的粗细而定。打印时，线型设置越宽的图层，就应该选用越亮的颜色。

（二）颜色的设置

AutoCAD 绘制的图形对象都具有一定的颜色。为了更清晰地表达绘制的图形，可把同一类型的图形对象用相同的颜色绘制，从而使不同类型的图形对象具有不同的颜色，以便区分，这样就需要适当地对颜色进行设置。AutoCAD 不仅允许用户设置图层颜色、为新建的图形对象设置当前颜色，还允许用户改变已有图形对象的颜色。

【执行方式】

命令行：COLOR（快捷命令为 COL）。

菜单栏：选择菜单栏中的"格式"→"颜色"命令。

功能区：在"默认"选项卡中展开"特性"面板，打开"对象颜色"下拉列表框，从中选择"更多颜色"选项，如图 2-10 所示。

【操作步骤】

执行上述操作后，系统将打开图 2-6 所示的"选择颜色"对话框。

图 2-10 "对象颜色"下拉列表框

【选项说明】

1. "索引颜色"选项卡

选择此选项卡可以在系统提供的包含 255 种颜色的索引表中选择需要的颜色，如图 2-6（a）所示。

（1）"AutoCAD 颜色索引"列表框：依次列出了 255 种索引颜色，可从中选择需要的颜色。

（2）"颜色"文本框：所选颜色的代号值显示在"颜色"文本框中，也可以直接在该文本框中输入自定义的代号值来选择颜色。

（3）"ByLayer"和"ByBlock"按钮：单击这两个按钮可将颜色分别按图层和图块设置。这两个按钮只有在设定了图层颜色和图块颜色后才可以使用。

2. "真彩色"选项卡

选择此选项卡可以选择需要的任意颜色，如图2-6（b）所示。既可以拖动调色板中的颜色指示图标和亮度滑块来选择颜色及其亮度，也可以通过"色调""饱和度""亮度"微调按钮来选择需要的颜色。所选颜色的红、绿、蓝值显示在下面的"RGB颜色"文本框中，也可以直接在该文本框中输入自定义的红、绿、蓝值来选择颜色。

在此选项卡中还有一个"颜色模式"下拉列表框，默认的颜色模式为HSL模式，即图2-6（b）所示的模式。RGB模式也是常用的一种颜色模式，如图2-11所示。

3. "配色系统"选项卡

选择此选项卡可以从标准配色系统（如Pantone等）中选择预定义的颜色，如图2-12所示。在"配色系统"下拉列表框中选择需要的系统，然后拖动右边的滑块来选择具体的颜色。所选颜色的代号值显示在下面的"颜色"文本框中，也可以直接在该文本框中输入代号值来选择颜色。

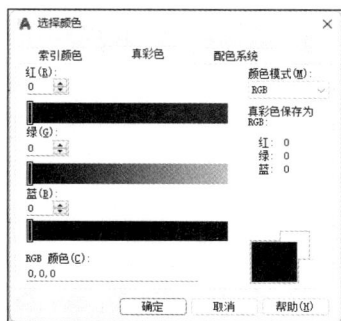

图2-11　RGB模式

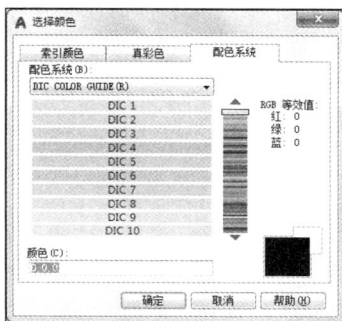

图2-12　"配色系统"选项卡

（三）线型的设置

根据电气图的需要，一般只使用4种图线，如表2-2所示。

表2-2　　　　　　　　　　　　　　　　电气图常用图线

图线名称	线型	线宽	主要用途
细实线	——————————	约 b/2	基本线、简图主要内容用线、可见轮廓线、可见导线
细点画线	—— — —— — ——	约 b/2	分界线、结构图框线、功能图框线、分组图框线
虚线	—— —— —— ——	约 b/2	辅助线、屏蔽线、机械连接线、不可见轮廓线、不可见导线、计划扩展内容用线
双点画线	—— — — —— — —	约 b/2	辅助图框线

1. 在"图层特性管理器"选项板中设置线型

在"默认"选项卡中单击"图层"面板中的"图层特性"按钮，打开"图层特性管理器"选项板，如图2-2所示。在图层列表的"线型"列下单击线型名称，打开"选择线型"对话框，如图2-7所示。该对话框中主要选项的含义如下。

（1）"已加载的线型"列表框：列出了当前图形中已加载的线型，可供用户选择。在线型名称的右侧显示了线型的外观与说明。

（2）"加载"按钮：单击该按钮，打开"加载或重载线型"对话框，用户可通过此对话框加载线型并把它添加到"线型"列中。但要注意，加载的线型必须在线型库（.lin）文件中定义过。

标准线型都保存在 acad.lin 文件中。

2. 直接设置线型

【执行方式】

命令行：LINETYPE。

功能区：在"默认"选项卡中展开"特性"面板，打开"线型"下拉列表框，从中选择"其他"选项，如图 2-13 所示。

【操作步骤】

执行上述操作后，系统将打开"线型管理器"对话框，如图 2-14 所示。用户可在该对话框中对线型进行设置。

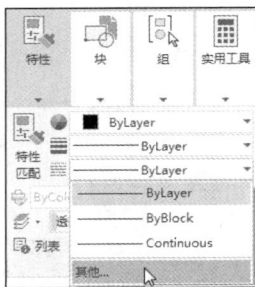

图 2-13 "线型"下拉列表框

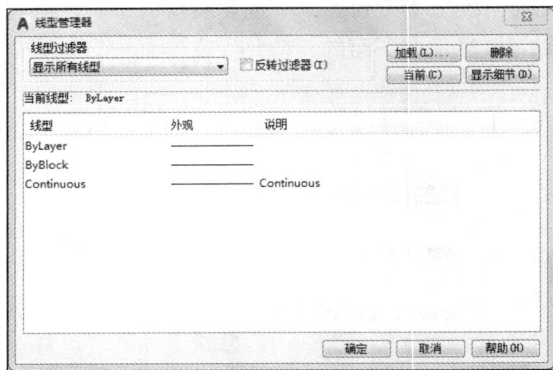

图 2-14 "线型管理器"对话框

（四）线宽的设置

线宽主要依据《房屋建筑制图统一标准》（GB/T 50001—2017）和《电气工程 CAD 制图规则》（GB/T 18135—2008）进行设置。两者略有差别，根据笔者的实践经验，推荐选用前者的线宽组进行设置，分别为 1.0、0.7、0.5、0.35、0.25、0.13。但是，对于最细的线宽，建议按后者进行设置，选用 0.18 或 0.20，此线宽适用于电气细线和文字。电气制图无须像建筑制图和结构制图那样采用许多的线宽类型。AutoCAD 提供了相应的工具帮助用户来设置线宽。

1. 在"图层特性管理器"选项板中设置线宽

在"默认"选项卡中单击"图层"面板中的"图层特性"按钮 ，打开"图层特性管理器"选项板，如图 2-2 所示。在图层列表的"线宽"列下单击线宽，打开"线宽"对话框，其中列出了 AutoCAD 预设的线宽供用户选择。

2. 直接设置线宽

【执行方式】

命令行：LINEWEIGHT。

菜单栏：选择菜单栏中的"格式"→"线宽"命令。

功能区：在"默认"选项卡中展开"特性"面板，打开"线宽"下拉列表框，从中选择"线宽设置"选项，如图 2-15 所示。

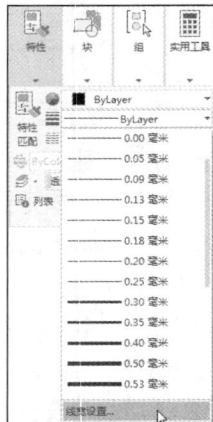

图 2-15 "线宽"下拉列表框

【操作步骤】

执行上述操作后，系统将打开"线宽"对话框。该对话框前面已介绍过，此处不再赘述。

教你一招

有时设置了线宽，但在图形中显示不出效果，这是为什么呢？出现这种情况一般有以下两种原因。

（1）没有启用状态栏中的"线宽"功能。

（2）设置的宽度不够，AutoCAD 只能显示 0.30mm 及以上的线宽效果，如果宽度小于 0.30mm，就无法显示出线宽的效果。

项目实例1——绘制励磁发电机

本实例利用"图层特性管理器"选项板创建 3 个图层，再利用"直线""圆""多段线"等命令在"实线"图层中绘制一系列图线，在"虚线"图层中绘制线段，最后在"文字"图层中添加文字说明，效果如图 2-16 所示。

微课

项目实例 1——绘制励磁发电机

图 2-16　励磁发电机

【操作步骤】

（1）单击"默认"选项卡"图层"面板中的"图层特性"按钮，打开"图层特性管理器"选项板。

（2）单击"新建图层"按钮创建一个新图层，将该图层的名称由默认的"图层 1"改为"实线"，如图 2-17 所示。

（3）单击"实线"图层对应的"线宽"选项，打开"线宽"对话框，选择 0.09mm 线宽，如图 2-18 所示。确认后返回"图层特性管理器"选项板。

图 2-17　更改图层名称

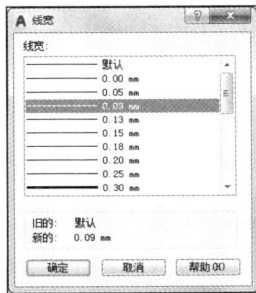

图 2-18　选择线宽

（4）再次单击"新建图层"按钮，创建一个新图层并重命名为"虚线"。

（5）单击"虚线"图层对应的"颜色"选项，打开"选择颜色"对话框，选择蓝色为该图层的颜色，如图 2-19 所示。确认后返回"图层特性管理器"选项板。

（6）单击"虚线"图层对应的"线型"选项，打开"选择线型"对话框，如图 2-20 所示。

（7）在"选择线型"对话框中单击"加载"按钮，打开"加载或重载线型"对话框，选择 ACAD_ISO02W100 线型，如图 2-21 所示。确认后返回"图层特性管理器"选项板。

（8）使用与步骤（3）相同的方法将"虚线"图层的线宽设置为 0.09mm。

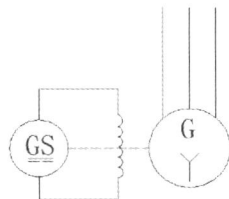

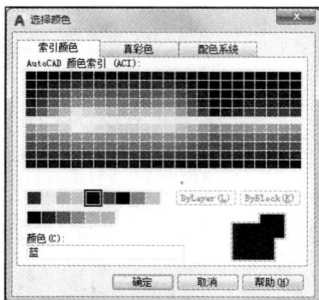

图 2-19　选择颜色　　　　　　　　　　　图 2-20　"选择线型"对话框

（9）建立新图层并重命名为"文字"。设置"文字"图层的颜色为红色、线型为 Continuous、线宽为 0.09mm，并让 3 个图层均处于打开、解冻和解锁状态，各选项的设置如图 2-22 所示。

图 2-21　加载新线型　　　　　　　　　　图 2-22　设置图层

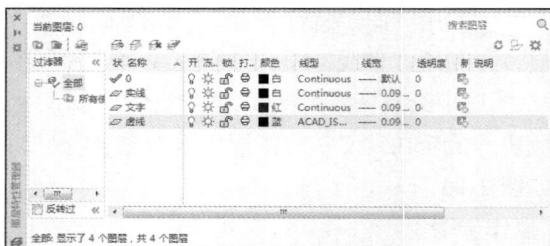

（10）选中"实线"图层，单击"置为当前"按钮，将其设置为当前图层，然后关闭"图层特性管理器"选项板。

（11）在当前图层"实线"上利用"直线""圆""多段线"等命令绘制一系列图线，如图 2-23 所示。

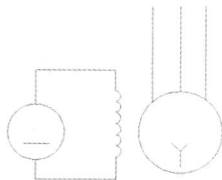

（12）单击"图层"面板中"图层"下拉列表框右侧的下拉按钮，将"虚线"图层设置为当前图层，并在两个圆之间绘制一条水平连线，如图 2-24 所示。

图 2-23　绘制图线　　　　　　　　　　　图 2-24　绘制虚线

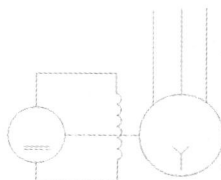

（13）将当前图层设置为"文字"图层，单击"默认"选项卡"注释"面板中的"多行文字"按钮 A（该命令将在后面的内容中详细讲解），添加文字。

结果如图 2-16 所示。

注意　　有时绘制出的虚线在计算机屏幕上显示为实线，这是因为显示比例过小，放大图形后可以显示出虚线。如果要在当前图形大小下明确显示出虚线，可以单击该虚线，使之处于选中状态，然后双击，打开"特性"选项板，该选项板中包含所选对象的各种参数，可以将其中的"线型比例"参数设置成比较大的数值，如图 2-25 所示。这样就可以在图形正常显示状态下清晰地看见虚线的细线段和间隔。

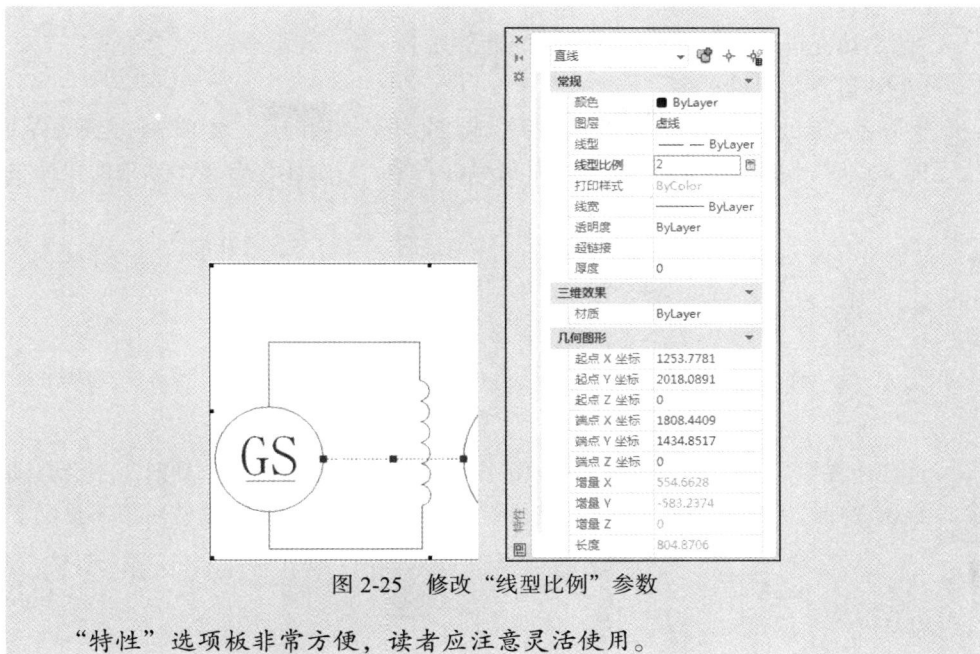

图 2-25　修改"线型比例"参数

"特性"选项板非常方便，读者应注意灵活使用。

二、图案填充

当用户需要用一个重复的图案（pattern）填充一个区域时，可以使用 BHATCH 命令建立一个相关联的图案填充对象。

（一）创建图案填充

【执行方式】

命令行：BHATCH。

菜单栏：选择菜单栏中的"绘图"→"图案填充"命令。

工具栏：单击"绘图"工具栏中的"图案填充"按钮▨或"渐变色"按钮▨。

功能区：单击"默认"选项卡"绘图"面板中的"图案填充"按钮▨。

【操作步骤】

执行上述命令后，系统将打开图 2-26 所示的"图案填充创建"选项卡。

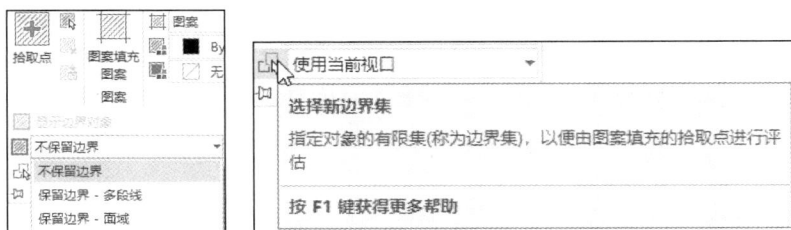

图 2-26　"图案填充创建"选项卡（1）

【选项说明】

"图案填充创建"选项卡中各选项的含义如下。

（1）"边界"面板

拾取点：通过选择由一个或多个对象形成的封闭区域内的点，确定图案填充边界（见图 2-27）。指定内部点时，可以随时在绘图区中单击鼠标右键，以显示包含多个选项的快捷菜单。

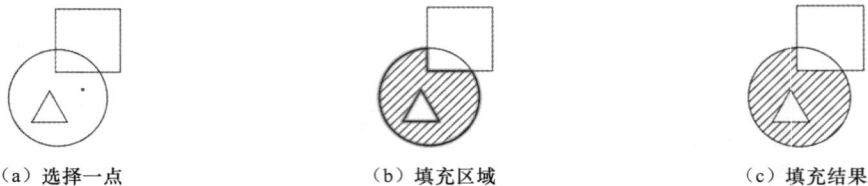

（a）选择一点　　　　　　　（b）填充区域　　　　　　　（c）填充结果

图 2-27　通过拾取点来确定边界

选择边界对象：指定基于选定对象的图案填充边界。使用该选项时，不会自动检测内部对象，必须选择选定边界内的对象，以按照当前孤岛检测样式填充这些对象（见图 2-28）。

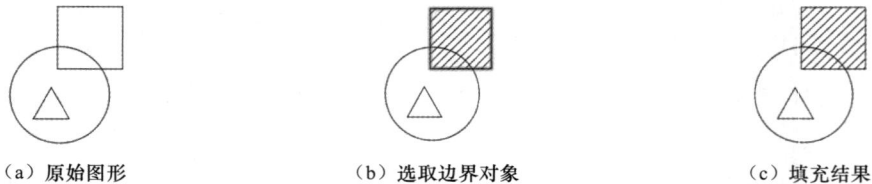

（a）原始图形　　　　　　　（b）选取边界对象　　　　　　　（c）填充结果

图 2-28　选择边界对象

删除边界对象：从边界定义中删除之前添加的任何对象，如图 2-29 所示。

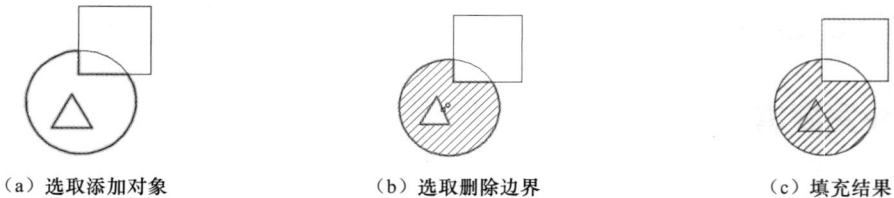

（a）选取添加对象　　　　　　　（b）选取删除边界　　　　　　　（c）填充结果

图 2-29　删除边界对象

重新创建边界：围绕选定的填充图案或填充对象创建多段线或面域，并使其与图案填充对象相关联（可选）。

显示边界对象：选择构成选定关联图案填充对象的边界的对象，使用显示的节点可修改图案填充边界。

保留边界对象：指定如何处理图案填充对象边界。包括以下几个选项。

- 不保留边界：不创建独立的图案填充边界对象。
- 保留边界-多段线：创建封闭图案填充对象的多段线。
- 保留边界-面域：创建封闭图案填充对象的面域对象。
- 选择新边界集：指定图案填充对象的有限集（称为边界集），以便根据创建图案填充时的拾取点进行计算。

（2）"图案"面板

显示所有预定义和自定义图案的预览图像。

（3）"特性"面板

图案填充类型：指定是使用纯色、渐变色、图案还是用户定义的图案进行填充。

图案填充颜色：代替实体填充和填充图案的当前颜色。

背景色：指定填充图案的背景颜色。

图案填充透明度：设定填充图案的透明度。

图案填充角度：指定填充图案的角度。

填充图案比例：放大或缩小预定义或自定义的填充图案。

相对图纸空间：（仅在布局中可用）相对于图纸空间单位缩放填充图案。使用该选项可很容易地做到以适合于布局的比例显示填充图案。

交叉线：（仅当"图案填充类型"设定为"用户定义"时可用）将绘制第二组直线段，与原始直线段成 90°角，从而构成交叉线。

ISO 笔宽：（仅对预定义的 ISO 图案可用）基于选定的笔宽缩放 ISO 图案。

（4）"原点"面板

设定原点：直接指定新的图案填充原点。

左下：将图案填充原点设定在图案填充边界（矩形范围）的左下角。

右下：将图案填充原点设定在图案填充边界（矩形范围）的右下角。

左上：将图案填充原点设定在图案填充边界（矩形范围）的左上角。

右上：将图案填充原点设定在图案填充边界（矩形范围）的右上角。

中心：将图案填充原点设定在图案填充边界（矩形范围）的中心。

使用当前原点：将图案填充原点设定为系统变量 HPORIGIN 中存储的默认位置。

存储为默认原点：将新图案填充原点的值存储在 HPORIGIN 系统变量中。

（5）"选项"面板

关联：控制当用户修改图案填充边界时是否自动更新图案填充。

注释性：指定根据视口比例自动调整填充图案比例。

特性匹配：使用选定图案填充对象的特性设置图案填充特性，图案填充原点除外。

- 使用当前原点：使用选定图案填充对象（除图案填充原点外）设定图案填充的特性。
- 使用源图案填充原点：使用选定图案填充对象（包括图案填充原点）设定图案填充的特性。

允许的间隙：设定将对象用作图案填充边界时可以忽略的最大间隙。默认值为 0，此值要求指定对象必须为封闭区域且没有间隙。

创建独立的图案填充：控制当指定了几个单独的闭合边界时，是创建单个图案填充对象还是创建多个图案填充对象。

外部孤岛检测：从外部边界向内填充，此选项仅填充指定的区域，不会影响内部孤岛。

- 普通孤岛检测：从外部边界向内填充。如果遇到内部孤岛，填充将关闭，直到遇到孤岛中的另一个孤岛。
- 外部孤岛检测：从外部边界向内填充。该选项仅填充指定的区域，不会影响内部孤岛。
- 忽略孤岛检测：忽略所有内部的对象，填充图案时将通过这些对象。
- 无孤岛检测：关闭孤岛以使用传统孤岛检测方法。

绘图次序：为图案填充或填充指定绘图次序。包括不更改、后置、前置、置于边界之后和置于边界之前等选项。

（6）"关闭"面板

关闭"图案填充创建"：退出 BHATCH 命令并关闭"图案填充创建"选项卡。也可以按 Enter 键或 Esc 键退出 BHATCH 命令。

（二）编辑图案填充

利用 HATCHEDIT 命令可以编辑已经填充好的图案。

【执行方式】

命令行：HATCHEDIT。

菜单栏：选择菜单栏中的"修改"→"对象"→"图案填充"命令。

工具栏：单击"修改"工具栏中的"编辑图案填充"按钮 。

功能区：单击"默认"选项卡"修改"面板中的"编辑图案填充"按钮 。

【操作步骤】

执行上述命令后，AutoCAD 会给出下面的提示。

选择图案填充对象：

选择图案填充对象后，系统将弹出图 2-30 所示的"图案填充编辑器"选项卡。在该选项卡中，只有正常显示的选项才可以对其进行操作。该选项卡中各选项的含义与"图案填充创建"选项卡中对应选项的含义相同。利用该选项卡可以对已填充的图案进行一系列的编辑和修改。

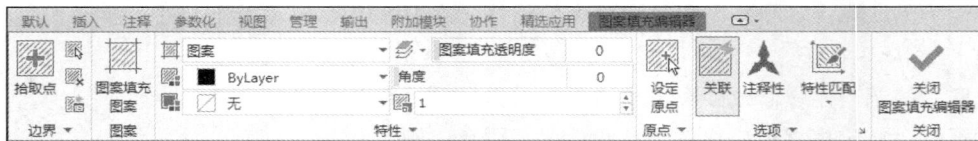

图 2-30　"图案填充编辑器"选项卡

项目实例 2——绘制壁龛交接箱符号

微课

本实例利用"矩形"和"直线"命令绘制图形，再利用"图案填充"命令填充图形，如图 2-31 所示。

项目实例 2——绘制
壁龛交接箱符号

【操作步骤】

（1）单击"默认"选项卡"绘图"面板中的"矩形"按钮 和"直线"按钮 ，绘制基本图形，如图 2-32 所示。

图 2-31　壁龛交接箱符号

图 2-32　绘制基本图形

（2）单击"默认"选项卡"绘图"面板中的"图案填充"按钮 ，打开"图案填充创建"

选项卡，如图 2-33 所示，选择 SOLID 图案，单击填充区域，如图 2-34 所示，结果如图 2-31 所示。

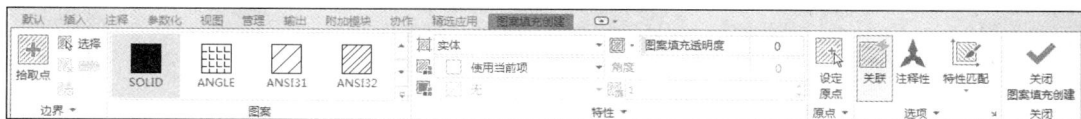

图 2-33　"图案填充创建"选项卡（2）

图 2-34　单击填充区域

三、文字标注

文字标注是图形中很重要的一部分内容。进行各种设计时，通常不仅要绘出图形，还要在图形中标注一些文字，如技术要求、注释说明等，用于对图形对象进行解释。在制图过程中，文字传递了很多设计信息，它既可能是一个很长、很复杂的说明，也可能是一个简短的文字信息。当需要标注的文本不太长时，可以利用 TEXT 命令创建单行文本；当需要标注的文本很长、很复杂时，可以利用 MTEXT 命令创建多行文本。

（一）文字样式

AutoCAD 2020 提供了"文字样式"对话框，通过该对话框可方便、直观地设置需要的文字样式，或对已有文字样式进行修改。

【执行方式】

命令行：STYLE 或 DDSTYLE。

菜单栏：选择菜单栏中的"格式"→"文字样式"命令。

工具栏：单击"文字"工具栏中的"文字样式"按钮 A。

功能区：单击"默认"选项卡"注释"面板中的"文字样式"按钮 A，或选择"注释"选项卡"文字"面板上的"文字样式"下拉列表中的"管理文字样式"选项，或单击"注释"选项卡"文字"面板中的"对话框启动器"按钮 ⭘。

【操作步骤】

执行上述任意操作即可打开"文字样式"对话框，如图 2-35 所示。

【选项说明】

（1）"样式"列表框：该列表框主要用于展示创建的新样式或对已有样式进行相关操作。在"样式"列表框中选中要改名称的文字样式，单击鼠标右键，在弹出的快捷菜单中选择"重命名"命令（见图 2-36），可以为所选文字样式指定新的名称。

（2）"新建"按钮：单击"新建"按钮，打开图 2-37 所示的"新建文字样式"对话框，在其中可以为新建的文字样式命名。

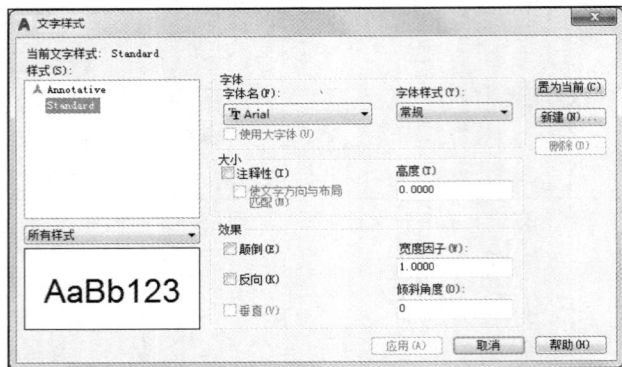

图 2-35　"文字样式"对话框

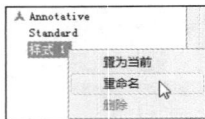

图 2-36　选择"重命名"命令

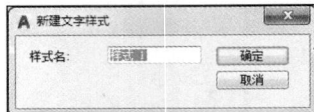

图 2-37　"新建文字样式"对话框

（3）"字体"选项组：在 AutoCAD 中，除了可以使用其固有的 SHX 字体外，还可以使用 TrueType 字体（如宋体、楷体等）。一种字体可以设置不同的效果，从而被多种文字样式使用。图 2-38 所示为同一种字体（宋体）的不同样式。"字体"选项组用来确定文字样式使用的字体、字体样式及字体大小等。

（4）"大小"选项组。

"注释性"复选框：指定文字为注释性文字。

"使文字方向与布局匹配"复选框：指定图纸空间中的文字方向与布局方向相匹配。如果取消勾选"注释性"复选框，则该选项不可用。

"高度"文本框：如果在"高度"文本框中输入一个数值，则它将作为创建文字时的固定字高，在用 TEXT 命令输入文字时，AutoCAD 不再提示输入字高参数；如果在此文本框中设置字高为 0，则 AutoCAD 会在每一次创建文字时提示输入字高。所以，如果不想固定字高，就可以将其设置为 0。

（5）"效果"选项组：该选项组用于设置字体的特殊效果。

"颠倒"复选框：勾选该复选框表示将文字倒置标注，如图 2-39（a）所示。

"反向"复选框：确定是否将文字反向标注，如图 2-39（b）所示。

"垂直"复选框：确定文本是水平标注还是垂直标注。勾选该复选框时为垂直标注，否则为水平标注，如图 2-40 所示。

图 2-38　同一种字体（宋体）的不同样式

图 2-39　文字倒置标注与反向标注

图 2-40　水平标注和垂直标注

"宽度因子"文本框：设置宽度系数，确定文本字符的宽高比。当比例系数为 1 时，表示将按字体文件中定义的宽高比标注文字。当此系数小于 1 时文字会变窄，大于 1 时文字会变宽。

"倾斜角度"文本框：用于确定文字的倾斜角度。当此角度为 0 时文字不倾斜，为正时文字向右倾斜，为负时文字向左倾斜。

（二）单行文字标注

【执行方式】

命令行：TEXT 或 DTEXT。

菜单栏：选择菜单栏中的"绘图"→"文字"→"单行文字"命令。

工具栏：单击"文字"工具栏中的"单行文字"按钮 A。

功能区：单击"默认"选项卡"注释"面板中的"单行文字"按钮 A，或单击"注释"选项卡"文字"面板中的"单行文字"按钮 A。

【操作步骤】

选择相应的菜单项，或在命令行输入 TEXT 命令后按 Enter 键，AutoCAD 显示以下内容。

```
命令：TEXT↙
当前文字样式："Standard"当前文字高度：2.5  注释性：否  对正：左
指定文字的起点或 [对正(J)/样式(S)]：
```

注意 只有当前文本样式中设置的文字高度为 0 时，在 AutoCAD 中执行 TEXT 命令才会出现要求用户确定文字高度的提示。

AutoCAD 允许将文本旋转排列，图 2-41 所示为旋转角度分别是 0°、45°和-45°时的排列效果。在"指定文字的旋转角度<0>:"提示下，输入文本的旋转角度或在屏幕上画出一条直线段即可指定旋转角度。

【选项说明】

（1）指定文字的起点：在此提示下，直接在绘图区中单击一点作为文本的起点，如下。

旋转0°
旋转-45° 旋转45°

图 2-41　文本旋转排列的效果

```
指定高度 <0.2000>：（确定文字的高度）
指定文字的旋转角度 <0>：（确定文本的旋转角度）
```

在此提示下，输入一行文本后按 Enter 键，可继续输入文本，待全部输入完成后，在此提示下，直接按 Enter 键，可退出 TEXT 命令。由此可见，用 TEXT 命令也可创建多行文本，只是这种多行文本的每一行是一个对象，因此不能对多行文本同时进行操作，但可以单独修改每一单行的文字样式、字高、旋转角度和对齐方式等。

（2）对正（J）：在上面的提示下输入 J，以确定文本的对齐方式。对齐方式决定了文本的哪一部分与所选的插入点对齐。选择此选项，命令行提示与操作如下。

```
输入选项 [左(L)/居中(C)/右(R)/对齐(A)/中间(M)/布满(F)/左上(TL)/中上(TC)/右上(TR)/左
中(ML)/正中(MC)/右中(MR)/左下(BL)/中下(BC)/右下(BR)]：
```

在此提示下，选择一个选项作为文本的对齐方式。当文本水平排列时，AutoCAD 为标注文本定义了图 2-42 所示的顶线、中线、基线和底线，常见对齐方式如图 2-43 所示，其中的大写字母对应上述提示中的各选项。

图 2-42 文本对齐的底线、基线、中线和顶线

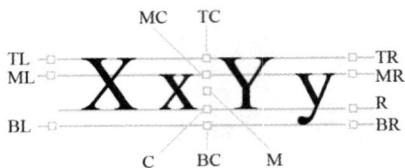

图 2-43 文本的对齐方式

实际绘图时，有时需要标注一些特殊字符，如直径符号、上画线和下画线、温度符号等。因为这些符号不能直接从键盘上输入，所以 AutoCAD 提供了一些控制码来输入这些字符。AutoCAD 常用的控制码如表 2-3 所示。

表 2-3　　　　　　　　　　　　　　　　AutoCAD 常用的控制码

控制码	功能	控制码	功能
%%O	上画线	\u+0278	电相角
%%U	下画线	\u+E101	流线
%%D	"度"符号（°）	\u+2261	标识
%%P	正负符号	\u+E102	界碑线
%%C	直径符号	\u+2260	不相等
%%%	百分号（%）	\u+2126	欧姆
\u+2248	几乎相等	\u+03A9	欧米伽
\u+2220	角度	\u+214A	地界线
\u+E100	边界线	\u+2082	下标 2
\u+2104	中心线	\u+00B2	平方
\u+0394	差值		

其中，%%O 和 %%U 分别实现上画线和下画线，第一次出现时开始画上画线和下画线，第二次出现时上画线和下画线终止。例如，在"输入文字:"提示后输入"I want to %%Ugo to Beijing%%U"，则得到图 2-44（a）所示的文本；输入"50%%D+%%C75%%P12"，则得到图 2-44（b）所示的文本。

I want to go to Beijing.   50°+⌀75±12

　　　　　（a）　　　　　　　　　　　　　　　（b）

图 2-44 带特殊符号的文本

使用 TEXT 命令创建文本时，在命令行中输入的文字将同时显示在绘图区中，而且在创建过程中可以随时改变文本的位置，只要将光标移动到新的位置并单击，则当前行结束，随后输入的文本将出现在新的位置。用这种方法可以把多行文本标注到绘图区的任何地方。

（三）多行文字标注

【执行方式】

命令行：MTEXT。

菜单栏：选择菜单栏中的"绘图"→"文字"→"多行文字"命令。

工具栏：单击"绘图"工具栏中的"多行文字"按钮 A，或单击"文字"工具栏中的"多行文字"按钮**A**。

功能区：单击"默认"选项卡"注释"面板中的"多行文字"按钮**A**，或单击"注释"选项卡"文字"面板中的"多行文字"按钮**A**。

【操作步骤】

选择相应的菜单项，或在命令行输入 MTEXT 命令后按 Enter 键，AutoCAD 显示以下内容。

```
命令：MTEXT↙
当前文字样式："Standard"当前文字高度：2.5  注释性：否
指定第一角点：（指定矩形框的第一个角点）
指定对角点或 [高度(H)/对正(J)/行距(L)/旋转(R)/样式(S)/宽度(W)/栏(C)]：
```

【选项说明】

（1）指定对角点：直接在绘图区中选取一点作为矩形框的第二个角点，AutoCAD 以指定的第一角点和这个点为对角点形成一个矩形区域，其宽度作为将来要标注的多行文本的宽度，而且第一个角点作为第一行文本顶线的起点。随后 AutoCAD 将打开图 2-45 所示的"文字编辑器"选项卡和多行文字编辑器，可利用此编辑器输入多行文本并对其格式进行设置。

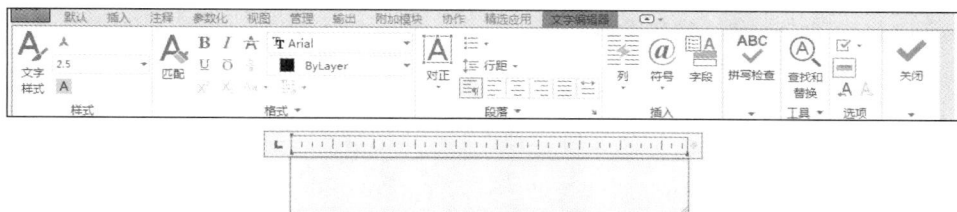

图 2-45 "文字编辑器"选项卡和多行文字编辑器

（2）对正（J）：确定文本的对齐方式。选择该选项，命令行提示与操作如下。

```
输入对正方式 [左上(TL)/中上(TC)/右上(TR)/左中(ML)/正中(MC)/右中(MR)/左下(BL)/中 下
(BC)/右下(BR)] <左上(TL)>：
```

这些对齐方式与 TEXT 命令中的各对齐方式相同，此处不再赘述。选择一种对齐方式后按 Enter 键，AutoCAD 会回到上一级提示。

（3）行距（L）：确定多行文本的间距。这里所说的行距是指相邻两文本行的基线之间的垂直距离。选择此选项，命令行提示与操作如下。

```
输入行距类型 [至少(A)/精确(E)] <至少(A)>：
```

在此提示下，有两种确定行距的方式："至少"方式和"精确"方式。"至少"方式下，AutoCAD 根据每行文本中最大的字符自动调整行距；"精确"方式下，AutoCAD 会给多行文本赋予一个固定的行距。既可以直接输入一个确切的间距值，也可以以"nx"的形式输入。其中 n 是一个具体数，表示将行距设置为单行文本高度的 n 倍，而单行文本高度是本行文本字符高度的 1.66 倍。

（4）旋转（R）：确定文本的旋转角度。选择此选项，命令行提示与操作如下。

```
指定旋转角度 <0>：（输入旋转角度）
```

输入角度值后按 Enter 键，AutoCAD 返回到"指定对角点或 [高度（H）/对正（J）/行距

（L）/旋转（R）/样式（S）/宽度（W）栏（C）]:"提示。

（5）样式（S）：确定当前的文字样式。

（6）宽度（W）：指定多行文本的宽度。既可以在绘图区中选取一点，将其与前面确定的第一个角点组成的矩形框的宽度作为多行文本的宽度，也可以输入一个数值，精确设置多行文本的宽度。

（7）高度（H）：用于指定多行文本的高度。既可以在绘图区中选取一点，将其与前面确定的第一个角点组成的矩形框的高度作为多行文本的高度，也可以输入一个数值，精确设置多行文本的高度。

（8）栏（C）：可以将多行文字对象的格式设置为多栏。既可以指定栏的宽度、高度及栏数，又可以使用夹点编辑栏宽和栏高。其中提供了 3 个栏选项，即"不分栏""静态栏""动态栏"。

"文字编辑器"选项卡：用来控制文字的显示特性。既可以在输入文字前设置文字的特性，也可以改变已输入文字的特性。要改变已有文字的显示特性，应先选择要修改的文字，选择文字的方式有以下 3 种。

① 将光标定位到文字开始处，单击，按住鼠标左键拖动到需要的文字处，以选择这些文字。

② 双击某个文字，则该文字被选中。

③ 在文字中单击 3 次，选中全部文字。

下面介绍"文字编辑器"选项卡中部分选项的功能。

（1）"高度"下拉列表框：确定文字的高度，既可直接输入新的高度值，也可从下拉列表框中选择预设的高度。

（2）**B** 和 *I* 按钮：设置黑体或斜体效果，只对 TrueType 字体有效。

（3）"删除线"按钮 : 用于在文字上添加水平删除线。

（4）"下画线"按钮 U 与"上画线"按钮 Ō：用于设置或取消上画线与下画线。

（5）"堆叠"按钮 : 即层叠/非层叠文本按钮，用于层叠所选的文本，也就是创建分数形式。当文本中某处出现"/""^"或"#"这 3 种层叠符号之一时可层叠文本，方法是选中需层叠的文字，然后单击此按钮，则符号左边的文字作为分子，右边的文字作为分母。AutoCAD 提供了 3 种分数形式。

如果选中"abcd/efgh"后单击此按钮，将得到图 2-46（a）所示的分数形式。

如果选中"abcd^efgh"后单击此按钮，则得到图 2-46（b）所示的形式，此形式多用于标注极限偏差。

如果选中"abcd # efgh"后单击此按钮，则创建斜排的分数形式，如图 2-46（c）所示。如果选中已经层叠的文本对象后单击此按钮，则恢复到非层叠形式。

（6）"倾斜角度"下拉列表框 0/：设置文字的倾斜角度，如图 2-47 所示。

（7）"符号"按钮 @：用于输入各种符号。单击该按钮，系统将打开符号列表，如图 2-48 所示，可以从中选择需要的符号。

（8）"字段"按钮 : 插入一些常用或预设字段。单击该按钮，系统将打开"字段"对话框，如图 2-49 所示，用户可以从中选择需要的字段。

（9）"追踪"按钮 : 增大或减小选定字符之间的空隙。

（10）"宽度因子"按钮 : 扩展或收缩选定字符。

（11）"上标"按钮 x：将选定文字转换为上标。

（12）"下标"按钮 X₂：将选定文字转换为下标。

（13）"清除格式"下拉列表框：删除选定字符的文字格式，或删除选定段落的段落格式，或删除选定段落中的所有格式。

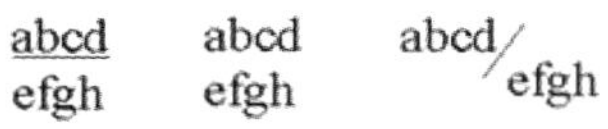

（a）　　　（b）　　　（c）

图 2-46　文本层叠

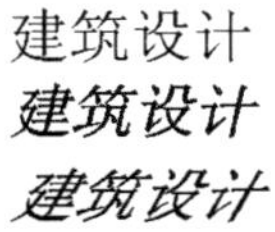

建筑设计
建筑设计
建筑设计

图 2-47　文字倾斜效果 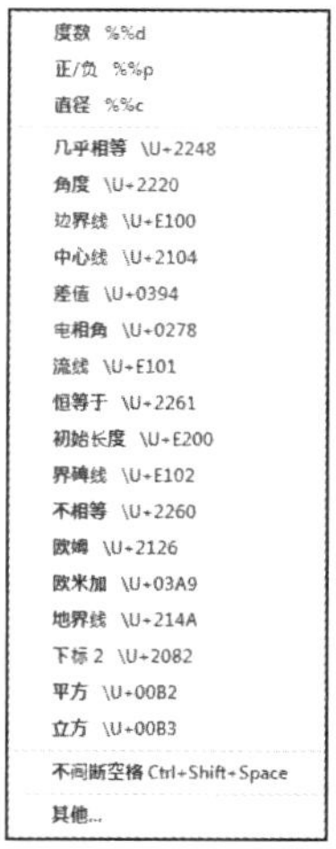　　图 2-48　符号列表 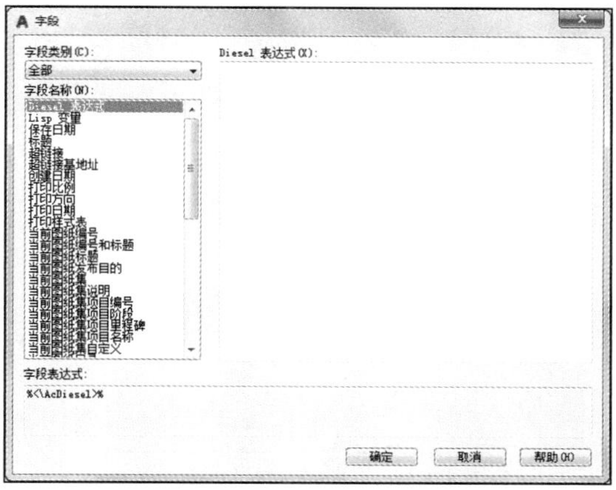　　图 2-49　"字段"对话框

（14）"项目符号和编号"下拉列表框：添加段落文字前面的项目符号和编号。

- 关闭：如果选择此选项，将从应用了列表格式的选定文字中删除字母、数字和项目符号，不更改缩进状态。

- 以数字标记：将带有句点的数字用于列表中的项的列表格式。

- 以字母标记：将带有句点的字母用于列表中的项的列表格式。如果列表中的项数多于字母个数，可以使用双字母继续排列。

- 以项目符号标记：将项目符号用于列表中的项的列表格式。

- 启点：在列表格式中启用新的字母或数字序列。如果选定的项位于列表中间，则选定项下面未选中的项也将成为新列表的一部分。

- 连续：将选定的段落添加到上面最后一个列表，然后继续排列。如果选择了列表项而非段落，选定项下面未选中的项将继续排列。

- 允许自动项目符号和编号：在输入时应用列表格式。以下字符可以用作字母和数字后的标点，但不能用作项目符号：句点（.）、逗号（,）、右括号（)）、右尖括号（>）、右方括号（]）和右花括号（}）。

- 允许项目符号和列表：如果选择此选项，列表格式将应用到外观类似列表的多行文字对象中的所有纯文本。

（15）拼写检查：启用拼写检查功能。

（16）编辑词典：显示"词典"对话框，从中可添加或删除在拼写检查过程中使用的自定义词典。

（17）标尺：在编辑器顶部显示标尺。拖动标尺末尾的箭头可更改文字对象的宽度。列模式处于活动状态时，还将显示高度和列夹点。

（18）段落：为段落和段落的第一行设置缩进。打开"段落"对话框还可以指定制表位和缩进，控制段落对齐方式、段落间距和段落行距，如图 2-50 所示。

（19）输入文字：选择此项将打开"选择文件"对话框，如图 2-51 所示。选择任意 RTF 格式的文件。输入的文字保留原始字符格式和样式特性，但可以在多行文字编辑器中编辑和格式化输入的文字。选择要输入的文本文件后，可以替换选定的文字或全部文字，或在文字边界内将插入的文字附加到选定的文字中。输入文字的文件体积必须小于 32KB。

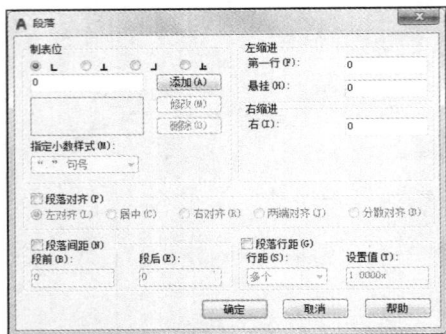

图 2-50　"段落"对话框

图 2-51　"选择文件"对话框

（四）编辑文字

【执行方式】

命令行：DDEDIT。

菜单栏：选择菜单栏中的"修改"→"对象"→"文字"→"编辑"命令。

工具栏：单击"文字"工具栏中的"编辑"按钮 。

快捷菜单：选择"编辑多行文字"或"编辑文字"命令。

【操作步骤】

选择相应的菜单项，或在命令行输入 DDEDIT 命令后按 Enter 键，AutoCAD 显示以下内容。

```
命令：DDEDIT↙
当前设置：编辑模式：Multiple
选择注释对象或 [放弃(U)/模式(M)]：
```

选择想要修改的文本，同时光标将变为拾取框。用拾取框单击对象，如果选取的文本是用 TEXT 命令创建的单行文本，则亮显该文本，此时可对其进行修改；如果选取的文本是用 MTEXT 命令创建的多行文本，选取后会打开多行文字编辑器（见图 2-45），可根据前面介绍的内容对文字进行修改。

项目实例3——绘制导线符号

微课

项目实例 3——
绘制导线符号

本实例利用"直线"命令绘制导线，再利用"多行文字"命令添加文本标注，如图 2-52 所示。

【操作步骤】

（1）单击"默认"选项卡"绘图"面板中的"直线"按钮 ，
绘制 3 条平行直线段。命令行提示与操作如下。

```
命令：_line
指定第一个点：100,100（输入第一个点的坐标）
指定下一点或 [放弃(U)]：@200,0
```

3N50Hz,380V

3×120+1×50

图 2-52　导线符号

以同样方法在其上方再绘制 2 条直线段，坐标分别为（100,140）（@200,0）和（100,180）（@200,0）。

（2）单击"默认"选项卡"注释"面板中的"多行文字"按钮**A**，为导线添加文字说明。首先在状态栏中开启对象捕捉和对象捕捉追踪功能，然后移动光标至导线左端点的正上方处，系统提示如图 2-53 所示，单击确定第一个对角点。

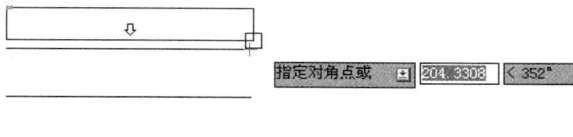

（3）向右下方移动光标至导线右端点的正上方，系统提示如图 2-54 所示，单击确定第二个对角点，在 3 条平行导线的上方拖曳出矩形框。

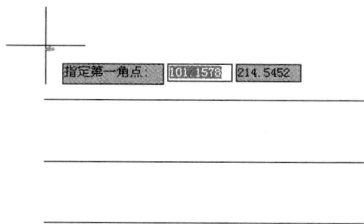

指定第一角点：　101 1578　214.5452

指定对角点或　204.3308　352°

图 2-53　确定第一个对角点

图 2-54　确定第二个对角点

（4）确定文字编辑区域后，会弹出图 2-45 所示的"文字编辑器"选项卡和多行文字编辑器。在其中将文本字体设置为"仿宋_GB2312"，字号为 10 号，居中对齐，其他保持默认设置，然后输入要求的文字"3N50Hz，380V"，结果如图 2-55 所示。

（5）单击"默认"选项卡"注释"面板中的"多行文字"按钮**A**，按照步骤（2）～步骤（4），在导线的下方拖曳出文字编辑框，并输入要求的文字"3×120+1×50"，至此，导线符号绘制完毕，如图 2-52 所示。

3N50Hz,380V

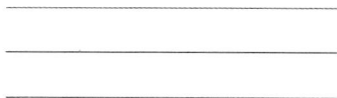

图 2-55　输入第一行文字

项目实训——变电站防雷平面图

微课

保护电气设备、电气装置和建筑物免受直接雷击的设备主要有避雷针、避雷线和避雷带等。常见的防雷平面图有避雷针、避雷线保护范围图和避雷带平面布置图。

项目实训——变电站防雷平面图

图 2-56 所示为某厂 35kV 变电站避雷针布置及其保护范围图，该变电站装有 3 个 17m 的避雷针和 1 个利用进线终端杆的 12m 避雷针。

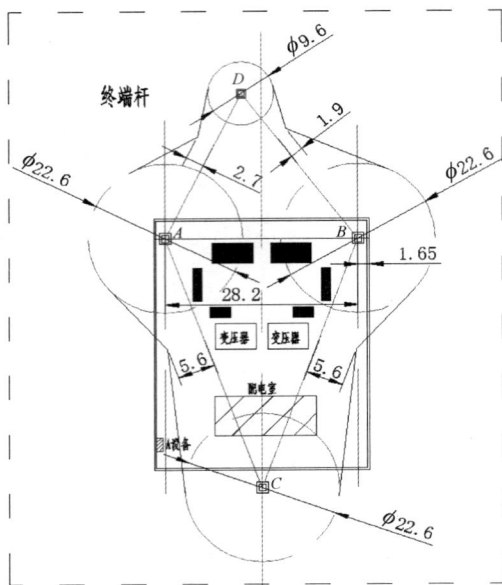

图 2-56　某厂 35kV 变电站避雷针布置及其保护范围图

图 2-56 中，凡是 7m 以下的设备和构筑物均在此保护范围之内。高于 7m 的设备，如果离某个避雷针很近，也能被保护；低于 7m 的设备超过图示范围也可能在保护范围之内。

一、图层设置

（1）新建文件。启动 AutoCAD 2020，单击快速访问工具栏中的"打开"按钮，系统弹出"选择文件"对话框，在该对话框中选择已经绘制好的图形样板文件"A4 样板图.dwt"（资源包中的源文件\2\A4 样板图.dwt），单击"打开"按钮，则选择的图形样板就会显示在绘图区，设置保存路径，将其命名为"变电站防雷平面图.dwg"并保存。

（2）设置图层。单击"默认"选项卡"图层"面板中的"图层特性"按钮，在弹出的"图层特性管理器"选项板中新建"中心线层"和"绘图层"两个图层，设置好的图层属性如图 2-57所示。

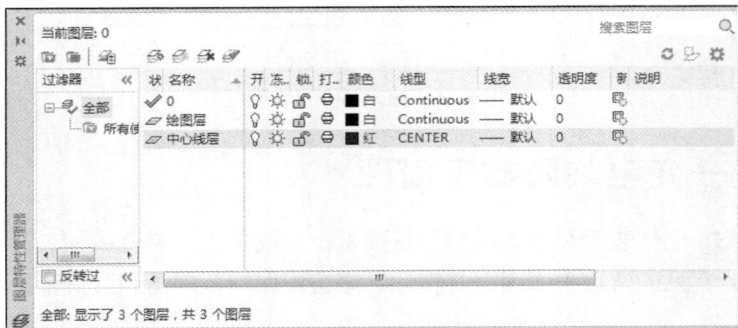

图 2-57　设置图层属性

二、绘制变电站防雷平面图

1. 绘制矩形边框

（1）绘制中心线。将"中心线层"设置为当前图层，单击"默认"选项卡"绘图"面板中的"直线"按钮 ╱，绘制一条竖直直线段。

（2）绘制左边框。将"绘图层"设置为当前图层，选择菜单栏中的"绘图"→"多线"命令，绘制边框，命令行提示与操作如下。

```
命令：MLINE↙
当前设置：对正 = 上，比例 = 20.00，样式 = STANDARD
指定起点或 [对正(J)/比例(S)/样式(ST)]：S↙
输入多线比例 <20.00>：0.3↙
当前设置：对正 = 上，比例 = 0.30，样式 = STANDARD
指定起点或 [对正(J)/比例(S)/样式(ST)]：j↙
输入对正类型 [上(T)/无(Z)/下(B)] <上>：z↙
当前设置：对正 = 无，比例 = 0.30，样式 = STANDARD
指定起点或 [对正(J)/比例(S)/样式(ST)]：↙
```

开启对象捕捉功能，捕捉最近点以获得多段线在中心线上的起点，移动光标使直线段保持水平，如图 2-58 所示，在"指定下一点"输入框中输入下一点到起点的距离 15.6mm，接着竖直向上移动光标，绘制长度为 38mm 的直线段，继续移动光标使直线段保持水平，采用同样的方法水平向右绘制直线段，长度为 15.6mm，结果如图 2-59（a）所示。

图 2-58　绘制多段线

（3）镜像左边框。单击"默认"选项卡"修改"面板中的"镜像"按钮 ⚎，选择左边框为镜像对象，镜像线为中心线，结果如图 2-59（b）所示。

2. 绘制避雷针并连接

（1）分解矩形。单击"默认"选项卡"修改"面板中的"分解"按钮 ⬚，对图 2-59（b）所示的矩形边框进行分解。

（2）偏移直线。单击"默认"选项卡"修改"面板中的"偏移"按钮 ⊏，将矩形上边框依次向下偏移 3mm 和 41mm，同时将中心线分别向左、右两侧偏移 14.1mm，如图 2-60（a）所示。

（3）绘制正方形。单击"默认"选项卡"绘图"面板中的"矩形"按钮 ▭，绘制一个边长为 1.1mm 的正方形，使其中心与 A 点重合。

（4）等距离复制正方形。单击"默认"选项卡"修改"面板中的"偏移"按钮 ⊏，偏移距离为 0.3mm，偏移对象为步骤（3）中绘制的正方形，选择正方形外的一点，结果如图 2-60（b）中左上角的两个正方形。

（5）复制正方形。单击"默认"选项卡"修改"面板中的"复制"按钮 ⬚，将绘制的正方形在 B、C 两点各复制一份，如图 2-60（b）所示。

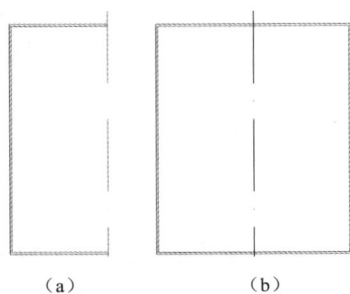

（a）　　　　　　（b）

图 2-59　绘制矩形边框

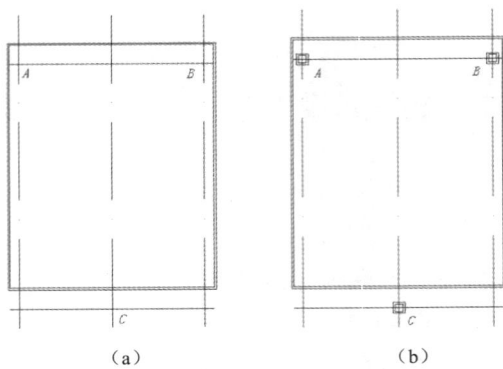

（a）　　　　　　（b）

图 2-60　绘制避雷针

（6）偏移直线段。单击"默认"选项卡"修改"面板中的"偏移"按钮 $\subseteq$，将直线段 *AB* 向上偏移 22mm，同时将中心线向左偏移 3mm，结果如图 2-61（a）所示。

（7）复制矩形。单击"默认"选项卡"修改"面板中的"复制"按钮 $^{oo}_{o}$，将绘制的终端杆在 *D* 点复制。

（8）单击"默认"选项卡"修改"面板中的"缩放"按钮 $\square$，缩小位于 *D* 点的终端杆，命令行提示与操作如下。

```
命令：scale↙
选择对象：找到一个（选择绘制的终端杆）
选择对象：↙
指定基点：选择终端杆的中心↙
指定比例因子或 [复制(C)/参照(R)]<1.0000>：0.8↙
```

（9）连接避雷针。将"中心线层"设置为当前图层，单击"默认"选项卡"绘图"面板中的"直线"按钮 ╱，连接各避雷针的中心，结果如图 2-61（b）所示。

3. 绘制以各避雷针的中心为圆心的圆

（1）绘制以较大避雷针的中心为圆心的圆。单击"默认"选项卡"绘图"面板中的"圆"按钮 ⊙，分别以 *A* 点、*B* 点、*C* 点为圆心，绘制半径为 11.3mm 的圆，结果如图 2-62 所示。

（2）绘制以较小避雷针的中心为圆心的圆。单击"默认"选项卡"绘图"面板中的"圆"按钮 ⊙，以 *D* 点为圆心，绘制半径为 4.8mm 的圆，结果如图 2-62 所示。

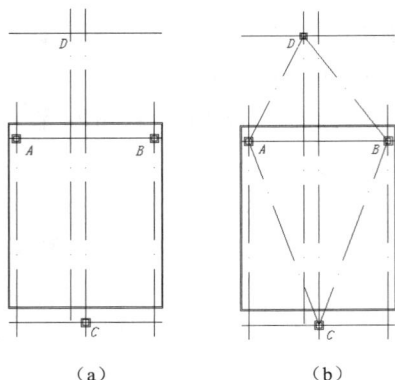

（a）　　　　　　（b）

图 2-61　连接避雷针

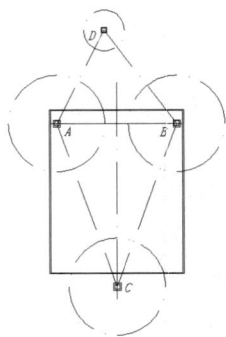

图 2-62　绘制以避雷针的中心为圆心的圆

4. 绘制各圆的切线

（1）偏移直线段。单击"默认"选项卡"修改"面板中的"偏移"按钮 ⊑，将图 2-62 中的直线 AC、BC、AD、BD 分别向外偏移 5.6mm、5.6mm、2.7mm、1.9mm，如图 2-63（a）所示。

（2）绘制切线。将"绘图层"设置为当前图层，单击"默认"选项卡"绘图"面板中的"直线"按钮 ╱，以圆 D 与直线段 AD 的交点为起点，向圆 A 作切线，与偏移出的直线段相交于 E 点，再以 E 点为起点，作圆 D 的切线。单击"默认"选项卡"修改"面板中的"修剪"按钮 ¾，修剪多余的直线段。采用同样的方法，分别得到交点 F、G、H，结果如图 2-63（b）所示。

（3）删除多余直线段。单击"默认"选项卡"修改"面板中的"删除"按钮 ✐，删除多余的直线段，结果如图 2-63（c）所示。

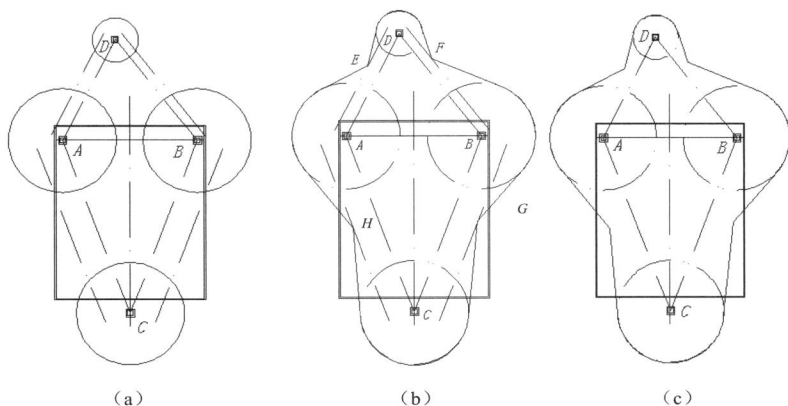

图 2-63　绘制各圆的切线

5. 绘制变压器

（1）绘制左边变压器的外框。单击"默认"选项卡"绘图"面板中的"矩形"按钮 ▭，分别绘制尺寸为 6mm×1.4mm、3mm×1.5mm、5mm×1.4mm、6mm×3mm 的 4 个矩形，并将这 4 个矩形放置到合适的位置。

（2）填充图案。单击"默认"选项卡"绘图"面板中的"图案填充"按钮 ▨，打开"图案填充创建"选项卡，如图 2-64 所示。选择 SOLID 图案，设置"角度"为 0，"比例"为 1，其他选项保持默认设置，在绘图区中依次选择 3 个矩形的各条边作为填充边界，完成对各个变压器的填充，结果如图 2-65（a）所示。

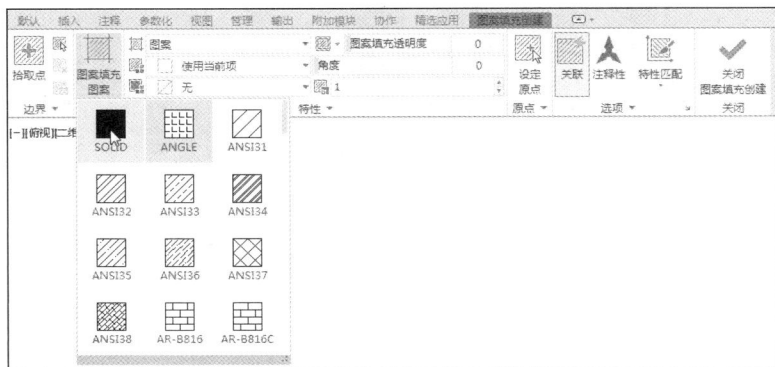

图 2-64　"图案填充创建"选项卡

（3）镜像变压器。单击"默认"选项卡"修改"面板中的"镜像"按钮 ⚠，将刚刚绘制的矩形以中心线为镜像线，镜像复制到右边，如图 2-65（b）所示。

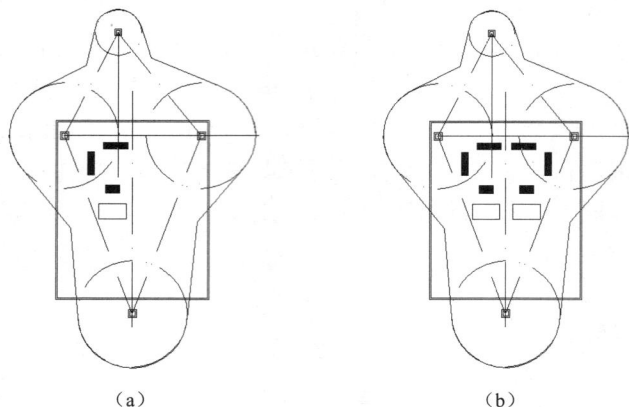

图 2-65　绘制变压器并填充

6. 绘制设备并填充

（1）绘制矩形。单击"默认"选项卡"绘图"面板中的"矩形"按钮 ▭，绘制一个长为 15mm、宽为 6mm 的矩形，如图 2-66（a）所示。

（2）填充图案。单击"默认"选项卡"绘图"面板中的"图案填充"按钮 ▨，打开"图案填充创建"选项卡，选择 ANSI31 图案，设置"角度"为 0，"比例"为 1，其他选项保持默认设置，在绘图区中选择图 2-66（a）所示矩形的 4 条边作为填充边界，完成对设备的填充，如图 2-66（b）所示。

7. 绘制配电室并填充

（1）绘制矩形。单击"默认"选项卡"绘图"面板中的"矩形"按钮 ▭，绘制一个长为 1mm、宽为 2mm 的矩形，并将其放置到合适的位置。

（2）填充图案。单击"默认"选项卡"绘图"面板中的"图案填充"按钮 ▨，打开"图案填充创建"选项卡，选择 ANSI31 图案，将"角度"设置为 0，"比例"设置为 0.125，其他选项保持默认设置，在绘图区中选择配电室符号的 4 条边作为填充边界，完成对配电室的填充，如图 2-67 所示。

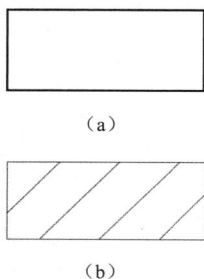

图 2-66　绘制设备并填充

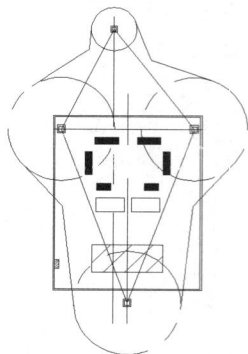

图 2-67　绘制配电室并填充

三、文字标注

（1）创建文字样式。单击"默认"选项卡"注释"面板中的"文字样式"按钮**A**，弹出"文字样式"对话框，创建一个名为"防雷平面图"的文字样式。设置"字体名"为"仿宋_GB2312"，"字体样式"为"常规"，"高度"为 2.0000，"宽度因子"为 0.7000，如图 2-68 所示。

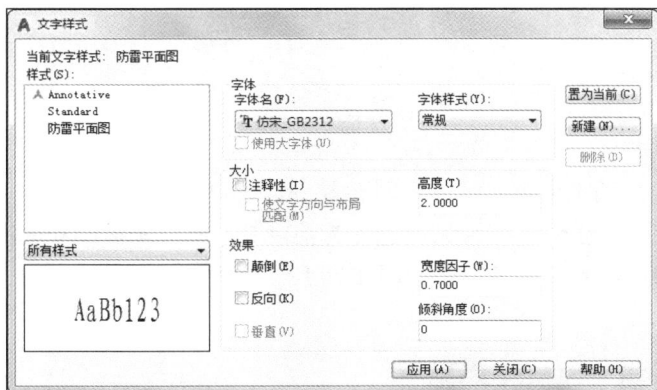

图 2-68 "文字样式"对话框

（2）添加注释文字。单击"默认"选项卡"注释"面板中的"多行文字"按钮**A**，一次输入几行文字，然后调整文字位置，这时可开启正交模式。

（3）利用文字编辑命令修改注释文字，完成整张图纸的绘制。

拓展知识

一、晶体三极管相关知识

晶体三极管，又称三极管或双极型晶体管，是在一块半导体基片上制作两个 PN 结，这两个 PN 结把整块半导体分成 3 部分，中间部分称为基极，两侧部分分别是发射极和集电极。

（一）三极管的分类及电路符号

三极管的种类有很多，根据结构，可分为 NPN 型和 PNP 型三极管；根据半导体材料，可分为锗管、硅管和化合物材料管；根据功率，可分为大功率管和小功率管；根据截止频率，可分为高频管和低频管；根据用途，可分为普通管、复合管（包括达林顿管）和特殊用途三极管等。

1. NPN 型三极管

NPN 型三极管是由两个 N 型半导体中间夹着一块 P 型半导体组成的三极管。

NPN 型三极管将两个 PN 结的 P 区相连作为基极 B，另外两个区结分别为发射极 E 和集电极 C。NPN 型三极管的实物外形及符号如图 2-69 所示。

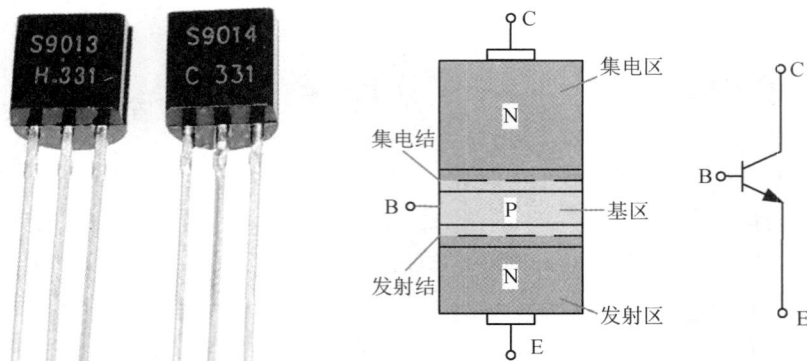

图 2-69　NPN 型三极管的实物外形及符号

2．PNP 型三极管

PNP 型三极管是由两个 P 型半导体中间夹着一块 N 型半导体组成的三极管。

PNP 型三极管将两个 PN 结的 N 区相连作为基极 B，另外两个 P 区分别为发射极 E 和集电极 C。PNP 型三极管的实物外形及符号如图 2-70 所示。

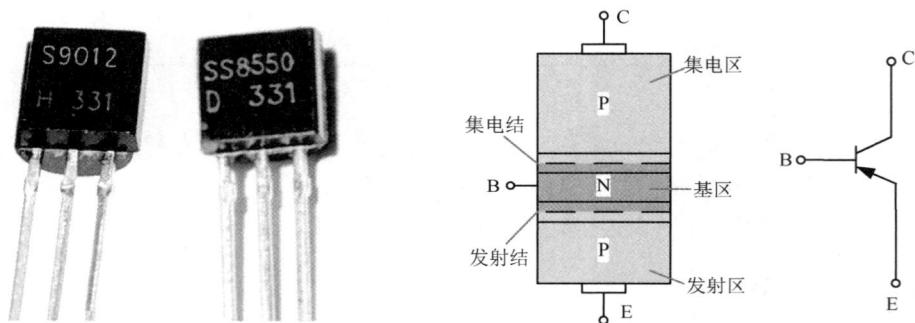

图 2-70　PNP 型三极管的实物外形及符号

（二）三极管的主要参数

1．共射直流电流放大系数

集电极直流电流和基极直流电流的比值反映了三极管对直流信号的放大能力。

2．共射交流电流放大系数 β

集电极电流变化量与相应的基极电流变化量之比反映了三极管对交流信号的放大能力。

3．特征频率 f_T

特征频率为三极管的 β 下降为 1 时所对应的频率，此时三极管已完全没有电流放大能力。

4．集电极-发射极反向击穿电压 $U_{(BR)CEO}$

三极管在特定反向偏置条件下能够承受的最大电压。在这个电压水平下，三极管不会发生反向击穿，即不会导电。

5．集电极最大允许电流 I_{CM}

集电极最大允许电流 I_{CM} 是描述三极管集电极在正常工作条件下能够承受的电流上限。超过这个电流值可能导致三极管过热、损坏或性能下降。

6. 集电极最大允许功率损耗 P_{CM}

集电极最大允许功率损耗 P_{CM} 是描述三极管集电极在正常工作条件下能够承受的最大功率损耗。超过这个功率损耗可能导致三极管过热、损坏或性能下降。

（三）三极管的命名规则

三极管的命名根据国家或地区的不同而有所区别，国产三极管在命名时通常包括 5 部分，即名称、材料、类型、序号以及规格，如图 2-71 所示。不同的数字和字母代表的含义也不相同，如表 2-4、表 2-5 所示。

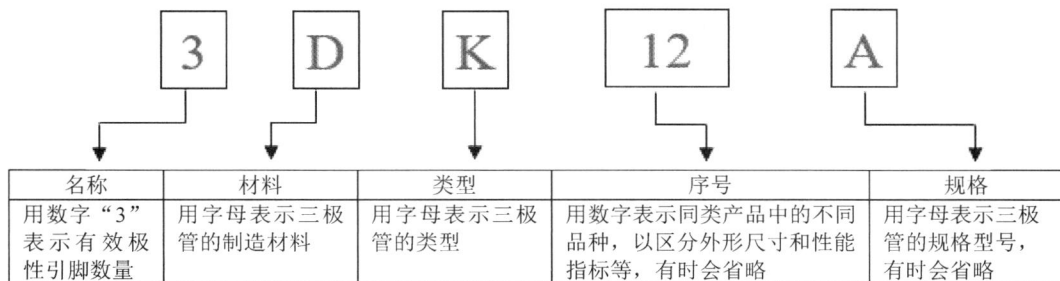

3	D	K	12	A
名称	材料	类型	序号	规格
用数字"3"表示有效极性引脚数量	用字母表示三极管的制造材料	用字母表示三极管的类型	用数字表示同类产品中的不同品种，以区分外形尺寸和性能指标等，有时会省略	用字母表示三极管的规格型号，有时会省略

图 2-71　国产三极管的命名规则

表 2-4　　　　　　　　　　　　　国产三极管类型字母所代表的含义

字母	含义	字母	含义
G	高频小功率管	V	微波管
X	低频小功率管	B	雪崩管
A	高频大功率管	J	阶跃恢复管
D	低频大功率管	U	光敏管
T	闸流管	J	结型场效应管
K	开关管		

表 2-5　　　　　　　　　　　　　国产三极管材料字母所代表的含义

字母	含义	字母	含义
A	锗材料，PNP 型	D	硅材料，NPN 型
B	锗材料，NPN 型	E	化合物材料
C	硅材料，PNP 型		

（四）三极管应用电路

1. 三极管放大电路

用三极管组成放大电路必须遵循以下几项原则：电源的极性和大小应使三极管发射极处于正向偏置状态，以保持三极管的导通状态；集电极处于反向偏置状态，以保证三极管工作在放大区。常用的三极管放大电路如图 2-72 所示。

电源 $+U_{CC}$ 为输出信号提供能量，基极电阻 R_1 和基极电源共同作用，使三极管 VT_1 发射极处于正向偏置状态，并提供大小适当的基极电流，使三极管起到放大作用。三极管 VT_1 是电路的核心元件，利用其电流放大作用，使集电极支路得到了放大的电流，这个电流受到输入信号的控制。在输入信号的控制下，通过三极管将直流电源的能量转换为输出信号的能量。集电极电阻 R_2 的作用是将集电极电流的变化转化为电压的变化，以实现电压的放大。电容 C_1、C_2 是耦合电容，它们在电路中起到两方面的作用。一方面的作用是隔离直流，C_1 用来隔离放大电路与信号源之间的直流通路，C_2 用来隔离放大电路与负载之间的直流通路，这样信号源、放大电路和负载三者之间无直流联系，互不影响；另一方面的作用是交流耦合，即保证交流信号畅通无阻地经过放大电路，沟通信号源、放大电路和负载三者之间的交流通路。

2．三极管开关电路

三极管除了可以当作交流信号放大器之外，也可以当作开关使用。严格来说，三极管与一般的机械接点式开关在动作上并不完全相同，但是它具有一些机械式开关所没有的特点。典型的三极管开关电路如图 2-73 所示。由图可知，蜂鸣器被直接跨接于三极管的集电极与电源之间，且位于三极管主电流的回路上。

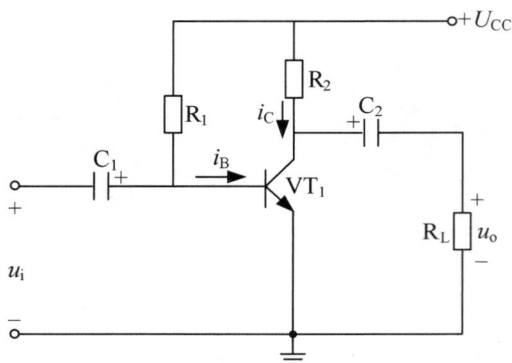

图 2-72　常用的三极管放大电路　　　　图 2-73　典型的三极管开关电路

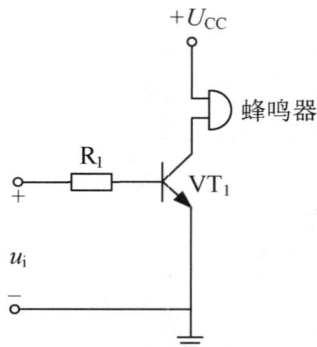

输入电压 u_i 控制三极管的导通与截止，当 u_i 为低电压时，三极管 VT_1 工作在截止区，此时三极管处于开启状态，三极管 VT_1 的基极没有电流，因此集电极亦无电流，连接于集电极端的蜂鸣器也没有电流，此时蜂鸣器不发声；同理，当 u_i 为高电压时，三极管工作在饱和区，由于基极有电流流动，使集电极流过更大的放大电流，因此蜂鸣器有电流流过并发出声音。

二、晶闸管相关知识

晶闸管全称晶体闸流管，又称可控硅整流器，是一种半导体器件，晶闸管最主要的特点是能用微小的功率控制较大的功率，常用于电机驱动电路或在电源中作为过载保护器件等。

（一）晶闸管的分类及电路符号

常见的晶闸管主要有单向晶闸管、双向晶闸管等。

1．单向晶闸管

单向晶闸管，也称 SCR（硅控整流器），是一种三端半导体器件，具有整流和开关功能。它由四层半导体材料组成，形成三个 PN 结。单向晶闸管可以在单向可控整流、交流调压、电机调速、功率控制等领域发挥作用。

单向晶闸管的实物外形及电路符号如图 2-74 所示，它被广泛应用于可控整流、交流调压、逆变器和开关电源电路中。

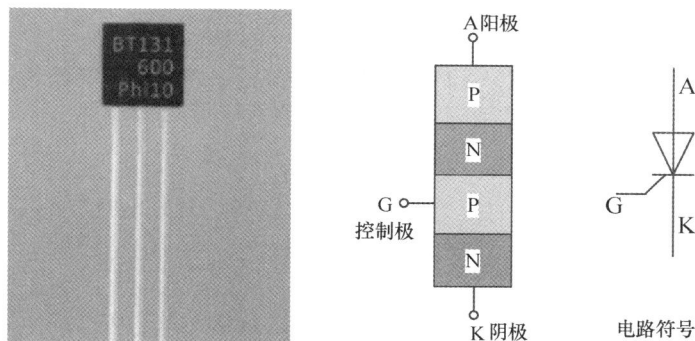

图 2-74　单向晶闸管的实物外形及电路符号

2．双向晶闸管

双向晶闸管，又称双向可控硅，与单向晶闸管相同，也具有触发控制特性。不过它的触发控制特性与单向晶闸管有很大的不同，它具有双向导通的特性，也就是无论在阳极和阴极间接入何种极性的电压，只要在它的控制极加上一个任意极性的触发脉冲，都可以使双向晶闸管导通。其实物外形及等效电路如图 2-75 所示。

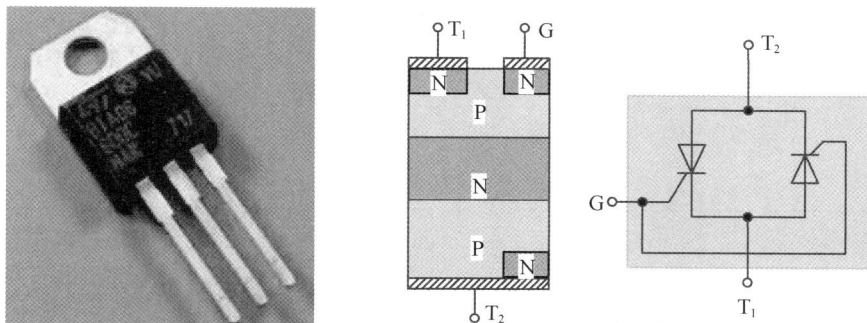

图 2-75　双向晶闸管的实物外形及等效电路

双向晶闸管是由 N-P-N-P-N 共 5 层半导体组成的器件，有第一电极（T_1）、第二电极（T_2）、控制电极（G）3 个电极，在结构上相当于两个单向晶闸管反极性并联。该类晶闸管在电路中一般用于调节电压、电流或作为交流无触点开关使用。

（二）晶闸管的主要参数

晶闸管有以下几个主要参数。

（1）额定通态电流 I_F：是指在规定的散热条件和环境温度及全导通的条件下，晶闸管可以连续通过的电流大小。单向晶闸管的额定通态电流是指工频正弦半波电流在一个周期内的平均值，而双向晶闸管的额定通态电流指的是有效值。通常所说的多少安的晶闸管就是指该参数值。

（2）维持电流 I_H：是指在规定的环境温度和控制极断开的情况下，维持晶闸管处于导通状态的最小电流。当正向工作电流小于 I_H 时，晶闸管自动断开。

（3）正向重复峰值电压 V_{FRM}：是指在控制极断路和晶闸管正向阻断的条件下，可以重复加在晶闸管两端的正向峰值电压。按规定，此电压为正向转折电压 V_{BO} 的 80%。

（4）反向重复峰值电压 V_{RRM}：是指在额定结温和控制极断开时，可以重复加在晶闸管两端的反向峰值电压。按规定，此电压为反向转折电压 V_{BR} 的 80%。

（5）控制极触发电压 V_{GT} 和触发电流 I_{GT}：是指在规定条件下，使晶闸管完全导通所必需的最小控制极电压和控制极电流。

（三）晶闸管的命名规则

晶闸管的命名根据国家或地区的不同而有所区别，国产晶闸管在命名时通常包括 4 部分，即名称、类型、额定通态电流以及重复峰值电压，如图 2-76 所示。国产晶闸管类型字母所代表的含义如表 2-6 所示。

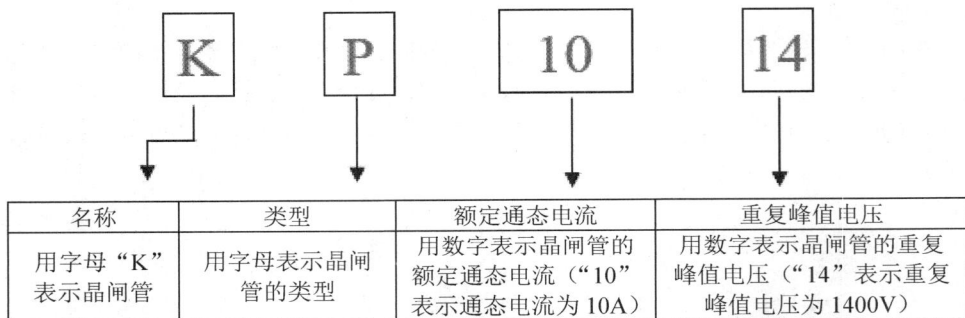

名称	类型	额定通态电流	重复峰值电压
用字母"K"表示晶闸管	用字母表示晶闸管的类型	用数字表示晶闸管的额定通态电流（"10"表示通态电流为 10A）	用数字表示晶闸管的重复峰值电压（"14"表示重复峰值电压为 1400V）

图 2-76　国产晶闸管的命名规则

表 2-6　　　　　　　　　　　　国产晶闸管类型字母所代表的含义

字母	含义
P	普通反向阻断型
K	快速反向阻断型
S	双向型

（四）晶闸管应用电路

1. 单向晶闸管应用电路

由单向晶闸管构成的频闪信号灯电路如图 2-77 所示，市电经 VD_1、R_1、R_2 整流分压，使发光二极管 VD_2 获得供电而频闪发光，由于发光二极管属电流型元件，当 VD_2 点亮时，在 R_3 上产生压降并触发单向晶闸管 VS_1 导通，故白炽灯 L 也随着 VS_1 的导通与截止而闪亮。

2. 双向晶闸管应用电路

由双向晶闸管构成的恒温箱温控器的电路如图 2-78 所示。它由双向晶闸管 VS_1、电阻 R_1、电接触式温度计等组成。当恒温箱内的温度低于设定值时，电接触式温度计的电接触点断开，晶闸管 VS_1 经电阻 R_1 获得触发信号导通，此时电热丝 R_L 被加热，指示灯 L_2 亮起。当恒温箱内的温度上升到设定温度以上时,电接触式温度计的电接触点接通,双向晶闸管的 T_1-G 极间短接,此时 VS_1 失去触发信号处于截止状态,电热丝 R_L 停止加热,指示灯 L_2 熄灭。上述过程反复进行,使得恒温箱内的温度趋向于动态恒定。

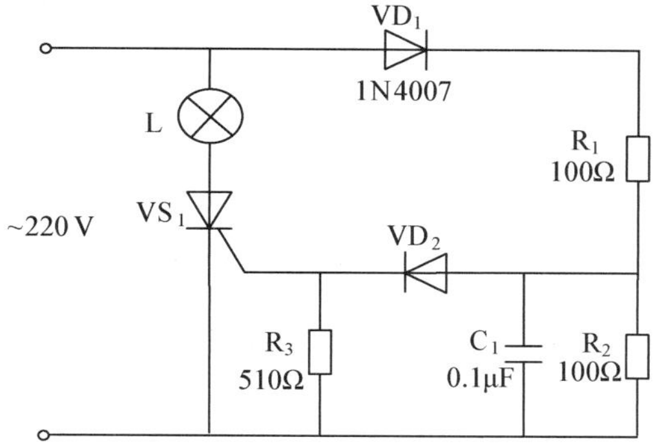

图 2-77　频闪信号灯电路 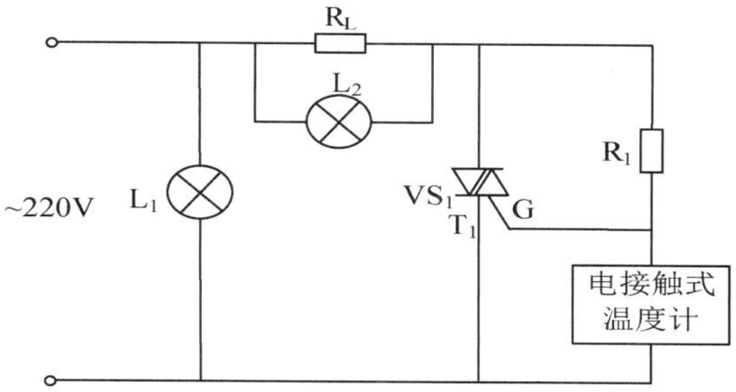　　　　　图 2-78　恒温箱温控器的电路

自测练习题

1. 在设置文字样式的时候,设置了文字的高度,其效果是（　　　）。
   A. 在输入单行文字时,可以改变文字高度
   B. 在输入单行文字时,不可以改变文字高度
   C. 在输入多行文字时,不可以改变文字高度
   D. 改变文字高度

2. 使用多行文字编辑器时,其中%%C、%%D、%%P 分别表示（　　　）。
   A. 直径符号、"度"符号、下画线　　　　　B. 直径符号、"度"符号、正负符号
   C. "度"符号、正负符号、直径符号　　　　D. 下画线、直径符号、"度"符号

3. 在正常输入汉字时却显示 "?",原因是（　　　）。
   A. 文字样式没有设定好　　　　　　　　　B. 输入错误
   C. 字符堆叠　　　　　　　　　　　　　　D. 字高太大

4. 按图 2-79 所示设置文字样式,则文字的宽度因子是（　　　）。
   A. 0　　　　　　　　B. 0.5　　　　　　　　C. 1　　　　　　　　D. 无效值

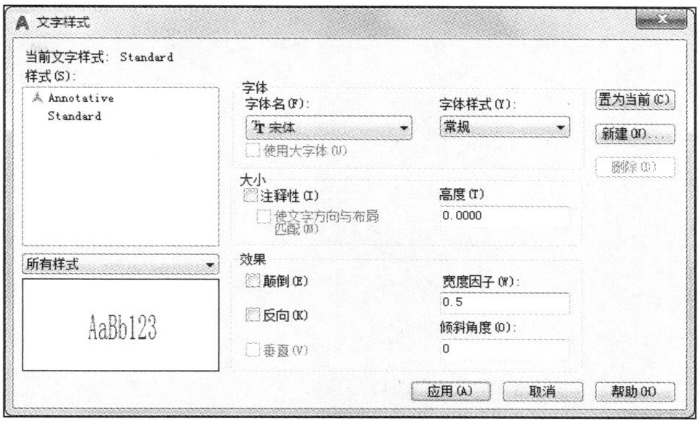

图 2-79　文字样式

实战演练

实战演练 1——绘制暗装插座符号

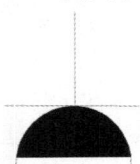

绘制图 2-80 所示的暗装插座符号。

操作提示如下。

（1）利用"圆弧"命令绘制半个圆弧。

（2）利用"直线"命令绘制水平和竖直直线段，其中一条水平直线段的两个端点都在圆弧上。

图 2-80　暗装插座符号

（3）利用"图案填充"命令填充圆弧与水平直线段之间的区域。

实战演练 2——绘制传真机符号

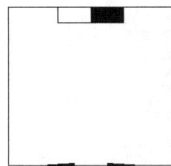

绘制图 2-81 所示的传真机符号。

操作提示如下。

（1）利用"矩形"命令绘制 3 个矩形。

（2）利用"多段线"命令绘制双向箭头。

（3）利用"图案填充"命令填充矩形。

图 2-81　传真机符号

实战演练 3——绘制三相电动机简图

绘制图 2-82 所示的三相电动机简图。

操作提示如下。

（1）利用"图层"命令设置两个图层。

（2）利用"直线"和"圆"命令绘制各部分。

（3）利用"多行文字"命令添加标注文字。

图 2-82　三相电动机简图

项目三
认识和绘制控制电路工程图

项目导入

在绘图过程中经常会遇到一些重复出现的图形，如电气设计中的电阻、开关、电动机等。如果每次都重新绘制这些图形，不仅会造成大量的重复工作，而且存储这些图形及其信息要占用相当大的磁盘空间。图块解决了模块化作图的问题，这样不仅可以避免大量的重复工作，提高绘图速度和工作效率，而且可以大大节省磁盘空间。在 AutoCAD 2020 中，利用设计中心可以管理图块、外部参照、渲染的图像及其他设计资源文件的内容。工具选项板是 AutoCAD 提供的另一种形式的辅助工具，提供了组织、共享和放置图块、几何图形、外部参照、填充图案等的有效方法，极大地方便了日后的调用。

素养目标

1. 通过创建和共享图块，可以提高整体工作效率，强化学生的集体主义精神和协作意识。

2. 设计中心允许用户浏览、管理和插入各种设计资源，包括图块、图层、样式等。这有助于鼓励学生积极积累知识，不断吸收新的设计理念，培养创新思维。

3. 通过学习如何有效利用工具选项板，可以培养学生优化工作流程的意识。

相关知识

一、图块操作

图块，也叫块，是由一组图形对象组成的集合，一组对象一旦被定义为图块，它们将成为一个整体，拾取图块中任意一个图形对象即可选中构成图块的所有对象。AutoCAD 把一个图块作为一个对象进行编辑和修改等，用户可根据绘图需要，把图块插入图中的任意位置，而且在插入时可以指定不同的缩放比例和旋转角度。如果需要对组成图块的单个图形对象进行修改，可以利用"分解"命令把图块分解成若干个对象。此外，还可以重新定义图块，一旦图块被重新定义，整个图中基于该图块的对象都将发生相应的改变。

（一）定义图块

【执行方式】

命令行：BLOCK。

菜单栏：选择菜单栏中的"插入"→"块定义"→"创建块"命令。

工具栏：单击"绘图"工具栏中的"创建块"按钮 。

功能区：单击"默认"选项卡"块"面板中的"创建"按钮 ，或单击"插入"选项卡"块定义"面板中的"创建块"按钮 。

【操作步骤】

在命令行输入 BLOCK 命令后按 Enter 键，AutoCAD 显示以下内容。

命令：BLOCK✓

选择相应的菜单命令或单击相应的按钮，或在命令行中输入 BLOCK 后按 Enter 键，可打开图 3-1 所示的"块定义"对话框，利用该对话框可定义图块。

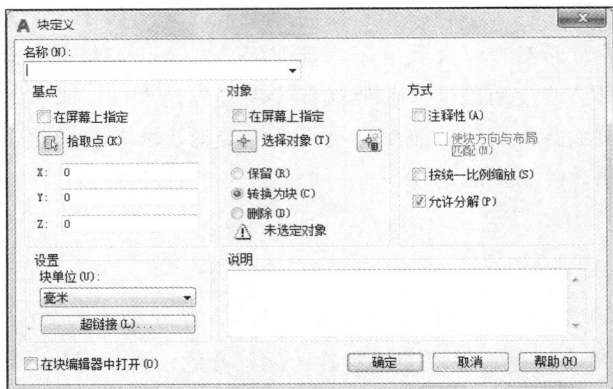

图 3-1　"块定义"对话框

【选项说明】

（1）"基点"选项组：确定图块的基点，默认坐标是（0,0,0）。也可以在下面的 X、Y、Z 文本框中输入基点坐标值。单击"拾取点"按钮，AutoCAD 临时切换到作图屏幕，在图形中拾取一点后，返回"块定义"对话框，所拾取的点将作为图块的基点。

（2）"对象"选项组：该选项组用于选择组成图块的对象及对象的相关属性。

把图 3-2（a）中的正五边形定义为图块，图 3-2（b）所示为选中"删除"单选按钮的结果，图 3-2（c）所示为选中"保留"单选按钮的结果。

（3）"设置"选项组：指定从 AutoCAD 设计中心拖动图块时用于测量图块的单位，以及进行超链接等设置。

（4）"在块编辑器中打开"复选框：勾选该复选框，打开块编辑器，可以定义动态块。相关内容后面将详细讲解。

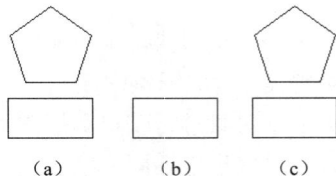

（a）　　（b）　　（c）

图 3-2　图块操作

（5）"方式"选项组：用于指定图块的行为。指定图块是否为注释性，指定在图纸空间中的图块参照的方向与布局的方向是否匹配，指定是否阻止图块参照按统一比例缩放，指定图块参照是否可以被分解。

（二）图块存盘

用 BLOCK 命令定义的图块保存在其所属的图形中，该图块只能插入其所属图形中，而不能插入其他图形中，但是有些图块在许多图中要经常用到，这时可以用 WBLOCK 命令把图块以图形文件的形式（扩展名为.dwg）写入磁盘，这样该图形文件就可以在任意图形中用 INSERT 命令插入了。

【执行方式】

命令行：WBLOCK。

功能区：单击"插入"选项卡"块定义"面板中的"写块"按钮。

【操作步骤】

在命令行输入 WBLOCK 命令后按 Enter 键，AutoCAD 显示以下内容。

命令：WBLOCK✓

在命令行中输入 WBLOCK 后按 Enter 键，可打开"写块"对话框，如图 3-3 所示，利用该对话框可把图形对象保存为图形文件，或把图块转换成图形文件。

【选项说明】

（1）"源"选项组：确定要保存为图形文件的图块或图形对象。其中，选中"块"单选按钮，单击右侧的下拉按钮，可在下拉列表框中选择一个图块，并将其保存为图形文件；选中"整个图形"单选按钮，把当前的整个图形保存为图形文件；选中"对象"单选按钮，则把不属于图块的图形对象保存为图形文件。对象的选取通过"对象"选项组来完成。

（2）"目标"选项组：用于指定图形文件的名称、保存路径和插入单位等。

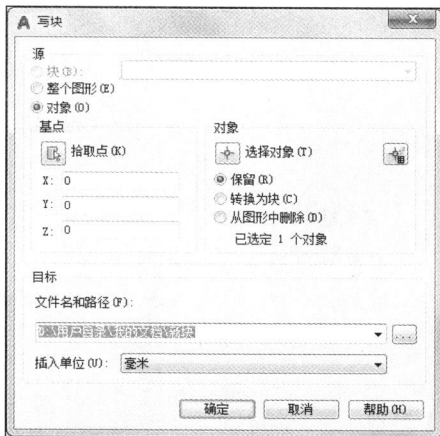

图 3-3　"写块"对话框

（三）图块插入

在用 AutoCAD 绘图的过程中，可根据需要，随时把已经定义好的图块或图形文件插入当前图形的任意位置，在插入的同时还可以改变图块的大小、将图块旋转一定角度或将图块"炸开"等。

【执行方式】

命令行：INSERT。

菜单栏：选择菜单栏中的"插入"→"块选项板"命令。

工具栏：单击"插入"或"绘图"工具栏中的"插入"按钮。

功能区：单击"默认"选项卡"块"面板中的"插入"按钮，或单击"插入"选项卡"块"面板中的"插入"按钮。

【操作步骤】

命令：INSERT↙

执行上述操作后，打开"块"选项板，如图 3-4 所示，从中可以指定要插入的图块及插入位置。

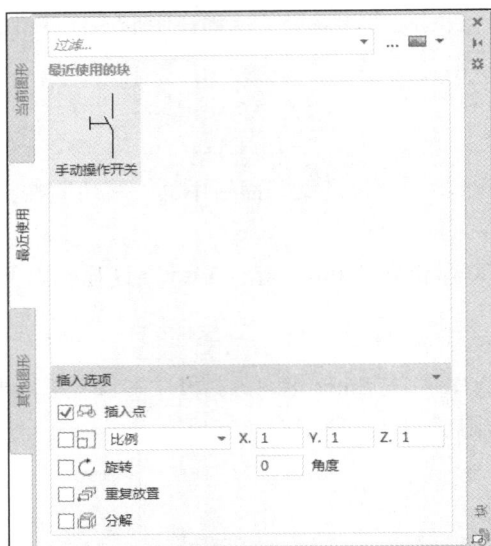

图 3-4 "块"选项板

【选项说明】

（1）"当前图形"选项卡：显示当前图形中可用的图块的预览或列表。

（2）"最近使用"选项卡：显示当前和上一个任务中最近插入或创建的图块的预览或列表。这些图块可能来自各种图形。

> **提示**　可以删除"最近使用"选项卡中显示的图块（方法是在其上单击鼠标右键，在弹出的快捷菜单中选择"从最近列表中删除"命令）。若要删除"最近使用"选项卡中显示的所有图块，请将系统变量 BLOCKMRULIST 设置为 0。

（3）"其他图形"选项卡：在"块"选项板中显示指定的图形文件及其包含的所有图块。

> **提示**　可以创建存储所有相关图块的"块库图形"。如果使用此方法，则在插入块库图形时勾选"块"选项板中的"分解"复选框，可防止图形本身在预览区域中显示或列出。

"最近使用"选项卡中"插入选项"卷展栏中的选项介绍如下。

① "插入点"复选框：指定插入点，插入图块时，该点与图块的基点重合。

② "比例"复选框：指定插入图块的缩放比例。可以以任意比例放大或缩小图块。图 3-5（a）所示为插入的图块；X 轴方向和 Y 轴方向的比例系数也可以取不同值，结果如图 3-5（d）

所示，插入的图块 X 轴方向的比例系数为 1，Y 轴方向的比例系数为 1.5。另外，比例还可以是一个负数，当为负数时表示插入图块的镜像，其效果如图 3-7 所示。在"比例"下拉列表中选择"统一比例"选项，如图 3-6 所示，可以按照相同比例缩放图块。图 3-5（b）所示为按比例系数 1.5 插入图块的结果，图 3-5（c）所示为按比例系数 0.5 插入图块的结果。如果勾选该复选框，将在绘图区中调整缩放比例。

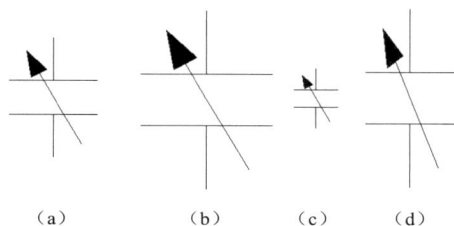

图 3-5　取不同比例系数插入图块的效果

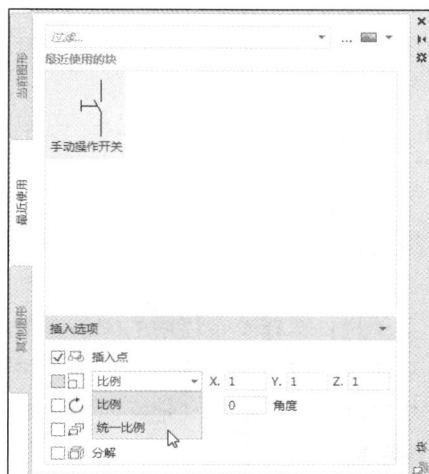

图 3-6　选择"统一比例"选项

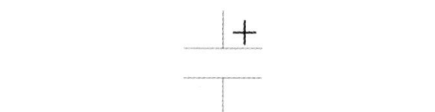

X 轴方向的比例系数=1，Y 轴方向的比例系数=1

X 轴方向的比例系数=-1，Y 轴方向的比例系数=1

X 轴方向的比例系数=1，Y 轴方向的比例系数=-1

X 轴方向的比例系数=-1，Y 轴方向的比例系数=-1

图 3-7　比例系数为负值时插入图块的效果

③"旋转"复选框：指定插入图块时的旋转角度。图块被插入当前图形时，可以绕其基点旋转一定的角度，角度既可以是正数（表示沿逆时针方向旋转），也可以是负数（表示沿顺时针方向旋转）。图 3-8（a）所示为直接插入图块的效果，图 3-8（b）所示为图块旋转 45°后的插入效果，图 3-8（c）所示为图块旋转-45°后的插入效果。

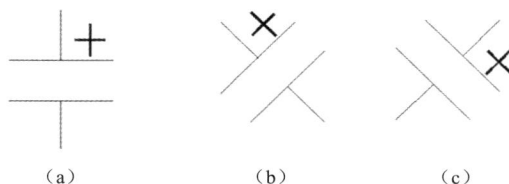

（a）　　　　（b）　　　　（c）

图 3-8　以不同旋转角度插入图块的效果

如果勾选"旋转"复选框，将切换到绘图区，在绘图区中选择一点，AutoCAD 会自动测量插入点与该点连线和 X 轴正方向之间的夹角，并将其作为块的旋转角。也可以在"角度"文本框中直接输入插入图块时的旋转角度。

④ "重复放置"复选框：控制是否自动重复插入图块。如果勾选该复选框，系统将自动提示其他插入点，直到按 Esc 键取消操作。如果取消勾选该复选框，将插入指定的图块一次。

⑤ "分解"复选框：勾选此复选框，则在插入图块的同时将其"炸开"，插入图形中的图块对象不再是一个整体，可对每个组成对象单独进行编辑操作。

（四）图块属性

1. 定义图块属性

【执行方式】

命令行：ATTDEF。

菜单栏：选择菜单栏中的"绘图"→"块"→"定义属性"命令。

功能区：单击"默认"选项卡"块"面板中的"定义属性"按钮🖉，或单击"插入"选项卡"块定义"面板中的"定义属性"按钮🖉。

【操作步骤】

命令：ATTDEF✓

选择相应的菜单命令或在命令行中输入 ATTDEF 命令后按 Enter 键，可打开"属性定义"对话框，如图 3-9 所示。

【选项说明】

（1）"模式"选项组：用于确定属性的模式。

- "不可见"复选框：勾选该复选框，则属性为不可见显示方式，即插入图块并输入属性值后，对应的属性并不会在图中显示出来。
- "固定"复选框：勾选该复选框，则属性值为常量，即属性值在属性定义时给定，在插入图块时，AutoCAD 不再提示输入属性值。

图 3-9 "属性定义"对话框

- "验证"复选框：勾选该复选框，当插入图块时，AutoCAD 会重新显示属性值以让用户验证该值是否正确。
- "预设"复选框：勾选该复选框，当插入图块时，AutoCAD 会自动把事先设置好的默认值赋予属性，而不再提示输入属性值。
- "锁定位置"复选框：锁定图块参照中属性的位置。解锁后，属性可以相对于使用夹点编辑的图块的其他部分进行移动，并且可以调整多行文字的属性。
- "多行"复选框：指定属性值可以包含多行文字。勾选该复选框，可以指定属性的边界宽度。

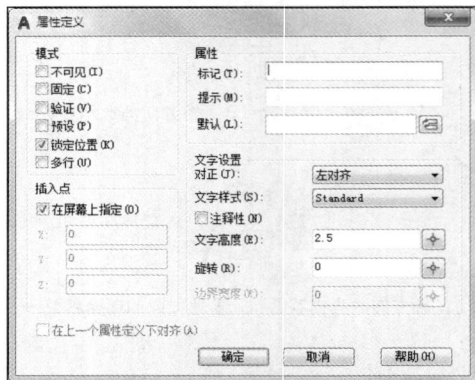

（2）"属性"选项组：用于设置属性值。在每个文本框中，AutoCAD 最多允许输入 256 个字符。

- "标记"文本框：输入属性标签。属性标签可由除空格和感叹号以外的所有字符组成，AutoCAD 会自动把小写字母改为大写字母。
- "提示"文本框：输入属性提示。属性提示是插入图块时 AutoCAD 要求输入属性值的提示，如果不在此文本框内输入文本，则以属性标签作为提示。如果在"模式"选项组中勾选"固定"复选框，即设置属性值为常量，则不需要设置属性提示。
- "默认"文本框：设置默认的属性值。既可把使用次数较多的属性值作为默认值，也可不设置默认值。

（3）"插入点"选项组：确定属性文本的位置。既可以在插入时让用户在图形中确定属性文本的位置，也可以在 X、Y、Z 文本框中直接输入属性文本的坐标值。

（4）"文字设置"选项组：设置属性文本的对齐方式、文字样式、字高和旋转角度等。

（5）"在上一个属性定义下对齐"复选框：勾选该复选框，表示把属性标签直接放在前一个属性的下面，而且该属性会继承前一个属性的文字样式、字高和旋转角度等特性。

> **注意**　在动态块中，由于属性的位置包含在动作的选择集中，因此必须将其锁定。

2. 修改属性的定义

在定义图块之前，可以对属性的定义进行修改，不仅可以修改属性标签，还可以修改属性提示和属性默认值。

【执行方式】

命令行：TEXTEDIT。

菜单栏：选择菜单栏中的"修改"→"对象"→"文字"→"编辑"命令。

【操作步骤】

```
命令：TEXTEDIT↙
选择注释对象或 [放弃(U)]：
```

在此提示下，选择要修改的属性定义，AutoCAD 将打开"编辑属性定义"对话框，如图 3-10 所示，该对话框表示要修改的属性的标记为"轴号"，提示为"输入轴号"，无默认值，可在各文本框中对各项进行修改。

图 3-10　"编辑属性定义"对话框

3. 编辑图块属性

当属性被定义到图块中，甚至图块被插入图形中之后，用户还可以对属性进行编辑。利用 EATTEDIT 命令不仅可以通过对话框对指定图块的属性值进行修改，而且可以对属性的位置、文本等其他设置进行编辑。

【执行方式】

命令行：EATTEDIT。

菜单栏：选择菜单栏中的"修改"→"编辑属性"→"单个"命令。

工具栏：单击"修改 II"工具栏中的"编辑属性"按钮。

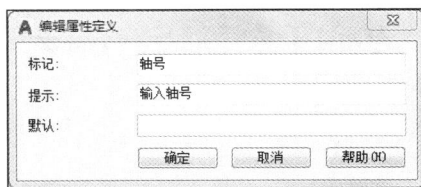

【操作步骤】

命令：EATTEDIT↙

选择块参照：

　　选择图块后，打开"增强属性编辑器"对话框，如图 3-11 所示。在该对话框中不仅可以编辑属性值，还可以编辑属性的文字选项和图层、线型、颜色等特性。

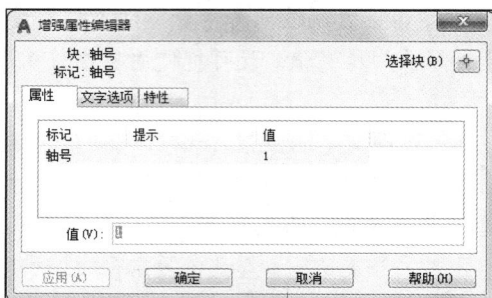

图 3-11 　"增强属性编辑器"对话框

　　另外，还可以通过"块属性管理器"对话框来编辑属性，方法是单击"修改 II"工具栏中的"块属性管理器"按钮，打开"块属性管理器"对话框，如图 3-12 所示。单击"编辑"按钮，打开"编辑属性"对话框，如图 3-13 所示，可以通过该对话框编辑属性。

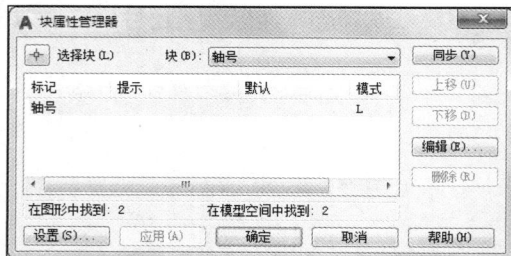

图 3-12 　"块属性管理器"对话框

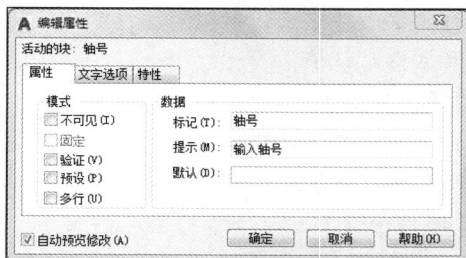

图 3-13 　"编辑属性"对话框

项目实例 1——绘制手动串联电阻启动控制电路图 1

微课

项目实例 1——绘制
手动串联电阻启动
控制电路图 1

　　本实例主要讲解利用图块快速绘制电路图的一般方法，手动串联电阻启动控制电路图（见图 3-14）的基本原理是：当启动电动机时，按下按钮开关 SB2，电动机串联电阻启动，待电动机转速达到额定转速时，再按下 SB3，电动机电源改为全压供电，使电动机正常运行。

　　本实例将运用"矩形""直线""圆""多行文字""偏移""修剪"等基础绘图命令绘制图形，并利用"写块"命令将绘制好的图形创建为图块，再将创建的图块插入电路图中，以此创建手动串联电阻启动控制电路图。

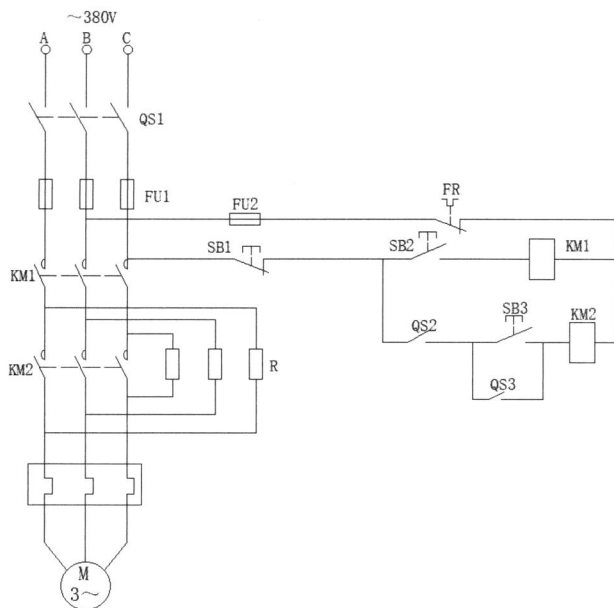

图 3-14　手动串联电阻启动控制电路图

【操作步骤】

（1）单击"默认"选项卡"绘图"面板中的"圆"按钮⊙和"注释"面板中的"多行文字"按钮A，绘制图 3-15 所示的电动机图形。

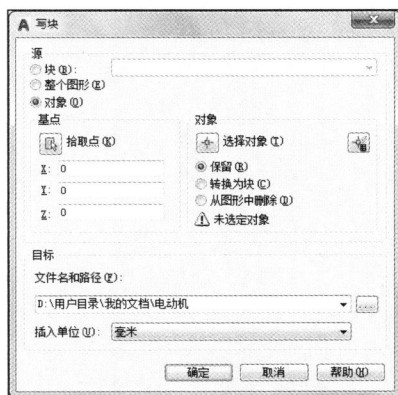

（2）利用 WBLOCK 命令打开"写块"对话框，如图 3-16 所示。拾取电动机图形中圆的圆心为基点，以该图形为对象，输入图块名称并指定保存路径，确认后退出对话框。

（3）以同样的方法绘制其他电气符号并保存为图块，如图 3-17 所示。

图 3-15　绘制电动机图形　　　　图 3-16　"写块"对话框　　　　图 3-17　绘制电气图块

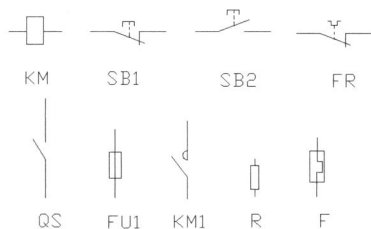

（4）单击"插入"工具栏中的"插入"按钮，打开"块"选项板，单击"浏览"按钮，找到刚才保存的电动机图块，选择适当的插入点、缩放比例和旋转角度，如图 3-18 所示，将该图块插入一个新的图形文件中。

（5）单击"默认"选项卡"绘图"面板中的"直线"按钮，在插入的电动机图块上绘制图 3-19 所示的导线。

（6）单击"插入"工具栏中的"插入"按钮，将 F 图块插入图形中，缩放比例为 1，旋转角度为 0，插入点为左边竖线端点，同时将其复制到右边竖线端点处，如图 3-20 所示。

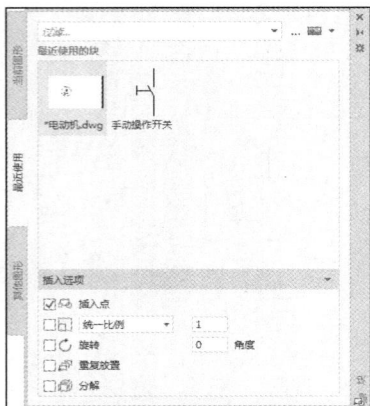

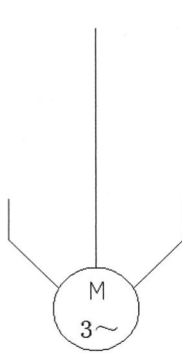

图 3-18　"块"选项板　　　　图 3-19　绘制导线　　　　图 3-20　插入 F 图块

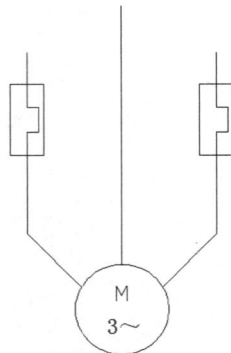

（7）单击"默认"选项卡"绘图"面板中的"直线"按钮／和"修改"面板中的"修剪"按钮，在插入的 F 图块处绘制两条水平直线段，并在竖直直线段上绘制连续线段，最后修剪掉多余的部分，结果如图 3-21 所示。

（8）单击"插入"工具栏中的"插入"按钮，插入 KM1 图块到竖线上端点处，并复制到其他两个端点处；单击"默认"选项卡"绘图"面板中的"直线"按钮／，绘制虚线，结果如图 3-22 所示。

（9）再次将插入并复制的 3 个 KM1 图块向上复制到 KM1 图块的上端点处，如图 3-23 所示。

（10）单击"插入"工具栏中的"插入"按钮，插入 R 图块到第一次插入的 KM1 图块右侧的适当位置，并向右水平复制两次，如图 3-24 所示。

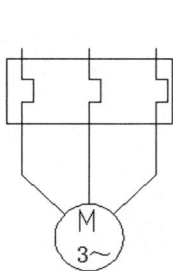

图 3-21　绘制直线段　　图 3-22　插入并复制　　图 3-23　复制 KM1 图块　　图 3-24　插入并复制 R 图块
　　　　　　　　　　　　　KM1 图块

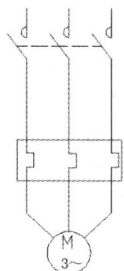

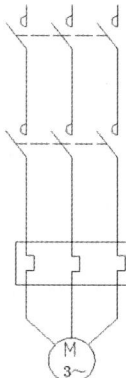

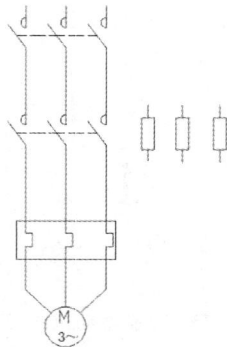

（11）单击"默认"选项卡"绘图"面板中的"直线"按钮／，绘制电阻 R 与主干线之间的连接线，如图 3-25 所示。

（12）单击"插入"工具栏中的"插入"按钮，插入 FU1 图块到竖线上端点处，并复制到其他两个端点处，如图 3-26 所示。

（13）单击"插入"工具栏中的"插入"按钮 🖳，插入 QS 图块到竖线上端点处，并复制到其他两个端点处，如图 3-27 所示。

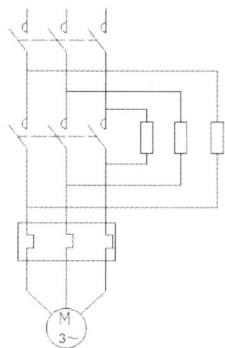

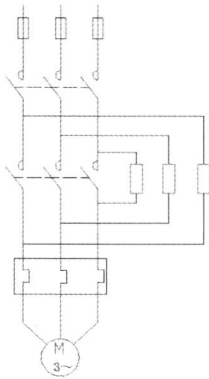

图 3-25　绘制连接线　　　图 3-26　插入并复制 FU1 图块　　　图 3-27　插入并复制 QS 图块

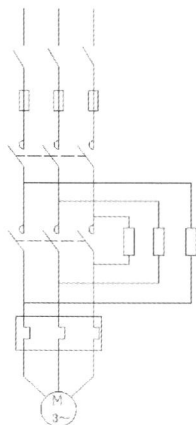

（14）单击"默认"选项卡"绘图"面板中的"直线"按钮 ⁄，绘制一条水平线段，端点为刚插入的 QS 图块的斜线中点，并将其线型改为虚线，如图 3-28 所示。

（15）单击"默认"选项卡"绘图"面板中的"圆"按钮 ⊙，在竖线顶端绘制一个小圆圈，并复制到另外两个竖线顶端处，如图 3-29 所示，表示线路与外部的连接点。

（16）单击"默认"选项卡"绘图"面板中的"直线"按钮 ⁄，从主干线上引出两条水平线段，如图 3-30 所示。

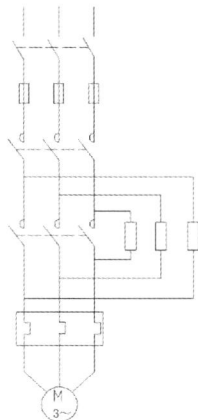

图 3-28　绘制水平虚线段　　　图 3-29　绘制小圆圈　　　图 3-30　引出水平线段

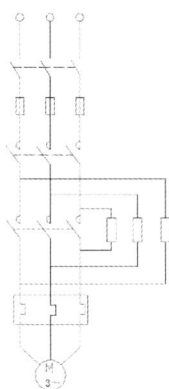

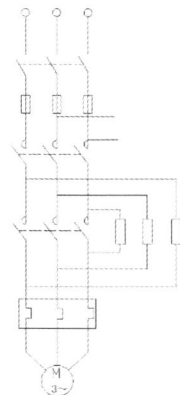

（17）单击"插入"工具栏中的"插入"按钮 🖳，插入 FU1 图块到上面的水平引线的右端点，指定旋转角度为-90°。这时，系统打开提示框，提示是否重新定义 FU1 图块（因为前面已经插入过 FU1 图块），如图 3-31 所示，选择"重新定义块"选项，如图 3-32 所示。

（18）在 FU1 图块右端绘制一条水平线，再次执行"插入"命令，插入 FR 图块到水平线的右端点处，如图 3-33 所示。

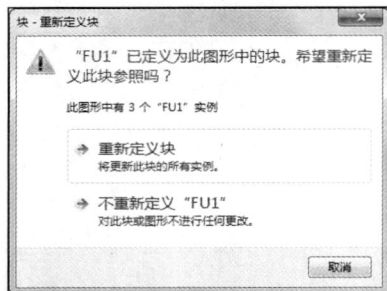

图 3-31　"块-重新定义块"提示框　　图 3-32　再次插入 FU1 图块　　图 3-33　插入 FR 图块

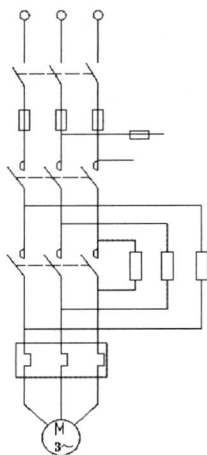

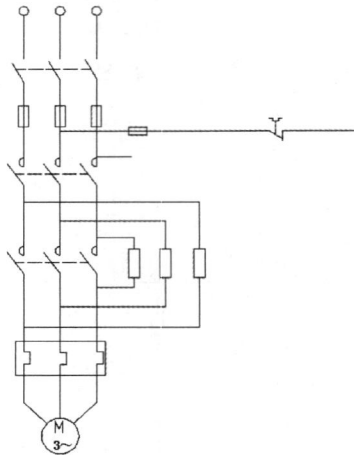

（19）单击"插入"工具栏中的"插入"按钮，连续插入 SB1、SB2、KM 图块到下面一条水平引线的右端点，如图 3-34 所示。

（20）在插入的 SB1 和 SB2 图块之间的水平线上向下引出一条竖直线段，并执行"插入"命令，插入 QS 图块到竖直引线的下端点，指定插入时的旋转角度为-90°，并进行整理，结果如图 3-35 所示。

（21）单击"插入"工具栏中的"插入"按钮，在刚插入的 QS 图块右侧依次插入 SB2、KM 图块，结果如图 3-36 所示。

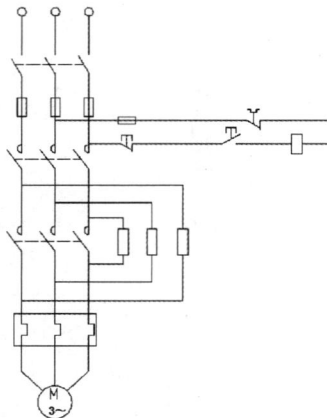

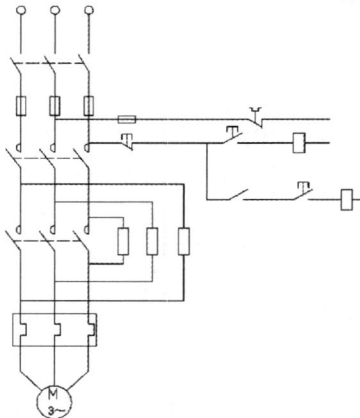

图 3-34　插入 SB1、SB2、KM 图块　　图 3-35　插入 QS 图块　　图 3-36　插入 SB2、KM 图块

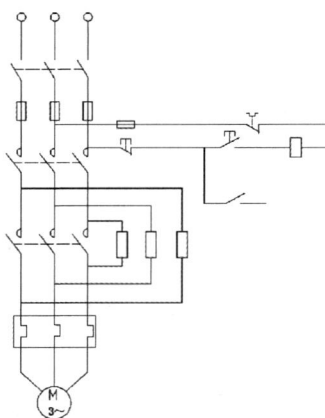

（22）参考步骤（20），向下绘制竖直引线，并插入 QS 图块，如图 3-37 所示。

（23）单击"默认"选项卡"绘图"面板中的"直线"按钮，补充绘制相关导线，如图 3-38 所示。

（24）局部放大图形，可以发现 SB1、SB2 等图块在插入图形后，虚线图线不可见，如图 3-39 所示。

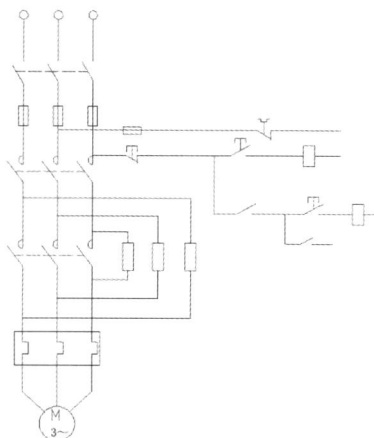

图 3-37　再次插入 QS 图块　　　图 3-38　补充绘制相关导线　　　图 3-39　局部放大图形

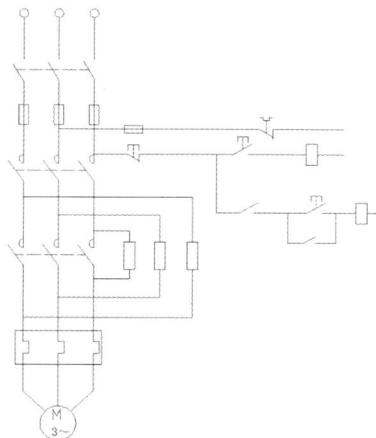

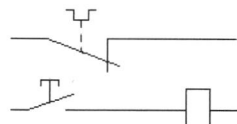

注意　这是因为图块插入图形后，其大小会有变化，使相应的图线产生变化。

（25）双击插入图形的 SB2 图块，打开"编辑块定义"对话框，如图 3-40 所示，单击"确定"按钮。

（26）系统打开动态块编辑界面，如图 3-41 所示。

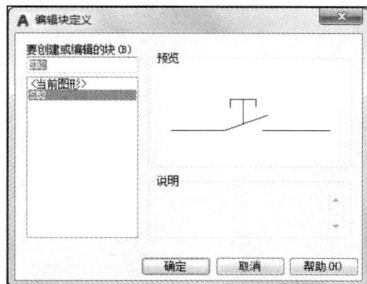

图 3-40　"编辑块定义"对话框

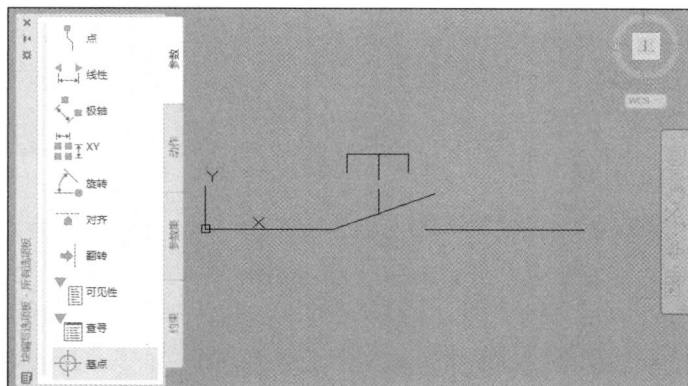

图 3-41　动态块编辑界面

（27）双击 SB2 图块中间的竖线，打开"特性"选项板，修改"线型比例"参数，如图 3-42 所示。修改后的图块如图 3-43 所示。

（28）单击"块编辑器"工具栏中的"关闭块编辑器"按钮，退出动态块编辑界面，系统提示如图 3-44 所示，选择"将更改保存到 SB2"选项，系统返回到图形界面。

（29）继续选择要修改的图块进行编辑，编辑完成后，可以看到图块的对应图线已经变成了虚线，如图 3-45 所示。整个图形如图 3-46 所示。

（30）单击"默认"选项卡"注释"面板中的"多行文字"按钮A，输入电气符号说明文字，结果如图 3-47 所示。

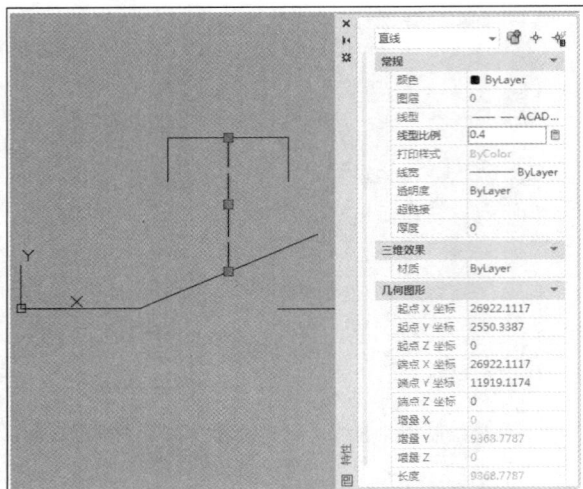
图 3-42　修改"线型比例"参数

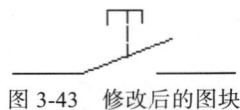
图 3-43　修改后的图块

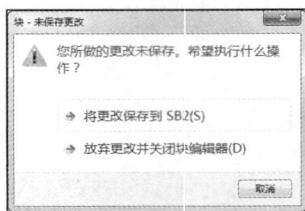
图 3-44　提示框

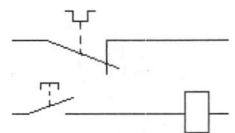
图 3-45　修改后的图块

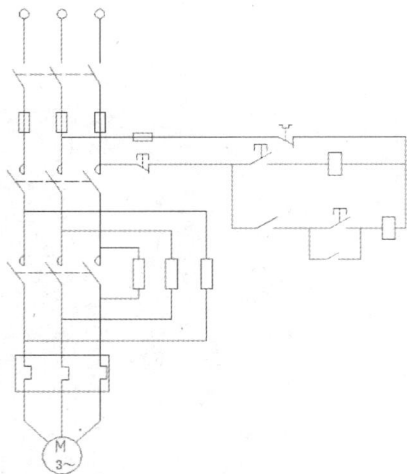
图 3-46　整个图形

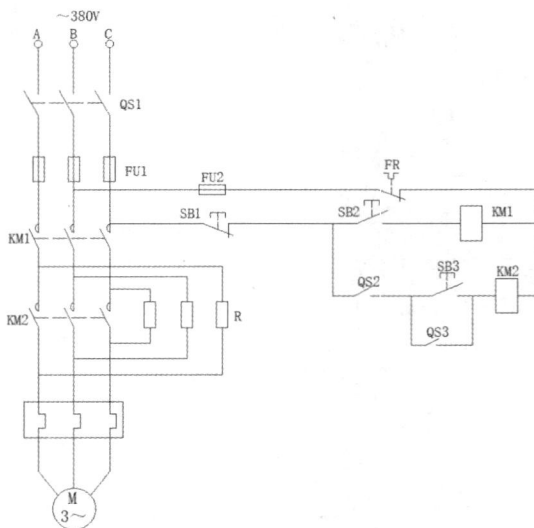
图 3-47　手动串联电阻启动控制电路图

二、设计中心与工具选项板

　　使用 AutoCAD 2020 设计中心可以很容易地组织设计内容，并把它们拖动到当前图形中。工具选项板是"工具选项板"窗口中选项卡形式的区域，提供组织、共享和放置块及填充图案的有效方法；工具选项板还可以包含由第三方开发人员提供的自定义工具；既可以利用工具选项板中的自定义选项板和组，也可以通过右键单击工具选项板的标题栏，并选择"自定义选项板"来完成。使用设计中心与工具选项板大大方便了绘图，提高了绘图的效率。

（一）设计中心

1. 启动设计中心

【执行方式】

命令行：ADCENTER。

菜单栏：选择菜单栏中的"工具"→"选项板"→"设计中心"命令。

工具栏：单击"标准"工具栏中的"设计中心"按钮▦。

功能区：单击"视图"选项卡"选项板"面板中的"设计中心"按钮▦。

快捷键：Ctrl+2。

【操作步骤】

执行上述任意操作，即可打开设计中心。第一次启动设计中心时，其默认打开的选项卡为"文件夹"。内容显示区采用大图标显示相关内容，左边的资源管理器以树形结构显示各种资源。在浏览资源的同时，内容显示区将显示所浏览资源的具体内容，如图 3-48 所示。

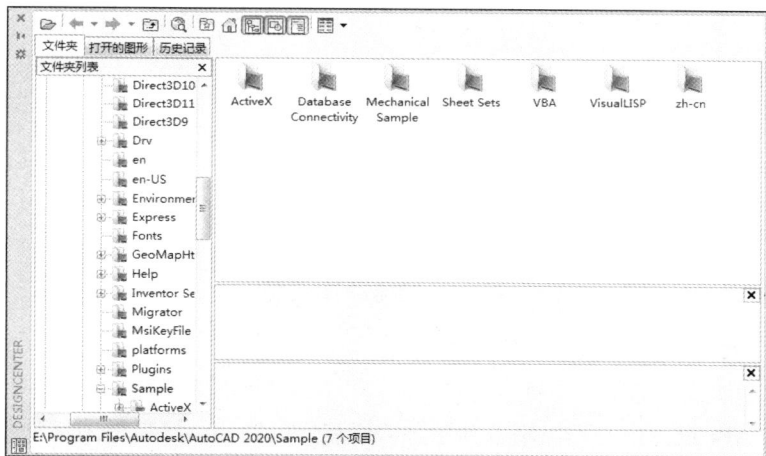

图 3-48　设计中心

可以通过拖动边框来改变 AutoCAD 设计中心的资源管理器、内容显示区的大小，但内容显示区的最小尺寸应能显示两列大图标。

如果要改变 AutoCAD 设计中心的位置，可按住鼠标将该窗口拖动至目标位置，释放鼠标后，AutoCAD 设计中心便处于当前位置。移动到新位置后，仍可以改变设计中心内各区域的大小。此外，还可以单击设计中心左上方的"自动隐藏"按钮来自动隐藏设计中心。

2. 插入图块

可以将图块插入图形中。当将一个图块插入图形中时，图块定义就被复制到图形数据库中了。在一个图块被插入图形之后，如果原来的图块被修改，则插入图形中的图块也会随之改变。

当其他命令正在执行时，不能插入图块到图形中。如果插入图块时正在执行一个命令，此时鼠标指针将变成一个带斜线的圆的形状，表示操作无效。另外，一次只能插入一个图块。AutoCAD 设计中心提供了两种插入图块的方法。一是利用鼠标指定缩放比例和旋转角度以插入图块。二是精确指定坐标、缩放比例和旋转角度以插入图块。

（1）利用鼠标指定缩放比例和旋转角度以插入图块

系统根据用鼠标拉出的线段的长度与角度确定比例与旋转角度。插入图块的步骤如下。

① 从文件夹列表或查找结果列表中选择要插入的图块，按住鼠标左键，将其拖动到打开的图形中。释放鼠标后，所选对象被插入当前打开的图形中。利用当前设置的捕捉方式，可以将对象插入任何存在的图形中。

② 在图形中单击，指定一点作为插入点，然后移动鼠标，光标所在位置与插入点之间的距离就是缩放比例，再次单击即可确定缩放比例。以同样的方法移动鼠标，光标所在位置和插入点连线与水平线的夹角即旋转角度。确定缩放比例和旋转角度后，所选对象即可插入图形中。

（2）精确指定坐标、缩放比例和旋转角度以插入图块

利用该方法可以设置插入图块的参数，具体方法如下。

从文件夹列表或查找结果列表中选择要插入的对象并右击，在打开的快捷菜单中选择"插入块"命令，打开"插入"对话框，可以在该对话框中设置缩放比例、旋转角度等，如图 3-49 所示，被选择的对象将根据指定的参数插入图形中。

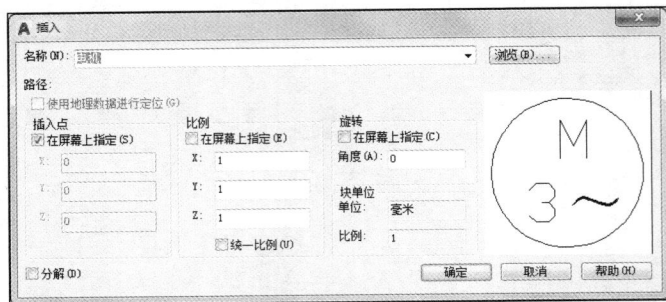

图 3-49 "插入"对话框

3．复制图形

（1）在图形之间复制图块

利用 AutoCAD 设计中心可以浏览和导入需要复制的图块，然后将图块复制到剪贴板，利用剪贴板将图块粘贴到图形中。具体方法如下。

① 在设计中心内选择需要复制的图块并右击，在弹出的快捷菜单中选择"复制"命令。

② 将图块复制到剪贴板上，然后通过"粘贴"命令将其粘贴到当前图形中。

（2）在图形之间复制图层

利用 AutoCAD 设计中心可以从任何一个图形复制图层到其他图形。例如，已经绘制了一个包括设计所需的所有图层的图形，在绘制新图形时，可以新建一个图形，并通过 AutoCAD 设计中心将已有的图层复制到新图形中，这样可以节省时间，并保证图形的一致性。

① 拖动图层到已打开的图形。确认要复制图层的目标图形文件被打开，并且是当前图形文件。在设计中心或查找结果列表中选择要复制的一个或多个图层，将其拖动到打开的图形文件中。释放鼠标后，所选图层被复制到打开的图形中。

② 复制或粘贴图层到打开的图形。确认要复制图层的图形文件被打开，并且是当前图形文件。在设计中心选项板或查找结果列表中选择要复制的一个或多个图层，单击鼠标右键，在设计中心选项板中选择"复制到剪贴板"命令。如果要粘贴图层，确认要粘贴图层的目标图形文件已打开，且为当前图形文件。单击鼠标右键，在弹出的快捷菜单中选择"粘贴"命令即可。

（二）工具选项板

1. 打开工具选项板

【执行方式】

命令行：TOOLPALETTES。

菜单栏：选择菜单栏中的"工具"→"选项板"→"工具选项板"命令。

工具栏：单击"标准"工具栏中的"工具选项板"按钮▥。

功能区：单击"视图"选项卡"选项板"面板中的"工具选项板"按钮▥。

快捷键：Ctrl+3。

【操作步骤】

命令：TOOLPALETTES✓

系统自动打开工具选项板，如图3-50所示。

【选项说明】

在工具选项板中，系统提供了一些常用的工具选项卡，以方便用户绘图。

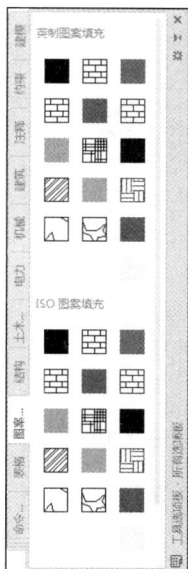

图3-50　工具选项板

> **注意**　在绘图时还可以将常用命令添加到工具选项板。打开"自定义"对话框，既可以将工具从工具栏拖动到工具选项板上，也可以将工具从"自定义用户界面"（CUI）编辑器拖动到工具选项板上。

2. 新建工具选项板

用户可以建立新的工具选项板，这样有利于个性化作图，也能够满足一些特殊作图需要。

【执行方式】

命令行：CUSTOMIZE。

菜单栏：选择菜单栏中的"工具"→"自定义"→"工具选项板"命令。

工具选项板：单击工具选项板中的"特性"按钮，在弹出的下拉列表中选择"自定义选项板"选项（或"新建选项板"选项）。

【操作步骤】

命令：CUSTOMIZE✓

系统打开"自定义"对话框，如图3-51所示。在"选项板"列表框中单击鼠标右键，在弹出的快捷菜单中选择"新建选项板"命令（见图3-52），在打开的对话框中可以为新建的工具选项板命名。确定后，工具选项板中就增加了一个新的选项卡，如图3-53所示。

3. 向工具选项板添加内容

（1）将图形、图块和填充图案从设计中心拖动到工具选项板中。

例如，在DesignCenter文件夹上右击，在弹出的快捷菜单中选择"创建块的工具选项板"命令，如图3-54（a）所示，设计中心内存储的图元就出现在工具选项板中新建的DesignCenter选项板上，如图 3-54（b）所示。这样就可以将设计中心与工具选项板结合起来，建立一个快捷、方便的工具选项板。将工具选项板中的图形拖动到另一个图形中时，图形将作为图块插入其中。

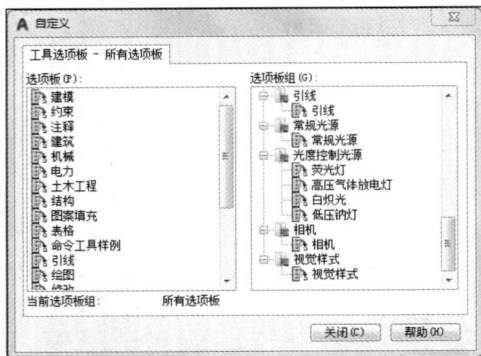

图 3-51 "自定义"对话框

图 3-52 快捷菜单

图 3-53 新增选项卡

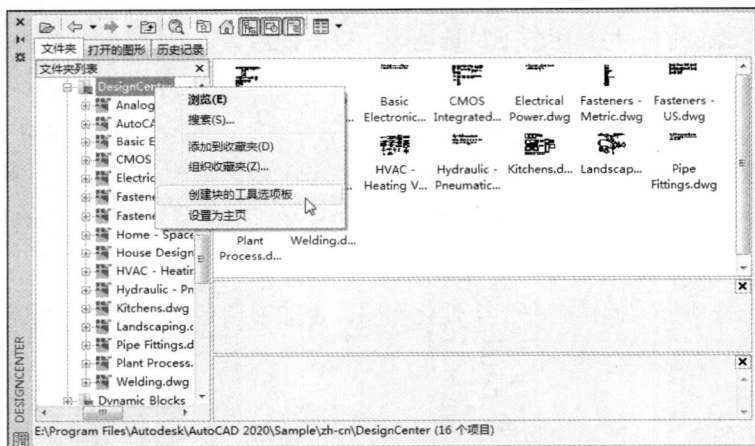

（a）

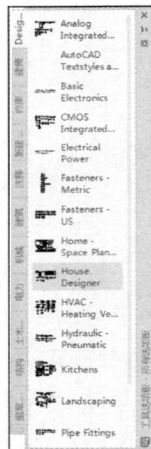

（b）

图 3-54 将存储的图元以嵌入选项卡的形式集成在工具选项板

（2）将一个工具选项板中的工具移动或复制到另一个工具选项板中。

使用"剪切""复制""粘贴"命令可以将一个工具选项板中的工具移动或复制到另一个工具选项板中。

项目实例 2——绘制手动串联电阻启动控制电路图 2

微课

项目实例 2——绘制手动串联电阻启动控制电路图 2

本实例绘制的手动串联电阻启动控制电路图与上一项目实例绘制的电路图相

同，本实例主要考虑怎样利用设计中心与工具选项板来绘制，并与上一项目实例的图块实现方法进行比较，从中感受设计中心与工具选项板的方便、快捷，如图 3-55 所示。

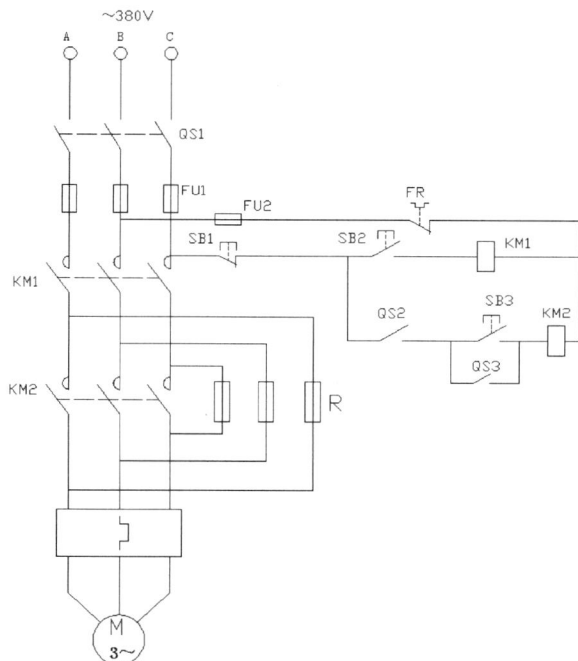

图 3-55　手动串联电阻启动控制电路图

【操作步骤】

1. 创建电气元件图形

利用各种绘图和编辑命令绘制图 3-56 所示的各个电气元件图形，并按名称分别保存到"电气元件"文件夹中。

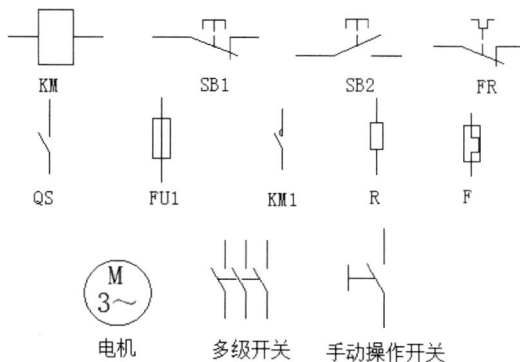

图 3-56　电气元件

> **注意**　这里绘制的电气元件只作为 dwg 图形保存，不必保存成图块。也可利用上一项目实例中绘制好的电气元件图形。

141

2. 创建工具选项板

（1）单击"视图"选项卡"选项板"面板中的"设计中心"按钮和"工具选项板"按钮，打开设计中心和工具选项板，如图 3-57 所示。

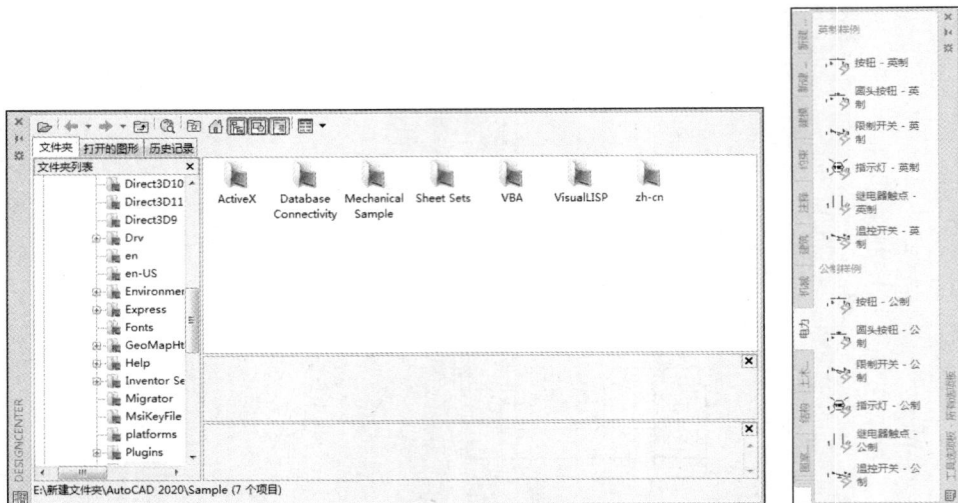

图 3-57 设计中心和工具选项板

（2）在设计中心的"文件夹"选项卡中找到刚才绘制并保存的电气元件所在的"电气元件"文件夹，在该文件夹上单击鼠标右键，在弹出的快捷菜单中选择"创建块的工具选项板"命令，如图 3-58 所示。

（3）系统自动在工具选项板上创建一个名称为"电气元件"的选项板，如图 3-59 所示。该选项板上列出了"电气元件"文件夹中的各个图形，并将每一个图形自动转换成图块。

3. 绘制图形

（1）将"电气元件"选项板中的"电机"图块拖动到绘图区，即可将"电机"图块插入新的图形文件中，如图 3-60 所示。

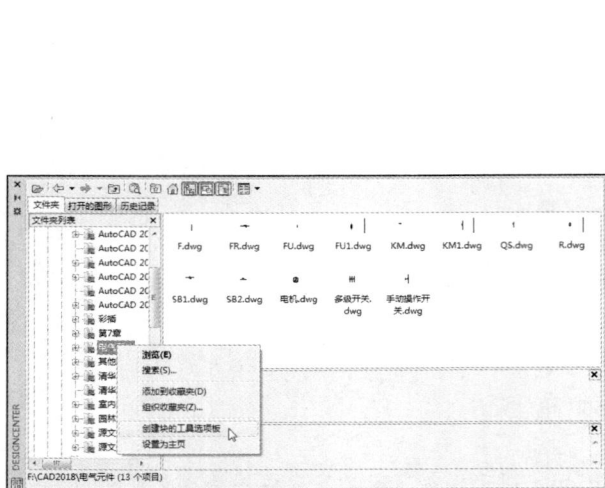

图 3-58 选择命令

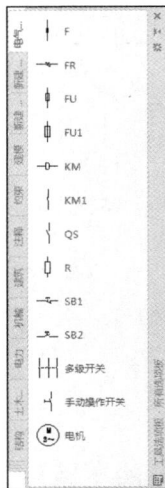

图 3-59 "电气元件"选项板

图 3-60 插入"电机"图块

（2）其他步骤与上一项目实例所述步骤类似，只是由工具选项板插入的图块不能旋转，对于需要旋转的图块，既可以单独利用"旋转"与"移动"命令进行旋转和移动操作，也可以采用直接从设计中心拖动图块的方法来实现。在此以绘制水平引线和连续直线段（见图 3-61）后需要插入旋转的图块为例来讲述该方法。

① 打开设计中心，找到并选中"电气元件"文件夹，在右边的内容显示区中将以大图标的形式显示该文件夹中的各图形文件，如图 3-62 所示。

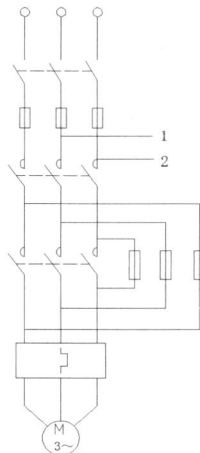

图 3-61　绘制水平引线和连续直线段

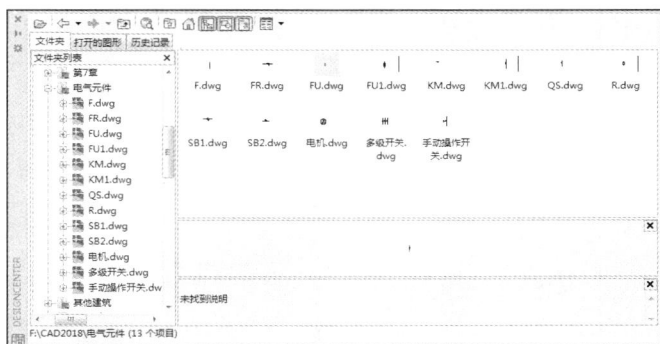

图 3-62　设计中心

② 选择其中的 FU1.dwg 文件，将其拖动到当前绘制的图形中，命令行提示与操作如下。

```
命令: _INSERT
输入块名或 [?]: "D:\…\源文件\电气元件\FU1.dwg"
单位: 毫米    转换: 0.0394
指定插入点或 [基点(B)/比例(S)/X/Y/Z/旋转(R)]: （捕捉图 3-61 中的 1 点）
输入 X 比例因子，指定对角点，或 [角点(C)/XYZ(XYZ)] <1>: 1✓
输入 Y 比例因子或 <使用 X 比例因子>: ✓
指定旋转角度 <0>: -90✓（也可以通过拖动鼠标动态控制旋转角度，见图 3-63）
```

插入效果如图 3-64 所示。

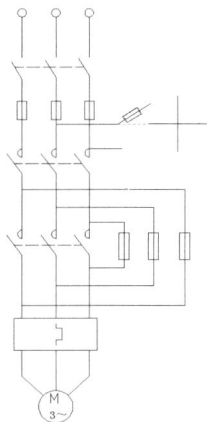

图 3-63　控制旋转角度

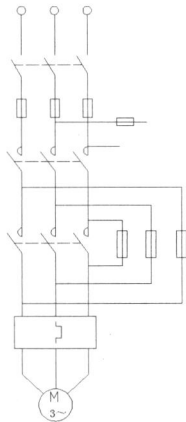

图 3-64　插入效果

继续利用设计中心和工具选项板插入各图块，利用"直线"命令将电路图补充完成，最终效果如图3-55所示。

（3）如果不想保存"电气元件"选项板，可以在"电气元件"选项板上单击鼠标右键，在弹出的快捷菜单中选择"删除选项板"命令（见图3-65），在弹出的图3-66所示的提示对话框中单击"确定"按钮，系统就会自动将"电气元件"选项板删除，如图3-67所示。

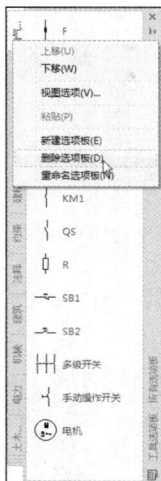

图3-65　选择"删除选项板"
命令

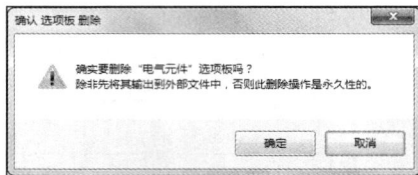

图3-66　提示对话框

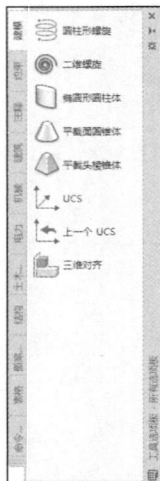

图3-67　删除后的工具选
项板

项目实训

项目实训1——USB供电立体声有源音箱电路原理图

计算机的USB口是新型的热插拔式接口，除了具有丰富的接口功能外，还能提供两种规格的电源。一种由低功率USB口提供，电压为4.4～5.25V，电流为100mA；另一种由高功率USB口提供，电压为4.75～5.25V，电流为500mA。计算机的便携式设备一般采用USB口，与计算机相连后，通过特定处理电路可以得到3.3V和5V电源。在从USB口获取电源时，外部设备必须采取一定的电源保护措施，防止损坏计算机的USB口芯片。随着笔记本计算机的普及，市场上出现了一种由USB供电的便携式有源音箱，其音质优良，可以弥补部分笔记本计算机扬声器的音质缺陷。

（一）认识USB供电立体声有源音箱电路原理图

USB供电立体声有源音箱电路原理图如图3-68所示，分为过流保护电路和音频功率放大电路两大部分。

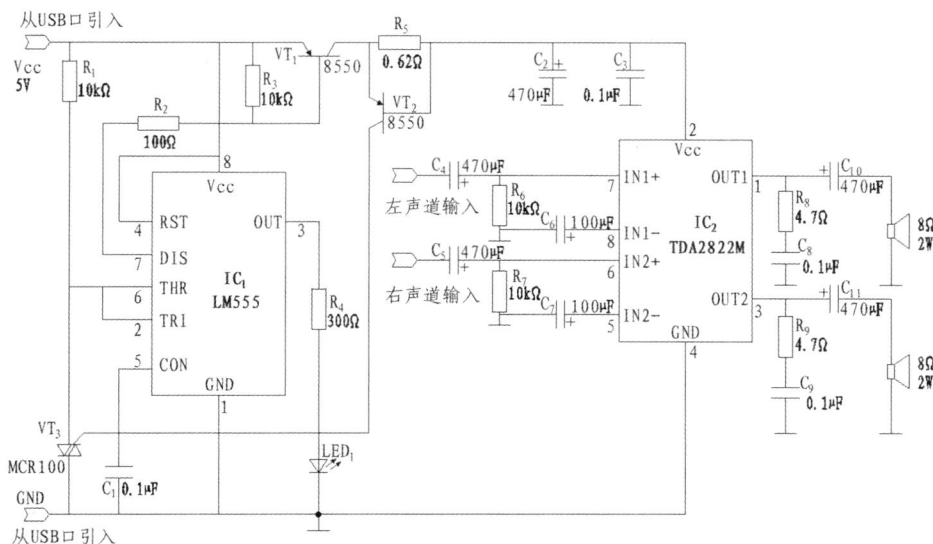

图 3-68　USB 供电立体声有源音箱电路原理图

1. 过流保护电路

因为计算机的 USB 口最大只能输出 500mA 的电流，为了对 USB 口形成有效的保护，必须采用过流保护措施。以 LM555 为核心的过流保护电路如图 3-69 所示，LM555 定时器采用单稳态应用电路。通电后，LM555 的 THR 端和 TRI 端的电压等于电源电压，DIS 端到 GND 端的内部放电晶体管导通，VT_1 导通，如果后续电路工作电流小于 200mA，VT_2 截止，可控硅 VT_3 关断，此时，电路进入正常工作状态。当负载过重时，取样电阻 R_5（0.62Ω/1W）两端的压降增大，当电流达到 1000mA 时，VT_2 导通，可控硅 VT_3 被触发导通，LM555 的 THR 端和 TRI 端的电压为零，DIS 端到 GND 端的内部放电晶体管截止，接着 VT_1 也截止，将电源与负载隔离，起到过流保护作用。只有故障排除后，重新加电，才能进入正常工作状态。

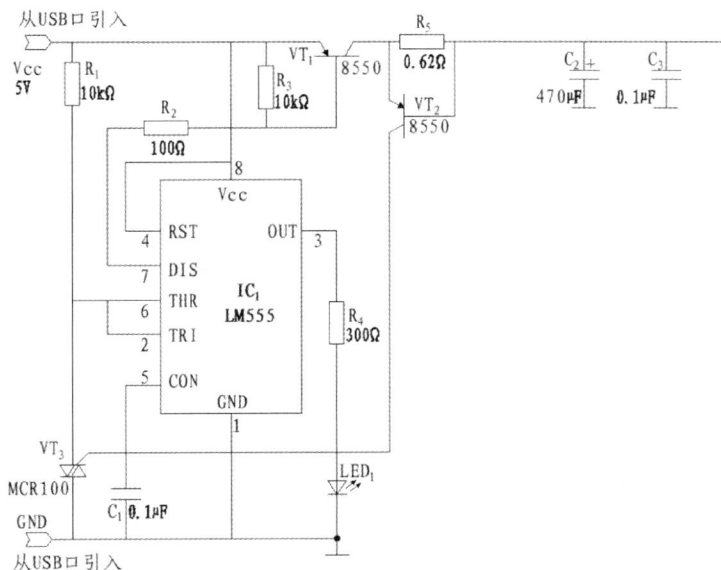

图 3-69　以 LM555 为核心的过流保护电路

当负载过重，USB 口电源过流时，LM555 的 OUT 端将输出高电位，使 LED 发光，表示负载处于隔离状态。

2. 音频功率放大电路

USB 供电立体声有源音箱电路采用以集成功率放大器 TDA2822M 为核心的音频功率放大电路，并通过双声道立体声模式实现声音的放大。

TDA2822M 是意法半导体（ST）公司早期专门为便携式录放音设备开发的双通道单片功率放大集成电路，具有交越失真小和静态功耗低的特点，适用于立体声和桥式放大电路。TDA2822M 是一种非常经典的优秀音频功率放大集成电路，曾经被国内外家电厂商广泛用于便携式收录机中。

本电路采用一片 TDA2822M 实现双声道功率的放大，如图 3-70 所示。左、右声道的输入电阻 R_6、R_7 取典型值 10kΩ，可以与声卡的双声道立体声输出端实现阻抗匹配。C_2 和 C_3 为 TDA2822M 的电源（V_{CC}）滤波电容器，C_4 和 C_5 为输入耦合电容器，C_{10} 和 C_{11} 为输出耦合电容器，1、3 脚的电阻 R_8、R_9 和电容器 C_8、C_9 构成的 RC 滤波电路用于消除高频自激。如果芯片工作时产生自激，其温度会迅速升高，导致电路不能正常工作，甚至被损坏。

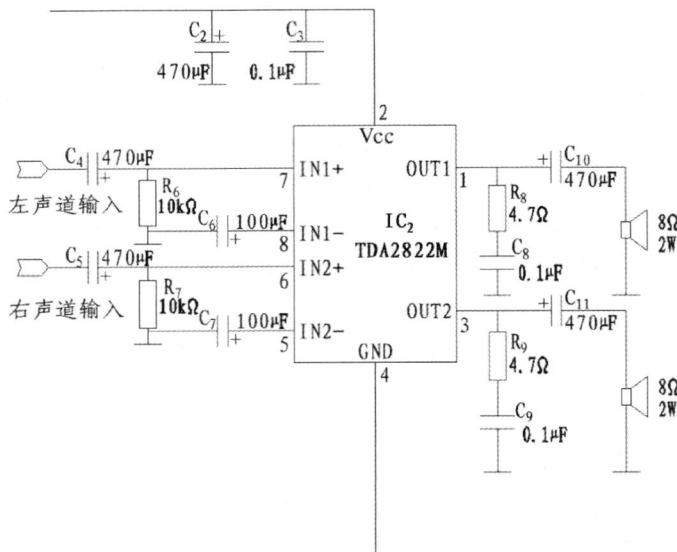

图 3-70　双声道功率放大电路

（二）绘制 USB 供电立体声有源音箱电路原理图

1. 设置绘图环境

（1）建立新文件。在命令行中输入 NEW 命令或单击快速访问工具栏中的"新建"按钮，在弹出的"选择样板"对话框中选择需要的样板图，然后单击"打开"按钮，新建一个图形文件。

（2）设置图层。在"默认"选项卡中单击"图层"面板中的"图层特性"按钮，在弹出的"图层特性管理器"选项板中新建"连接导线""实体符号""虚线层"3 个图层，各图层的颜色、线型及线宽设置如图 3-71 所示。接下来，将"连接导线"图层设置为当前图层。

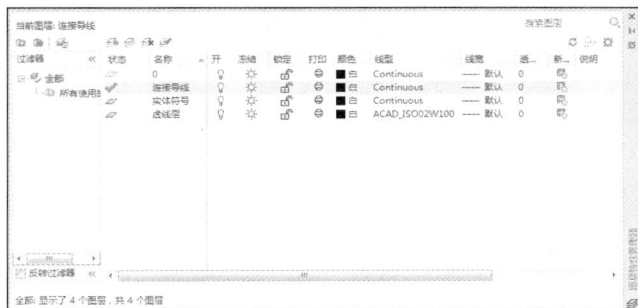

图 3-71 "图层特性管理器"选项板

2. 绘制线路结构图

（1）绘制直线段 1。单击"默认"选项卡"绘图"面板中的"直线"按钮 ✎，在合适的位置单击以确定起点，竖直向下绘制长度为 180mm 的直线段 1，如图 3-72（a）所示。

（2）偏移直线段 1。单击"默认"选项卡"修改"面板中的"偏移"按钮 ⊜，将图 3-72（a）中的直线段 1 依次向右偏移 7mm、12mm、6mm、12mm、24mm、12mm、12mm、8mm、4mm、4mm、14mm、14mm、8mm、21mm、4mm、4mm、11mm、4mm、4mm、20mm、4mm、4mm、16mm、24mm、8mm、4mm、4mm、30mm、4mm、4mm，得到另外 30 条竖直直线段，结果如图 3-72（b）所示。

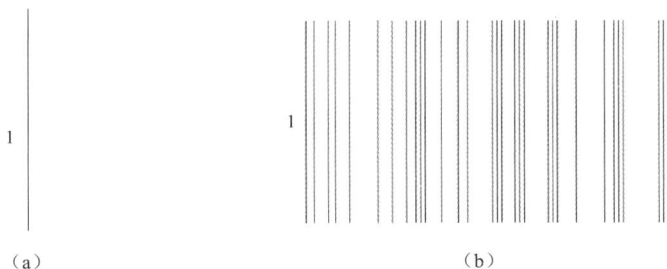

（a）　　　　　　　　　　　　　　　　　（b）

图 3-72 绘制并偏移竖直直线段

（3）绘制直线段 cd。单击"默认"选项卡"绘图"面板中的"直线"按钮 ✎，连接图 3-73（a）中的 c 与 d 两点。

（4）偏移直线段 cd。单击"默认"选项卡"修改"面板中的"偏移"按钮 ⊜，将图 3-73（a）中的直线段 cd 依次向下偏移 23mm、3mm、4mm、6mm、6mm、6mm、18mm、3mm、4mm、5mm、2mm、9mm、1mm、4mm、6mm、2mm、2mm、6mm、10mm、10mm、14mm、30mm、6mm，得到另外 23 条水平直线段，如图 3-73（b）所示。

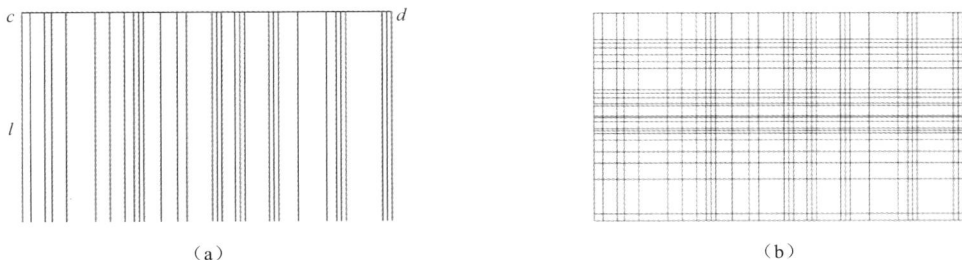

（a）　　　　　　　　　　　　　　　　　（b）

图 3-73 绘制水平直线段

（5）修剪图形。单击"默认"选项卡"修改"面板中的"修剪"按钮和"删除"按钮，对图形进行修剪，结果如图 3-74 所示。

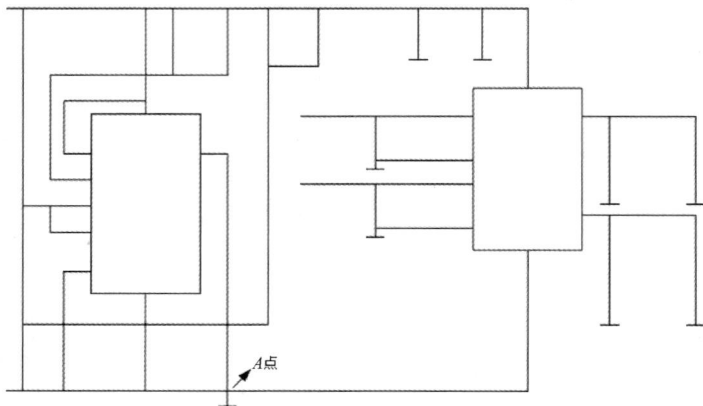

A点

图 3-74 修剪图形

（6）在"默认"选项卡中单击"绘图"面板中的"圆"按钮，捕捉 *A* 点作为圆心，绘制一个半径为 1mm 的圆。

（7）在"默认"选项卡中单击"绘图"面板中的"图案填充"按钮，打开"图案填充创建"选项卡，选择 SOLID 图案，将"比例"设置为 1，其他选项保持默认即可。选择步骤（6）中绘制的圆为填充边界，结果如图 3-75 所示。至此，线路结构图的绘制工作完成。

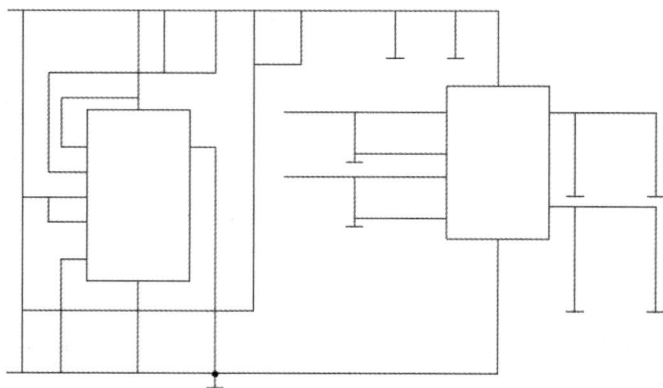

图 3-75 线路结构图

3. 绘制各电气元件图形符号

将"实体符号"图层设置为当前图层。

（1）绘制电容器符号。

① 绘制水平直线段。单击"默认"选项卡"绘图"面板中的"直线"按钮，命令行提示与操作如下。

```
命令：LINE↙
指定第一个点：任意指定一点
指定下一点或 [放弃(U)]：@10,0↙
```

② 偏移水平直线段。单击"默认"选项卡"修改"面板中的"偏移"按钮 ⊆，将步骤①绘制的直线段向下偏移 3mm，结果如图 3-76 所示。

③ 重复"直线"命令，捕捉水平直线段的中点，分别绘制长度为 5mm 的竖直直线段，结果如图 3-77 所示，这是无极性电容器符号。

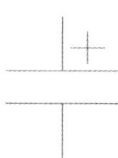

接下来绘制有极性电容器符号。

④ 单击"默认"选项卡"修改"面板中的"复制"按钮 ⁰⁰，复制无极性电容器符号。

⑤ 绘制直线段。单击"默认"选项卡"绘图"面板中的"直线"按钮 ／，在复制的图形符号右上方绘制十字交叉线，直线段长度均为 3mm，结果如图 3-78 所示。

图 3-76　绘制并偏移水平直线段　　　图 3-77　无极性电容器符号　　　图 3-78　有极性电容器符号

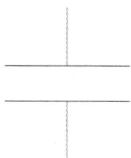

⑥ 利用 WBLOCK 命令打开"写块"对话框，拾取电容器符号图形竖直直线段的端点为基点，以该图形为对象，输入图块名称并指定路径，确认后退出。

（2）绘制电阻符号

① 绘制矩形。单击"默认"选项卡"绘图"面板中的"矩形"按钮 ⊏ˌ，用光标在绘图区捕捉第一个点，采用相对输入法绘制一个长为 15mm、宽为 5mm 的矩形，如图 3-79 所示。

② 绘制左侧线段。单击"默认"选项卡"绘图"面板中的"直线"按钮 ／，按住 Shift 键并右击，弹出图 3-80 所示的快捷菜单，选择"中点"命令，捕捉矩形左侧竖直边的中点，如图 3-81 所示，单击状态栏中的"正交模式"按钮 ⌐ˌ，向左拖动鼠标，在目标位置单击，确定左侧线段的另外一个端点，完成左侧线段的绘制。

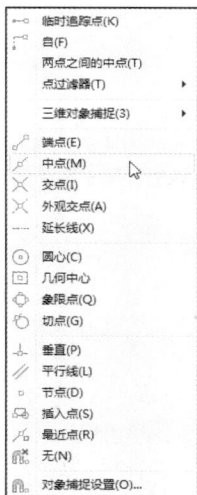

图 3-79　绘制矩形　　　图 3-80　快捷菜单　　　图 3-81　捕捉中点

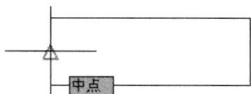

③ 生成右侧线段。单击"默认"选项卡"修改"面板中的"复制"按钮 ⁰⁰，复制移动左侧线段，生成右侧线段，命令行提示与操作如下。

命令：COPY↙
选择对象：（选择左侧线段）
选择对象：↙（右击或按 Enter 键确认选择）
当前设置：复制模式＝多个
指定基点或 [位移(D)/模式(O)] <位移>：（单击状态栏中的"正交模式"按钮⬚）
>>输入 ORTHOMODE 的新值 <1>：（指定左侧线段的左端点为复制的基点）
正在恢复执行 COPY 命令。
指定第二个点或 <使用第一个点作为位移>：_mid 于（捕捉矩形右侧竖直边的中点作为移动复制的定位点）

④ 完成以上操作后，电阻符号绘制完毕，结果如图 3-82 所示。

⑤ 利用 WBLOCK 命令打开"写块"对话框，将绘制好的图形创建为图块。

（3）绘制三极管符号

① 单击"默认"选项卡"绘图"面板中的"直线"按钮／，绘制长度为 15mm 的水平直线段。

② 单击"默认"选项卡"绘图"面板中的"直线"按钮／，捕捉直线段中点，向下绘制长度为 5mm 的竖直直线段，如图 3-83 所示。

图 3-82　电阻符号

图 3-83　绘制直线段

③ 单击"默认"选项卡"绘图"面板中的"多边形"按钮⬠，绘制三角形，命令行提示与操作如下。

命令：_polygon 输入侧面数 <3>：
指定正多边形的中心点或 [边(E)]：（捕捉水平直线段和竖直直线段的交点）
输入选项 [内接于圆(I)/外切于圆(C)] <I>：
指定圆的半径：（捕捉竖直直线段的下端点）

结果如图 3-84 所示。

④ 单击"默认"选项卡"修改"面板中的"分解"按钮◱，分解三角形。

⑤ 单击"默认"选项卡"修改"面板中的"偏移"按钮⬒，将水平直线段向上偏移 5mm。

⑥ 单击"默认"选项卡"修改"面板中的"延伸"按钮→｜，延伸三角形两侧边，命令行提示与操作如下。

命令：EXTEND↙
当前设置：投影＝UCS，边＝无，模式＝标准
选择边界边...
选择对象或 <全部选择>：（选择最上面的水平直线段）
选择要延伸的对象，或按住 Shift 键选择要修剪的对象，或[边界边(B)/栏选(F)/窗交(C)/模式(O)/投影(P)/边(E)]：（选择三角形两侧边）
选择要延伸的对象，或按住 Shift 键选择要修剪的对象或[边界边(B)/栏选(F)/窗交(C)/模式(O)/投影(P)/边(E)/放弃(U)]：↙

结果如图 3-85 所示。

图 3-84　绘制三角形

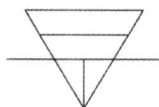

图 3-85　延伸三角形侧边

⑦ 单击"默认"选项卡"修改"面板中的"修剪"按钮和"删除"按钮，修剪掉多余线段，结果如图 3-86 所示。

⑧ 绘制多段线。单击"默认"选项卡"绘图"面板中的"多段线"按钮，绘制带箭头的线段，命令行提示与操作如下。

```
命令：_pline
指定起点：(指定起点)
当前线宽为 0.0000
指定下一个点或 [圆弧(A)/半宽(H)/长度(L)/放弃(U)/宽度(W)]:w
指定起点宽度 <0.0000>: 2
指定端点宽度 <0.0000>: 0
指定下一个点或 [圆弧(A)/半宽(H)/长度(L)/放弃(U)/宽度(W)]:(指定端点)
```

结果如图 3-87 所示。

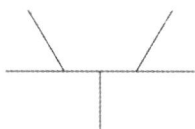

图 3-86　修剪线段

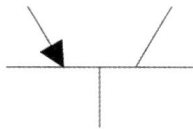

图 3-87　三极管符号

⑨ 利用 WBLOCK 命令打开"写块"对话框，将绘制好的图形创建为图块。

（4）绘制双向晶闸管符号

① 单击"默认"选项卡"绘图"面板中的"多边形"按钮，绘制正三角形，命令行提示与操作如下。

```
命令：_polygon 输入侧面数 <3>:3
指定正多边形的中心点或 [边(E)]:(任意指定一点)
输入选项 [内接于圆(I)/外切于圆(C)] <I>:
指定圆的半径: 2
```

结果如图 3-88 所示。

② 单击"默认"选项卡"修改"面板中的"镜像"按钮，将正三角形沿其左侧的斜边进行镜像操作。

③ 单击"默认"选项卡"修改"面板中的"移动"按钮，将步骤②镜像的正三角形水平向左移动 1mm，结果如图 3-89 所示。

图 3-88　绘制正三角形

图 3-89　镜像并移动正三角形

④ 单击"默认"选项卡"绘图"面板中的"直线"按钮 ╱ ，捕捉左侧三角形的左上端点，向右绘制长度为 6mm 的水平直线段。

⑤ 单击"默认"选项卡"修改"面板中的"偏移"按钮 ⊆ ，将水平直线段向下偏移 3mm，结果如图 3-90 所示。

⑥ 单击"默认"选项卡"绘图"面板中的"直线"按钮 ╱ ，捕捉上方水平直线段的中点，向上绘制长度为 5mm 的竖直直线段，捕捉下方水平直线段的中点，向下绘制长度为 5mm 的竖直直线段，结果如图 3-91 所示。

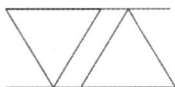

图 3-90　偏移水平直线

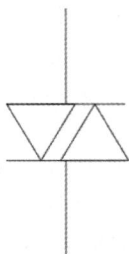

图 3-91　绘制竖直直线段

⑦ 右击状态栏中的"极轴追踪"按钮 ⟳ ，在弹出的快捷菜单中选择"45，90，135，180…"，如图 3-92 所示。

⑧ 单击"默认"选项卡"绘图"面板中的"直线"按钮 ╱ ，捕捉上方水平直线段右侧的一点，沿 45°方向绘制长度为 3mm 的斜线，然后水平向右绘制长度为 4mm 的水平直线段，结果如图 3-93 所示。

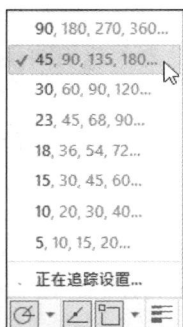

图 3-92　快捷菜单

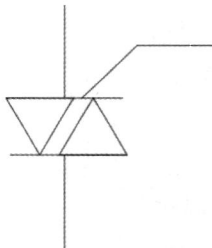

图 3-93　双向晶闸管符号

⑨ 利用 WBLOCK 命令打开"写块"对话框，将绘制好的图形创建为图块。

（5）绘制发光二极管符号

① 在"默认"选项卡中单击"绘图"面板中的"直线"按钮 ╱ ，绘制一系列直线段，直线段尺寸如图 3-94 所示。

② 在"默认"选项卡中单击"修改"面板中的"镜像"按钮 ⚠ ，将绘制的上半部分直线段以水平直线段为轴进行镜像，命令行提示与操作如下。

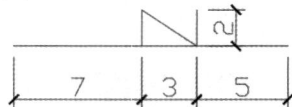

图 3-94　绘制直线段

```
命令：_mirror
选择对象：（选择上半部分直线段）
```

```
选择对象:
指定镜像线的第一点:(选取水平直线段端点)
指定镜像线的第二点:(选取水平直线段端点)
要删除源对象吗? [是(Y)/否(N)] <N>:
```

结果如图 3-95 所示。

③ 单击"默认"选项卡"绘图"面板中的"多段线"按钮 ，绘制带箭头的线段，命令行提示与操作如下。

```
命令: _pline
指定起点:
当前线宽为 0.0000
指定下一个点或 [圆弧(A)/半宽(H)/长度(L)/放弃(U)/宽度(W)]:(在合适的位置指定一点)
指定下一点或 [圆弧(A)/闭合(C)/半宽(H)/长度(L)/放弃(U)/宽度(W)]: w
指定起点宽度 <0>: 1
指定端点宽度 <1>: 0
指定下一点或 [圆弧(A)/闭合(C)/半宽(H)/长度(L)/放弃(U)/宽度(W)]:(指定端点)
```

结果如图 3-96 所示。

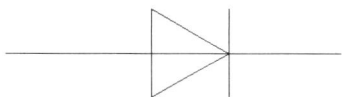

图 3-95　镜像直线段

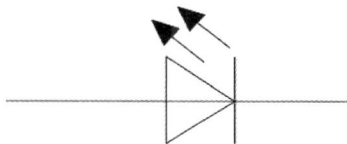

图 3-96　发光二极管符号

④ 利用 WBLOCK 命令打开"写块"对话框，将绘制好的图形创建为图块。

（6）绘制扬声器符号

① 在"默认"选项卡中单击"绘图"面板中的"直线"按钮 ，绘制一条长度为 6mm 的水平直线段和一条长度为 10mm 的竖直直线段，如图 3-97 所示。

② 单击"默认"选项卡"修改"面板中的"偏移"按钮 ，将水平直线段依次向下偏移 3mm、4mm、3mm，将竖直直线段依次向右偏移 2mm、4mm，结果如图 3-98 所示。

图 3-97　绘制直线段

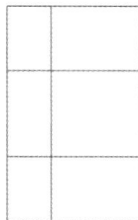

图 3-98　偏移直线段

③ 在"默认"选项卡中单击"绘图"面板中的"直线"按钮 ，绘制直线段，如图 3-99 所示。

④ 单击"默认"选项卡"修改"面板中的"修剪"按钮 和"删除"按钮 ，修剪掉多余线段，结果如图 3-100 所示。

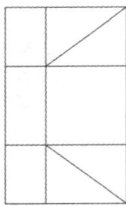

图 3-99　绘制直线段　　　　　　　　　　　　图 3-100　修剪直线段

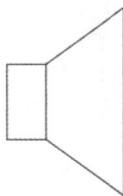

⑤ 利用 WBLOCK 命令打开"写块"对话框，将绘制好的图形创建为图块。

（7）绘制 USB 口接线端符号

① 在"默认"选项卡中单击"绘图"面板中的"直线"按钮 ，绘制一条长度为 9mm 的水平直线段和一条长度为 5mm 的竖直直线段，如图 3-101 所示。

② 单击"默认"选项卡"修改"面板中的"偏移"按钮 ，将水平直线段向下偏移 2.5mm，偏移两次，将竖直直线段依次向右偏移 1mm、6mm、2mm，结果如图 3-102 所示。

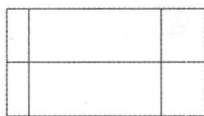

图 3-101　绘制直线段　　　　　　　　　　　　图 3-102　偏移直线段

③ 在"默认"选项卡中单击"绘图"面板中的"直线"按钮 ，绘制直线段，如图 3-103 所示。

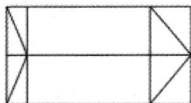

④ 单击"默认"选项卡"修改"面板中的"修剪"按钮 和"删除"按钮 ，修剪掉多余线段，结果如图 3-104 所示。

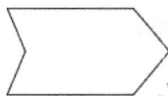

图 3-103　绘制直线段　　　　　　　　　　　　图 3-104　修剪直线段

⑤ 利用 WBLOCK 命令打开"写块"对话框，将绘制好的图形创建为图块。

4．向结构图中插入电气元件图块

（1）单击"插入"工具栏中的"插入"按钮 ，打开"块"选项板，单击"浏览"按钮，找到刚才保存的电气元件图块，选择适当的插入点和旋转角度，将图块插入线路结构图中。

（2）单击"默认"选项卡"修改"面板中的"修剪"按钮 和"删除"按钮 ，删除多余的图形。

（3）在插入图形符号的时候，根据需要可以单击"默认"选项卡"修改"面板中的"缩放"按钮 ，调整图形符号的大小，以保持整个图形的美观、整齐，结果如图 3-105 所示。

5．添加文字注释

（1）在"默认"选项卡中单击"注释"面板中的"文字样式"按钮 ，弹出"文字样式"对话框，通过单击"新建"按钮，新建一个样式名称为"标注"的文字样式，设置"字体名"为"仿宋_GB2312"，"字体样式"为"常规"，"高度"为 5.0000，"宽度因子"为 0.7000，如图 3-106 所示。

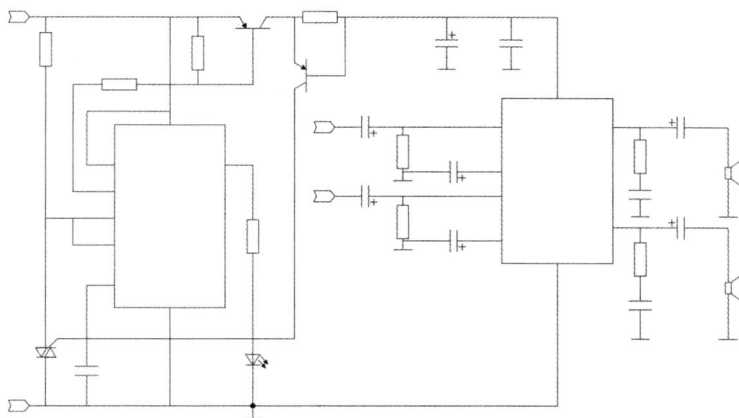

图 3-105　完成电气元件的插入

图 3-106　"文字样式"对话框

（2）利用 MTEXT 命令一次输入几行文字，然后调整文字位置。调整位置的时候，可结合使用正交模式。

（3）使用文字编辑命令修改文字，得到需要的文字注释。至此，USB 供电立体声有源音箱电路原理图绘制完毕，如图 3-107 所示。

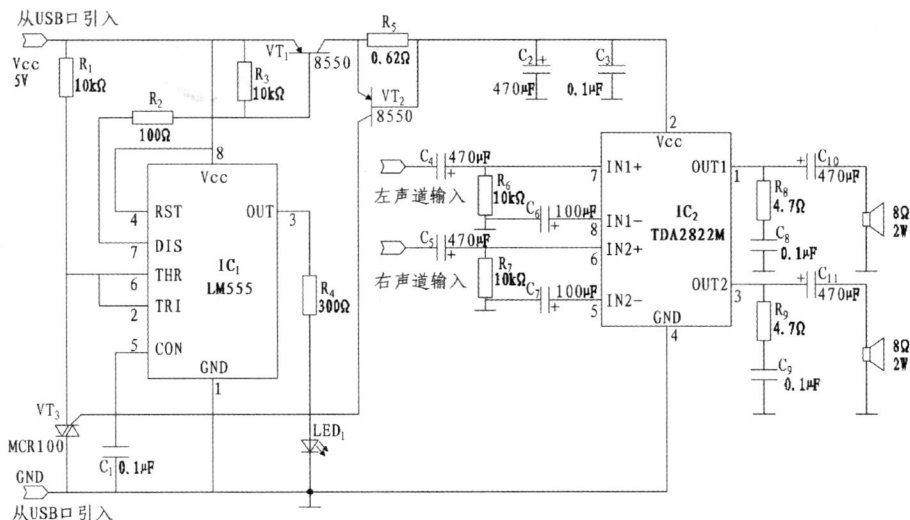

图 3-107　USB 供电立体声有源音箱电路原理图

项目实训 2——电热水器控制电路图

电热水器是一种采用电加热的方式为家庭提供热水的器具，主要用于洗浴室等场合。图 3-108 所示为常见家用电热水器的实物外形。

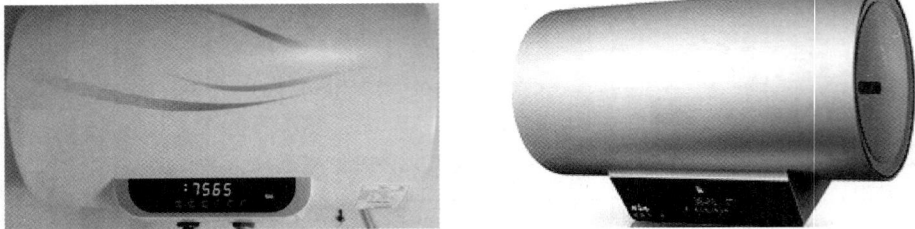

图 3-108　常见家用电热水器的实物外形

下面以储水式电热水器为例。储水式电热水器储满水后通电，电源（AC 220V）经控制电路为加热器供电，加热器对储水罐内的水进行加热。当加热温度大于设定温度时，温控电路切断电源供电，进入保温状态，可以用水洗浴；当水温下降，低于设定温度时，温控电路再次接通电源进行供电，可实现自动温度控制，保证始终有热水可用。

（一）认识电热水器控制电路图

图 3-109 所示为采用单片机的电热水器控制电路，其采用 AT89C51 微处理器芯片作为控制核心（即 CPU），包括微处理器控制电路、温度采集电路、加热管控制电路、显示电路、按键电路等。电源（AC 220V）经降压变压器、桥式整流电路及稳压电路形成稳定的 +5V 电压为 CPU 供电，同时经复位电路为 CPU 提供复位信号，CPU 处于准备状态。用户可通过按键设定开机时间和加热温度，开机时间到达后，CPU 输出加热管控制信号，继电器得电，加热器开始加热，当加热温度达到设定值后，CPU 输出加热管停止控制信号，继电器失电，加热器停止加热。

1. 微处理器控制电路

整个电热水器都是由 CPU 控制的，电源启动时，+5V 电压经电容器 C_1 为 1 脚提供复位信号，使 CPU 复位，开始处于工作状态。在工作状态中，如果操作 SW1 开关，也可使 CPU 复位。另外，CPU 的 4 脚、5 脚外接晶体振荡器，与芯片内的振荡电路组成时钟振荡器，为整个芯片提供时钟信号，CPU 进入待机准备状态。

AT89C51 是一种带 4K 字节快可擦编程只读存储器（Flash Erasable Programmable Read-Only Memory，Flash EPROM）的低电压、高性能 CMOS 8 位微处理器，俗称单片机。AT89C51 的实物外形如图 3-110 所示。

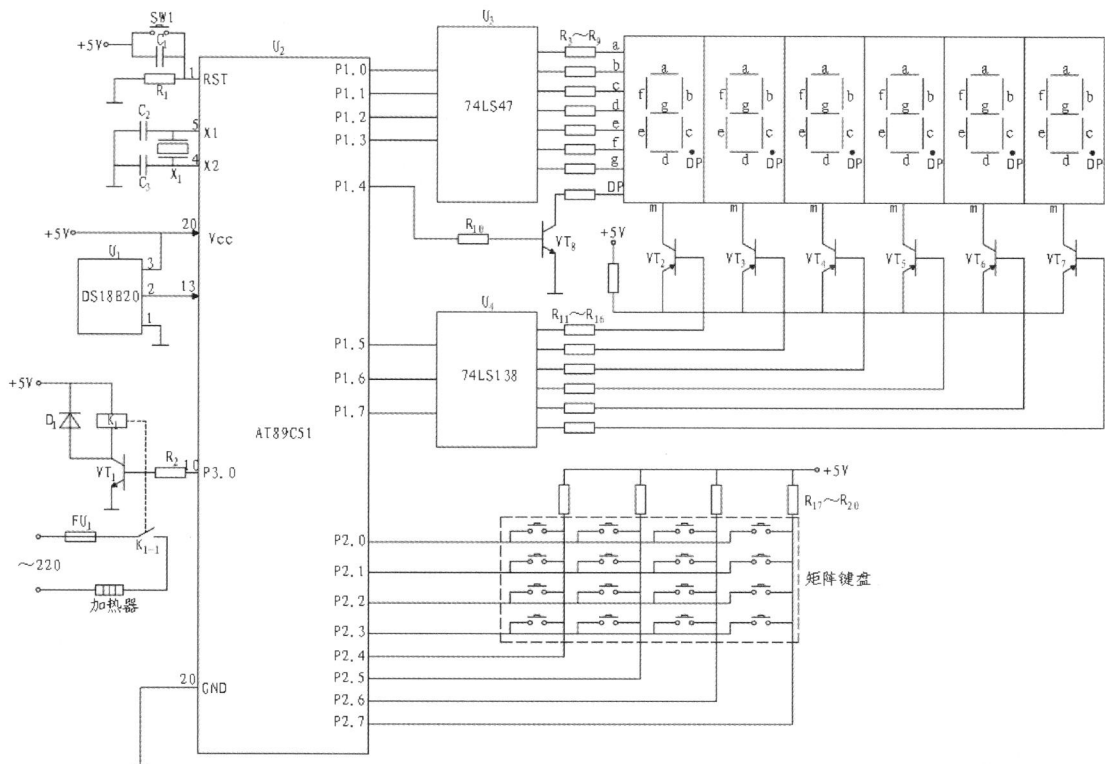

图 3-109　采用单片机的电热水器控制电路

图 3-110　AT89C51 的实物外形

AT89C51 共有 40 个引脚，其引脚排列及各引脚功能如图 3-111 所示。

2. 温度采集电路

温度采集电路采用 DS18B20 实现，如图 3-112 所示。DS18B20 是常用的数字温度传感器，其 3 脚接电源，1 脚接地，2 脚与 CPU 的 13 脚相连以实现双向通信。

3. 加热管控制电路

加热管控制电路如图 3-113 所示，当达到预设时间时，CPU 的 10 脚输出加热管控制信号，使三极管 VT_1 导通，继电器 K_1 得电，其常开触点 K_{1-1} 接通，加热管得电开始加热。加热后，不断检测水温，当水温到达预定温度时，CPU 的 10 脚输出低电平，三极管 VT_1 截止，继电器 K_1 失电，其常开触点 K_{1-1} 断开，加热管停止加热，处于保温状态。

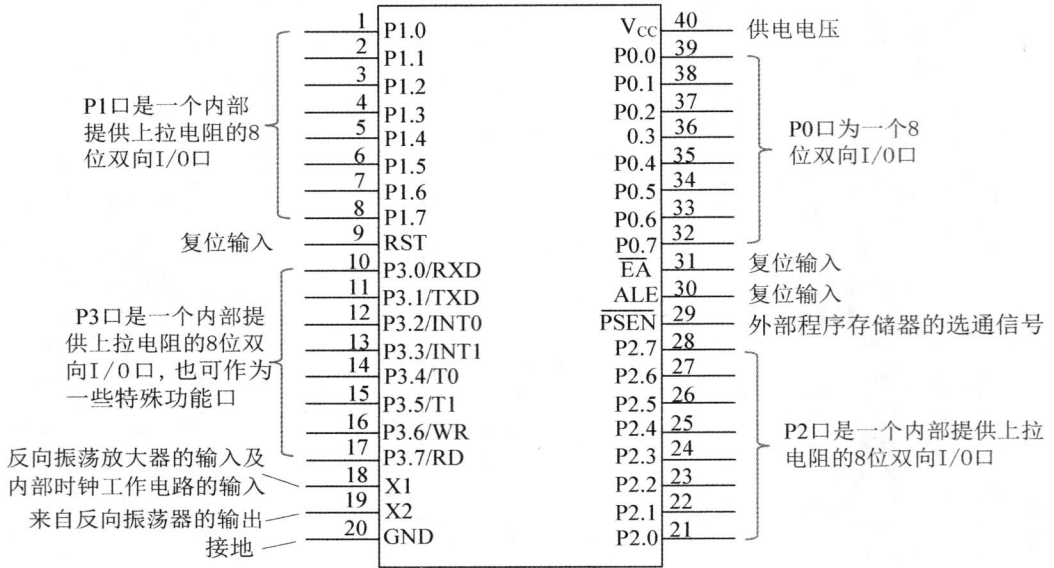

图 3-111　AT89C51 引脚排列及各引脚功能

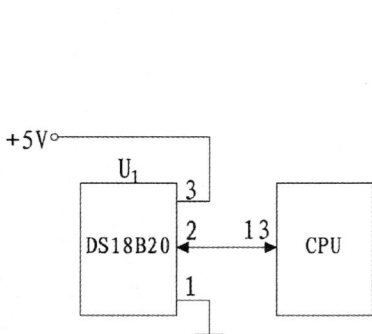

图 3-112　温度采集电路

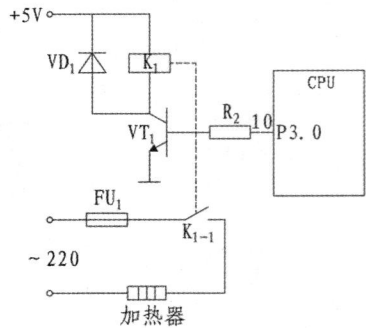

图 3-113　加热管控制电路

4. 显示电路

显示电路如图 3-114 所示，采用 6 位共阳极数码管显示温度或时间，该数码管显示电路采用动态扫描方式进行显示。U_3（74LS47）为码译驱动电路。CPU 的 P1.0～P1.4 端口输出的 4 位二进制数通过 U_4（74LS138）译码后变成 7 段数码管驱动信号（a～g），分别驱动 6 个数码管的段选信号。数码管的位选信号由 CPU 的 P1.5～P1.7 口输出，经 74LSl38 译码后，再经 6 个三极管（VT_2～VT_7）去驱动数码管。

74LS47 是 7 段数码管译码器/驱动器，其功能是把 BCD（Binary Coded Decimal，二进制编码的十进制）码转换成数码管的 7 个字段信号，驱动数码管显示出相应的十进制码。74LS47 的引脚排列如图 3-115 所示。

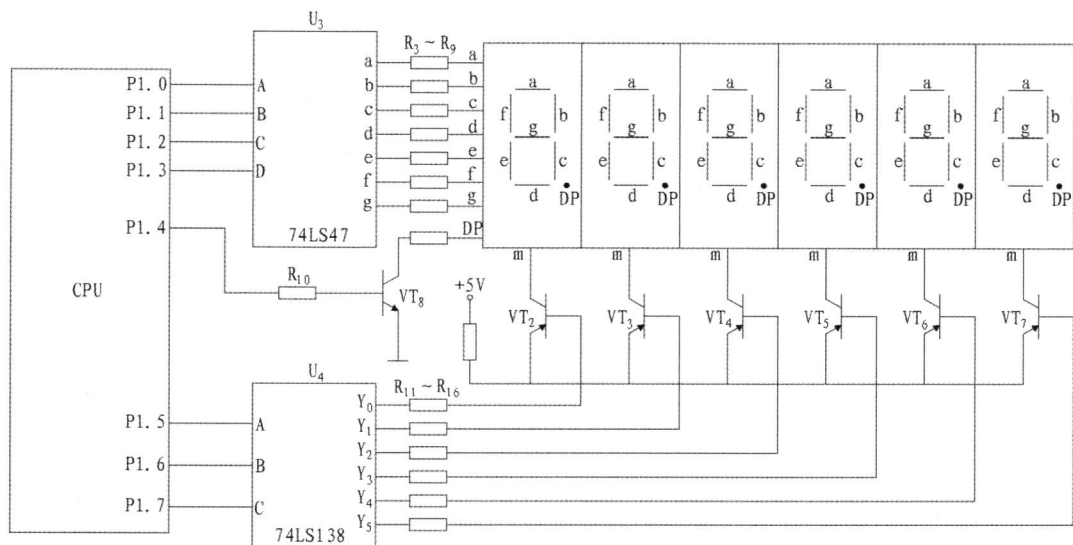

图 3-114　显示电路

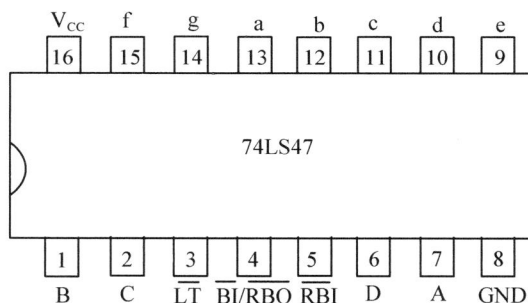

图 3-115　74LS47 的引脚排列

A～D 为四线输入，a～g 分别对应所显示的笔画"段"。74LS47 输入与数码管显示对应关系如表 3-1 所示。

表 3-1　　　　　　　　　　　　74LS47 输入与数码管显示对应关系

输入				输出							共阳极数码管显示
D	C	B	A	a	b	c	d	e	f	g	
0	0	0	0	0	0	0	0	0	0	1	0
0	0	0	1	1	0	0	1	1	1	1	1
0	0	1	0	0	0	1	0	0	1	0	2
0	0	1	1	0	0	0	0	1	1	0	3
0	1	0	0	1	0	0	1	1	0	0	4
0	1	0	1	0	1	0	0	1	0	0	5
0	1	1	0	1	1	0	0	0	0	0	6
0	1	1	1	0	0	0	1	1	1	1	7
1	0	0	0	0	0	0	0	0	0	0	8
1	0	0	1	0	0	0	1	1	0	0	9

74LS138 译码器有 3 个输入端 A、B、C，它们共有 8 种状态的组合，可译出 8 个输出信号 $Y_0 \sim Y_7$，故该译码器称为 3 线—8 线译码器。74LS138 的引脚排列如图 3-116 所示。

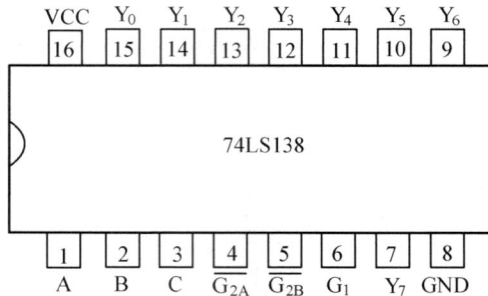

图 3-116　74LS138 的引脚排列

该译码器有 3 个使能端，当 G1 为高电平，且 $\overline{G_{2A}}$ 和 $\overline{G_{2B}}$ 均为低电平时，译码器处于工作状态。否则译码器被禁止，所有输出均为高电平，74LS138 的真值表如表 3-2 所示。

表 3-2　　　　　　　　　　74LS138 的真值表

输入						输出							
G_1	$\overline{G_{2A}}$	$\overline{G_{2B}}$	C	B	A	Y_0	Y_1	Y_2	Y_3	Y_4	Y_5	Y_6	Y_7
×	1	×	×	×	×	1	1	1	1	1	1	1	1
×	×	1	×	×	×	1	1	1	1	1	1	1	1
0	×	×	×	×	×	1	1	1	1	1	1	1	1
1	0	0	0	0	0	0	1	1	1	1	1	1	1
1	0	0	0	0	1	1	0	1	1	1	1	1	1
1	0	0	0	1	0	1	1	0	1	1	1	1	1
1	0	0	0	1	1	1	1	1	0	1	1	1	1
1	0	0	1	0	0	1	1	1	1	0	1	1	1
1	0	0	1	0	1	1	1	1	1	1	0	1	1
1	0	0	1	1	0	1	1	1	1	1	1	0	1
1	0	0	1	1	1	1	1	1	1	1	1	1	0

CPU 按照一定频率依次改变 74LS138 的输入信号，使某一输出端为低电平（本电路只用到 $Y_0 \sim Y_5$ 这 6 路输出），则与之相连接的三极管导通，使对应的数码管点亮，实现数码管的动态扫描。

当 CPU 的 P1.4 为高电平时，三极管 VT_8 导通，从而点亮小数点。

5. 按键电路

按键电路如图 3-117 所示，操作者通过按键电路可进行时间或温度的设置。按键电路采用的是 4×4 矩阵键盘，CPU 的 P2.0～P2.3 口接键盘的 4 根行线，CPU 的 P2.4～P2.7 口接键盘的 4 根列线。列线通过电阻接+5V，当按键没有闭合时，所有的行线和列线断开，列线呈高电平。如果把列线接入 CPU 的输入端口，行线接入 CPU 的输出端口，由 CPU 的输出值控制，使某一行线为低电平（0），其余 3 行行线都为高电平。然后通过 CPU 输入端口读出列线的状态，如果列线都为高电平，则该行没有键闭合；如果读出的列线状态不全为高电平，则低电平的列线与该行相交的键处于闭合状态。这种逐行逐列地检查键盘状态的过程称为对键盘的一次扫描。

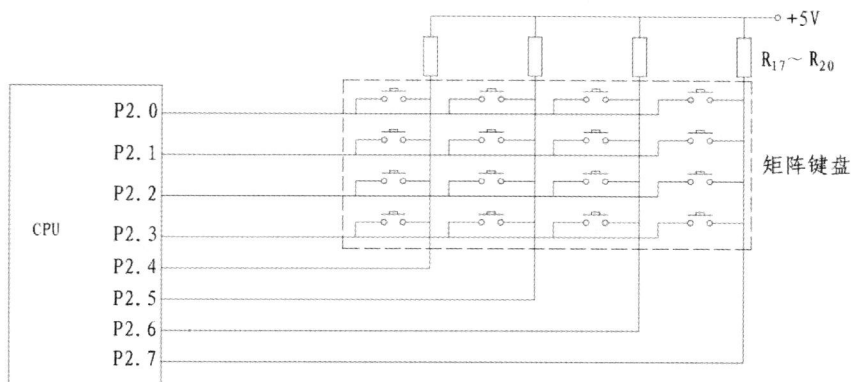

图 3-117　按键电路

（二）绘制电热水器控制电路图

1. 设置绘图环境

（1）建立新文件。在命令行中输入 NEW 命令或单击快速访问工具栏中的"新建"按钮，在弹出的"选择样板"对话框中选择需要的样板图，然后单击"打开"按钮，新建一个图形文件。

（2）设置图层。在"默认"选项卡中单击"图层"面板中的"图层特性"按钮，在弹出的"图层特性管理器"选项板中新建"连接导线""实体符号""虚线层"3 个图层，各图层的颜色、线型及线宽设置如图 3-118 所示。接下来，将"连接导线"图层设置为当前图层。

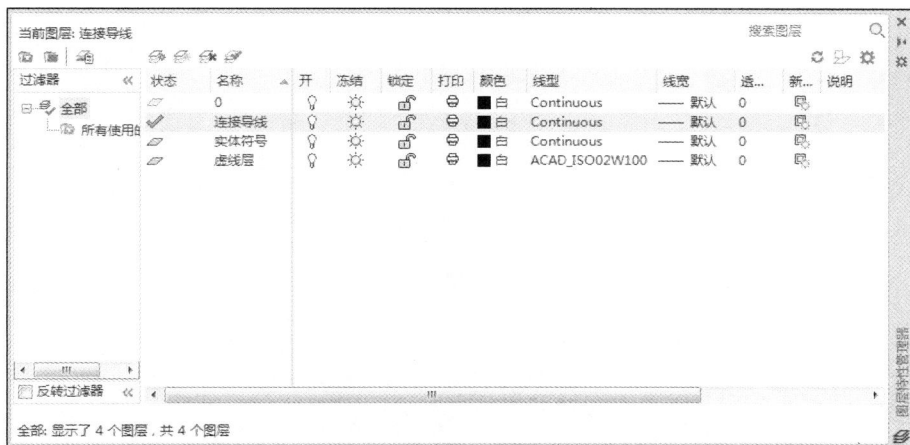

图 3-118　"图层特性管理器"选项板

2. 绘制线路结构图

利用"直线""偏移""修剪""删除"等命令绘制线路结构图（上一项目实训中详细介绍过，这里不再赘述），结果如图 3-119 所示。

3. 绘制各电气元件图形符号

将"实体符号"图层设置为当前图层。

上一项目实训中详细讲解了不同电气元件图形符号的绘制方法，重复的在此不再赘述。

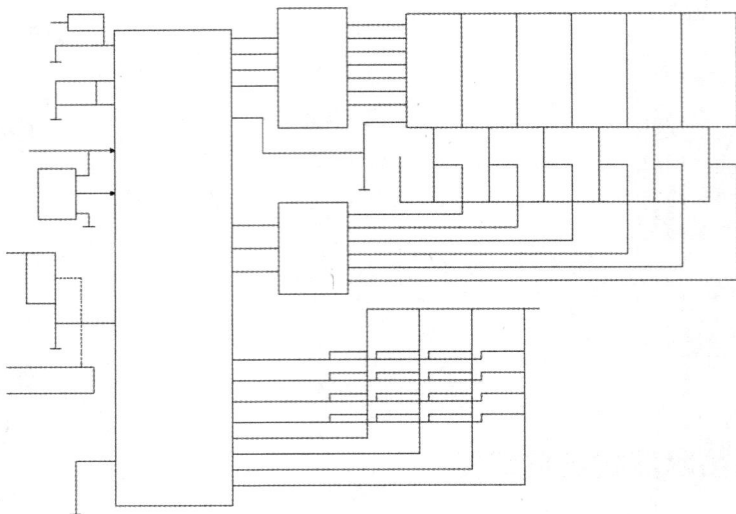

图 3-119 线路结构图

（1）绘制熔断器符号

① 绘制矩形。单击"默认"选项卡"绘图"面板中的"矩形"按钮 ⬚，用光标在绘图区捕捉第一个点，采用相对输入法绘制一个长为 15mm、宽为 5mm 的矩形，如图 3-120 所示。

② 绘制直线段。单击"默认"选项卡"绘图"面板中的"直线"按钮 ╱，按住 Shift 键并右击，弹出图 3-121 所示的快捷菜单，选择"中点"命令，捕捉矩形左侧竖直边的中点，如图 3-122 所示，单击状态栏中的"正交模式"按钮 ⬓，向右拖动鼠标，绘制长度为 20mm 的水平直线段。

图 3-120 绘制矩形

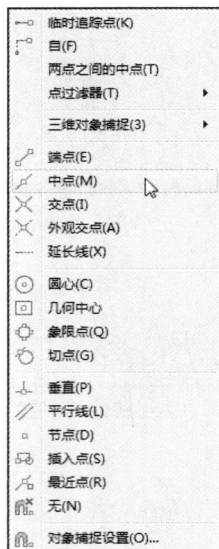

图 3-121 快捷菜单

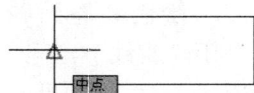

图 3-122 捕捉中点

③ 选中刚刚绘制的水平直线段，单击左侧端点，向左拖动 5mm。至此，熔断器符号绘制完毕，结果如图 3-123 所示。

④ 利用 WBLOCK 命令打开"写块"对话框，将绘制好的图形创建为图块。

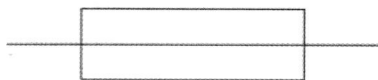

图 3-123　熔断器符号

（2）绘制二极管符号

① 单击"默认"选项卡"绘图"面板中的"直线"按钮，采用相对或者绝对输入方式，绘制一条起点为（100,100）、长度为 150mm 的直线段。

② 单击"默认"选项卡"绘图"面板中的"多段线"按钮，绘制二极管的上半部分，命令行提示与操作如下。

```
命令: _pline
指定起点: 200,120✓（指定多段线起点在直线段的左上方，输入其绝对坐标（200,120））
当前线宽为 0.0000（按 Enter 键使用默认系统线宽）
指定下一个点或 [圆弧(A)/半宽(H)/长度(L)/放弃(U)/宽度(W)]: _per 到（按住 Shift 键并右击，在弹出的快捷菜单中选择"垂直"命令，捕捉刚刚指定的起点到水平直线段的垂足）
指定下一个点或 [圆弧(A)/半宽(H)/长度(L)/放弃(U)/宽度(W)]: @40<150✓（用极坐标输入法，绘制长度为 40，与 X 轴正方向成 150°夹角的直线段）
指定下一点或 [圆弧(A)/闭合(C)/半宽(H)/长度(L)/放弃(U)/宽度(W)]: _per 到（捕捉到水平直线段的垂足）
指定下一点或 [圆弧(A)/闭合(C)/半宽(H)/长度(L)/放弃(U)/宽度(W)]:
```

结果如图 3-124 所示。

③ 单击"默认"选项卡"修改"面板中的"镜像"按钮，将绘制的多段线以水平直线段为轴进行镜像，生成二极管符号，命令行提示与操作如下。

```
命令: _mirror
选择对象:（选择多段线）
选择对象:
指定镜像线的第一点:（选取水平直线段的端点）
指定镜像线的第二点:（选取水平直线段的端点）
要删除源对象吗? [是(Y)/否(N)] <N>:
```

结果如图 3-125 所示。

图 3-124　多段线效果

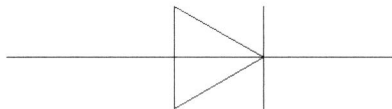

图 3-125　二极管符号

④ 利用 WBLOCK 命令打开"写块"对话框，将绘制好的图形创建为图块。

（3）绘制晶体振荡器符号

① 绘制矩形。单击"默认"选项卡"绘图"面板中的"矩形"按钮，绘制一个长为 15mm、宽为 5mm 的矩形，如图 3-126 所示。

② 分解矩形。单击"默认"选项卡"修改"面板中的"分解"按钮，分解矩形。

③ 单击"默认"选项卡"修改"面板中的"偏移"按钮，将矩形的上、下水平边分别向上、向下偏移 2mm，如图 3-127 所示。

④ 单击"默认"选项卡"绘图"面板中的"直线"按钮，捕捉刚刚偏移的上、下水平

直线段的中点，分别向上、向下绘制长度为 5mm 的竖直直线段，结果如图 3-128 所示。

图 3-126 绘制矩形   图 3-127 偏移直线段   图 3-128 晶体振荡器符号

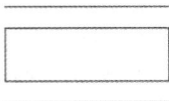

⑤ 利用 WBLOCK 命令打开"写块"对话框，将绘制好的图形创建为图块。

（4）绘制 SW 开关符号

① 单击"默认"选项卡"绘图"面板中的"直线"按钮 ，绘制一条长度为 5mm 的水平直线段和一条长度为 1mm 的竖直直线段，如图 3-129 所示。

② 单击"默认"选项卡"修改"面板中的"偏移"按钮 ，将水平直线段向上偏移 1mm，竖直直线段向左偏移 2mm，如图 3-130 所示。

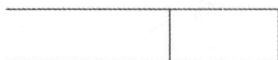

图 3-129 绘制直线段   图 3-130 偏移直线段

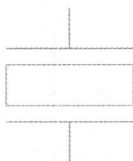

③ 单击"默认"选项卡"修改"面板中的"修剪"按钮 和"删除"按钮 ，对图形进行修剪，如图 3-131 所示。

④ 单击"默认"选项卡"修改"面板中的"偏移"按钮 ，将下侧水平直线段向下偏移 3mm。

⑤ 单击"默认"选项卡"绘图"面板中的"直线"按钮 ，捕捉步骤④中偏移后的直线段的左端点，水平向左绘制一条长度为 2mm 的直线段，然后将偏移的水平直线段删除，如图 3-132 所示。

图 3-131 修剪图形   图 3-132 绘制直线段

⑥ 单击"默认"选项卡"绘图"面板中的"圆"按钮 ，以最下边水平直线段的右端点为圆心，绘制半径为 1mm 的圆。

⑦ 单击"默认"选项卡"修改"面板中的"移动"按钮 ，将圆向右移动 1mm，如图 3-133 所示。

⑧ 单击"默认"选项卡"修改"面板中的"镜像"按钮 ，将绘制的所有图形以最上端水平直线段的右端点为基点进行镜像，生成 SW 开关符号，命令行提示与操作如下。

```
命令：_mirror
选择对象：（选择图形）
选择对象：
指定镜像线的第一点：（选取最上端水平直线段的右端点）
```

指定镜像线的第二点：（选取第二条水平直线段的右端点）
要删除源对象吗？［是(Y)/否(N)］<N>:

结果如图 3-134 所示。

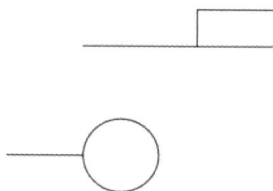

图 3-133　绘制圆

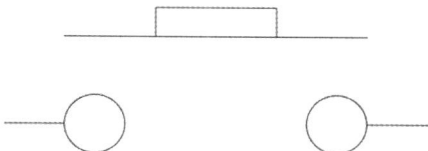

图 3-134　SW 开关符号

⑨ 利用 WBLOCK 命令打开"写块"对话框，将绘制好的图形创建为图块。

（5）绘制加热器符号

① 绘制矩形。单击"默认"选项卡"绘图"面板中的"矩形"按钮▢，绘制一个长为 14mm、宽为 5mm 的矩形，如图 3-135 所示。

② 分解矩形。单击"默认"选项卡"修改"面板中的"分解"按钮▥，分解矩形。

③ 单击"默认"选项卡"修改"面板中的"偏移"按钮⊆，将矩形左侧的竖直边依次向右进行偏移，偏移量分别为 4mm、3mm、3mm，结果如图 3-136 所示。

图 3-135　绘制矩形

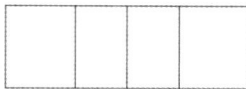

图 3-136　加热器符号

④ 利用 WBLOCK 命令打开"写块"对话框，将绘制好的图形创建为图块。

（6）绘制继电器符号

① 绘制矩形。单击"默认"选项卡"绘图"面板中的"矩形"按钮▢，绘制一个长为 15mm、宽为 7mm 的矩形，如图 3-137 所示。

② 分解矩形。单击"默认"选项卡"修改"面板中的"分解"按钮▥，分解矩形。

③ 单击"默认"选项卡"绘图"面板中的"直线"按钮／，分别捕捉矩形上、下水平边的中点，向上、向下绘制长度为 5mm 的竖直直线段，结果如图 3-138 所示。

图 3-137　绘制矩形

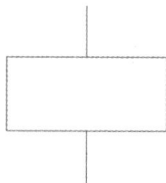

图 3-138　继电器符号

④ 利用 WBLOCK 命令打开"写块"对话框，将绘制好的图形创建为图块。

（7）绘制常开触点开关符号

① 单击状态栏中的"极轴追踪"按钮⟳ 和"对象捕捉追踪"按钮∠，打开极轴追踪和对象捕捉追踪功能。

② 在状态栏中的"极轴追踪"按钮 ⟳ 上单击鼠标右键，在弹出的快捷菜单中选择"正在追踪设置"命令，如图 3-139 所示。打开"草图设置"对话框，选择"极轴追踪"选项卡，设置"增量角"为 30，选中"用所有极轴角设置追踪"单选按钮，如图 3-140 所示。单击"确定"按钮，完成极轴追踪的设置。

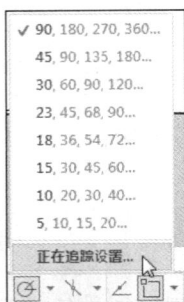

图 3-139　快捷菜单

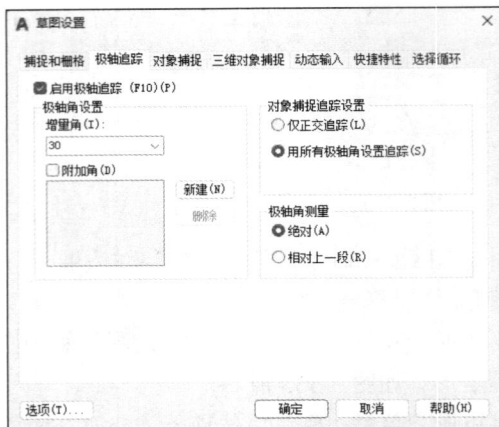

图 3-140　"极轴追踪"选项卡

③ 在"默认"选项卡中单击"绘图"面板中的"直线"按钮 ╱，在图中适当位置指定直线段的起点，将光标向上移动，显示极轴角度为 90°，如图 3-141 所示。单击，绘制一条竖直直线段。继续移动光标到左上方，显示极轴角度为 120°，如图 3-142 所示。单击，绘制一条与竖直直线段成 30°夹角的斜线。

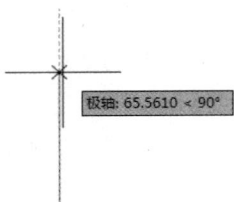

图 3-141　极轴角度为 90°

图 3-142　极轴角度为 120°

④ 单击状态栏中的"对象捕捉"按钮 ▯，打开对象捕捉功能。在"默认"选项卡中单击"绘图"面板中的"直线"按钮 ╱，捕捉竖直直线段的上端点（见图 3-143）。向上移动光标，显示极轴角度为 90°，如图 3-144 所示。单击确定直线段的起点（保证该起点在第一条竖直直线段的延长线上），绘制适当长度的竖直直线段，结果如图 3-145 所示。

⑤ 利用 WBLOCK 命令打开"写块"对话框，将绘制好的图形创建为图块。

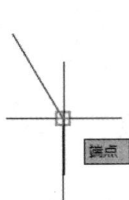

图 3-143　捕捉端点

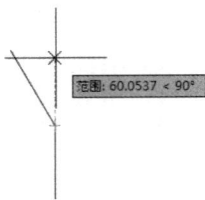

图 3-144　确定直线段的起点

图 3-145　常开触点开关符号

（8）绘制数码管符号

① 绘制矩形。单击"默认"选项卡"绘图"面板中的"矩形"按钮 ⌐⌐，绘制一个长为 18mm、宽为 20mm 的矩形，如图 3-146 所示。

② 分解矩形。单击"默认"选项卡"修改"面板中的"分解"按钮 ⬚，分解矩形。

③ 单击"默认"选项卡"修改"面板中的"偏移"按钮 ⊆，将矩形的 4 条边分别向内偏移 2mm，如图 3-147 所示。

图 3-146　绘制矩形　　　　　　　　　　图 3-147　偏移直线段

④ 单击"默认"选项卡"修改"面板中的"修剪"按钮 ⅴ 和"删除"按钮 ⬚，修剪图形，如图 3-148 所示。

⑤ 单击"默认"选项卡"修改"面板中的"镜像"按钮 ⚖，将图形以最下方的水平直线段为轴进行镜像，结果如图 3-149 所示。

⑥ 单击"默认"选项卡"绘图"面板中的"圆"按钮 ⊙，在图 3-149 所示图形的右下角绘制一个半径为 1mm 的圆。

⑦ 单击"默认"选项卡"绘图"面板中的"图案填充"按钮 ▨，打开"图案填充创建"选项卡，选择 SOLID 图案，选择刚刚绘制的圆为填充边界，结果如图 3-150 所示。

⑧ 利用 WBLOCK 命令打开"写块"对话框，将绘制好的图形创建为图块。

图 3-148　修剪图形　　　　　图 3-149　镜像图形　　　　　图 3-150　数码管符号

4. 向结构图中插入电气元件图块

（1）单击"插入"工具栏中的"插入"按钮 ⬚，打开"块"选项板，单击"浏览"按钮，找到刚才保存的电气元件图块，选择适当的插入点和旋转角度，将图块插入线路结构图中。

（2）单击"默认"选项卡"修改"面板中的"修剪"按钮 ⅴ 和"删除"按钮 ⬚，删除多余的图形。

（3）在插入图形符号的时候，根据需要可以单击"默认"选项卡"修改"面板中的"缩放"按钮 ⬚ 来调整图形符号的大小，以保持整个图形的美观和整齐，结果如图 3-151 所示。

（4）单击"默认"选项卡"绘图"面板中的"圆"按钮 ⊙，在图中线路开头端和结尾端绘制半径为 1mm 的圆，结果如图 3-152 所示。

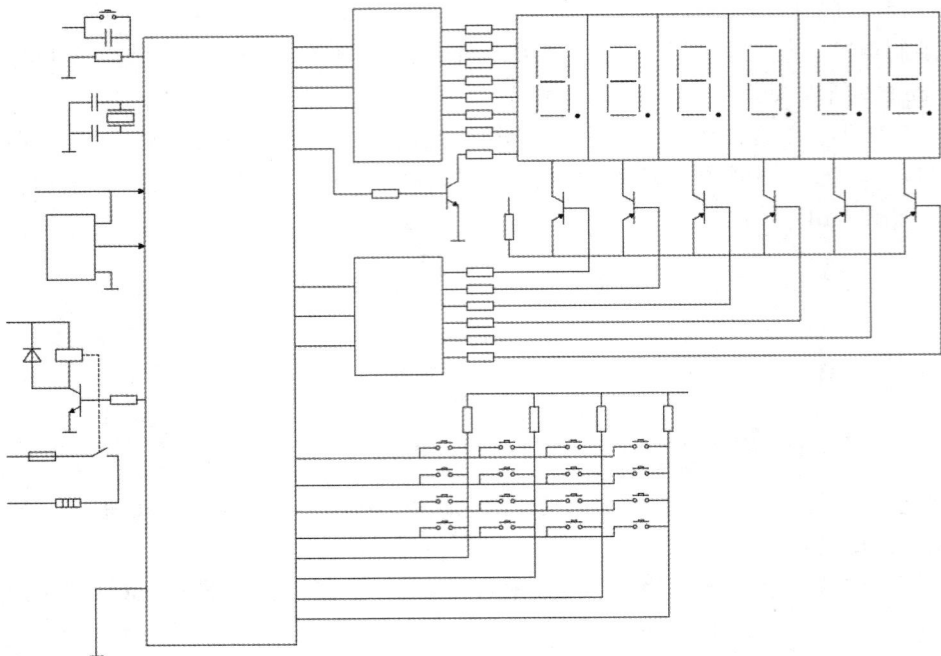

图 3-151　电气元件的插入

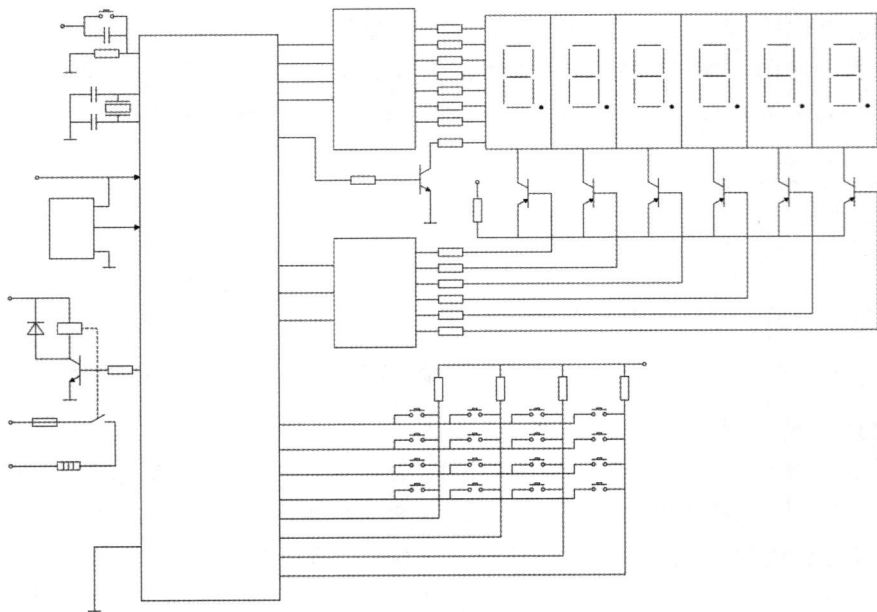

图 3-152　绘制圆

5．添加文字注释

（1）在"默认"选项卡中单击"注释"面板中的"文字样式"按钮 A，弹出"文字样式"对话框，通过单击"新建"按钮，新建一个样式名称为"标注"的文字样式，设置"字体名"为"仿宋_GB2312"，"字体样式"为"常规"，"高度"为 5.0000，"宽度因子"为 0.7000，如图 3-153所示。

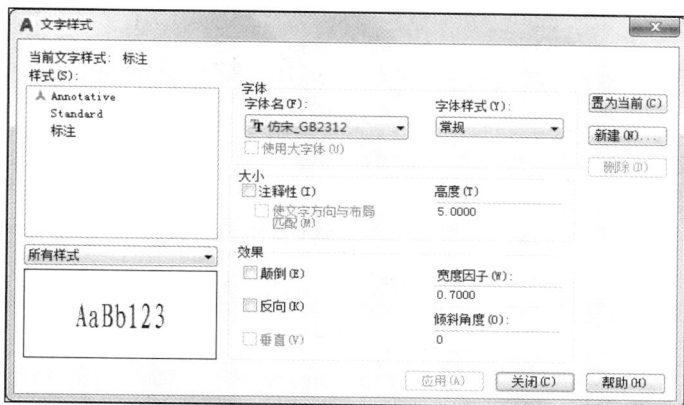

图 3-153　"文字样式"对话框

（2）利用 MTEXT 命令一次输入几行文字，然后调整文字位置。调整位置的时候，可结合使用正交模式。

（3）使用文字编辑命令修改文字，得到需要的文字注释。至此，电热水器控制电路图绘制完毕，如图 3-109 所示。

拓展知识

一、电风扇电路识图

电风扇是一种通过电动机来驱动扇叶旋转，从而起到清凉解暑和加快空气流通作用的家用电器，广泛用于家庭、教室、办公室、商店、医院、超市和宾馆等场所。常见电风扇的外形如图 3-154所示。

图 3-154　常见电风扇的外形

电风扇的电路原理图如图 3-155 所示。

1．了解电风扇的主要组成部分

电风扇主要是由风叶机构、电动机机构、摆头机构及支撑机构组成的。其中，电动机机构带动风叶机构旋转，摆头机构控制风叶机构摆动，向不同方向送风。支撑机构方便电风扇固定。

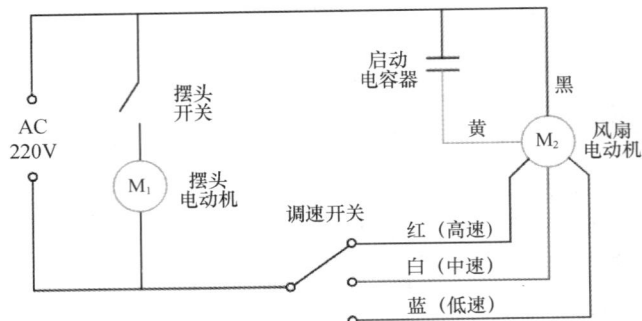

图 3-155　电风扇的电路原理图

（1）电动机机构

电动机机构主要由风扇电动机、启动电容器和调速开关等部件组成。其中，风扇电动机是电风扇的核心。风扇电动机主要与风叶机构相连，带动风叶机构转动，通过切割空气来加速空气流通。通常具有调速功能的电风扇中使用的风扇电动机有 5 根引线，分别是红、白、蓝、黄、黑 5 个颜色。风扇电动机的实物外形及位置关系如图 3-156 所示。

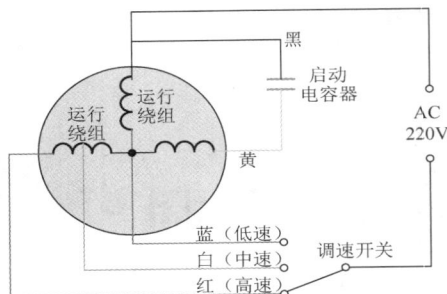

图 3-156　风扇电动机的实物外形及位置关系

启动电容器是电风扇电动机机构中的电容器，用于帮助风扇电动机启动，其外形如图 3-157 所示。

调速开关主要用来改变风扇电动机的转速，交流风扇电动机的调速采用绕组线圈抽头的方法比较多，即绕组线圈抽头与调速开关的不同挡位相连，通过改变绕组线圈的数量，从而使电子线圈所产生的磁场强度发生变化，实现速度的调整。电风扇调速开关的外形及背面的焊点如图 3-158 所示。

图 3-157　电风扇启动电容器的外形

（a）调速开关的外形　　　　　　（b）背面的焊点

图 3-158　电风扇调速开关的外形及背面的焊点

（2）摆头机构

许多电动机除了具备调速功能外，还具有摆头的功能。摆头机构由摆头电动机、偏心轮和连杆组成，核心是摆头电动机，如图 3-159 所示。

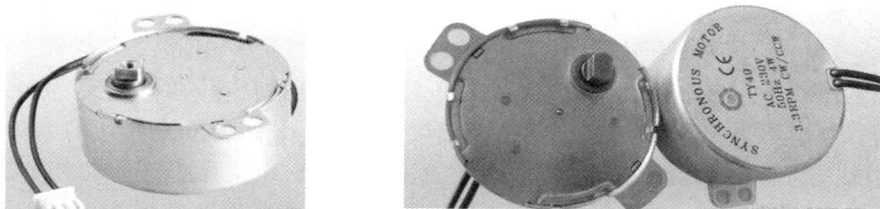

图 3-159　电风扇的摆头电动机

2. 分析电风扇的工作原理

启动电容器的一端接 AC 220V 市电，另一端与风扇电动机的启动运行绕组相连。其主要功能是在电风扇开机时为风扇电动机的启动绕组提供启动电压。通过调整调速开关的位置来改变风扇电路串联的电感的感抗，改变风扇电动机的电压，从而实现转速的调整。摆头电动机与风扇电动机并联，当打开摆头开关时，摆头电动机开始工作。

二、节能灯电路识图

节能灯电路原理图如图 3-160 所示，该电路主要由供电电路、启动（触发）电路和振荡电路组成。

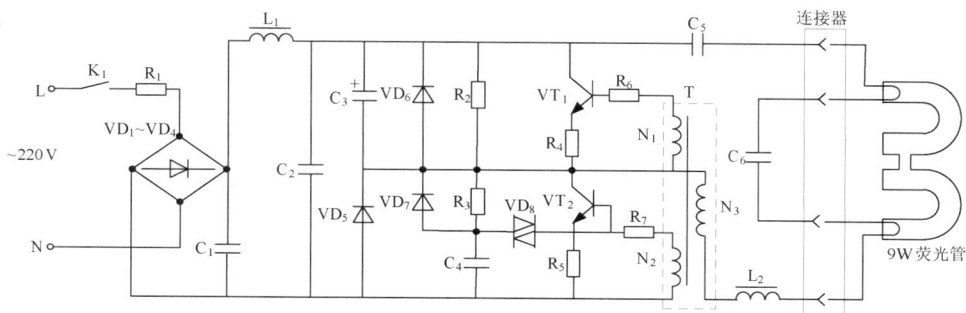

图 3-160　节能灯电路原理图

1. 供电电路

供电电路的核心元器件是二极管 $VD_1 \sim VD_4$、电容器 C_1、C_2 及电感 L_1，$VD_1 \sim VD_4$ 组成的整流桥电路，C_1、C_2 及 L_1 组成滤波电路。

合上开关 K_1，220V 市电电压通过保险电阻 R_1 输入后，利用 $VD_1 \sim VD_4$ 桥式整流，再通过 C_1、L_1、C_2 滤波，产生 300V 左右的直流电压。

2. 启动（触发）电路

启动（触发）电路主要由电阻 R_2、R_3，电容器 C_4 和双向触发二极管 VD_8 组成。直流电压

经 R_2、R_3 给 C_4 充电，C_4 两端的电压达到 VD_8 转折电压时，VD_8 导通，此时 C_4 经 R_7、脉冲变压器 T 的绕组 N_2 向功率管 VT_2 的基极放电，使得 VT_2 导通。

3. 振荡电路

VT_1、VT_2，$R_4 \sim R_7$，C_5 和脉冲变压器 T 组成高频自激振荡电路。T 的 3 个绕组 N_1、N_2、N_3 同绕在一个环形磁芯上。VT_2 导通后，C_2 两端的电压通过 C_5、灯管的灯丝、谐振电容器 C_6、灯管的灯丝、L_2、脉冲变压器 T 的初级绕组 N_3、VT_2、R_5 构成导通回路，不仅使 N_3 绕组建立下正、上负的电动势，而且使 C_5 建立左正、右负的电压。通过互感，T 的正反馈绕组产生电动势。上正反馈绕组 N_1 产生的电动势使 VT_1 反偏截止，下正反馈绕组 N_2 产生的电动势通过 R_7 加到 VT_2 的基极，使 VT_2 因正反馈迅速饱和导通。VT_2 饱和导通后，流过 T 初级绕组的电流不再增大，因为电感的电流不能突变，所以 T 绕组通过自感产生反向电动势。此时它的正反馈绕组相应产生反相的电动势，于是 N_2 绕组产生的上负、下正的电动势使 VT_2 迅速反偏截止，而 $N1$ 绕组产生的上正、下负的电动势通过 R_6 使 VT_1 饱和导通。VT_1 饱和导通后，C_5 两端电压通过 VT_1、R_3、T 的初级绕组 N_3、L_2、灯管灯丝、C_6 构成的回路放电，使 N_3 绕组产生下负、上正的电动势。随着 C_5 放电的不断进行，流过 T 初级绕组的电流减小，于是它们再次产生反相电动势，如上所述，VT_1 截止、VT_2 导通，重复以上过程，振荡器就会工作在振荡状态，为灯管供电，使它发光。

自测练习题

1. 关于用 BLOCK 命令定义的内部图块，以下说法正确的是（　　　）。

    A. 只能在定义它的图形文件内自由调用

    B. 只能在另一个图形文件内自由调用

    C. 既能在定义它的图形文件内自由调用，又能在另一个图形文件内自由调用

    D. 两者都不能调用

2. 在 AutoCAD 设计中心的（　　　）选项卡中可以查看当前图形中的图形信息。

    A. "文件夹"　　　　　　　　　　　B. "打开的图形"

    C. "历史记录"　　　　　　　　　　D. "联机设计中心"

3. 利用设计中心不可能完成的操作是（　　　）。

    A. 根据特定的条件快速查找图形文件

    B. 打开所选的图形文件

    C. 将某一图形中的图块拖放到当前图形中

    D. 删除图形文件中未使用的命名对象，例如图块定义、标注样式、图层、线型和文字样式等

4. 下列关于块的说法正确的是（　　　）。

    A. 图块只能在当前文件中使用

    B. 只有用 WBLOCK 命令指定文件名与路径的块才可以插入另一图形文件中

    C. 任何一个图形文件都可以作为图块插入另一幅图中

    D. 用 BLOCK 命令定义的图块可以直接通过 INSERT 命令插入任何图形文件中

5. 设计中心以及工具选项板中的图形与普通图形有什么区别？与图块又有什么区别？

实战演练

实战演练 1——绘制三相电机启动控制电路图

　　利用插入图块的方法绘制图 3-161 所示的三相电机启动控制电路图。

　　操作提示如下。

　　（1）绘制各种电气元件并保存成图块。

　　（2）插入各个图块并连接。

　　（3）标注文字。

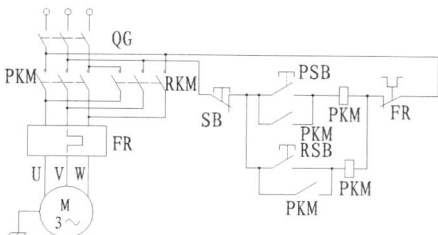

图 3-161　三相电机启动控制电路图

微课

实战演练 1——绘制三相电机启动控制电路图

实战演练 2——绘制钻床控制电路局部图

　　利用设计中心插入图块，绘制图 3-162 所示的钻床控制电路局部图。

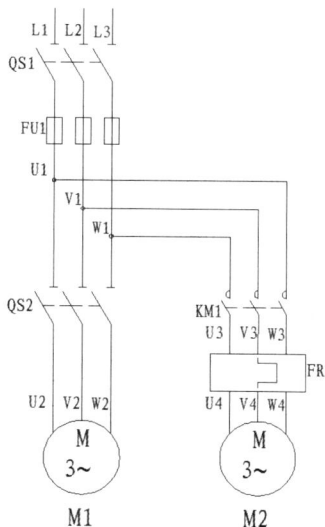

图 3-162　钻床控制电路局部图

微课

实战演练 2——绘制钻床控制电路局部图

　　操作提示如下。

　　（1）绘制各电气元件并保存。

　　（2）在设计中心中找到保存各电气元件的文件夹，在右边的内容显示区中选择需要的元件，拖动到所绘制的图形中，并指定缩放比例和旋转角度。

项目四

认识和绘制电力电气工程图

项目导入

电能的生产、传输和使用是同时进行的。从发电厂输出的电力需要经过升压后才能输送给远方的用户。输电电压一般很高，用户一般不能直接使用（高压电要经过变电所变压后才能分配电能给用户使用）。由此可见，变电所和输电线路是电力系统重要的组成部分。本项目将对变电工程图、输电工程图进行介绍，并结合具体的例子来介绍其绘制方法。

素养目标

1. 鼓励学生在绘制电力电气工程图时精益求精，培养学生对工作的热爱、对技术的钻研和对质量的追求。

2. 在复杂的电力电气工程中，团队合作是必需的。通过项目实例，培养学生的团队协作精神和有效沟通的能力，使他们能够在跨学科团队中发挥作用。

相关知识

一、电力电气工程图简介

电能从生产到应用一般需要经过 5 个环节，即发电→输电→变电→配电→用电，其中配电又根据电压等级不同而分为高压配电和低压配电。

由各种电压等级的电力线路将各种类型的发电厂、变电站和电力用户联系起来的一个发电、输电、变电、配电和用电的整体，称为电力系统。电力系统由发电厂、变电所、输电线路和用户组成。其中变电所和输电线路是联系发电厂和用户的中间环节，起着变换和分配电能的作用。

（一）变电工程

按其在电力系统中的地位和供电范围，变电所通常分为以下 4 类。

1. 枢纽变电所

枢纽变电所是电力系统的枢纽点，连接电力系统高压和中压的几个部分，汇集多个电源，电压范围为 330～500kV。全所停电后，将引起电力系统解列，甚至出现瘫痪。

2. 中间变电所

中间变电所起系统交换功率的作用，或者使长距离输电线路分段，一般汇集 2～3 个电源，电压为 220～330kV，同时又降压以满足当地用电。这样的变电所主要起中间环节的作用，所以称为中间变电所。全所停电后，将引起区域网络解列。

3. 地区变电所

高压侧电压一般为 110～220kV，地区变电所是对地区用户供电的主要变电所。全所停电后，仅使该地区中断供电。

4. 终端变电所

终端变电所在输电线路的终端、接近负荷点，高压侧电压多为 110kV，经降压后直接向用户供电。全所停电后，只有用户受到损失。

（二）变电工程图

为了准确、清晰地表达电力变电工程的各种设计意图，必须采用变电工程图。简单来说，变电工程图就是对变电站、输电线路的各种接线形式、具体情况的描述。它的意义就在于用统一、直观的标准来表达变电工程的各个方面。

变电工程图的种类有很多，包括主接线图、二次接线图、变电所平面布置图、变电所断面图、高压开关柜原理图及布置图等。

（三）输电线路

1. 输电线路的任务

发电厂、输电线路、升/降压变电站以及配电设备和用电设备组成了电力系统。为了减少电力系统备用容量，错开高峰负荷，实现跨区域、跨流域调节，增强电力系统的稳定性，提高其抗冲击负荷的能力，在电力系统之间采用高压输电线路进行联网。电力系统联网既提高了系统的安全性、可靠性和稳定性，又可实现经济调度，使各种能源得到充分利用。起电力系统联络作用的输电线路可进行电能的双向输送，实现电力系统间的电能交换和调节。

2. 输电线路的分类

输送电能的线路统称为电力线路。电力线路有输电线路和配电线路之分。由发电厂向电力负荷中心输送电能的线路以及电力系统之间的联络线路称为输电线路；由电力负荷中心向各个电力用户分配电能的线路称为配电线路。按电压等级，电力线路可分为低压电路、高压电路、超高压电路和特高压线路。一般地，输送电能的容量越大，线路采用的电压等级就越高。

按结构特点，输电线路可分为架空输电线路和电缆线路。架空输电线路由于结构简单、施工简便、建设费用低、施工周期短、检修维护方便、技术要求较低等优点，得到了广泛的应用；电缆线路受外界环境因素的影响小，但需用特殊加工的电力电缆，建设费用高、施工及运行检修的技术要求高。目前我国电力系统广泛采用的是架空输电线路，架空输电线路一般由导线、避雷线、绝缘子、金具、杆塔、杆塔基础、接地装置和拉线几部分组成。

（1）导线：固定在杆塔上的用于输送电流的金属线，目前在输电线路设计中，一般采用钢芯铝绞线，局部地区采用铝合金线。

（2）避雷线：防止雷电直接击于导线上，并把雷电引入大地。避雷线常采用镀锌钢绞线，也会采用铝包钢绞线。目前国内外大多采用绝缘避雷线。

（3）绝缘子：输电线路中的绝缘子主要有针式绝缘子、悬式绝缘子和瓷横担绝缘子等。

（4）金具：通常把输电线路使用的金属部件统称为金具，它的类型繁多，主要有连接金具、连续金具、固定金具、防震锤、间隔棒、均压屏蔽环等类型。

（5）杆塔：线路杆塔是支撑导线和避雷线的。按照杆塔材料的不同，分为木杆、铁杆、钢筋混凝土杆，国外还采用了铝合金杆塔。杆塔可分为直线型和耐张型两类。

（6）杆塔基础：用来支撑杆塔，分为钢筋混凝土杆塔基础和铁塔基础两类。

（7）接地装置：埋没在基础土壤中的圆钢、扁钢、角钢、钢管或其组合式结构的匀称接地装置。其与避雷线或杆塔直接相连，当杆塔或避雷线遭受雷击时，能将雷电引入大地，可防止雷电击穿绝缘子串的事故发生。

（8）拉线：为了节省杆塔钢材，常使用带拉线杆塔。拉线材料一般采用镀锌钢绞线。

二、表格绘制

使用 AutoCAD 提供的"表格"功能，创建表格变得非常容易，用户可以直接插入设置好样式的表格，而不用绘制由单独的图线组成的栅格。

（一）定义表格样式

表格样式是用来控制表格基本形状和间距的一组设置。与文字样式一样，所有 AutoCAD 图形中的表格都有对应的表格样式。当插入表格对象时，AutoCAD 使用当前设置的表格样式。模板文件 ACAD.DWT 和 ACADISO.DWT 中定义了名称为 Standard 的默认表格样式。

【执行方式】

命令行：TABLESTYLE。

菜单栏：选择菜单栏中的"格式"→"表格样式"命令。

工具栏：单击"样式"工具栏中的"表格样式"按钮▦。

功能区：单击"默认"选项卡"注释"面板中的"表格样式"按钮▦，或选择"注释"选项卡"表格"面板上"表格样式"下拉列表中的"管理表格样式"选项，或单击"注释"选项卡"表格"面板中的"对话框启动器"按钮▾。

【操作步骤】

执行上述任意操作后，AutoCAD 将打开"表格样式"对话框，如图 4-1 所示。

【选项说明】

（1）"新建"按钮。

单击该按钮，系统打开"创建新的表格样式"对话框，如图 4-2 所示。输入新的表格样式名后，单击"继续"按钮，将打开"新建表格样式：Standard 副本"对话框（见图 4-3），从中可以定义新的表格样式。

"新建表格样式"对话框中有 3 个选项卡："常规""文字""边框"，可控制表格中数据、表头和标题的相关参数，如图 4-4 所示。

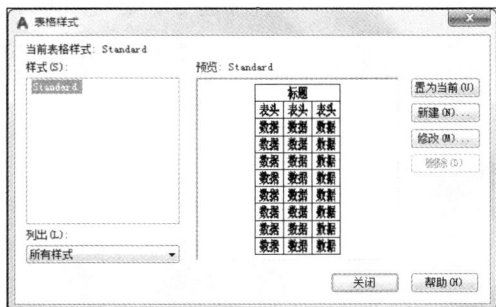

图 4-1 "表格样式"对话框

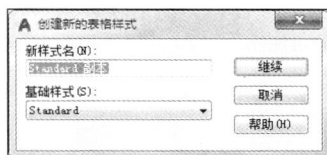

图 4-2 "创建新的表格样式"对话框

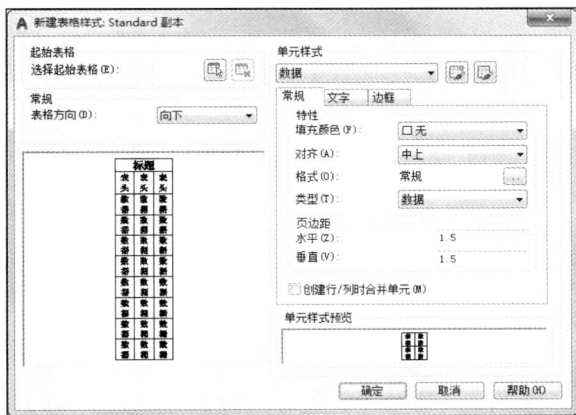

图 4-3 "新建表格样式:Standard 副本"对话框

图 4-4 表格样式

① "常规"选项卡。

● "特性"选项组。

填充颜色：指定填充颜色。

对齐：为单元格内容指定一种对齐方式。

格式：设置表格中各行的数据类型和格式。

类型：将单元格样式指定为标签或数据，在包含起始表格的表格样式中插入默认文字时使用。此外，也可用于在工具选项板上创建表格工具的情况。

● "页边距"选项组。

水平：设置单元格中的文字或块与左右单元格边界之间的距离。

垂直：设置单元格中的文字或块与上下单元格边界之间的距离。

● 创建行/列时合并单元：将使用当前单元格样式创建的所有新行或列合并到一个单元格中。

② "文字"选项卡。

● 文字样式：指定文字样式。

● 文字高度：指定文字高度。

- 文字颜色：指定文字颜色。
- 文字角度：设置文字角度。

③"边框"选项卡。

- 线宽：设置边框线宽。
- 线型：设定要应用于用户所指定的边框的线型。选择"其他"可加载自定义线型。
- 颜色：指定边框颜色。
- 双线：指定选定的边框为双线型。

（2）"修改"按钮。

对当前表格样式进行修改，方法与新建表格样式相同。

（二）创建表格

在设置好表格样式后，用户可以利用 TABLE 命令创建表格。

【执行方式】

命令行：TABLE。

菜单栏：选择菜单栏中的"绘图"→"表格"命令。

工具栏：单击"绘图"工具栏中的"表格"按钮▦。

功能区：单击"默认"选项卡"注释"面板中的"表格"按钮▦，或单击"注释"选项卡"表格"面板中的"表格"按钮▦。

【操作步骤】

执行上述任意操作后，AutoCAD 将打开"插入表格"对话框，如图 4-5 所示。

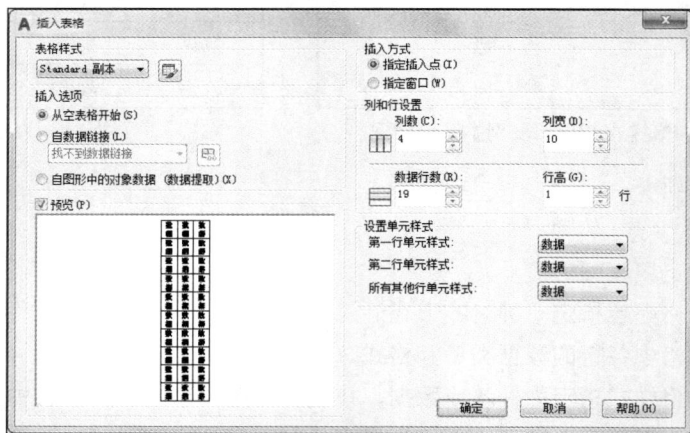

图 4-5 "插入表格"对话框

【选项说明】

（1）"表格样式"选项组。

既可以在"表格样式"下拉列表框中选择一种表格样式，也可以单击后面的▣按钮新建或修改表格样式。

（2）"插入方式"选项组。

①"指定插入点"单选按钮：指定表格左上角的位置。既可以使用定点工具，也可以在命

令行中输入坐标值。如果表格样式将表的方向设置为由下而上，则插入点位于表的左下角。

②"指定窗口"单选按钮：指定表格的大小和位置。既可以使用定点工具，也可以在命令行中输入坐标值。选中该单选按钮时，行数、列数、列宽和行高取决于窗口的大小及列和行的设置。

（3）"列和行设置"选项组。

指定列和行的数目以及列宽和行高。

> **注意** 列宽设置必须不小于文字宽度与水平边距的和，如果列宽小于此值，则实际列宽以文字宽度与水平边距的和为准。

在"插入表格"对话框中进行相应的设置后，单击"确定"按钮，系统在指定的插入点或绘图窗口自动插入一个空表格，并显示多行文字编辑器，用户可以逐行、逐列地输入相应的文字或数据，如图4-6所示。

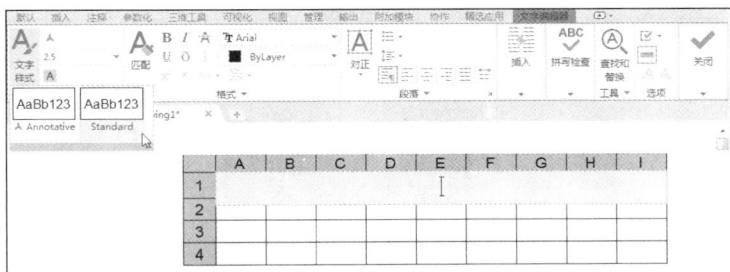

图 4-6　空表格和多行文字编辑器

（三）编辑表格文字

【执行方式】

命令行：TABLEDIT。

快捷菜单：选定表格、一个或多个单元格后右击，在弹出的快捷菜单中选择"编辑文字"命令，如图4-7所示。

定点操作：在表格中的单元格内双击。

【操作步骤】

命令：TABLEDIT✓

系统打开多行文字编辑器，用户可以对指定单元格中的文字进行编辑。

在 AutoCAD 2020 中，可以在表格中插入简单的公式以及定义简单的算术表达式。要在选定的单元格中插入公式，既可以单击鼠标右键，在弹出的快捷菜单中选择"插入点"→"公式"命令，如图4-8所示，也可以使用多行文字编辑器来输入公式。选择一个公式项后，系统提示如下。

选择表单元范围的第一个角点：（在表格内指定一点）
选择表单元范围的第二个角点：（在表格内指定另一点）

指定单元格范围后，系统将对此范围内的单元格中的数值按指定公式进行计算，给出最终计算值。

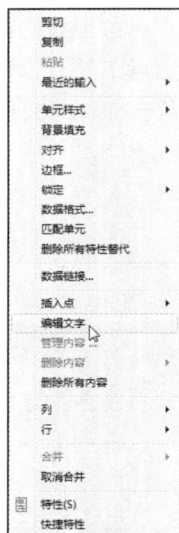

图 4-7　快捷菜单

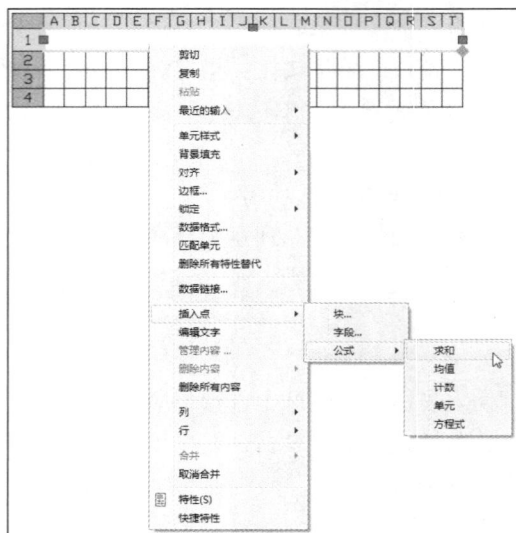

图 4-8　插入公式

项目实例——绘制电气 A3 样板图

在绘制电气 A3 样板图前应设置图幅，然后利用"矩形"命令绘制图框，再利用"表格"命令绘制表格，最后利用"多行文字"命令输入文字并调整，如图 4-9 所示。

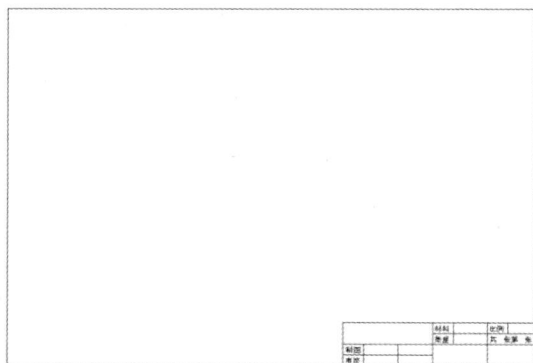

微课

项目实例——
绘制电气 A3 样板图

图 4-9　绘制电气 A3 样板图

【操作步骤】

1．绘制图框

单击"默认"选项卡"绘图"面板中的"矩形"按钮▭，绘制一个矩形，指定矩形两个角点的坐标分别为（25,10）和（410,287），如图 4-10 所示。

> **注意**　国家标准规定 A3 图纸的幅面大小是 420mm×297mm，这里留出了带装订边的图框到纸面边界的距离。

2．绘制表格

表格结构如图 4-11 所示。由于分隔线并不整齐，因此可以先绘制一个 28 列、4 行（每个单元格的尺寸是 5mm×8mm）的标准表格，然后在此基础上合并单元格，形成图 4-11 所示的形式。

图 4-10　绘制矩形

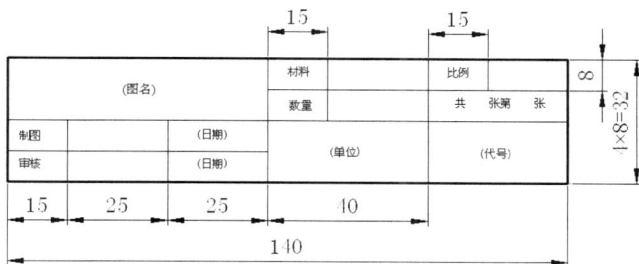

图 4-11　表格结构

（1）单击"默认"选项卡"注释"面板中的"表格样式"按钮，打开"表格样式"对话框，如图 4-12 所示。

（2）单击"修改"按钮，打开"修改表格样式:Standard"对话框，在"单元样式"下拉列表框中选择"数据"选项，在下面的"文字"选项卡中将"文字高度"设置为 3，如图 4-13 所示，然后选择"常规"选项卡，将"页边距"选项组中的"水平"和"垂直"都设置为 1，将"特性"选项组中的对齐方式设置为"正中"，如图 4-14 所示。

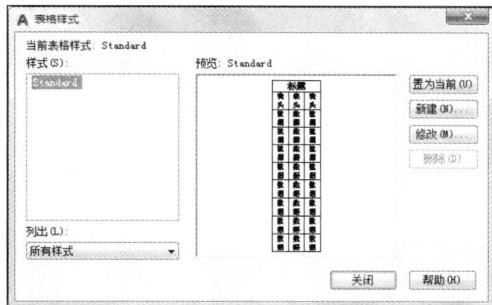

图 4-12　"表格样式"对话框

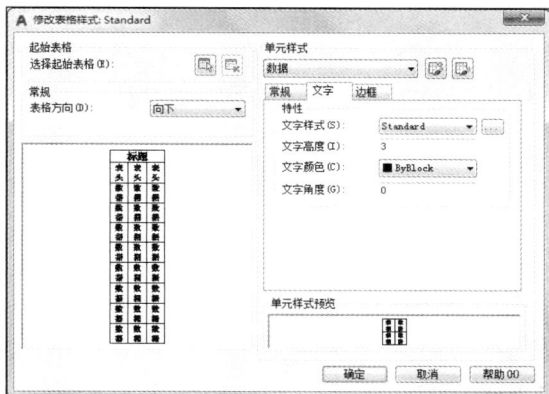

图 4-13　"修改表格样式:Standard"对话框

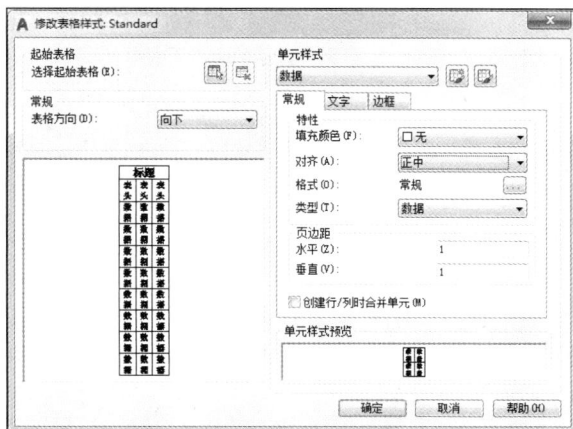

图 4-14　设置"常规"选项卡中的参数

（3）回到"表格样式"对话框，单击"关闭"按钮。

（4）单击"默认"选项卡"注释"面板中的"表格"按钮▦，打开"插入表格"对话框。在"列和行设置"选项组中将"列数"设置为28，将"列宽"设置为5，将"数据行数"设置为2（加上标题行和表头行共4行），在"设置单元样式"选项组中将"第一行单元样式""第二行单元样式""所有其他行单元样式"均设置为"数据"，如图4-15所示。

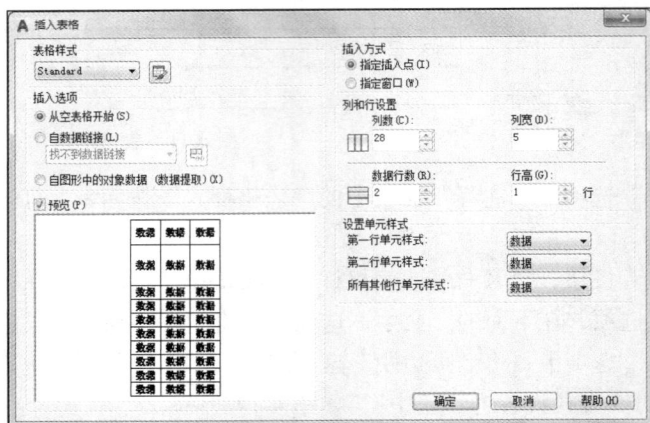

图 4-15 "插入表格"对话框

（5）在图框线右下角附近指定表格位置，系统自动生成表格，同时打开"文字编辑器"选项卡和多行文字编辑器，如图4-16所示。直接按 Enter 键，不输入文字，生成的表格如图4-17所示。

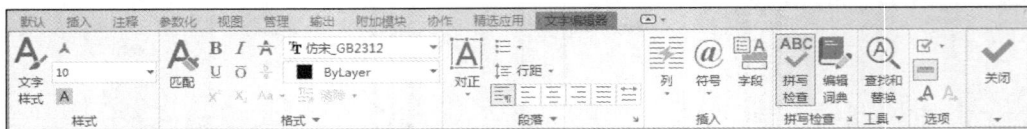

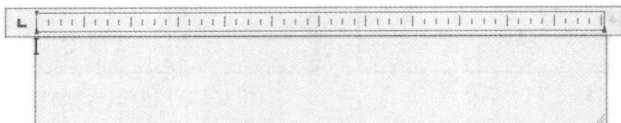

图 4-16 "文字编辑器"选项卡和多行文字编辑器

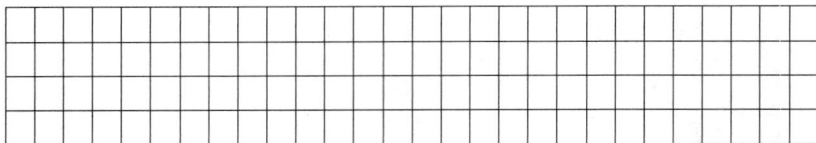

图 4-17 生成的表格

（6）单击表格中的某个单元格，系统将显示其编辑夹点。单击鼠标右键，在打开的快捷菜单中选择"特性"命令，如图4-18所示。在打开的"特性"选项板中，将"单元高度"设置为8，如图4-19所示，这样该单元格所在行的高度就统一改为8。以同样方法将其他行的高度设置为8，结果如图4-20所示。

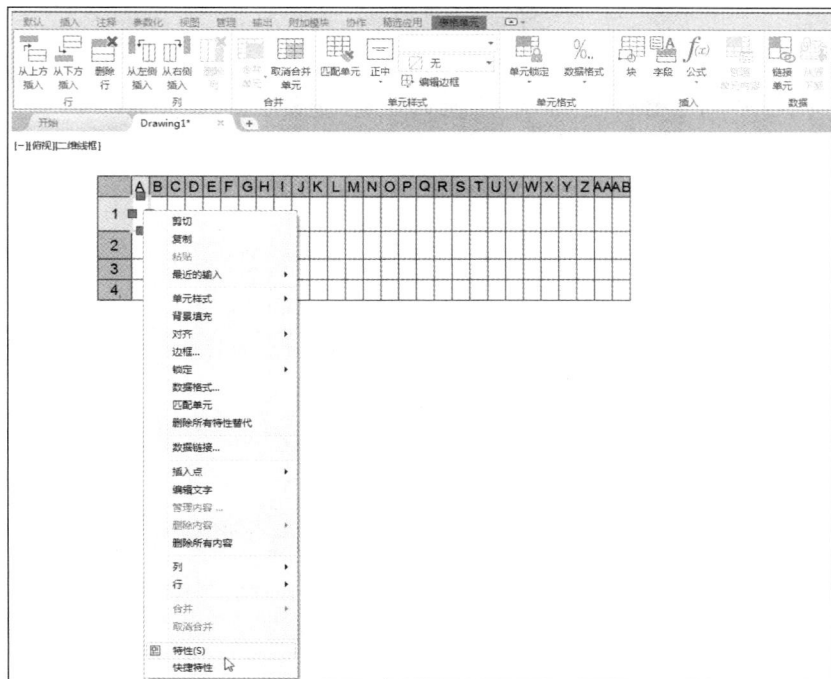

图 4-18　选择"特性"命令

图 4-19　"特性"选项板

图 4-20　修改单元格高度

（7）选择 A1 单元格，按住 Shift 键，同时选择右边的 G2 单元格，单击鼠标右键，打开快捷菜单，选择其中的"合并"→"全部"命令，如图 4-21 所示，将这些单元格合并，结果如图 4-22 所示。

（8）以同样方法合并其他单元格，结果如图 4-23 所示。

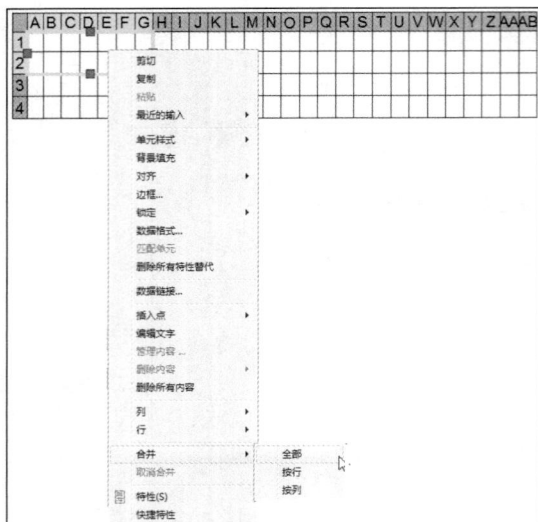

图 4-21　快捷菜单

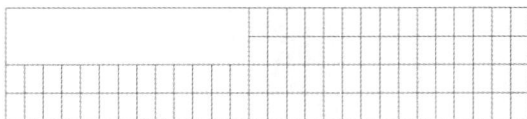

图 4-22　合并单元格

图 4-23　表格效果

（9）在单元格中双击，打开"文字编辑器"选项卡。在单元格中输入文字，并将文字大小设置为 4，如图 4-24 所示。

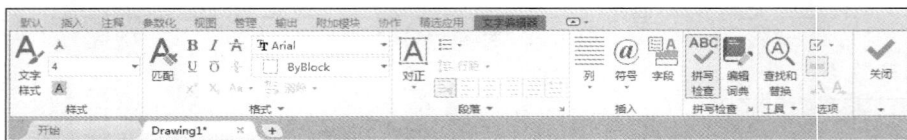

图 4-24　输入文字

（10）以同样方法输入其他单元格文字，结果如图 4-25 所示。

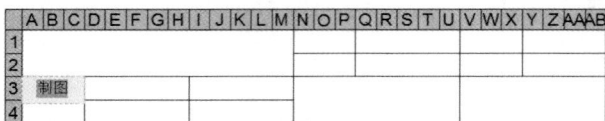

图 4-25　输入其他文字

3．移动表格

刚生成的表格无法准确地确定与图框的相对位置，需要进行移动。这里调用"移动"命令，命令行提示与操作如下。

```
命令：move✓
选择对象：（选择刚绘制的表格）
选择对象：✓
指定基点或 [位移(D)] <位移>：（捕捉表格的右下角点）
指定第二个点或 <使用第一个点作为位移>：（捕捉图框的右下角点）
```

这样就将表格准确地放置在图框的右下角了，如图 4-26 所示。

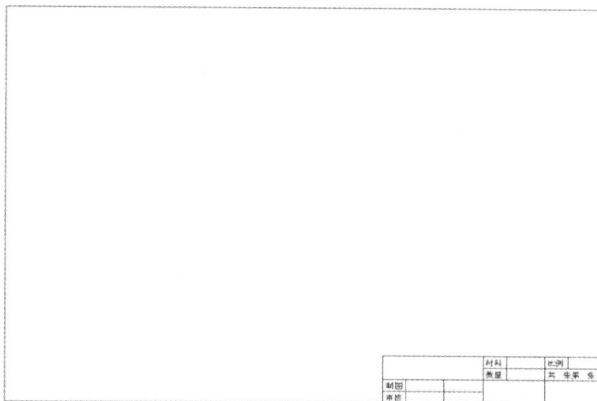

图 4-26　移动表格

4. 保存图形

单击快速访问工具栏中的"另存为"按钮，打开"图形另存为"对话框，将图形保存为.dwt 格式的文件即可，如图 4-27 所示。

图 4-27　"图形另存为"对话框

项目实训

微课

项目实训 1——
变电所主接线图

项目实训 1——变电所主接线图

本实例主要讲解变电所主接线图的设计过程。首先进行图样布局，然后绘制各电气元件的图形符号和连接线路，最后为线路图添加文字说明以便阅读和交流图样。图 4-28 所示为 110kV 变电所主接线图，绘制此类电气工程图的大致过程如下：首先设计图样布局，确定各主要部件在图中的位置；然后分别绘制各电气元件的图形符号；最后把绘制好的电气元件图形符号插入布局图的相应位置。

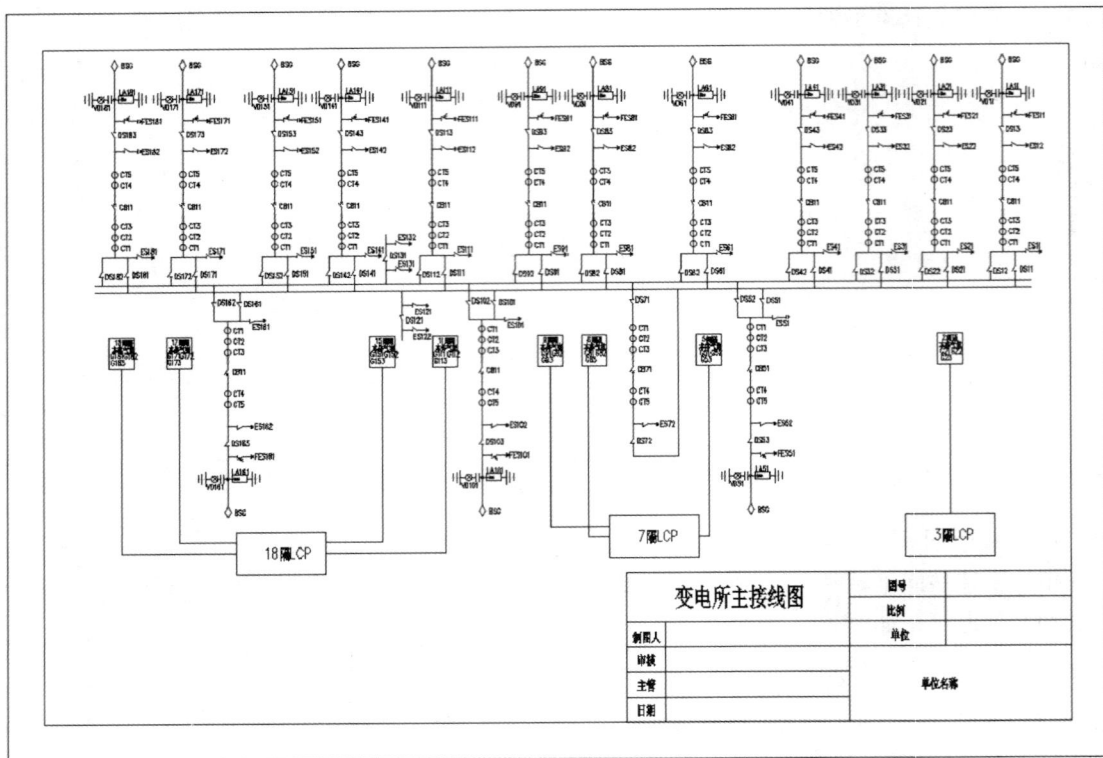

图 4-28　110kV 变电所主接线图

（一）认识变电所主接线图

1. 认识变电所主接线图

该 110kV 变电所有两路母线，如图 4-28 中间的两条横线所示，母线共设有 18 路配电设备，包括 17 路馈电柜和 1 路联络柜。图中母线下方设有第 5 路、第 10 路、第 12 路、第 16 路馈电柜以及第 17 路联络柜，其他路馈电柜如图 4-28 中上方所示。

图 4-28 中每路馈电柜的电气元件用后缀编码表示，后缀为 2 位数字时第一位数字表示馈电代号，第二位表示序号；后缀为 3 位数字时前两位数字表示间隔代号，第三位表示序号。如图 4-28 中最右上方的馈电柜中，DS11、DS12 代表第 1 路馈电柜的两个隔离开关；图 4-28 中最左上方的馈电柜中，DS181、DS182 代表第 18 路馈电柜的两个隔离开关，依此类推。

2. 认识变电所的分接线

不同馈电柜涉及的电气元件基本相同，下面以第 18 路馈电柜为例进行阐述。

图 4-29 中，识图过程顺着高压进线端进行，首先通过两个隔离开关 DS181、DS182 与高压进线端连接在一起，DS181、DS182 分别连接两路母线，隔离开关处设有检修接地开关 ES181；CT1～CT3

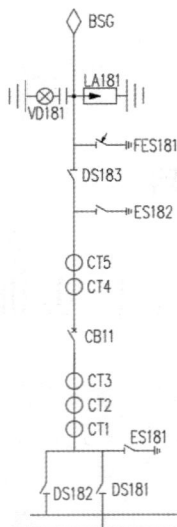

图 4-29　第 18 路馈电柜

为电流互感器；然后经过断路器 CB11 和电流互感器 CT4～CT5，断路器 CB11 处设有检修接地开关 ES182；再经隔离开关 DS183 连接到线路终端。线路设有故障快速闭合接地开关 FES181、避雷器 LA181、带电显示器 VD181。图 4-28 中的 LCP 为就地控制柜。

第 12 路和 13 路馈电柜的结构相同。如第 12 路馈电柜通过隔离开关 DS121 与高压进线端连接在一起，隔离开关前后设有检修接地开关 ES121 和 ES122。

联络柜首先通过隔离开关 DS71 与 1 号高压母线连接在一起；CT1～CT3 为电流互感器，然后经过断路器 CB71 和电流互感器 CT4～CT5，再经隔离开关 DS73 连接到 2 号母线，设有检修接地开关 ES71。

（二）绘制变电所主接线图

1. 设置绘图环境

（1）建立新文件。打开 AutoCAD 2020，单击快速访问工具栏中的"新建"按钮 ，以"A4.dwt"样板文件为模板，建立新文件，将新文件命名为"110kV 变电所主接线图.dwg"并保存。

（2）设置图层。单击"默认"选项卡"图层"面板中的"图层特性"按钮 ，设置"图框线层""母线层""绘图层"3 个图层，将"母线层"图层设置为当前图层。将"图框线层"设置为红色，其他参数保持不变。

2. 图样布局

（1）选择"母线层"图层后，注意观察图层状态，在"图层特性管理器"选项板的状态栏中显示为 的是当前图层，要确认当前图层为打开状态，未冻结，图层线的"颜色"选择"白色"，"线宽"选择 0.2mm。设置结束后，要确定"图层"面板上的状态。图 4-30 所示当前图层为"绘图层"。

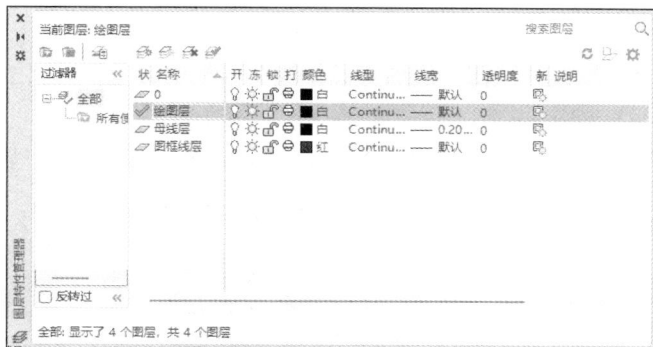

图 4-30　当前图层为"绘图层"

（2）绘制母线。

① 单击"默认"选项卡"绘图"面板中的"直线"按钮 ，绘制一条长度为 350mm 的直线段，注意启用正交模式。设置完成后，状态栏如图 4-31 所示。

图 4-31　绘制直线段时的状态栏

② 绘制长度为 350mm 的直线段后，选择该直线段。首先单击"默认"选项卡"修改"面

板中的"偏移"按钮 ，偏移距离为 3mm；然后选择要偏移侧的任意一点，完成直线段的偏移操作；最后按 Esc 键结束操作，命令行提示与操作如下。

```
命令：offset↙
当前设置：删除源=否  图层=源  offsetgaptype=0
指定偏移距离或[通过（T）/删除（E）/图层（L）]  通过：（指定适当距离）↙
指定要偏移的那一侧上的点，或[退出（E）/多个（M）/放弃（U）]<退出>：
选择要偏移的对象，或[退出（E）/放弃（U）]<退出>：*取消*
```

3. 绘制各电气元件的图形符号

（1）绘制隔离开关的图形符号。

在"母线层"中的绘制完成后，选择"绘图层"，在"绘图层"内进行绘制。

① 绘制两条垂线。单击"默认"选项卡"绘图"面板中的"直线"按钮 ，绘制一条长度为 8mm 的垂线，并在它左侧绘制一条长度为 1.5mm 的平行线，如图 4-32（a）所示。

② 旋转线段。选择 1.5mm 的平行线，单击"默认"选项卡"修改"面板中的"旋转"按钮 ，状态栏上会提示选择基点。本图以平行线的上端点为基点，然后指定旋转角度为-30º，如图 4-32（b）所示。

③ 平移线段。选择旋转后的斜线，单击"默认"选项卡"修改"面板中的"移动"按钮 ，以斜线的上端点为基点，将斜线的上端点移动到 8mm 的直线段上，如图 4-32（c）所示。

④ 绘制垂线。单击"默认"选项卡"绘图"面板中的"直线"按钮 ，以斜线的下端点为顶点绘制一条垂线，如图 4-32（d）所示。

⑤ 移动垂线。在状态栏的"对象捕捉"按钮上右击，然后在弹出的菜单中选择"对象捕捉设置"命令，在打开对话框的"对象捕捉"选项卡中勾选"中点"复选框，如图 4-33 所示。单击"默认"选项卡"修改"面板中的"移动"按钮 ，将垂线的中点移动到 8mm 的直线段上，如图 4-32（e）所示。

⑥ 修剪多余部分。单击"默认"选项卡"修改"面板中的"修剪"按钮 ，将多余的线段删除，如图 4-32（f）所示。

⑦ 复制隔离开关。将图 4-32（f）全部选择，单击"默认"选项卡"修改"面板中的"复制"按钮 ，复制出图 4-32（g）的一部分，并在两条母线间绘制直线段，如图 4-32（g）所示。

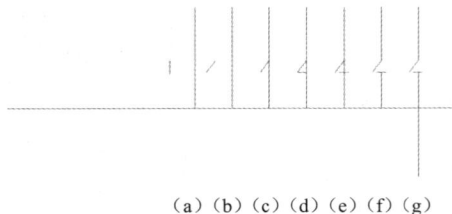

（a）（b）（c）（d）（e）（f）（g）

图 4-32　隔离开关的图形符号

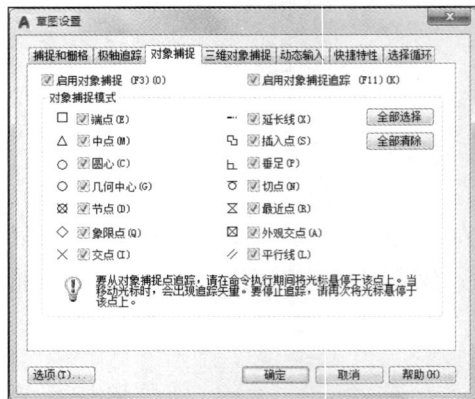

图 4-33　"对象捕捉"选项卡的设置

（2）绘制检修接地开关的图形符号。

① 旋转隔离开关。选择隔离开关，如图 4-34（a）所示。单击"默认"选项卡"修改"面板中的"旋转"按钮 ↻，选择隔离开关的下端点为基点，然后输入-90°，确定后得到图 4-34（b）所示的图形。

② 绘制平行线。绘制一条长度为 1mm 的垂线段 1，如图 4-34（c）所示。单击"默认"选项卡"修改"面板中的"偏移"按钮 ⊄，偏移距离为 0.3mm，偏移位置为垂线段 1 的右侧，得到垂线段 2。以同样方法得到垂线段 3。

③ 绘制斜线。单击"默认"选项卡"绘图"面板中的"直线"按钮 ╱，关闭正交模式，选择合适的角度绘制一条斜线，如图 4-34（c）所示。

④ 镜像斜线。选择要镜像的斜线，单击"默认"选项卡"修改"面板中的"镜像"按钮 ⚞，然后选择中心线上的两点来确定对称轴，确定后得到的结果如图 4-34（d）所示。

⑤ 修剪多余线段。单击"默认"选项卡"修改"面板中的"修剪"按钮 ⅄，将图中的多余线段删除，结果如图 4-34（e）所示。

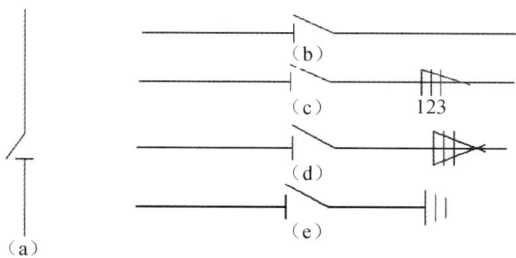

图 4-34　检修接地开关的图形符号

（3）绘制电流互感器的图形符号。

单击"默认"选项卡"绘图"面板中的"直线"按钮 ╱，绘制一条直线段；单击"默认"选项卡"绘图"面板中的"圆"按钮 ⊙，以直线段上一点作为圆心，绘制半径为 1mm 的圆 1；然后选择圆 1，单击"默认"选项卡"修改"面板中的"复制"按钮 ⅋，启用正交模式，将光标定位在圆 1 的上方，输入距离 3mm，得到圆 2。按照同样方法得到圆 3，结果如图 4-35 所示。

（4）绘制断路器的图形符号。

① 镜像全部线条。在隔离开关图形符号的基础上，单击"默认"选项卡"修改"面板中的"镜像"按钮 ⚞，将图中的水平直线段以其与竖直直线段的交点为基点旋转 45°，如图 4-36（a）所示。

② 镜像旋转线。单击"默认"选项卡"修改"面板中的"镜像"按钮 ⚞，将旋转后的线以竖直直线段为轴进行镜像处理，如图 4-36（b）所示，完成断路器图形符号的绘制。

图 4-35　绘制电流互感器的图形符号

图 4-36　绘制断路器的图形符号

（5）绘制故障快速闭合接地开关的图形符号。

① 绘制外形轮廓。在检修接地开关的基础上进行绘制，首先在检修接地开关的斜线上绘制垂线；然后在垂线的一侧绘制一条与垂线成一定角度的斜线，单击"默认"选项卡"修改"面板中的"镜像"按钮 ◭，得到两条对称的斜线；将两条斜线连接起来，组成闭合的三角形，如图 4-37（a）所示。

② 填充外形轮廓。单击"默认"选项卡"绘图"面板中的"图案填充"按钮 ▨，选择 SOLID 图案进行填充，结果如图 4-37（b）所示。

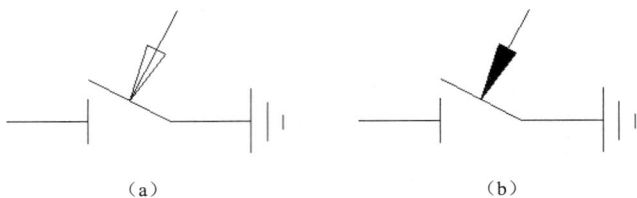

（a）   （b）

图 4-37　绘制故障快速闭合接地开关的图形符号

（6）绘制避雷器的图形符号。

① 绘制直线段 1。单击"默认"选项卡"绘图"面板中的"直线"按钮 ╱，绘制直线段 1，长度为 9mm。

② 绘制直线段 2。单击"默认"选项卡"绘图"面板中的"直线"按钮 ╱，启用正交模式，以直线段 1 的端点 O 为起点绘制直线段 2，长度为 1mm，如图 4-38（a）所示。

③ 偏移直线段 2。单击"默认"选项卡"修改"面板中的"偏移"按钮 ⊆，以直线段 2 为起始，绘制直线段 3 和直线段 4，偏移量均为 1mm，如图 4-38（b）所示。

④ 拉长直线段。单击"默认"选项卡"修改"面板中的"拉长"按钮 ╱，分别拉长直线段 3 和直线段 4，拉长长度分别为 0.5mm 和 1mm，如图 4-38（c）所示。

⑤ 镜像直线段。单击"默认"选项卡"修改"面板中的"镜像"按钮 ◭，镜像直线段 2、直线段 3 和直线段 4，镜像线为直线段 1，如图 4-38（d）所示。

⑥ 绘制矩形。单击"默认"选项卡"绘图"面板中的"矩形"按钮 ▭，绘制一个宽度为 2mm、高度为 4mm 的矩形，并将其移动到合适的位置，如图 4-38（e）所示。

⑦ 添加箭头。在矩形的中心位置添加箭头。绘制箭头时，可以先绘制一个小三角形，然后进行填充，结果如图 4-38（e）所示。

⑧ 修剪直线段 1。单击"默认"选项卡"修改"面板中的"修剪"按钮 ⅄，修剪掉多余的直线段，如图 4-38（f）所示，完成避雷器图形符号的绘制。

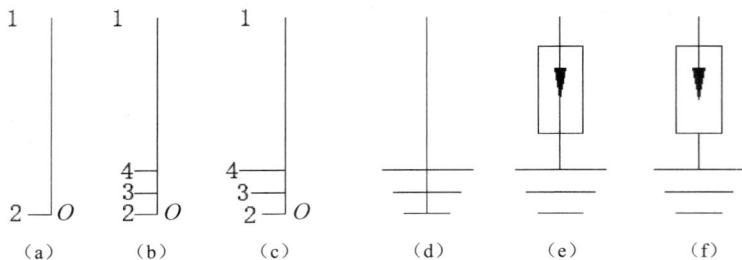

（a） （b） （c） （d） （e） （f）

图 4-38　绘制避雷器的图形符号

（7）绘制带电显示器的图形符号。

① 单击"默认"选项卡"绘图"面板中的"圆"按钮 ⊙ ，绘制直径为 1mm 的圆；过圆心绘制圆的水平直径。单击"默认"选项卡"修改"面板中的"旋转"按钮 ⟳ ，将水平直径以圆心为基点旋转 45°，如图 4-39（a）所示。重复执行"旋转"命令，绘制旋转后的线的垂线，如图 4-39（b）所示。

② 单击"默认"选项卡"绘图"面板中的"直线"按钮 ／ ，以圆的右端点为顶点绘制直线段，然后绘制该直线段的垂线，如图 4-39（c）所示。

③ 利用"复制""直线""镜像"等命令绘制其他图线，如图 4-39（d）所示。

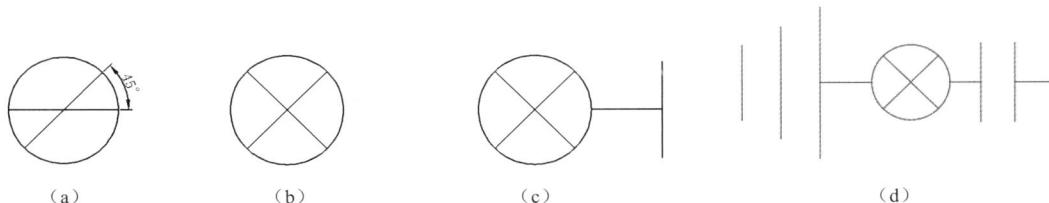

（a）　　　　　　　　（b）　　　　　　　　（c）　　　　　　　　　　　（d）

图 4-39　绘制带电显示器的图形符号

4. 放置图形符号

将以上各电气元件的图形符号放到适当的位置并进行简单的修改，就得到了局部接线图，如图 4-40 所示。

5. 添加注释文字

（1）创建文字样式。单击"默认"选项卡"注释"面板中的"文字样式"按钮 A ，打开"文字样式"对话框，创建一个样式名称为"标注"的文字样式。设置"字体名"为"仿宋_GB2312"，"字体样式"为"常规"，"高度"为 1.5000，"宽度因子"为 1.0000，如图 4-41 所示。

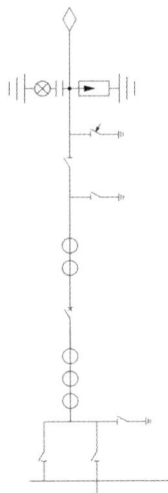

图 4-40　第 18 路馈电柜局部接线图

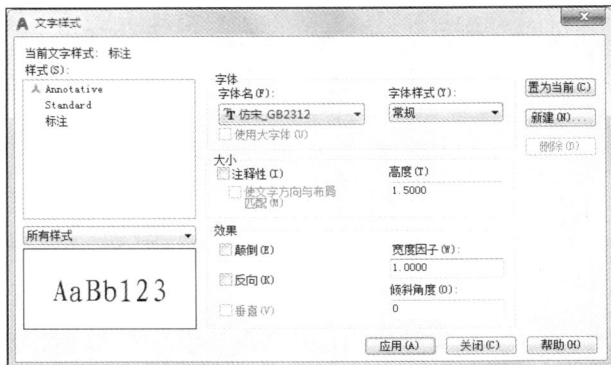

图 4-41　"文字样式"对话框

（2）添加注释文字。单击"默认"选项卡"注释"面板中的"多行文字"按钮 A ，一次输入几行文字，调整文字位置。调整位置的时候，可结合使用正交模式。

（3）选择菜单栏中的"修改"→"对象"→"文字"→"编辑"命令修改文字。

（4）绘制文字框线。单击"默认"选项卡"绘图"面板中的"直线"按钮╱和"修改"面板中的"复制"按钮⬚、"偏移"按钮⬓。添加注释文字后的局部接线图如图 4-42 所示。

（5）单击"默认"选项卡"修改"面板中的"复制"按钮⬚、"镜像"按钮⚠ 和"移动"按钮✛，进行适当的组合，即可得到想要的主体图。

6. 绘制间隔室图

间隔室图的绘制比较简单，只需要绘制几个矩形，用直线段将矩形连接起来，然后在矩形的内部用上一步所述的方法添加文字，结果如图 4-43 所示。

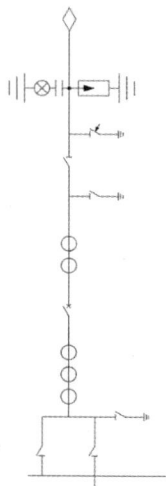

图 4-42　添加文字注释后的局部接线图

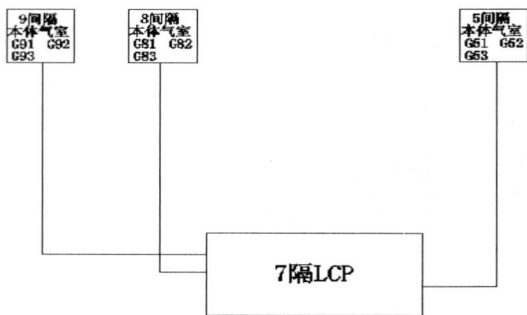

图 4-43　间隔室图

用同样方法绘制其他 2 部分间隔室图，将这 3 部分间隔室图插入主体图的适当位置。

7. 绘制图框和标题栏表格

在整个图样绘制完成后，需要为其加上图框，既可以调用已有的模板图框，也可以自行绘制图框。下面介绍如何自行绘制图框，图形的尺寸可根据《技术制图　图纸幅面和格式》（GB/T 14689—2008）确定。首先进入"图框线层"，在"图框线层"中绘制矩形。绘制完成后，需要在图框的右下角绘制标题栏表格，标题栏表格可以根据自己的需要绘制，结果如图 4-44 所示。

图 4-44　标题栏表格

至此，一幅完整的 110kV 变电所主接线图绘制完毕。

项目实训 2——绝缘端子装配图

绝缘端子是一种用于电气连接的器件，它由导电材料和绝缘材料组成，主要用于连接电线、电缆或其他电器设备。图 4-45 所示为绝缘端子装配图，它是由许多部件组成的，每个部件都是一个图块，将某一部件绘制成图块的优点在于以后使用这个部件时可以直接调用原来的图块，或在原来图块的基础上进行修改，这样就可以提高绘图效率，节省出图时间。以下用其中一个图块为例详细介绍图块的画法，其余的图块可参照这种画法进行制作。

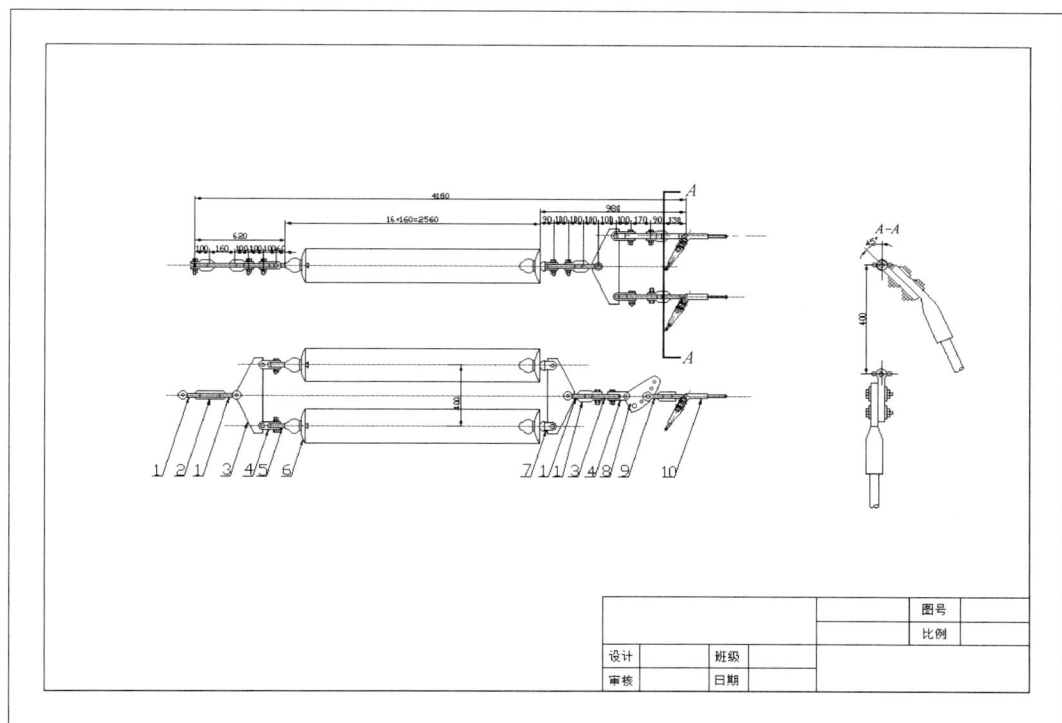

图 4-45　绝缘端子装配图

1. 设置绘图环境

（1）建立新文件。打开 AutoCAD 2020，以"无样板打开-公制"模板建立新文件，将新文件命名为"绝缘端子装配图.dwg"并保存。

（2）设置图层。单击"默认"选项卡"图层"面板中的"图层特性"按钮，设置"绘图线层""双点线层""中心线层""图框线层"4 个图层，将"中心线层"图层设置为当前图层。设置好的各图层属性如图 4-46 所示。

图 4-46　设置图层属性

2．绘制耐张线夹

（1）绘制中心线。选择"中心线层"后，确认图层为打开状态，未冻结，"颜色"为"红色"，"线宽"为默认宽度。单击"默认"选项卡"绘图"面板中的"直线"按钮 ⁄，绘制长度为 33mm 的直线段；然后双击直线段，打开"特性"选项板，双击"线型"选项，将直线改为中心线，如图 4-47 所示。

（2）选择"绘图线层"。选择"绘图线层"后，"图层"面板如图 4-48 所示。

图 4-47　线型设置

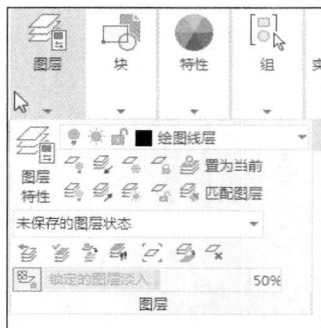

图 4-48　"图层"面板

（3）绘制直线段。单击"默认"选项卡"绘图"面板中的"直线"按钮 ⁄，绘制直线段，距离中心线分别为 2mm 和 1mm，长度都是 15mm，如图 4-49 所示。

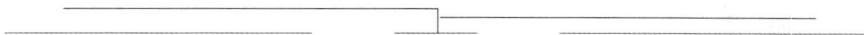

图 4-49　绘制直线段

（4）镜像直线段。选择所有图线，单击"默认"选项卡"修改"面板中的"镜像"按钮 ⚠，然后选择中心线上的两点来确定对称轴，按 Enter 键镜像直线段，如图 4-50 所示。

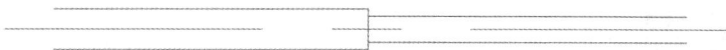

图 4-50　镜像直线段

（5）绘制圆弧。单击"默认"选项卡"绘图"面板中的"圆弧"按钮 ⌒，以右侧两直线段的端点和两直线段的中心点为端点绘制圆弧，如图 4-51 所示。

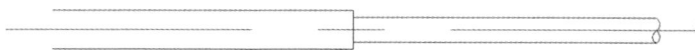

图 4-51　绘制圆弧

（6）绘制剖面线。单击"默认"选项卡"绘图"面板中的"图案填充"按钮▨，添加剖面线，选择剖面线的类型，如图 4-52 所示。选择要添加剖面线的区域，注意该区域一定要闭合，否则添加剖面线会失败。添加剖面线后的效果如图 4-53 所示。

图 4-52　选择剖面线的类型

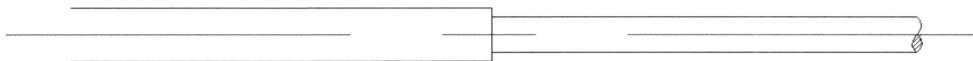

图 4-53　添加剖面线后的效果

（7）绘制并旋转垂线。在左侧两直线段的端点处作垂线，单击"默认"选项卡"修改"面板中的"旋转"按钮 ↻，以两直线段的交点为基点，将垂线旋转 30º，如图 4-54 所示。

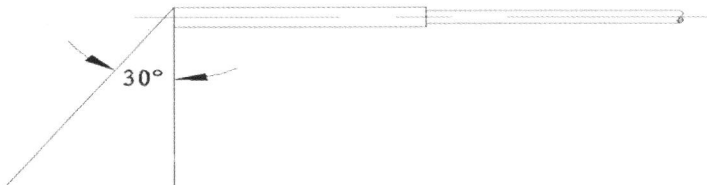

图 4-54　绘制并旋转垂线

（8）绘制旋转后的垂线的平行线。选择步骤（7）绘制的直线段，绘制一条旋转垂线的平行线，两条平行线之间的距离为 5mm。单击"默认"选项卡"修改"面板中的"镜像"按钮 ⚠，选择旋转直线段为镜像对象，以新绘制的直线段为镜像线进行镜像。

（9）倒圆角。单击"默认"选项卡"修改"面板中的"圆角"按钮 ⌒，选择"修剪"模式为"半径（R）"模式，然后输入圆角半径 4mm，最后连续选择要修剪的两条直线段，选择过程中注意状态栏的命令提示，命令行提示与操作如下。

```
命令: fillet ↙
当前设置: 模式=修剪, 半径=3.0
选择第一个对象或 [放弃(U)/多段线(P)/半径(R)/修剪(T)/多个(M)]:R↙
指定圆角半径<3.0>:4 ↙
选择第一个对象或 [放弃(U)/多段线(P)/半径(R)/修剪(T)/多个(M)]:
选择第二个对象, 或按住 Shift 键选择对象以应用角点或 [半径(R)]:
```

用同样方法修剪另外两条相交的直线段，圆角半径为 3mm，倒圆角后的效果如图 4-55 所示。

（10）绘制两个同心圆。按图 4-56 的尺寸确定两个圆的圆心，单击"默认"选项卡"绘图"面板中的"圆"按钮 ⊙，绘制一个直径为 2.5mm 和一个直径为 1.5mm 的同心圆。选择两个同心圆，单击"默认"选项卡"修改"面板中的"复制"按钮 ❀，在另一个圆心处复制出相同的同心圆，如图 4-56 所示。

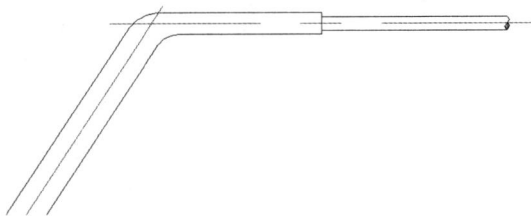

图 4-55　倒圆角后的效果

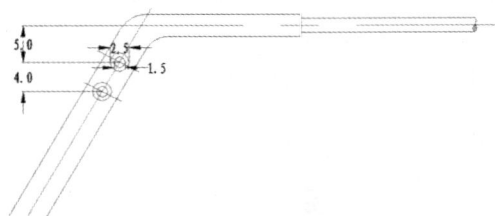

图 4-56　绘制并复制同心圆

（11）绘制矩形。单击"默认"选项卡"绘图"面板中的"矩形"按钮 ▭，绘制矩形，矩形尺寸（长×宽）为 10mm×3.5mm；将绘制的矩形旋转 60°，放在图 4-57 所示的位置，单击"默认"选项卡"修改"面板中的"修剪"按钮 ✂，删去多余的线段。

（12）绘制两个半圆。单击"默认"选项卡"绘图"面板中的"圆"按钮 ⊙，在矩形的两边处绘制两个圆。单击"默认"选项卡"修改"面板中的"修剪"按钮 ✂，将多余的部分删去，结果如图 4-58 所示。

（13）绘制另一剖面线部分。单击"默认"选项卡"修改"面板中的"复制"按钮 ❀，对图 4-58 中的剖面线部分进行复制。单击"默认"选项卡"修改"面板中的"旋转"按钮 ↻，以复制部分的左端中心为端点，旋转至有剖面线部分的中心线与倾斜部分的中心线重合，效果如图 4-59 所示。

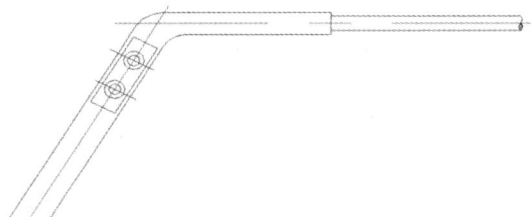

图 4-57　绘制矩形

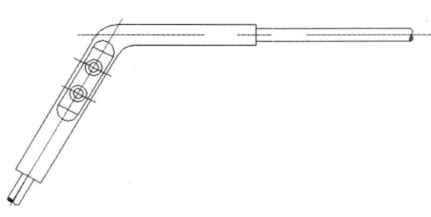

图 4-58　绘制半圆

（14）绘制其余部分。单击"默认"选项卡"绘图"面板中的"直线"按钮 ╱，绘制中心线一侧的两条线，单击"默认"选项卡"修改"面板中的"镜像"按钮 ⚠，镜像出另一侧的对称线，最后删除多余的线段，结果如图 4-59 所示。

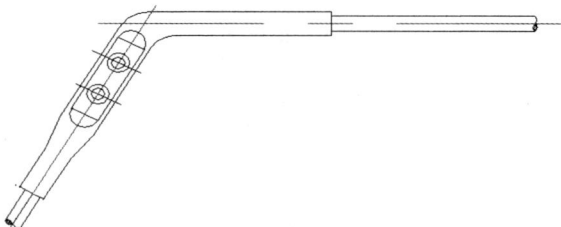

图 4-59　完成耐张线夹的绘制

（15）创建图块。单击"默认"选项卡"块"面板中的"创建"按钮 ➕，弹出"块定义"

对话框，如图 4-60 所示。选择绘制的耐张线夹，在图形中指定一点作为基点，完成图块的创建。

（16）插入图块。单击"默认"选项卡"块"面板中的"插入"按钮，双击"插入"下拉列表（见图 4-61）中的"耐张线夹"图块，将其插入图中合适的位置。

图 4-60 "块定义"对话框

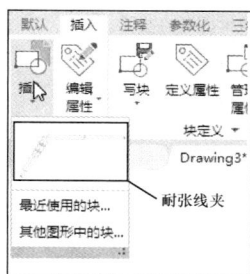

图 4-61 "插入"下拉列表

3. 绘制剖视图

（1）绘制剖视图。在主图中表示出剖切截面在主图中的位置，然后在装配图的空白部分绘制剖视图。单击"默认"选项卡"注释"面板中的"多行文字"按钮 A，在剖视图的上方添加剖视图的名称。本剖视图名称为 $A-A$，然后绘制剖视图。

（2）在剖视图上标注尺寸。单击"默认"选项卡"注释"面板中的"线性"按钮，标注两个圆心之间的距离。标注方法为先选择"标注"命令，然后选择两个中心点，出现尺寸后，将其调整到适当位置，单击"确定"按钮。单击"默认"选项卡"注释"面板中的"角度"按钮，标注角度，标注方法为依次选择要标注角度的两条边，出现尺寸后单击"确定"按钮。在剖开的部分要绘制剖面线，局部剖视图如图 4-62 所示。

至此，主图的全部图线绘制完毕，绘制完成后，还需要做以下工作。

① 单击"默认"选项卡"注释"面板中的"线性"按钮，标注主图中的重要位置尺寸及装配尺寸。

② 单击"默认"选项卡"注释"面板中的"多重引线"按钮，标注出各部分的名称。

③ 绘制各部分的明细栏。

④ 单击"默认"选项卡"注释"面板中的"多行文字"按

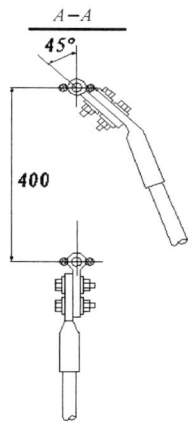

图 4-62 局部剖视图

钮 A，标注出本图的特殊安装要求或特殊的加工工艺，以及一些无法在图样上表示的特殊要求。

⑤ 给图样加上图框及标题栏表格，结果如图 4-45 所示。

至此，完整的装配图绘制完毕。

拓展知识

一、设置图形单位

在 AutoCAD 中，任何图形都有其大小、精度和所采用的单位。屏幕上显示的仅为屏幕单位，但屏幕单位应该对应一个真实的单位；不同单位的显示格式不同。

【执行方式】

命令行：DDUNITS（或 UNITS，快捷命令为 UN）。

菜单栏：选择菜单栏中的"格式"→"单位"命令。

【操作步骤】

（1）在命令行中输入快捷命令 UN，打开"图形单位"对话框，如图 4-63 所示。

（2）在"长度"选项组的"类型"下拉列表框中选择"小数"选项，在"精度"下拉列表框中选择"0.0000"选项。

（3）在"角度"选项组的"类型"下拉列表框中选择"十进制度数"选项，在"精度"下拉列表框中选择"0"选项。

（4）其他参数采用默认设置，单击"确定"按钮，完成图形单位的设置。

【选项说明】

（1）"长度"与"角度"选项组：指定测量的长度与角度的当前单位及精度。

（2）"插入时的缩放单位"选项组：控制插入当前图形中的图块或图形的测量单位。如果图块或图形创建时使用的单位与该选项指定的单位不同，则在插入这些图块或图形时，将对其按比例进行缩放。插入比例是原图块或图形使用的单位与目标图形使用的单位之比。如果插入图块时不按指定缩放比例，则需在"用于缩放插入内容的单位"下拉列表框中选择"无单位"选项。

（3）"输出样例"选项组：显示当前单位和角度设置。

（4）"光源"选项组：控制当前图形中光度控制光源的强度测量单位。由于光度控制光源使用插入比例来确定渲染中使用的单位，因此应设置单位，而不是选择"无单位"。

（5）"方向"按钮：单击该按钮，在弹出的"方向控制"对话框中可进行方向控制设置，如图 4-64 所示。

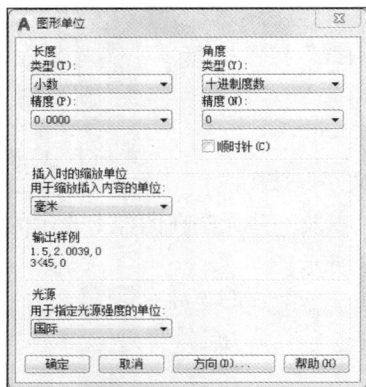

图 4-63 "图形单位"对话框

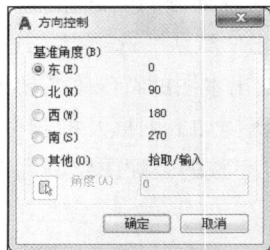

图 4-64 "方向控制"对话框

二、设置图形界限

图形界限用于标明用户的工作区域和图纸的边界。为了便于用户准确地绘制和输出图形，避免绘制的图形超出某个范围，AutoCAD 提供了图形界限功能。

【执行方式】

命令行：LIMITS。

菜单栏：选择菜单栏中的"格式"→"图形界限"命令。

【操作步骤】

在命令行中输入 LIMITS，设置图形界限为 297mm×210mm，命令行提示与操作如下。

```
命令：LIMITS✓
重新设置模型空间界限：
指定左下角点或[开(ON)/关(OFF)] <0.0000,0.0000>：(输入图形边界左下角的坐标后按 Enter 键)
指定右上角点 <13.0000,90000>:297,210 (输入图形边界右上角的坐标后按 Enter 键)
```

【选项说明】

（1）开（ON）：使图形界限生效。用户在图形界限以外拾取的点将被视为无效点。

（2）关（OFF）：使图形界限无效。用户可以在图形界限以外拾取点或实体。

自测练习题

1. 以下选项中（   ）不是表格的单元格数据类型。
   A. 百分比
   B. 时间
   C. 货币
   D. 点

2. 以下选项中（   ）是国际标准单位。
   A. 毫米/秒/千克
   B. 米/秒/克
   C. 米/小时/千克
   D. 米/秒/千克

3. 以下选项中（   ）不能创建表格。
   A. 从空表格开始
   B. 自数据链接
   C. 自图形中的对象数据
   D. 自文件中的数据链接

实战演练

实战演练 1——绘制三相电气元件表

微课

实战演练 1——
绘制三相电气元
件表

绘制图 4-65 所示的电气元件表。

配电柜编号		1P1	1P2	1P3	1P4	1P5
配电柜型号		GCK	GCK	GCJ	GCJ	GCK
配电柜柜宽/mm		1000	1800	1000	1000	1000
配电柜用途		计量进线	干式稳压器	电容补偿柜	电容补偿柜	馈电柜
主	隔离开关			QSA-630/3	QSA-630/3	
要	断 路 器	AE-3200A/4P	AE-3200A/3P	CJ20-63/3	CJ20-63/3	AE-1600A×2
元	电流互感器	3×LMZ2-0.66-2500/5 4×LMZ2-0.66-3000/5	3×LMZ2-0.66-3000/5	3×LMZ2-0.66-500/5	3×LMZ2-0.66-500/5	6×LMZ2-0.66-1500/5
件	仪表规格	DTF-224 1 级 6L2-A×3 DXF-226 2 级 6L2-V×1	6L2-A×3	6L2-A×3 6L2-COS ϕ	6L2-A×3	6L2-A
负荷名称/容量		SC9-1600kV·A	1600kV·A	12×30=360kV·AR	12×30=360kV·AR	
母线及进出线电缆		母线槽 FCM-A-3150A		配十二步自动投切	与主柜联动	

图 4-65 电气元件表

操作提示如下。

（1）利用"表格样式"命令设置表格样式。

（2）利用"表格"命令创建表格。

（3）输入相应文字。

实战演练 2——绘制 HXGN26-12 高压开关柜配电图

微课

实战演练 2——绘制 HXGN26-12 高压开关柜配电图

绘制图 4-66 所示的 HXGN26-12 高压开关柜配电图。

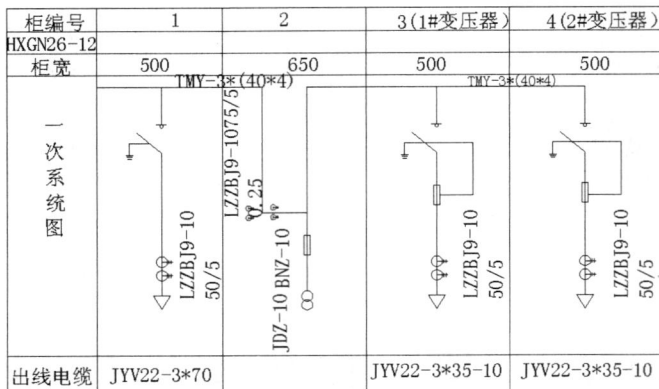

图 4-66 HXGN26-12 高压开关柜配电图

操作提示如下。

（1）绘制各个元件的图形符号。

（2）将各个元件放置到图中并连接。

（3）添加标注文字。

实战演练 3——绘制变电站断面图

微课

实战演练 3——
绘制变电站断面图

绘制图 4-67 所示的变电站断面图。

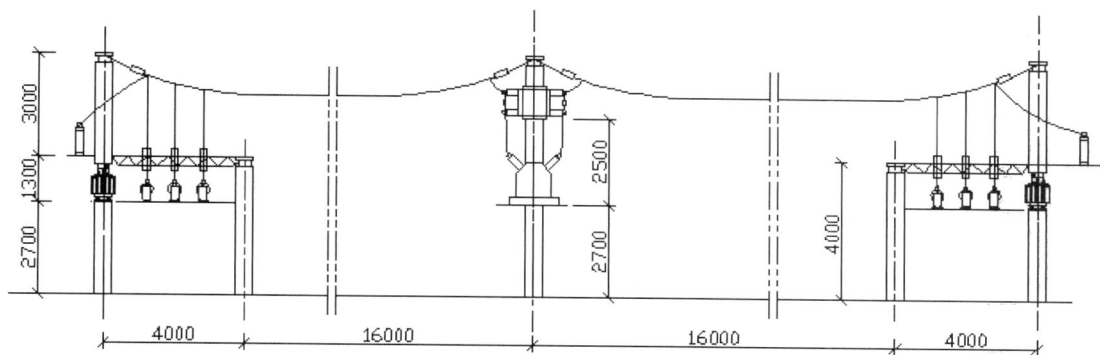

图 4-67　变电站断面图

操作提示如下。

（1）绘制各个元件的图形符号。

（2）将各个元件放置到图中并连接。

（3）添加标注文字。

项目五
认识和绘制建筑电气工程图

项目导入

　　建筑电气设计是基于建筑设计和电气设计的一个交叉学科。建筑电气工程图是应用非常广泛的电气图之一，可以表明建筑电气工程的构成规模和功能，详细描述电气装置的工作原理，提供安装技术数据和使用维护方法。

　　建筑电气工程图一般分为建筑电气平面图和建筑电气系统图。本项目将以电气设计为背景，结合制图理论及相关电气专业知识，由浅入深地讲解建筑电气工程图的绘制过程，使读者在吸收理论知识及掌握 AutoCAD 应用技巧的同时，进一步加深对建筑电气设计与 AutoCAD 制图的认识。

素养目标

　　1. 建筑电气设计直接关系到建筑物的安全，因此重视每一个设计细节可确保电气系统的安全性和可靠性，培养学生对人民生命和财产安全的责任感。

　　2. 通过学习如何对图形进行尺寸标注，培养学生细致入微的工作态度。

　　3. 通过建筑电气工程图的绘制，使学生意识到建筑电气设计对于提高人们生活质量的重要性，帮助学生养成以人为本的设计思想。

相关知识

一、建筑电气工程图基本知识

　　在现代工业与民用建筑中，为满足一定的生产、生活需求，需要安装多种不同功能的电气设施，如照明灯具、电源插座、电视机、电话机、消防控制装置、各种动力装置、控制设备、智能系统、娱乐电气设施及避雷装置等。电气工程或设施都要由专业人员专门设计并表现在图纸上，这些相关图纸可称为电气施工图（也可称为电气安装图）。在建筑施工图中，它与给排水施工图、采暖通风施工图统称为设备施工图。其中电气施工图按"电施"编号。

　　各种建筑电气设施需表达在图纸中，其主要涉及的内容有供电、配电线路的规格与敷设方式，以及各类电气设备与配件的选型、规格与安装方式。而导线、各种电气设备及配件等本身在图纸中多数并不是采用其投影制图，而是采用国际或国内统一规定的图例、符号及文字表示（具体参见相关标准规程的图例说明），亦可于图纸中予以详细说明，并将其标绘在按比例绘制的建筑结构的各种投影图（电气系统图除外）中，这也是建筑电气施工图的一个特点。

（一）建筑电气工程图的分类

建筑电气工程项目的规模、功能不同，其图纸的数量、类别是有差异的，常用的建筑电气工程图大致可分为以下几类。

1. 电气系统图

电气系统图是用于表达该项电气工程的供电方式及途径，电力输送、分配及控制关系和设备运转等情况的图纸。从电气系统图可看出该电气工程的概况。电气系统图又包括变配电系统图、动力系统图、照明系统图、弱电系统图等。

2. 电气平面图

电气平面图是表示电气设备、相关装置及各种线路平面布置位置关系的图纸，是进行电气安装施工的依据。电气平面图以建筑总平面图为依据，在建筑图上绘出电气设备、相关装置及各种线路的安装位置、敷设方法等。常用的电气平面图有变配电所平面图、动力平面图、照明平面图、防雷平面图、接地平面图、弱电平面图等。

3. 设备布置图

设备布置图是表达各种电气设备或器件的平面与空间位置、安装方式及相互关系的图纸，通常由平面图、立面图、剖面图及各种构件详图等组成。设备布置图是按三视图原理绘制的，类似于建筑结构图。

4. 安装接线图

安装接线图，又称安装配线图，是用来表示电气设备、电气元件和线路的安装位置、配线方式、接线方法、配线场所特征等的图纸。

5. 电气原理图

电气原理图是表达某一电气设备或系统的工作原理的图纸，它是按照各个部分的动作原理采用展开法来绘制的。通过分析电气原理图可以清楚地看出整个系统的动作顺序。电气原理图可以用来指导电气设备和器件的安装、接线、调试、使用与维修。

6. 详图

详图是表达电气工程中设备的某一部分、某一节点的具体安装要求和工艺的图纸，可参照标准图集或单独制图予以表达。

（二）建筑电气工程项目的分类

建筑电气工程满足了不同的生产、生活及安全等方面的功能要求，这些功能的实现涉及多个具体的功能项目，这些项目环节相互结合、共同作用，以满足整个建筑电气工程应实现的功能需求。建筑电气工程一般包括以下一些项目。

1. 外线工程

外线工程包括室外电源供电线路、室外通信线路等，涉及强电和弱电，如电力线路和电缆线路等。

2. 变配电工程

变配电工程包括由变压器、高低压配电框、母线、电缆、继电保护与电气计量等设备组成的变配电所。

3. 室内配线工程

室内配线工程主要有线管配线、桥架线槽配线、瓷瓶配线、瓷夹配线、钢索配线等。

4. 电力工程

电力工程包括各种风机、水泵、电梯、机床、起重机及其他工业与民用、人防等动力设备（电动机）和控制器、动力配电箱等。

5. 照明工程

照明工程包括照明电器、开关按钮、插座和照明配电箱等相关设备。

6. 接地工程

接地工程包括各种电气设施的工作接地、保护接地系统等。

7. 防雷工程

防雷工程包括建筑物、电气装置和其他构筑物、设备的防雷设施，一般需经有关气象部门的防雷中心检测。

8. 发电工程

发电工程包括各种发电动力装置，如风力发电装置、柴油发电机设备等。

9. 弱电工程

弱电工程包括智能网络系统，通信系统（广播、电话、闭路电视系统），消防报警系统，以及安保检测系统等。

（三）建筑电气工程图的基本规定

工业与民用建筑的各个环节均离不开图纸，建筑设计单位设计和绘制图纸，建筑施工单位按图纸组织施工，图纸成为双方信息表达、交换的载体。这就要求图纸必须具有一定的格式及标准，并由设计和施工等部门共同遵守。建筑电气工程图的基本规定既包括建筑电气工程自身的规定，也涉及机械制图、建筑制图等相关工程方面的一些规定。

建筑电气制图的相关标准包括《房屋建筑制图统一标准》（GB/T 50001—2017）及《电气工程 CAD 制图规则》（GB/T 18135—2008）等。

电气制图中涉及的图形符号、文字符号的标准可参考《电气简图用图形符号》（GB/T 4728）、《电气设备用图形符号 第 2 部分：图形符号》（GB/T 5465.2—2023）等。

同时，对于电气工程中的一些常用术语也应有所认识、理解，以方便制图、识图。我国相关行业标准和国际上通用的 IEC 标准都比较严格地定义了电气图的一些术语。这些术语是电气工程制图及识图所必需的。读者若有需要，可查阅相关文献资料进行详细的了解。

（四）建筑电气工程图的特点

与机械零件图、建筑施工图不同，建筑电气工程图的内容主要通过电气系统图、位置图（平面图）、电路图（控制原理图）、接线图、端子接线图、设备材料表等图纸来表达。掌握建筑电气工程图的特点将对建筑电气工程制图及识图提供很多方便。其主要特点如下。

（1）建筑电气工程图大多是在建筑图上采用统一的图形符号并加注文字符号绘制出来的。绘制和阅读建筑电气工程图，首先必须明确和熟悉这些图形符号、文字符号及项目代号所代表的内容和物理意义以及它们之间的关系。具体的图形符号、文字符号可查阅相关标准中的解释，如《电气简图用图形符号》（GB/T 4728）等。

（2）任何电路均为闭合回路，一个合理的闭合回路包括 4 个基本元素，即电源、用电设备、导线和开关控制设备。此外，想要正确读懂图纸，还必须了解各种设备的基本结构、工作原理、工作程序、主要性能和用途，以便进行设备的安装及运行。

（3）电路中的电气设备、元件等都是通过导线彼此连接，而构成一个整体的。识图时，可将各有关的图纸联系起来，相互参照。结合电气系统图和电路图，通过布置图、接线图找位置，交叉查阅，可达到事半功倍的效果。

（4）建筑电气工程施工通常是与土建工程及其他设备安装工程（给排水管道、工艺管道、采暖通风管道、通信线路、消防系统及机械设备等设备安装工程）施工相互配合进行的，故识读建筑电气工程图时应与有关的土建工程图、管道工程图等进行对应、参照，仔细研究电气工程的各施工流程，从而提高施工效率。

（5）有效识读电气工程图也是编制工程预算和施工方案必须具备的一项基本能力，其可以有效指导施工、设备的维修和管理。在识图时还应熟悉有关规范、规程及标准的要求，才能真正读懂、读通图纸。

二、尺寸标注

（一）尺寸标注样式

在进行尺寸标注前，要创建尺寸标注的样式。如果用户不创建尺寸标注样式而直接进行标注，系统将采用名称为 Standard 的默认样式。如果用户认为使用的尺寸标注样式中的某些设置不合适，也可以修改尺寸标注样式。

【执行方式】

命令行：DIMSTYLE（快捷命令为 D）。

菜单栏：选择菜单栏中的"格式"→"标注样式"命令或"标注"→"标注样式"命令。

工具栏：单击"标注"工具栏中的"标注样式"按钮 ⊭。

功能区：在"默认"选项卡中单击"注释"面板中的"标注样式"按钮 ⊭。

【操作步骤】

执行上述操作后，系统打开"标注样式管理器"对话框，如图 5-1 所示。利用该对话框可方便、直观地定制和浏览尺寸标注样式，包括创建新的尺寸标注样式、修改已存在的尺寸标注样式、设置当前尺寸标注样式、重命名尺寸标注样式以及删除已有的尺寸标注样式等。

【选项说明】

（1）"置为当前"按钮：单击该按钮，把在"样式"列表框中选择的样式设置为当前尺寸标注样式。

（2）"新建"按钮：创建新的尺寸标注样式。单击该按钮，打开"创建新标注样式"对话框，如图 5-2 所示。利用该对话框可创建一个新的尺寸标注样式，其中各选项的说明如下。

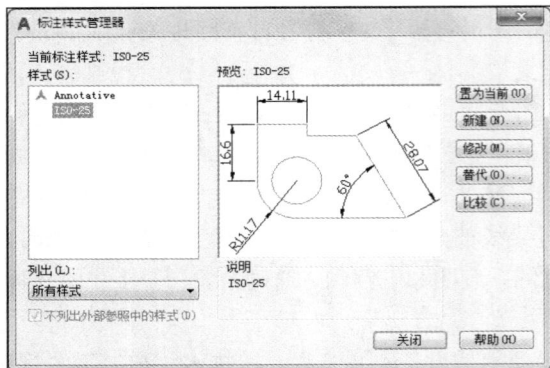

图 5-1　"标注样式管理器"对话框

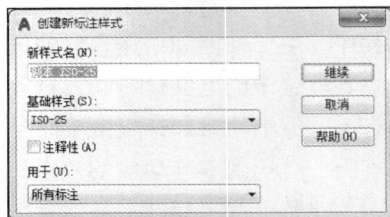

图 5-2　"创建新标注样式"对话框

① "新样式名"文本框：为新的尺寸标注样式命名。

② "基础样式"下拉列表框：选择创建新样式所基于的标注样式。在该下拉列表框中列出了当前已有的一些样式，从中选择一个作为定义新样式的基础，新的样式是在所选样式的基础上修改一些特性得到的。

③ "用于"下拉列表框：指定新样式应用的尺寸类型。如果要将新建样式应用于所有尺寸，则在该下拉列表框中选择"所有标注"选项；如果新建样式只应用于特定的尺寸标注（如只在标注直径时使用此样式），则选择相应的尺寸类型。

④ "继续"按钮：各选项设置好以后，单击该按钮，打开"新建标注样式：副本 ISO-25"对话框，如图 5-3 所示。利用该对话框可对新标注样式的各项特性进行设置。该对话框中各部分的含义和功能将在后面介绍。

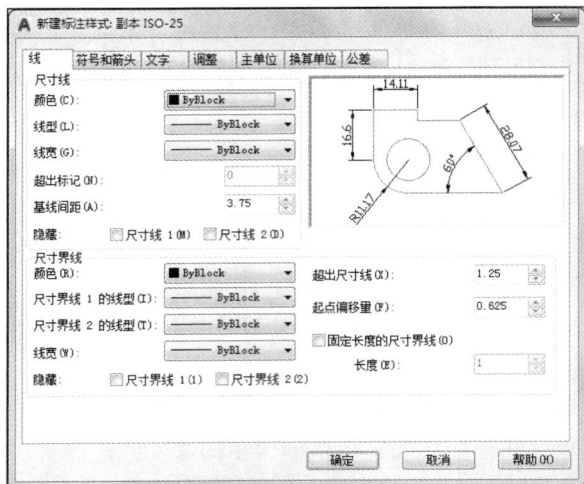

图 5-3　"新建标注样式：副本 ISO-25"对话框

（3）"修改"按钮：修改一个已存在的尺寸标注样式。单击该按钮，打开"修改标注样式"对话框。该对话框中的各选项与"新建标注样式"对话框中的完全相同，可以对已有标注样式进行修改。

（4）"替代"按钮：设置临时覆盖尺寸标注样式。单击该按钮，打开"替代当前样式"对话框。该对话框中的各选项与"新建标注样式"对话框中的完全相同，用户可改变各选项的设置，以覆盖原来的设置，但这种修改只对指定的尺寸标注起作用，而不影响当前其他尺寸变量的设置。

（5）"比较"按钮：比较两个尺寸标注样式在参数上的区别，或浏览一个尺寸标注样式的参数设置。单击该按钮，打开"比较标注样式"对话框，如图 5-4 所示。可以把比较结果复制到剪贴板中，然后粘贴到其他的 Windows 应用程序中。

在"新建标注样式"对话框中有 7 个选项卡，说明分别如下。

① 线：该选项卡可以对尺寸线和尺寸界线的各个参数进行设置，包括尺寸线的颜色、线型、线宽、超出标记、基线间距和隐藏等参数，以及尺寸界线的颜色、线型、线宽、超出尺寸线、起点偏移量和隐藏等参数，如图 5-3 所示。

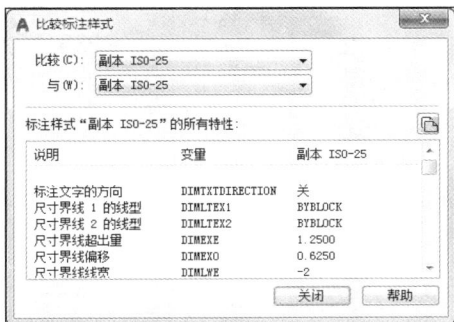

图 5-4 "比较标注样式"对话框

② 箭头和符号：该选项卡可以对箭头、圆心标记、弧长符号和半径折弯标注的各个参数进行设置，如图 5-5 所示，包括箭头大小、引线等参数，圆心标记的类型、大小等参数，弧长符号位置、半径折弯标注的折弯角度、线性折弯标注的折弯高度因子以及折断标注的折断大小等参数。

③ 文字：该选项卡可以对文字的外观、位置、对齐方式等参数进行设置，如图 5-6 所示，包括文字样式、文字颜色、填充颜色、文字高度、分数高度比例、是否绘制文字边框等参数，文字位置的垂直、水平和从尺寸线偏移量等参数。文字对齐方式有水平、与尺寸线对齐、ISO 标准 3 种方式。图 5-7 所示为尺寸文本在垂直方向上放置的 5 种不同情形，图 5-8 所示为尺寸文本在水平方向上放置的 5 种不同情形。

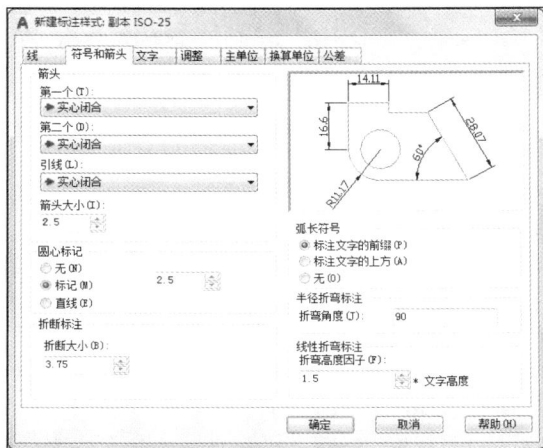

图 5-5 "符号和箭头"选项卡

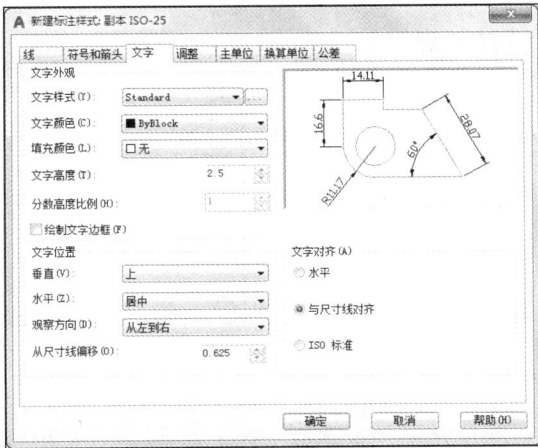

图 5-6 "文字"选项卡

（a）上　　　　　（b）下　　　　　（c）居中　　　　　（d）外部　　　　　（e）JIS

图 5-7　尺寸文本在垂直方向上的放置

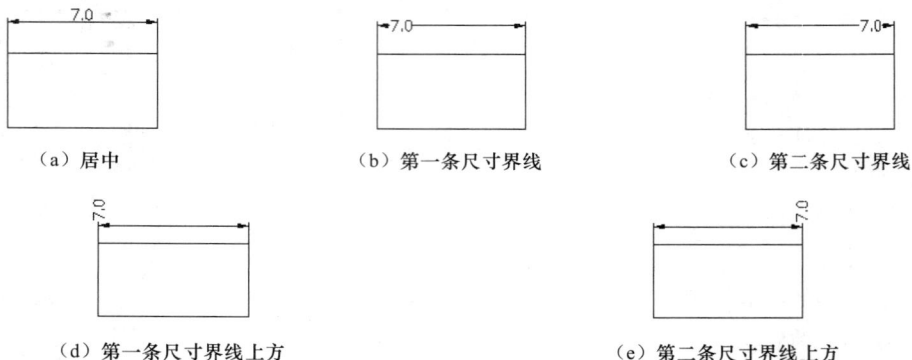

（a）居中　　　　　　　　（b）第一条尺寸界线　　　　　　　（c）第二条尺寸界线

（d）第一条尺寸界线上方　　　　　　　　　　　（e）第二条尺寸界线上方

图 5-8　尺寸文本在水平方向上的放置

④ 调整：该选项卡可以对调整选项、文字位置、标注特征比例和优化等参数进行设置，如图 5-9 所示。该选项卡根据两条尺寸界线之间的空间，设置将尺寸文本、尺寸箭头放置在两尺寸界线内部还是外部。如果空间足够，AutoCAD 总是把尺寸文本、尺寸箭头放置在尺寸界线内部；如果空间不够，则根据本选项卡的各项设置放置。

⑤ 主单位：该选项卡用来设置尺寸标注的主单位和精度，以及给尺寸文本添加固定的前缀或后缀，如图 5-10 所示。

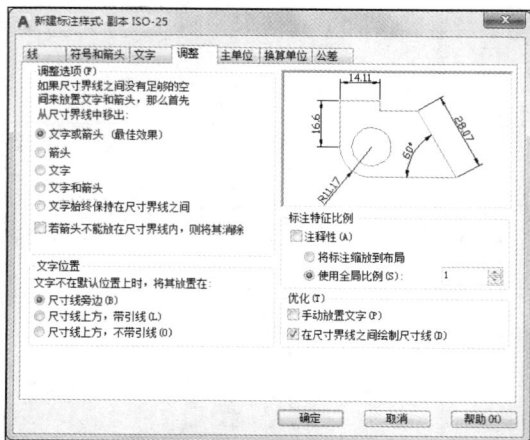

图 5-9　"调整"选项卡

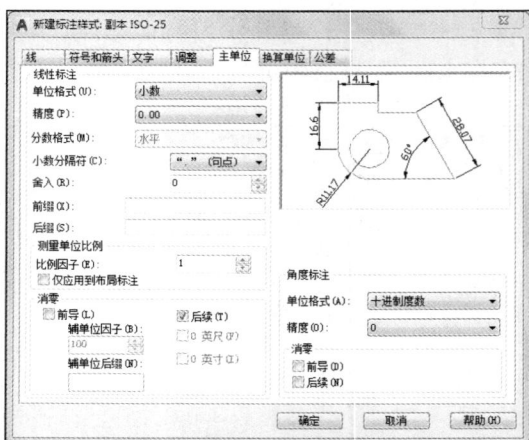

图 5-10　"主单位"选项卡

⑥ 换算单位：该选项卡用于对换算单位进行设置，如图 5-11 所示。

⑦ 公差：该选项卡用于对尺寸公差进行设置，如图 5-12 所示。其中"方式"下拉列表框中列出了 AutoCAD 提供的 5 种标注公差的方式供用户选择。这 5 种方式分别是"无""对称""极限偏差""极限尺寸""基本尺寸"，其中"无"表示不标注公差，其余 4 种标注情况如图 5-13

所示。在"精度""上偏差""下偏差""高度比例""垂直位置"等文本框中输入或选择相应的参数值即可。

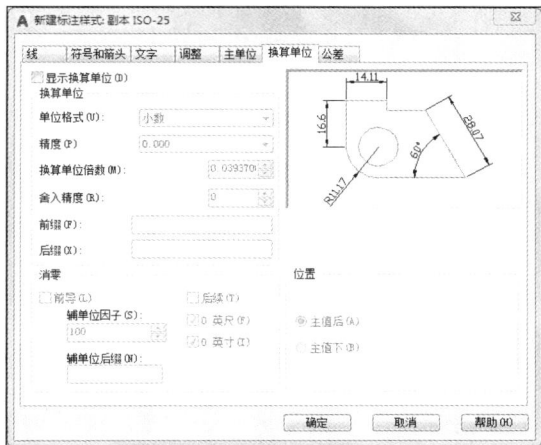

图 5-11 "换算单位"选项卡　　　　图 5-12 "公差"选项卡

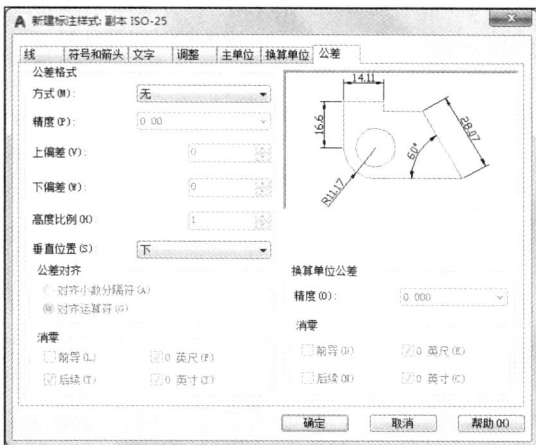

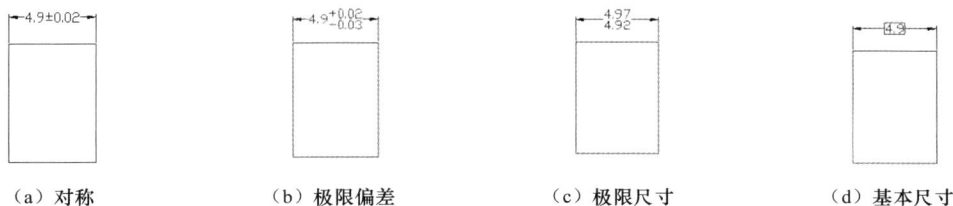

（a）对称　　　（b）极限偏差　　　（c）极限尺寸　　　（d）基本尺寸

图 5-13 公差的标注方式

（二）标注尺寸

1. 线性标注

线性标注用于标注图形对象的线性距离或长度，包括水平标注、垂直标注和旋转标注 3 种类型。

【执行方式】

命令行：DIMLINEAR。

菜单栏：选择菜单栏中的"标注"→"线性"命令。

工具栏：单击"标注"工具栏中的"线性"按钮 。

功能区：在"默认"选项卡中单击"注释"面板中的"线性"按钮 。

【操作步骤】

```
命令：_dimlinear↙
指定第一个尺寸界线原点或<选择对象>：
指定第二个尺寸界线原点：
指定尺寸线位置或 [多行文字(M)/文字(T)/角度(A)/水平(H)/垂直(V)/旋转(R)]：
```

【选项说明】

（1）指定尺寸线位置：用于确定尺寸线的位置。用户可选择合适的尺寸线位置，然后按 Enter

键或单击，AutoCAD 将自动测量要标注线段的长度并标注出相应的尺寸。

（2）多行文字（M）：用多行文本编辑器确定尺寸文本。

（3）文字（T）：用于在命令行提示下输入或编辑尺寸文本。选择该选项后，命令行提示与操作如下。

> 输入标注文字 <默认值>:

其中的"默认值"是 AutoCAD 自动测量出的被标注线段的长度，直接按 Enter 键即可采用此长度值，也可输入其他数值来代替默认值。当尺寸文本中包含默认值时，可使用尖括号"< >"表示默认值。

（4）角度（A）：用于确定尺寸文本的倾斜角度。

（5）水平（H）：水平标注尺寸，不论标注什么方向的线段，尺寸线总保持水平放置。

（6）垂直（V）：垂直标注尺寸，不论标注什么方向的线段，尺寸线总保持垂直放置。

（7）旋转（R）：输入尺寸线的旋转角度值，以旋转标注尺寸。

2. 对齐标注

对齐标注是指所标注尺寸的尺寸线与两条尺寸界线的起点间的连线平行的标注。

【执行方式】

命令行：DIMALIGNED（快捷命令为 DAL）。

菜单栏：选择菜单栏中的"标注"→"对齐"命令。

工具栏：单击"标注"工具栏中的"对齐"按钮 。

功能区：在"默认"选项卡中单击"注释"面板中的"对齐"按钮 ，或在"注释"选项卡中单击"标注"面板中的"对齐"按钮 。

【操作步骤】

> 命令：DIMALIGNED✓
> 指定第一个尺寸界线原点或 <选择对象>:
> 指定第二个尺寸界线原点:
> 指定尺寸线位置或[多行文字(M)/文字(T)/角度(A)]:

3. 基线标注

基线标注用于产生一系列基于同一尺寸界线的尺寸标注，适用于长度尺寸、角度和坐标的标注。在使用基线标注方式之前，应该标注出一个相关的尺寸作为基线标准。

【执行方式】

命令行：DIMBASELINE（快捷命令为 DBA）。

菜单栏：选择菜单栏中的"标注"→"基线"命令。

工具栏：单击"标注"工具栏中的"基线"按钮 。

功能区：在"注释"选项卡中单击"标注"面板中的"基线"按钮 。

【操作步骤】

> 命令：DIMBASELINE✓
> 指定第二个尺寸界线原点或 [选择(S)/放弃(U)] <选择>:

【选项说明】

（1）指定第二个尺寸界线原点：直接确定另一个尺寸的第二条尺寸界线的起点，AutoCAD 以上次标注的尺寸为基准标注出相应尺寸。

（2）选择（S）：在上述提示下直接按 Enter 键，系统提示以下内容。

选择基准标注：（选取作为基准的尺寸标注）

> **技巧**
>
> 基线（或平行）标注和连续（或尺寸链）标注是一系列基于线性标注的连续标注，连续标注是首尾相连的多个标注。在创建基线标注或连续标注之前，必须创建线性标注、对齐标注或角度标注。可从当前任务最近创建的标注中以增量方式创建基线标注。

4．连续标注

连续标注，又称尺寸链标注，用于产生一系列连续的尺寸标注，后一个尺寸标注均把前一个标注的第二条尺寸界线作为它的第一条尺寸界线。连续标注适用于长度尺寸、角度和坐标的标注。在使用连续标注方式之前，应该标注出一个相关的尺寸。

【执行方式】

命令行：DIMCONTINUE（快捷命令为 DCO）。

菜单栏：选择菜单栏中的"标注"→"连续"命令。

工具栏：单击"标注"工具栏中的"连续"按钮 ┼┼┤。

功能区：在"注释"选项卡中单击"标注"面板中的"连续"按钮 ┼┼┤。

【操作步骤】

命令：_dimcontinue✓
指定第二个尺寸界线原点或 [放弃(U)/选择(S)]<选择>：

> **技巧**
>
> AutoCAD 允许用户利用连续标注方式和基线标注方式进行角度标注，如图 5-14 所示。

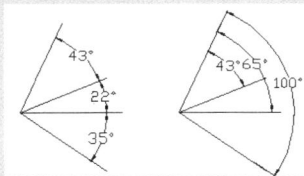

图 5-14　连续标注方式和基线标注方式

5．直径标注

直径标注用于标注圆或圆弧的直径尺寸。

【执行方式】

命令行：DIMDIAMETER（快捷命令为 DDI）。

菜单栏：选择菜单栏中的"标注"→"直径"命令。

工具栏：单击"标注"工具栏中的"直径"按钮 ◯。

功能区：在"默认"选项卡中单击"注释"面板中的"直径"按钮 ◯，或在"注释"选项卡中单击"标注"面板中的"直径"按钮 ◯。

【操作步骤】

```
命令: _dimdiameter✓
选择圆弧或圆:
标注文字 = 500
指定尺寸线位置或 [多行文字(M)/文字(T)/角度(A)]:
```

【选项说明】

（1）指定尺寸线位置：确定尺寸线的角度和标注文字的位置。如果未将标注放置在圆弧上而使标注指向圆弧外，则 AutoCAD 会自动绘制圆弧的延伸线。

（2）多行文字（M）：显示多行文字编辑器，可用它来编辑标注文字。要添加前缀或后缀，应在生成的测量值前后输入前缀或后缀。可用控制代码和 Unicode 字符串来输入特殊字符或符号。

（3）文字（T）：自定义标注文字，生成的标注测量值显示在尖括号"< >"中。

（4）角度（A）：修改标注文字的角度。

6. 半径标注

半径标注用于标注圆或圆弧的半径尺寸。

【执行方式】

命令行：DIMRADIUS（快捷命令为 DRA）。

菜单栏：选择菜单栏中的"标注"→"半径"命令。

工具栏：单击"标注"工具栏中的"半径"按钮⟨。

功能区：在"默认"选项卡中单击"注释"面板中的"半径"按钮⟨，或在"注释"选项卡中单击"标注"面板中的"半径"按钮⟨。

【操作步骤】

```
命令: _dimradius✓
选择圆弧或圆:
```

项目实例——标注变电站避雷针布置图尺寸

本实例对变电站避雷针布置图进行尺寸标注，如图 5-15 所示。

微课

【操作步骤】

1. 打开文件

打开下载的资源包中的源文件\2\变电站避雷针布置图.dwg 文件，如图 5-16 所示。

项目实例——标注变电站避雷针布置图尺寸

2. 标注样式设置

（1）在"默认"选项卡中单击"注释"面板中的"标注样式"按钮，打开"标注样式管理器"对话框，如图 5-17 所示。单击"新建"按钮，打开"创建新标注样式"对话框，设置"新样式名"为"避雷针布置图标注样式"，如图 5-18 所示。

（2）单击"继续"按钮，打开"新建标注样式: 避雷针布置图标注样式"对话框。其中有

7 个选项卡，可对新建的"避雷针布置图标注样式"的风格进行设置。"线"选项卡的设置如图 5-19 所示，其中"基线间距"设置为 3.75，"超出尺寸线"设置为 2。

（3）"符号和箭头"选项卡的设置如图 5-20 所示，其中"箭头大小"设置为 2.5。

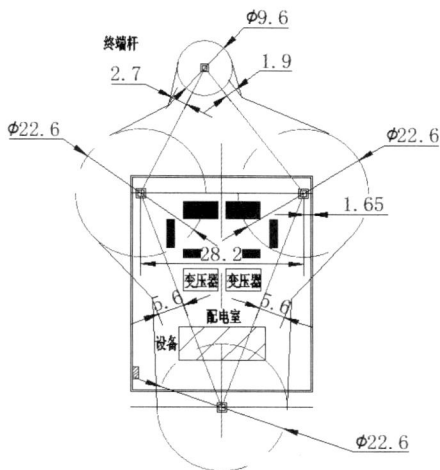

图 5-15　变电站避雷针布置图的尺寸标注

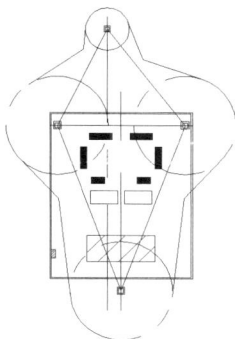

图 5-16　变电站避雷针布置图

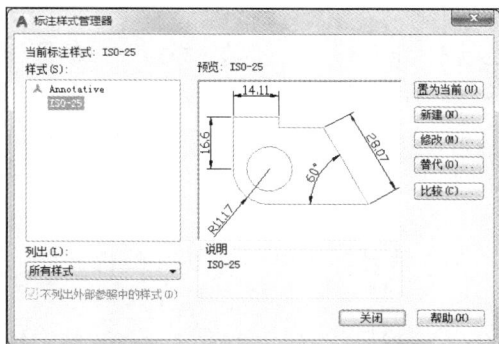

图 5-17　"标注样式管理器"对话框

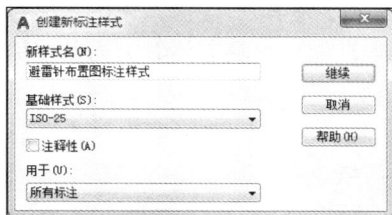

图 5-18　"创建新标注样式"对话框

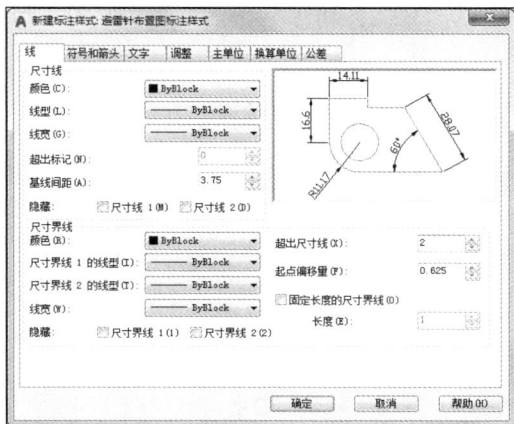

图 5-19　"线"选项卡的设置

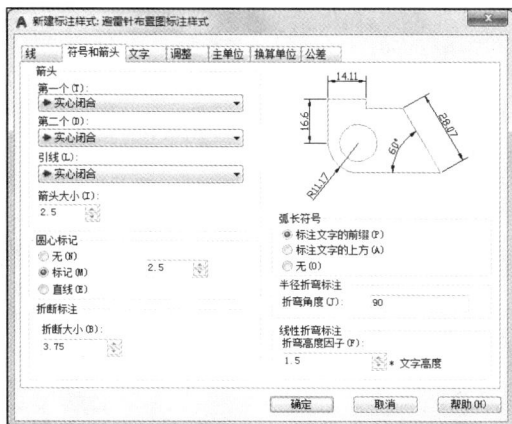

图 5-20　"符号和箭头"选项卡的设置

（4）"文字"选项卡的设置如图 5-21 所示，其中"文字高度"设置为 2.5，"从尺寸线偏移"

设置为 0.625，"文字对齐"采用"与尺寸线对齐"的方式。

（5）设置完毕后，回到"标注样式管理器"对话框，单击"置为当前"按钮，将新建的"避雷针布置图标注样式"设置为当前使用的标注样式。单击"新建"按钮，打开"创建新标注样式"对话框，在"用于"下拉列表框中选择"直径标注"选项，如图 5-22 所示。

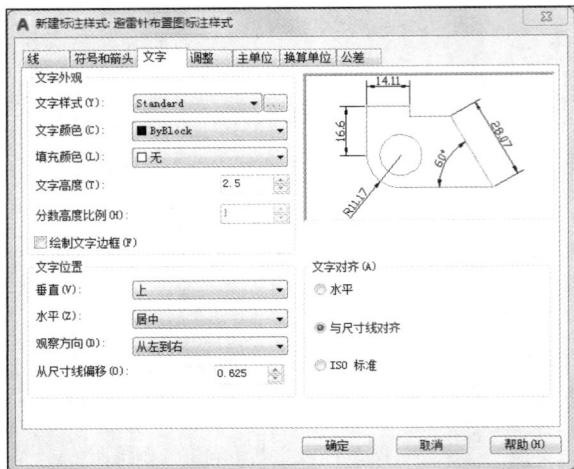

图 5-21 "文字"选项卡的设置

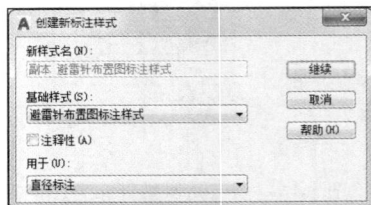

图 5-22 "创建新标注样式"对话框

（6）单击"继续"按钮，打开"新建标注样式:副本 避雷针布置图标注样式"对话框。其中有 7 个选项卡，可对新建的"副本 避雷针布置图标注样式"的风格进行设置。

（7）设置完毕后，回到"标注样式管理器"对话框，选择"避雷针布置图标注样式"，单击"置为当前"按钮，将其设置为当前使用的标注样式。

3. 标注尺寸

（1）在"默认"选项卡中单击"注释"面板中的"线性"按钮，标注线性尺寸，如图 5-23 所示。

（2）在"默认"选项卡中单击"注释"面板中的"对齐"按钮，标注图中的尺寸，结果如图 5-24 所示。

（3）在"默认"选项卡中单击"注释"面板中的"直径"按钮，标注图形中圆的直径尺寸，结果如图 5-25 所示。

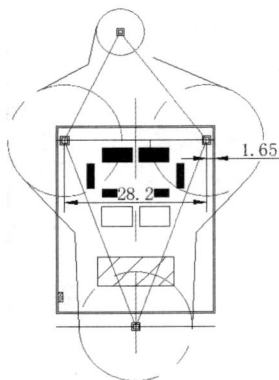

图 5-23 标注线性尺寸

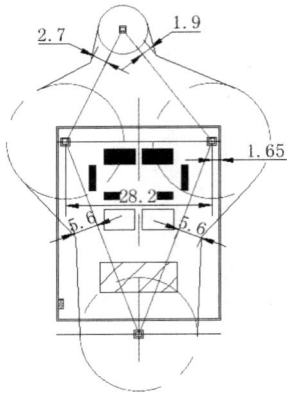

图 5-24 标注对齐尺寸

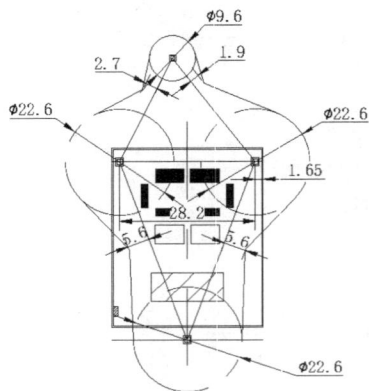

图 5-25 标注圆的直径尺寸

4. 添加文字

按照项目二的项目实训中的方法设置文字样式并添加文字，完成整张图纸的绘制，结果如图 5-15 所示。

项目实训

项目实训 1——实验室照明平面图

图 5-26 所示为实验室照明平面图，此图的绘制思路为先绘制轴线和墙线，然后绘制门洞和窗洞，即可完成绘制电气图需要的建筑图；在建筑图的基础上绘制电路图，照明电气系统包括灯具、开关、插座等，每类元器件分别安装在不同的场合，结果如图 5-26 所示。

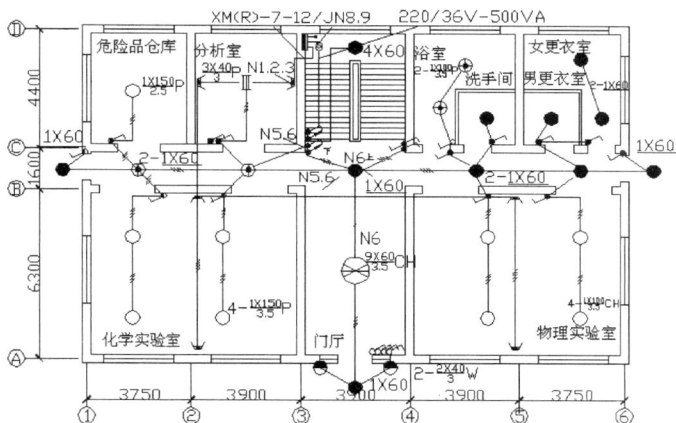

图 5-26　实验室照明平面图

1. 设置绘图环境

（1）建立新文件。打开 AutoCAD 2020，单击快速访问工具栏中的"新建"按钮 ，以"无样板打开-公制"建立新文件，将新文件命名为"实验室照明平面图.dwg"并保存。

（2）设置图层。一共设置以下图层："轴线层""墙体层""元件符号层""文字说明层""尺寸标注层""标号层""连线层"等。设置好的各图层属性如图 5-27 所示。

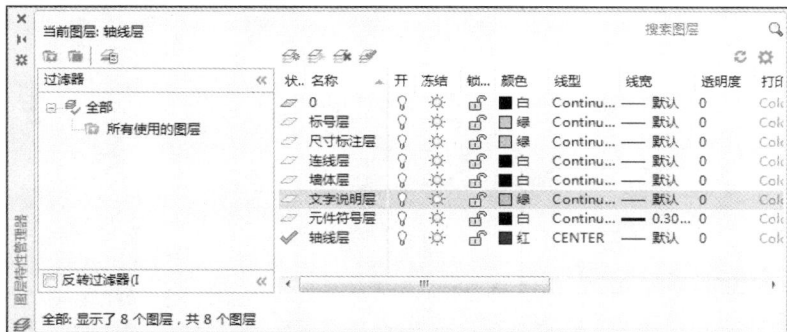

图 5-27　图层属性设置

2. 绘制建筑图

（1）绘制轴线。

① 单击"默认"选项卡"绘图"面板中的"直线"按钮 ／，绘制一条长度为 192mm 的水平直线段，再绘制一条长度为 123mm 的竖直直线段，如图 5-28 所示。

② 单击"默认"选项卡"修改"面板中的"偏移"按钮 ⊆，将竖直直线段连续向右偏移，偏移距离分别为 37.5mm、39mm、39mm、39mm、37.5mm，再将水平直线段向上偏移，偏移距离分别为 63mm、79mm、123mm，结果如图 5-29 所示。

图 5-28　绘制轴线

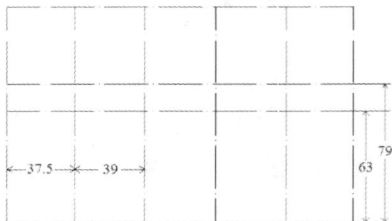

图 5-29　偏移轴线

（2）绘制墙线。

① 设置多线。

将"墙体层"图层设置为当前图层。选择菜单栏中的"格式"→"多线样式"命令，弹出"多线样式"对话框，如图 5-30 所示。

在"多线样式"对话框中可以看到"样式"列表框中只有系统自带的 STANDARD 样式，单击右侧的"新建"按钮，弹出"创建新的多线样式"对话框，如图 5-31 所示。在"新样式名"文本框中输入 240，单击"继续"按钮，打开图 5-32 所示的对话框。

单击"新建"按钮继续设置多线，"WALL_1""WALL_2"的参数设置如图 5-33 所示。

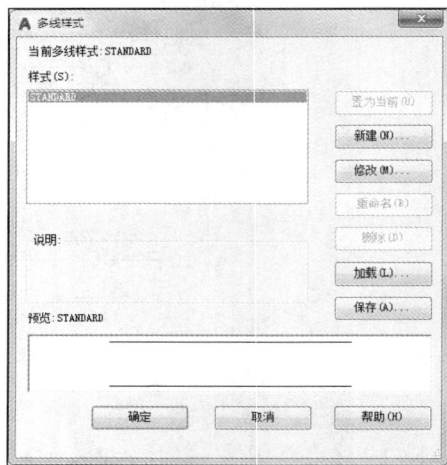

图 5-30　"多线样式"对话框

图 5-31　"创建新的多线样式"对话框

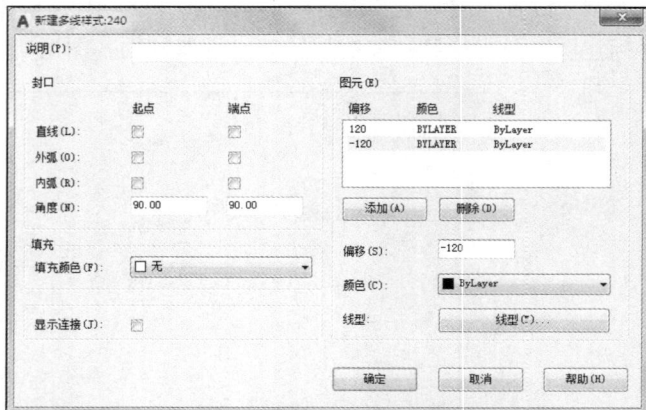

图 5-32　"新建多线样式：240"对话框

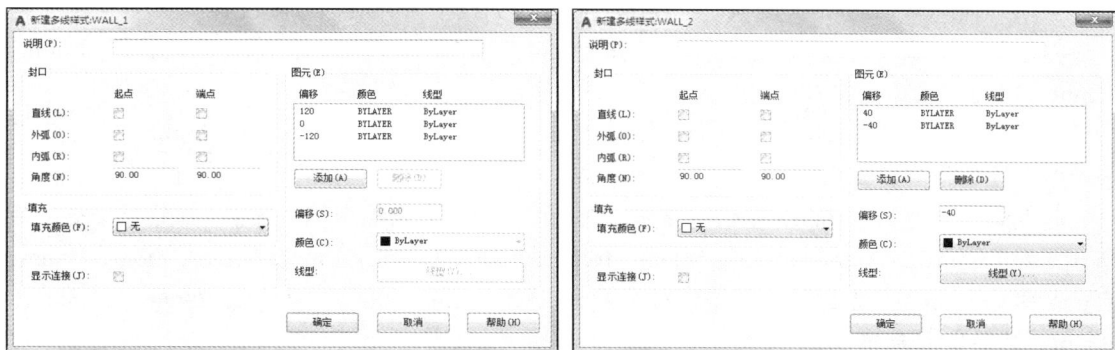

图 5-33 多线样式的设置

② 绘制墙线。

选择菜单栏中的"绘图"→"多线"命令，进行参数设置及绘图，命令行提示与操作如下。

```
命令：mline
当前设置：对正 = 上，比例 = 20.00，样式 = STANDARD
指定起点或 [对正(J)/比例(S)/样式(ST)]：st✓（设置多线样式）
输入多线样式名或 [?]：240✓（多线样式为240）
当前设置：对正 = 上，比例 = 20.00，样式 = 240
指定起点或 [对正(J)/比例(S)/样式(ST)]：j✓
输入对正类型 [上(T)/无(Z)/下(B)] <上>：z✓（设置对中模式为无）
当前设置：对正 = 无，比例 = 20.00，样式 = 240
指定起点或 [对正(J)/比例(S)/样式(ST)]：s✓
输入多线比例 <20.00>：0.0125✓（设置线型比例为0.0125）
当前设置：对正 = 无，比例 = 0.0125，样式 = 240
指定起点或 [对正(J)/比例(S)/样式(ST)]：（选择底部水平轴线的左端点）
指定下一点：（选择底部水平轴线的右端点）
指定下一点或 [放弃(U)]：✓
```

继续绘制其他外墙墙线，如图 5-34 所示。

单击"默认"选项卡"修改"面板中的"分解"按钮 ，将步骤①中绘制的多线分解。单击"默认"选项卡"绘图"面板中的"直线"按钮 ，以距离上边框左端点 7.75mm 处为起点绘制竖直直线段，长度为 3mm；以距离左边框端点 11mm 处为起点绘制水平直线段，长度为 3mm，如图 5-35 所示。

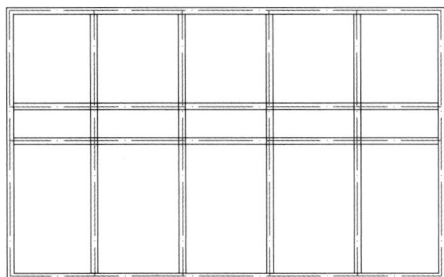

图 5-34 绘制墙线

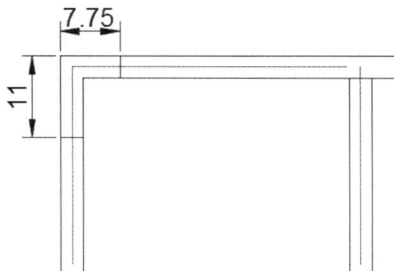

图 5-35 绘制直线段

关闭"轴线层"。单击"默认"选项卡"修改"面板中的"偏移"按钮 ⊜ 。

将刚刚绘制的竖直直线段依次向右偏移 25mm、12.25mm、25mm、14mm、25mm、14mm、25mm、14mm、25mm。

将刚刚绘制的水平直线段依次向下偏移 25mm、12mm、10mm、21mm、25mm。

按上述步骤绘制线段。

起点偏移量为 12.75mm，单击"默认"选项卡"修改"面板中的"偏移"按钮做偏移，距离分别为 15mm、22.5mm、15mm、56mm、10mm、5mm、10mm、19mm、10mm、5mm、10mm；起点偏移量为 6mm，做偏移，距离分别为 20mm、27.5mm、20mm、48mm、20mm、27.5mm、20mm，结果如图 5-36 所示。

单击"默认"选项卡"修改"面板中的"修剪"按钮 ✂ ，修剪出墙线，如图 5-37 所示。

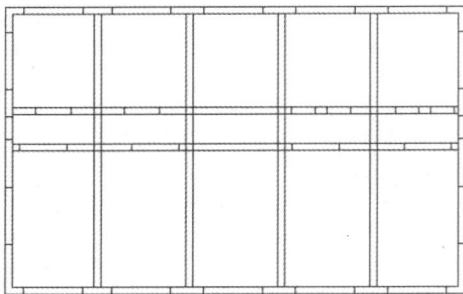

图 5-36　编辑墙线

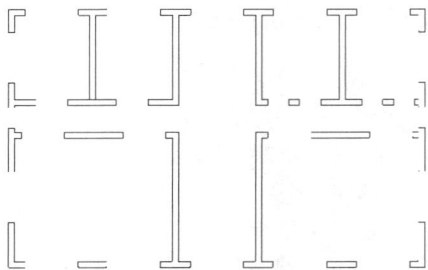

图 5-37　修剪墙线

选择菜单栏中的"绘图"→"多线"命令，设置多线样式为 WALL_1，绘制多线，如图 5-38 所示。

选择菜单栏中的"绘图"→"多线"命令，设置多线样式为 WALL_2，绘制以图中点为起点、高为 20mm 的多线，如图 5-39 所示。

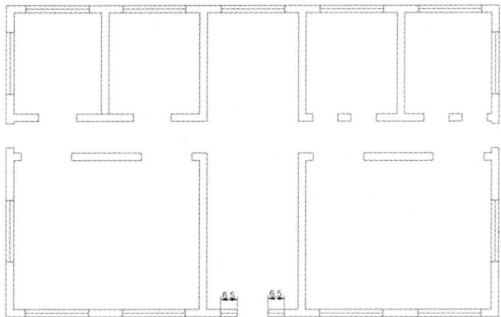

图 5-38　绘制多线（1）

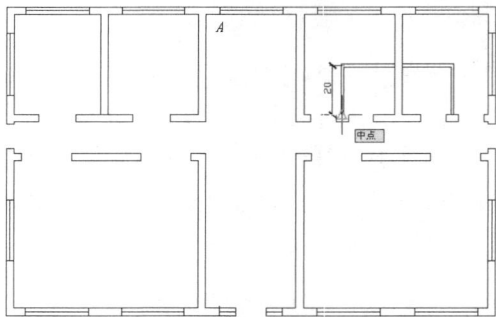

图 5-39　绘制多线（2）

（3）绘制楼梯。

① 绘制矩形。单击"默认"选项卡"绘图"面板中的"矩形"按钮 ▭ ，以图 5-40 中的 A 点为起点，绘制一个长度为 30mm、宽度为 4mm 的矩形。单击"默认"选项卡"修改"面板中的"移动"按钮 ✛ ，将刚刚绘制的矩形向右移动 16mm，向下移动 10mm，结果如图 5-41 所示。

② 偏移矩形。单击"默认"选项卡"修改"面板中的"偏移"按钮 ⊜ ，将 4mm×30mm 的矩形向内偏移 1mm，结果如图 5-42 所示。

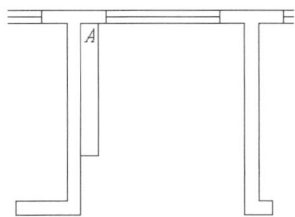

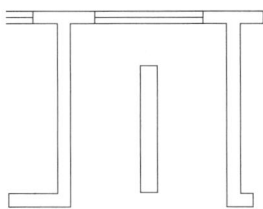

图 5-40　绘制矩形　　　　　图 5-41　移动矩形　　　　　图 5-42　偏移矩形

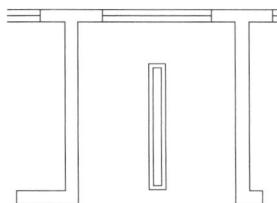

③ 绘制直线段。单击"默认"选项卡"绘图"面板中的"直线"按钮，以 4mm×30mm 矩形的右边中点为起点，水平向右绘制长度为 16mm 的直线段，如图 5-43 所示；单击"默认"选项卡"修改"面板中的"移动"按钮，将刚刚绘制的线段向上移动 14mm，如图 5-44 所示。

④ 阵列直线段。单击"默认"选项卡"修改"面板中的"矩形阵列"按钮，设置行数为 15，列数为 2，行间距为−2mm，列间距为−20mm，图 5-45 所示为阵列结果。

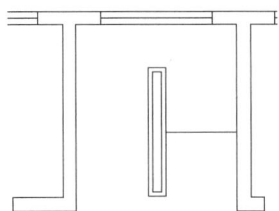

图 5-43　绘制直线段　　　　图 5-44　移动线段　　　　　图 5-45　阵列结果

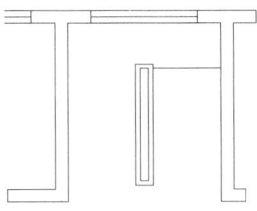

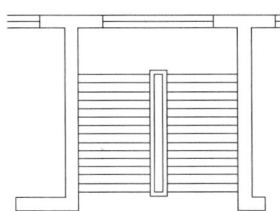

3. 添加各个元件符号

（1）添加各个元件符号。打开源文件中的各个元件符号，如图 5-46 所示，将它们复制到已绘制的图形中。

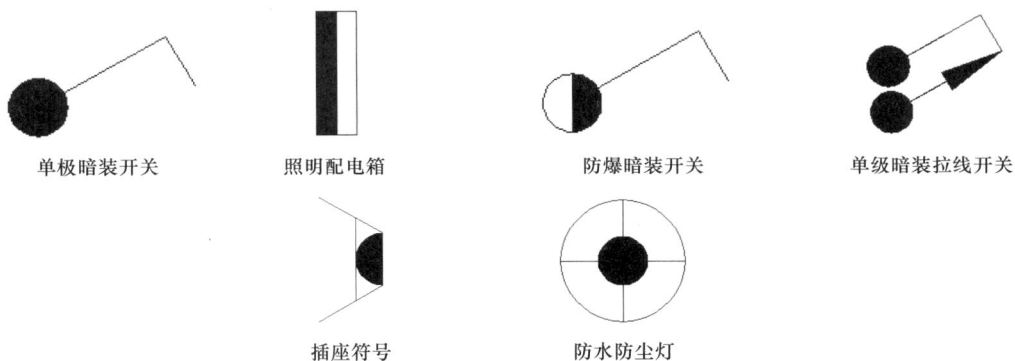

单极暗装开关　　　照明配电箱　　　防爆暗装开关　　　单级暗装拉线开关

插座符号　　　防水防尘灯

图 5-46　元件符号

（2）添加灯具符号。打开源文件中的灯具符号，如图 5-47 所示，将它们复制到已绘制的图形中。

（a）单头吸顶灯　　（b）壁灯　　（c）球形灯　　（d）花灯　　（e）三管荧光灯

图 5-47　灯具符号

（3）添加照明配电箱。

① 选择"视图"选项卡"导航"面板中的"范围"下拉列表中的"窗口"选项，局部放大墙线的中上部，预备下一步操作，结果如图 5-48 所示。

② 移动照明配电箱符号。单击"默认"选项卡"修改"面板中的"移动"按钮✛，以图 5-49 所示的端点为移动基准点，图 5-48 中的 A 点为移动目标点，移动图 5-49 中的长方形，结果如图 5-50 所示。单击"默认"选项卡"修改"面板中的"移动"按钮✛，把照明配电箱垂直向下移动，移动距离为 1mm，结果如图 5-51 所示。

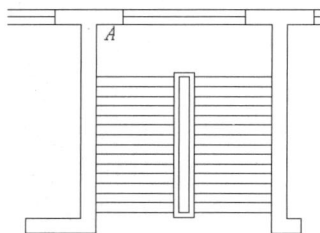

图 5-48　局部放大

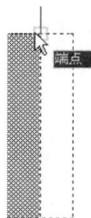

图 5-49　捕捉端点

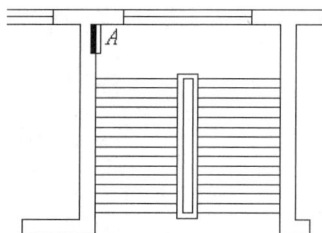

图 5-50　移动照明配电箱符号

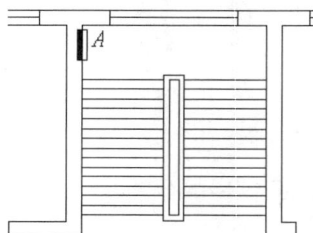

图 5-51　下移照明配电箱符号

（4）添加单极暗装拉线开关。单击"默认"选项卡"修改"面板中的"移动"按钮✛，将单极暗装拉线开关移动到左下方，如图 5-52 所示。

（5）添加单极暗装开关。

① 移动图形。单击"默认"选项卡"修改"面板中的"移动"按钮✛，将单极暗装开关向右边墙角移动，结果如图 5-53 所示。

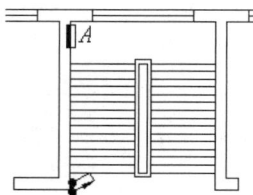

图 5-52　添加单极暗装拉线开关

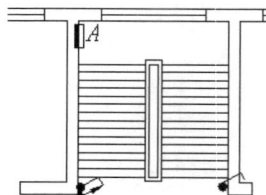

图 5-53　添加单极暗装开关

② 复制图形。单击"默认"选项卡"修改"面板中的"复制"按钮❀，将刚才移动的单极暗装开关向下垂直复制，结果如图 5-54 所示。

③ 绘制折线。单击"默认"选项卡"绘图"面板中的"直线"按钮╱，绘制图 5-55 所示的折线。

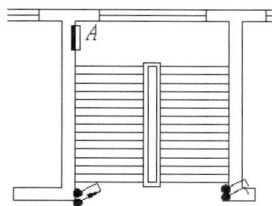

图 5-54　复制单极暗装开关

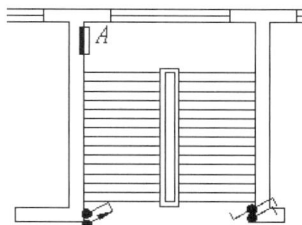

图 5-55　绘制折线

④ 单击"默认"选项卡"修改"面板中的"复制"按钮 ✂️，将单极暗装开关复制到其他位置，如图 5-56 所示。

（6）添加防爆暗装开关。

单击"默认"选项卡"修改"面板中的"移动"按钮 ✛，将防爆暗装开关放置到危险品仓库、化学实验室门旁边及门厅处，如图 5-57 所示。

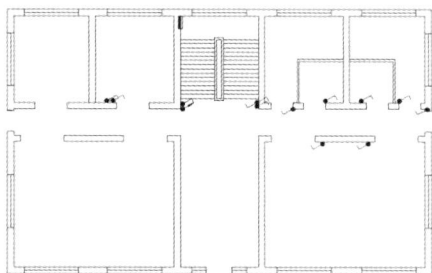

图 5-56　复制单极暗装开关

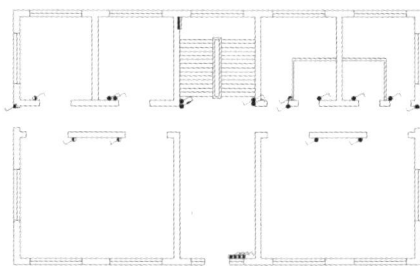

图 5-57　添加防爆暗装开关

（7）添加灯。

① 选择"视图"选项卡"导航"面板中的"范围"下拉列表中的"窗口"选项，局部放大墙线的左上部，预备下一步操作，结果如图 5-58 所示。

② 单击"默认"选项卡"修改"面板中的"复制"按钮 ✂️，将单头吸顶灯、防水防尘灯、三管荧光灯等图形符号复制到图 5-59 所示的位置。

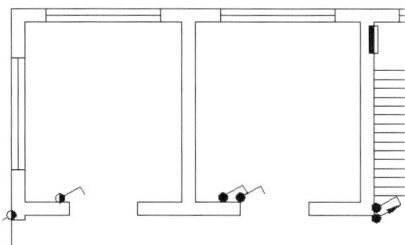

图 5-58　局部放大结果

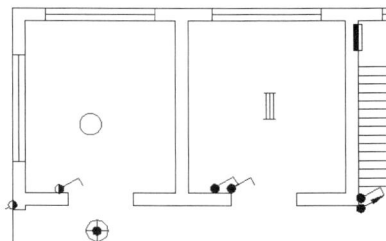

图 5-59　安装灯

③ 选择"视图"选项卡"导航"面板中的"范围"下拉列表中的"窗口"选项，局部放大墙线的左下部，预备下一步操作，结果如图 5-60 所示。

④ 单击"默认"选项卡"修改"面板中的"复制"按钮 ✂️，将球形灯、壁灯和花灯等图形符号复制到图 5-61 所示的位置。

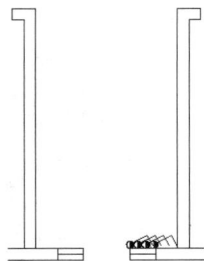

图 5-60　局部放大结果

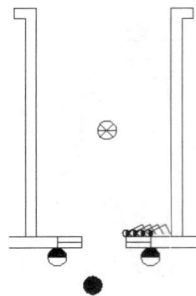

图 5-61　添加灯

⑤ 复制图形。单击"默认"选项卡"修改"面板中的"复制"按钮 ，将球形灯、单头吸顶灯、防水防尘灯等图形符号复制到图 5-62 所示的位置。

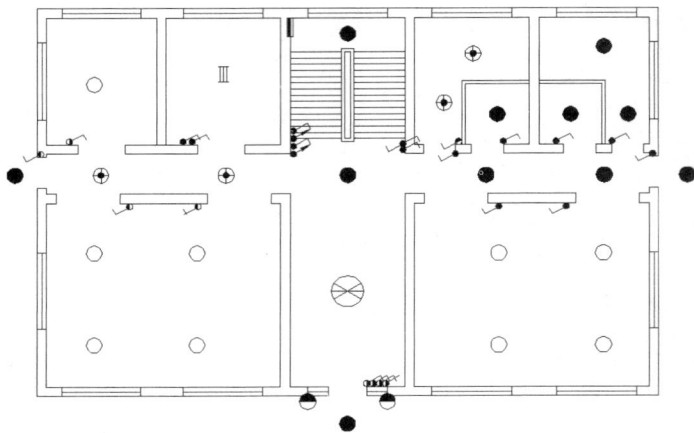

图 5-62　复制灯具符号

（8）添加暗装插座。

① 选择"视图"选项卡"导航"面板中的"范围"下拉列表中的"窗口"选项，局部放大墙线的左下部，预备下一步操作，结果如图 5-63 所示。

② 复制插座符号。单击"默认"选项卡"修改"面板中的"旋转"按钮 ，将插座图形符号旋转 90º，单击"默认"选项卡"修改"面板中的"复制"按钮 ，将暗装插座图形符号复制到图 5-64 所示的中点位置，单击"默认"选项卡"修改"面板中的"移动"按钮 ，将插座符号向下移动适当的距离。

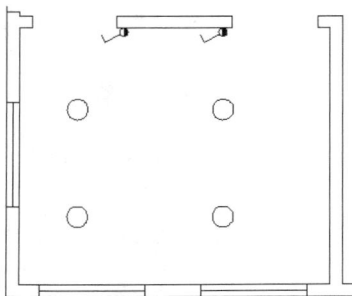

图 5-63　局部放大结果

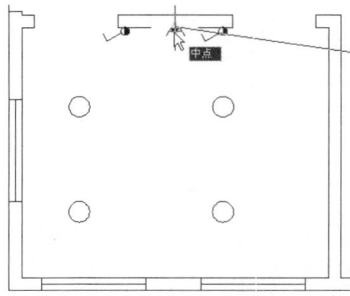

图 5-64　捕捉中点

③ 复制插座符号到其他位置。单击"默认"选项卡"修改"面板中的"复制"按钮，将插座图形符号复制到图 5-65 所示的位置。

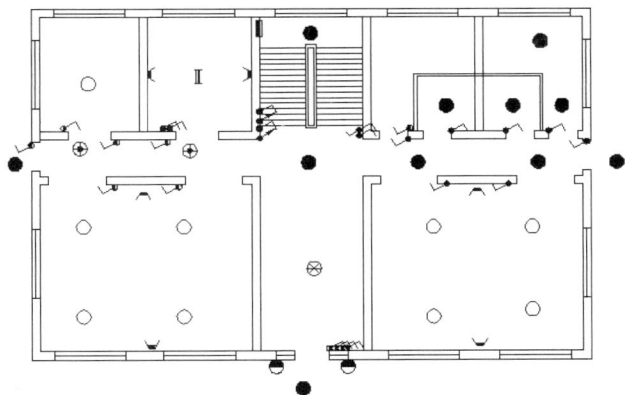

图 5-65　复制暗装插座

（9）绘制连接线。

检查绘制的图形，发现配电箱旁边缺一个变压器，配电室缺一个开关，可通过复制和绘制直线段的方式补上它们。单击"默认"选项卡"绘图"面板中的"直线"按钮，连接各个元器件，并且在一些连接线上绘制平行的斜线，表示它们的相数，结果如图 5-66 所示。

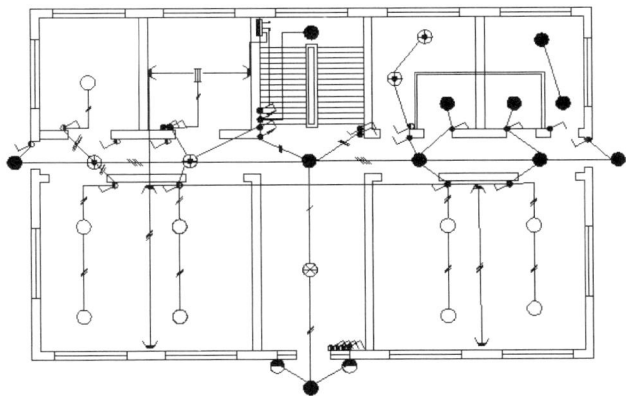

图 5-66　连接各个元器件

（10）添加标号。

① 绘制轴线。

将"标号层"图层设置为当前图层，单击"默认"选项卡"绘图"面板中的"圆"按钮，在绘图区中的适当位置绘制一个半径为 3mm 的圆。

单击"默认"选项卡"绘图"面板中的"直线"按钮，启用对象捕捉追踪和正交模式，捕捉圆心作为起点，向右绘制长度为 15mm 的直线段，结果如图 5-67（a）所示。

单击"默认"选项卡"修改"面板中的"修剪"按钮，以圆为剪切边，对直线段进行修剪。

单击"默认"选项卡"注释"面板中的"多行文字"按钮 A，在圆的内部添加元件符号，调整其位置，如图 5-67（b）所示。

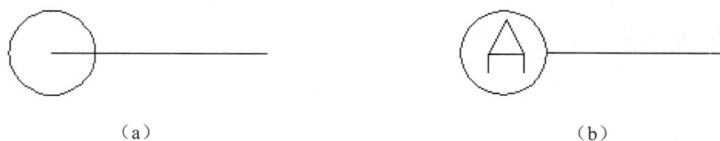

（a）　　　　　　　　　　　　　　　　　（b）

图 5-67　绘制轴线

②　复制图形。单击"默认"选项卡"修改"面板中的"复制"按钮，将图形沿横向轴线依次向上复制 63mm、16mm、44mm，结果如图 5-68 所示。

③　旋转图形。单击"默认"选项卡"修改"面板中的"旋转"按钮，将图形沿横向轴线旋转 90º，结果如图 5-69（a）所示。

④　修改文字。单击"默认"选项卡"修改"面板中的"删除"按钮，删除圆内的字母"A"，单击"默认"选项卡"注释"面板中的"多行文字"按钮，在圆的内部添加数字"1"，调整其位置，结果如图 5-69（b）所示。

图 5-68　复制轴线

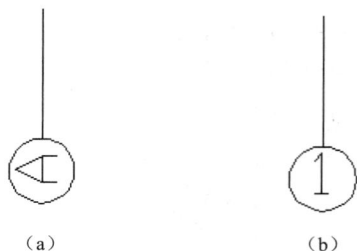

（a）　　　　　　　　　（b）

图 5-69　旋转轴线并修改文字

⑤　复制图形。单击"默认"选项卡"修改"面板中的"复制"按钮，将竖向轴线依次向右复制 37.5mm、39mm、39mm、39mm、37.5mm，结果如图 5-70 所示。

⑥　修改文字。选择菜单栏中的"修改"→"对象"→"文字"→"编辑"命令，然后单击轴线圆圈中的文字，将其中的文字改成"A""B""C""D""1""2""3""4""5""6"，结果如图 5-71 所示。

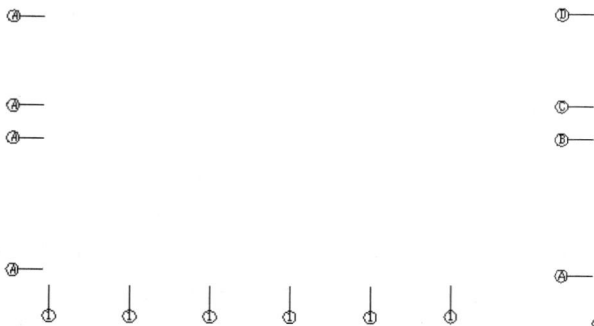

图 5-70　复制结果

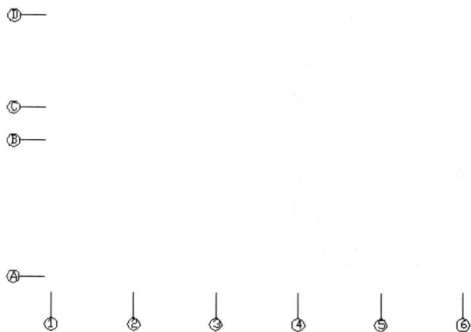

图 5-71　修改文字

⑦　打开"轴线层"，将标号移动至图中，并与中线对齐，结果如图 5-72 所示。

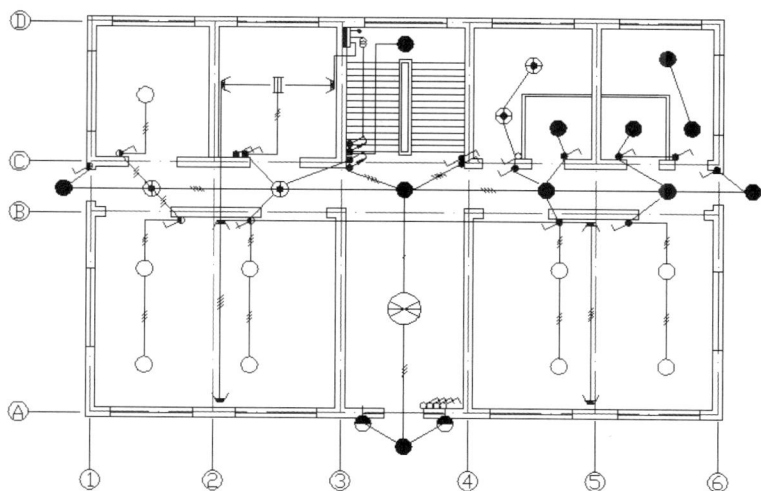

图 5-72　添加标号

4．添加注释文字

（1）添加注释文字。将当前图层设置为"文字说明层"，单击"默认"选项卡"注释"面板中的"多行文字"按钮 **A**，书写各个房间的文字代号及元件符号，结果如图 5-73 所示。

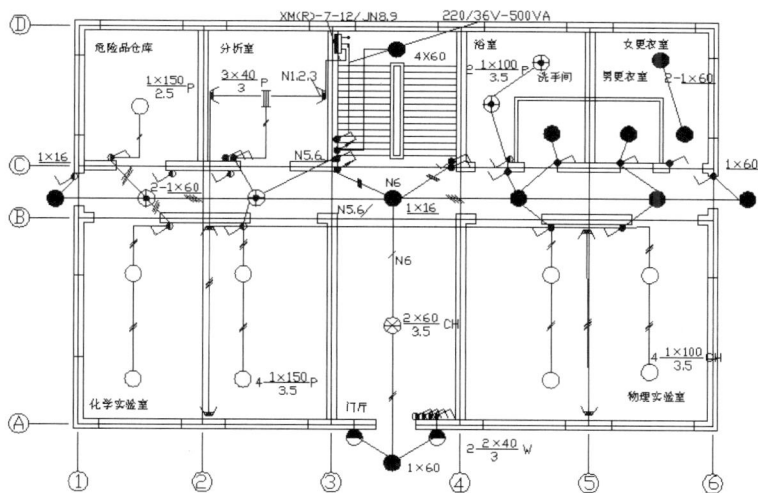

图 5-73　添加注释文字

（2）添加标注。

① 单击"默认"选项卡"注释"面板中的"标注样式"按钮，系统弹出"标注样式管理器"对话框，如图 5-74 所示。

② 单击"新建"按钮，系统弹出"创建新标注样式"对话框。在"新样式名"文本框中输入"照明平面图"，将"基础样式"设置为"ISO-25"，"用于"设置为"所有标注"，如图 5-75 所示。

③ 单击"继续"按钮，系统弹出"新建标注样式：照明平面图"对话框，设置"符号和箭头"选项卡的相关属性，如图 5-76 所示。

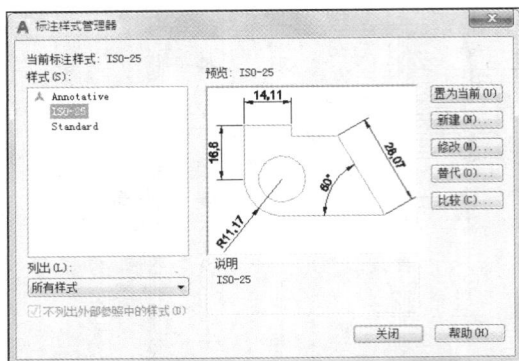

图 5-74 "标注样式管理器"对话框

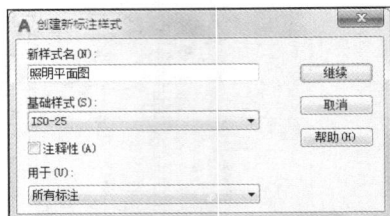

图 5-75 "创建新标注样式"对话框

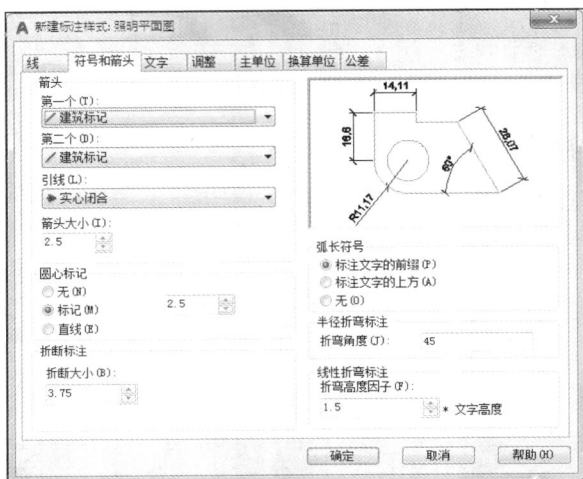

图 5-76 "符号和箭头"选项卡的设置

接着设置其他选项，将比例因子设置为 100，设置完毕后，回到"标注样式管理器"对话框，单击"置为当前"按钮，将新建的"照明平面图"样式设置为当前使用的标注样式。

④ 单击"默认"选项卡"注释"面板中的"线性"按钮，标注轴线间的尺寸，结果如图 5-26 所示。

微课

项目实训 2——
某建筑物消防
安全系统图

项目实训 2——某建筑物消防安全系统图

本实例绘制某建筑物消防安全系统图，如图 5-77 所示。首先确定图纸的大致布局，然后绘制各个元件和设备，并将元件和设备插入结构图中，最后添加注释文字等，完成某建筑物消防安全系统图的绘制。

该建筑物的消防安全系统主要由以下几部分组成。

（1）火灾探测系统：主要由分布在各个区域的多个探测器网络组成。用 S 表示感烟探测器，H 表示感温探测器，手动装置主要供调试和平时检查试验时使用。

（2）火灾判断系统：主要由各楼层的报警器和大楼集中报警器组成。

（3）通报与疏散诱导系统：由消防紧急广播、事故照明、诱导灯、专用电话等组成。

（4）灭火设施：由自动喷淋系统组成。当广播火灾之后，总监控台启动消防泵，建立水压，并打开着火区域消防水管的电磁阀，使消防水进入喷淋管路进行喷淋灭火。

（5）排烟装置及监控系统：由排烟阀门、抽排烟机及其电气控制系统组成。

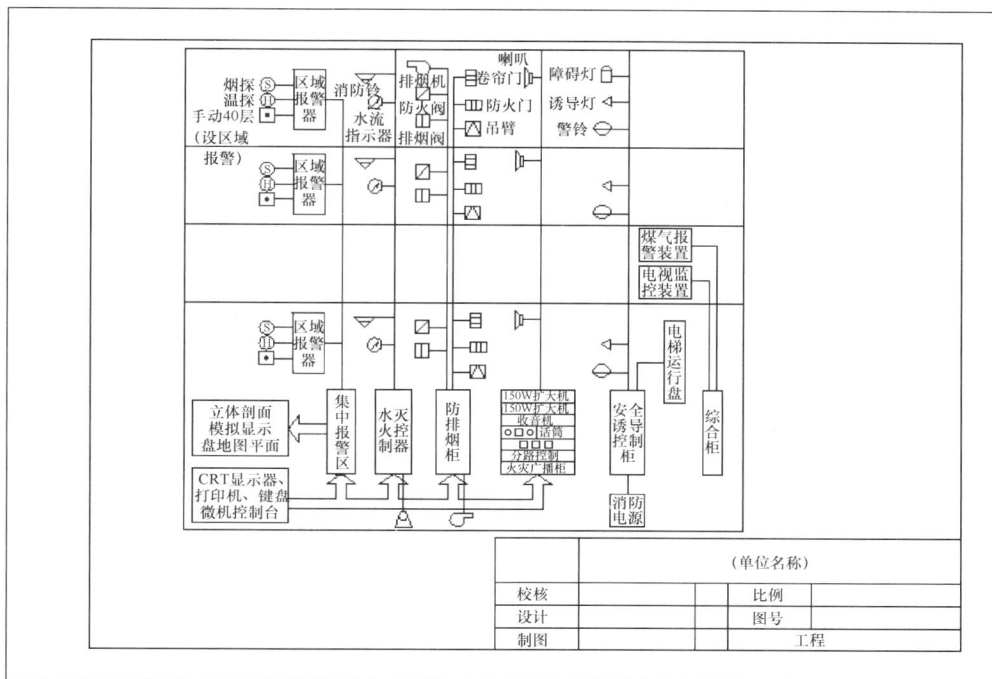

图 5-77　某建筑物消防安全系统图

1. 设置绘图环境

（1）新建文件。启动 AutoCAD 2020，以 A4.dwt 样板文件为模板新建文件，将新文件命名为"某建筑物消防安全系统图.dwt"并保存。

（2）设置图层。新建"绘图层""标注层""虚线层"3 个图层，各图层的属性设置如图 5-78 所示，将"绘图层"图层设置为当前图层。

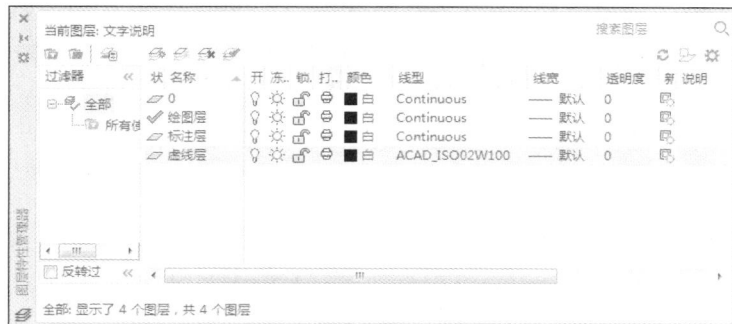

图 5-78　图层属性设置

2. 绘制线路简图

（1）绘制辅助矩形。单击"默认"选项卡"绘图"面板中的"矩形"按钮□，绘制一个长度为 160mm、宽度为 143mm 的矩形，如图 5-79 所示。

（2）分解矩形。单击"默认"选项卡"修改"面板中的"分解"按钮 ，将矩形分解为直线段。

（3）偏移直线段。单击"默认"选项卡"修改"面板中的"偏移"按钮 ，将矩形的上边框向下偏移，偏移距离分别为 29mm、52mm、75mm，选中偏移后的 3 条直线段，将其移动到"虚线层"。再将矩形的左边框依次向右偏移 45mm、15mm、15mm、2mm、25mm、25mm，如图 5-80 所示。

图 5-79 绘制辅助矩形   图 5-80 偏移直线段

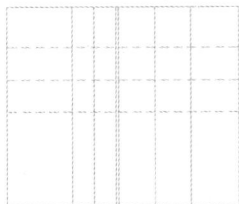

3. 绘制区域报警器符号

（1）绘制矩形。单击"默认"选项卡"绘图"面板中的"矩形"按钮 ，绘制一个长度为 9mm、宽度为 18mm 的矩形，如图 5-81 所示。

（2）分解矩形。单击"默认"选项卡"修改"面板中的"分解"按钮 ，将矩形分解为直线段。

（3）等分矩形边。在命令行中输入 DIV 命令，命令行提示与操作如下。

```
命令：DIV↙
选择要定数等分的对象：（选择矩形的一条长边）
输入线段数目或 [块(B)]：4↙
```

（4）捕捉设置。单击状态栏中"对象捕捉"按钮右侧的下拉按钮 ，在弹出的下拉列表中选择"对象捕捉设置"选项，打开"草图设置"对话框，在"对象捕捉"选项卡的"对象捕捉模式"选项组中勾选"节点"复选框。

（5）绘制短线。单击"默认"选项卡"绘图"面板中的"直线"按钮 ，在矩形边上捕捉节点，如图 5-82 所示。水平向左绘制 3 条长度为 5.5mm 的短线段，如图 5-83 所示。

（6）绘制圆。单击"默认"选项卡"绘图"面板中的"圆"按钮 ，以图 5-83 中的 A 点为圆心，绘制半径为 2mm 的圆。单击"默认"选项卡"修改"面板中的"移动"按钮 ，以圆心为基准点，将圆水平向左移动 2mm，如图 5-84 所示。

图 5-81 绘制矩形   图 5-82 捕捉节点   图 5-83 绘制短线   图 5-84 绘制、移动圆

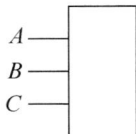

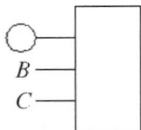

（7）复制圆。单击"默认"选项卡"修改"面板中的"复制"按钮 ，将移动后的圆竖直向下复制至 B 点处，复制距离为 4.5mm，如图 5-85 所示。

（8）绘制矩形。单击"默认"选项卡"绘图"面板中的"矩形"按钮 ▭，绘制一个长和宽均为 4mm 的矩形。单击"默认"选项卡"修改"面板中的"移动"按钮 ✛，捕捉矩形右边框的中点，将其移到 C 点位置，如图 5-86 所示。

（9）绘制并填充圆。单击"默认"选项卡"绘图"面板中的"圆"按钮 ⊙，捕捉小正方形的中心为圆心，绘制一个半径为 0.5mm 的圆。单击"默认"选项卡"绘图"面板中的"图案填充"按钮 ▨，用 SOLID 图案填充刚刚绘制的圆，如图 5-87 所示。

（10）添加文字。将"标注层"图层设置为当前图层，单击"默认"选项卡"注释"面板中的"多行文字"按钮 A，设置样式为 Standard，字体高度为 2.5mm，结果如图 5-88 所示。

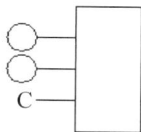

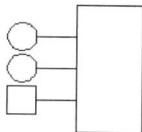

图 5-85　复制圆　　　　图 5-86　绘制、移动矩形　　　图 5-87　绘制并填充圆　　　图 5-88　添加文字

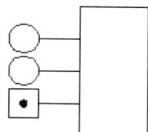

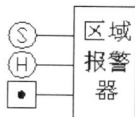

（11）放置区域报警器符号。单击"默认"选项卡"修改"面板中的"移动"按钮 ✛，将图 5-88 所示的图形符号移动到图纸中合适的位置。单击"默认"选项卡"绘图"面板中的"直线"按钮 ╱，添加连接线，效果如图 5-89 所示。

（12）复制图形符号。单击"默认"选项卡"修改"面板中的"复制"按钮 ⊞，将区域报警器符号向下复制两份，复制距离分别为 25mm 和 72mm，如图 5-90 所示。

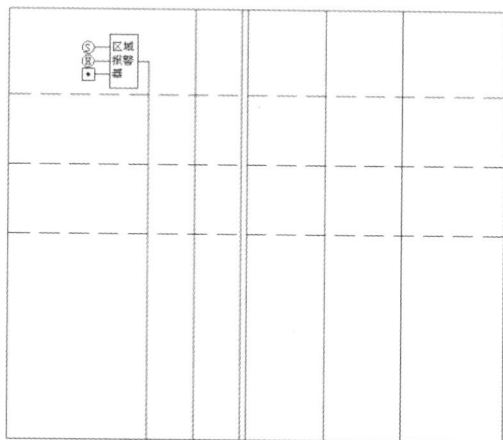

图 5-89　放置区域报警器符号

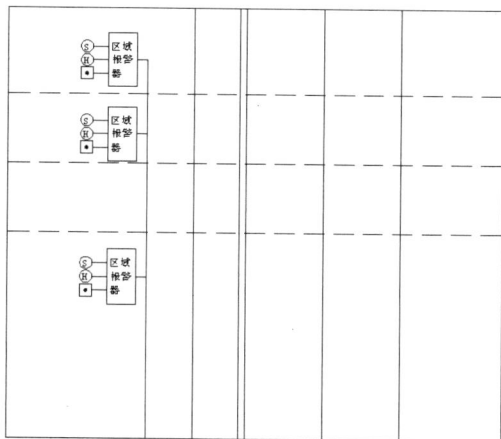

图 5-90　复制图形符号

4. 绘制消防铃与水流指示器符号

（1）绘制直线段。单击"默认"选项卡"绘图"面板中的"直线"按钮 ╱，绘制一条长度为 6mm 的水平直线段；捕捉直线段的中点为起点，竖直向下绘制一条长度为 3mm 的直线段；将水平直线段与竖直直线段的端点相连，如图 5-91（a）所示。

（2）偏移直线段。单击"默认"选项卡"修改"面板中的"偏移"按钮 ⊏，将水平直线段向下偏移，偏移距离为 1.5mm。

（3）修剪图形。单击"默认"选项卡"修改"面板中的"修剪"按钮 ✂，以斜线为修剪边，修剪偏移后的直线段。单击"默认"选项卡"修改"面板中的"删除"按钮 ✎，删除竖直直线段，完成消防铃符号的绘制，如图 5-91（b）所示。

（4）插入"箭头"图块。单击"绘图"工具栏中的"插入块"按钮，打开"块"选项板，其中的参数设置如图 5-92 所示。单击"浏览"按钮，打开随书资源"源文件"文件夹中的"箭头.dwg"文件，将该图块插入当前图形中。

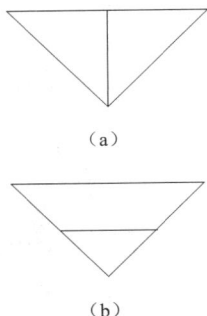

（a）

（b）

图 5-91　消防铃符号

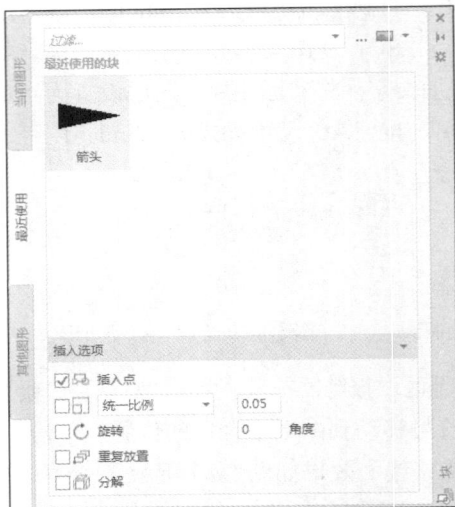

图 5-92　"块"选项板

（5）绘制箭头。单击"默认"选项卡"绘图"面板中的"直线"按钮，捕捉图 5-93（a）中箭头的竖直直线段的中点，水平向左绘制一条长度为 2mm 的直线段，如图 5-93（b）所示。

（6）旋转箭头。单击"默认"选项卡"修改"面板中的"旋转"按钮，将图 5-93（b）中的箭头绕顶点旋转 50°，如图 5-94 所示。

（a）　　　　（b）

图 5-93　插入箭头

图 5-94　旋转箭头

（7）单击"默认"选项卡"绘图"面板中的"圆"按钮，在箭头外绘制圆，完成水流指示器符号的绘制，如图 5-95 所示。

（8）插入消防铃和水流指示器符号。单击"默认"选项卡"修改"面板中的"移动"按钮，将上面绘制的消防铃和水流指示器符号插入图纸中。单击"默认"选项卡"绘图"面板中的"直线"按钮，添加连接线，如图 5-96 所示。

图 5-95　水流指示器符号

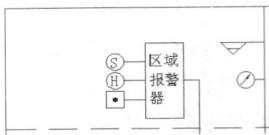

图 5-96　插入符号并添加连接线

（9）复制图形。单击"默认"选项卡"修改"面板中的"复制"按钮，将消防铃和水流指示器符号向下复制两份，复制距离分别为 25mm 和 72mm，如图 5-97 所示。

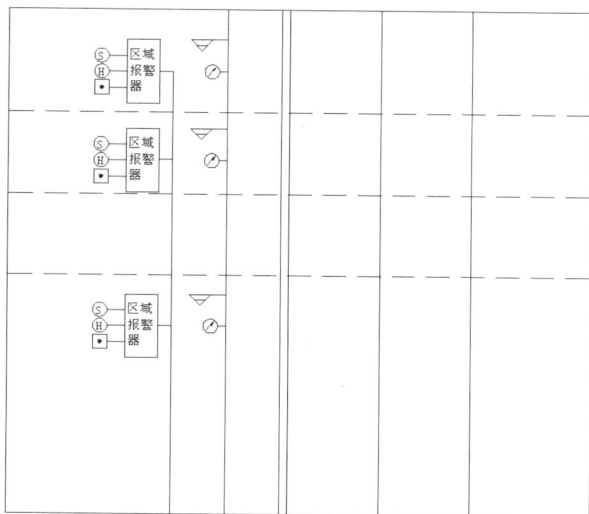

图 5-97　复制图形

5. 绘制排烟机、防火阀与排烟阀符号

（1）绘制圆。单击"默认"选项卡"绘图"面板中的"圆"按钮⊙，绘制一个半径为 2mm 的圆。

（2）绘制直线段。单击"默认"选项卡"绘图"面板中的"直线"按钮／，捕捉圆的上端特殊点（即圆与水平坐标轴相交的点）为起点，水平向左绘制一条长度为 4.5mm 的直线段。

（3）偏移直线段。单击"默认"选项卡"修改"面板中的"偏移"按钮⊂，将绘制的直线段向下偏移，偏移距离为 1.5mm。单击"默认"选项卡"绘图"面板中的"直线"按钮／，连接两条水平直线段的左端点，如图 5-98（a）所示。

（4）修剪图形。单击"默认"选项卡"修改"面板中的"修剪"按钮，修剪掉多余的直线段，完成排烟机符号的绘制，如图 5-98（b）所示。

（5）绘制矩形。单击"默认"选项卡"绘图"面板中的"矩形"按钮⬚，绘制一个长和宽均为 4mm 的矩形，如图 5-99 所示。

（6）绘制对角线。单击"默认"选项卡"绘图"面板中的"直线"按钮／，绘制一条对角线，完成防火阀符号的绘制，如图 5-100 所示。

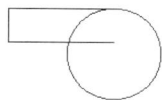

（a）

（b）

图 5-98　绘制排烟机符号

图 5-99　绘制矩形

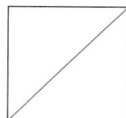

图 5-100　防火阀符号

（7）复制图形并绘制直线段。单击"默认"选项卡"修改"面板中的"复制"按钮，将图 5-99 所示的图形复制。单击"默认"选项卡"绘图"面板中的"直线"按钮／，连接上、下两条边的中点，完成排烟阀符号的绘制，如图 5-101 所示。

（8）移动图形。单击"默认"选项卡"修改"面板中的"移动"按钮✛，将绘制的排烟机、防火阀与排烟阀符号插入图纸中。单击"默认"选项卡"绘图"面板中的"直线"按钮／，添加连接线，部分图形如图 5-102 所示。

（9）复制图形。单击"默认"选项卡"修改"面板中的"复制"按钮，将防火阀与排烟阀符号向下复制两份，复制距离分别为 25mm 和 72mm，如图 5-103 所示。

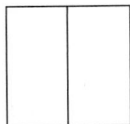

图 5-101　排烟阀符号

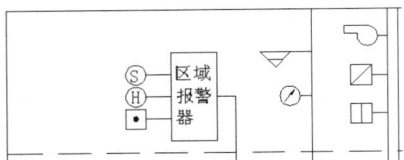

图 5-102　移动图形并添加连接线

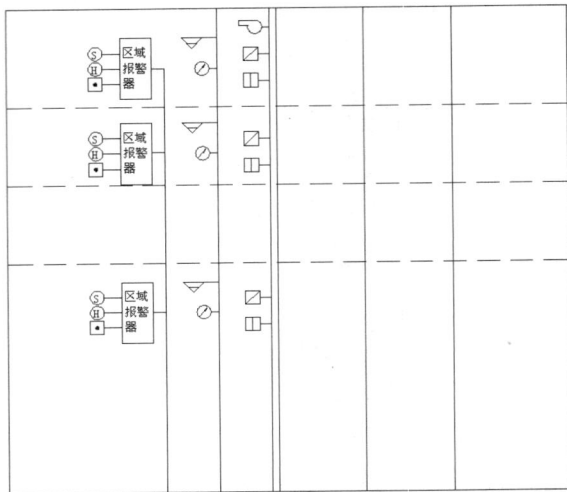

图 5-103　复制图形

6. 绘制卷帘门、防火门和吊臂符号

（1）绘制矩形。单击"默认"选项卡"绘图"面板中的"矩形"按钮，绘制一个长度为 4.5mm、宽度为 3mm 的矩形，如图 5-104 所示。

（2）等分矩形边。在命令行中输入 DIV 命令，将矩形的长边三等分，命令行提示与操作如下。

```
命令：DIV✓
选择要定数等分的对象：（选择矩形的一条长边）
输入线段数目或 [块(B)]：3✓
```

（3）绘制水平直线段。单击"默认"选项卡"绘图"面板中的"直线"按钮，捕捉矩形的等分节点，以其为起点，水平向右绘制两条长度为 3mm 的直线段，完成卷帘门符号的绘制，如图 5-105 所示。

（4）旋转图形。在卷帘门符号的基础上，单击"默认"选项卡"修改"面板中的"旋转"按钮，将卷帘门符号旋转 90°，完成防火门符号的绘制，如图 5-106 所示。

图 5-104　绘制矩形

图 5-105　卷帘门符号

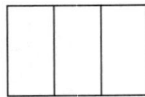

图 5-106　防火门符号

（5）绘制矩形。单击"默认"选项卡"绘图"面板中的"矩形"按钮，绘制一个长度为 4mm、宽度为 4mm 的矩形，如图 5-107（a）所示。

（6）绘制直线段。单击"默认"选项卡"绘图"面板中的"直线"按钮，捕捉矩形上边框的中点和下边框的端点绘制斜线，完成吊臂符号的绘制，如图 5-107（b）所示。

（7）移动图形。单击"默认"选项卡"修改"面板中的"移动"按钮✛，将绘制的卷帘门、防火门与吊臂符号插入图纸中。单击"默认"选项卡"绘图"面板中的"直线"按钮╱，添加连接线，部分图形如图 5-108 所示。

（8）复制图形。单击"默认"选项卡"修改"面板中的"复制"按钮🖧，将图 5-108 中的卷帘门、防火门与吊臂符号向下复制两份，复制距离分别为 25mm 和 72mm，如图 5-109 所示。

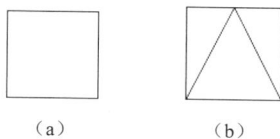
图 5-107　吊臂符号

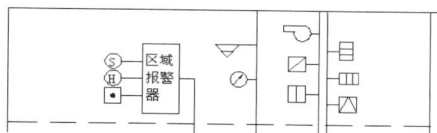
图 5-108　移动图形并添加连接线

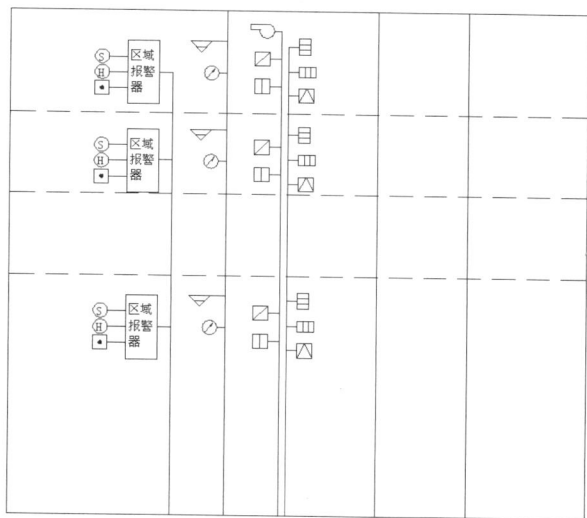
图 5-109　复制图形

7. 绘制扬声器、障碍灯、警铃和诱导灯符号

（1）绘制矩形。单击"默认"选项卡"绘图"面板中的"矩形"按钮▭，绘制一个长度为 3mm、宽度为 1mm 的矩形，如图 5-110 所示。

（2）绘制斜线。选择菜单栏中的"工具"→"绘图设置"命令，在弹出的"草图设置"对话框中设置增量角为 45°，如图 5-111 所示。单击"默认"选项卡"绘图"面板中的"直线"按钮╱，关闭正交模式，绘制一条长度为 2mm 的斜线，如图 5-112 所示。

图 5-110　绘制矩形

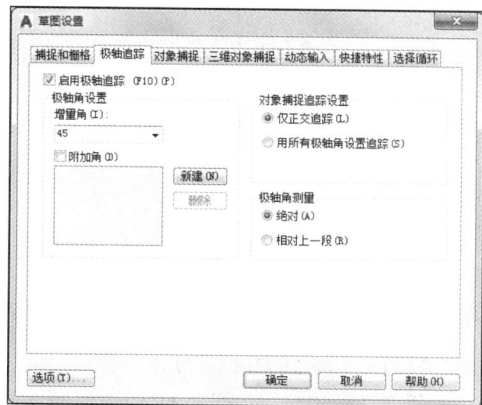
图 5-111　"草图设置"对话框

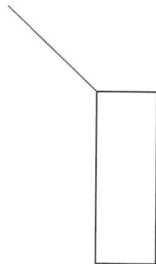
图 5-112　绘制斜线

（3）镜像斜线。单击"默认"选项卡"修改"面板中的"镜像"按钮⚠，对绘制的斜线以矩形两条宽边的中点连线为镜像线进行镜像，如图 5-113 所示。

（4）绘制直线段。单击"默认"选项卡"绘图"面板中的"直线"按钮╱，连接两斜线的端点，完成扬声器符号的绘制，如图5-114所示。

（5）绘制矩形。单击"默认"选项卡"绘图"面板中的"矩形"按钮▢，绘制一个长度为3.5mm、宽度为3mm的矩形，如图5-115（a）所示。

（6）绘制圆。单击"默认"选项卡"绘图"面板中的"圆"按钮⊙，以矩形上边的中点为圆心，绘制一个半径为1.5mm的圆。

（7）修剪圆。单击"默认"选项卡"修改"面板中的"修剪"按钮▼，修剪掉矩形内的圆弧，完成障碍灯符号的绘制，如图5-115（b）所示。

图5-113　镜像斜线

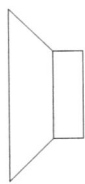

图5-114　扬声器符号

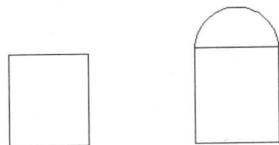

（a）　　　　　（b）

图5-115　障碍灯符号

（8）绘制圆。单击"默认"选项卡"绘图"面板中的"圆"按钮⊙，绘制一个半径为2.5mm的圆。

（9）绘制直径。单击"默认"选项卡"绘图"面板中的"直线"按钮╱，绘制圆的水平直径和竖直直径，如图5-116（a）所示。

（10）偏移直线段。单击"默认"选项卡"修改"面板中的"偏移"按钮⬚，将绘制的水平直径向下偏移，偏移距离为1.5mm；将竖直直径向左、右两侧偏移，偏移距离均为1mm，如图5-116（b）所示。

（11）绘制直线段。单击"默认"选项卡"绘图"面板中的"直线"按钮╱，分别连接图5-116（b）中的点P与点Q、点T与点S。

（12）修剪图形。单击"默认"选项卡"修改"面板中的"修剪"按钮▼，修剪掉多余的直线段，完成警铃符号的绘制，如图5-116（c）所示。

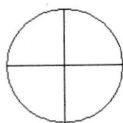

（a）

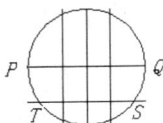

（b）

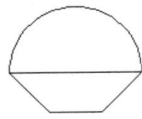

（c）

图5-116　绘制警铃符号

（13）单击"默认"选项卡"绘图"面板中的"直线"按钮╱，绘制一条长度为3mm的竖直直线段，如图5-117（a）所示。

（14）单击"默认"选项卡"修改"面板中的"旋转"按钮↻，选择"复制"模式，将刚刚绘制的竖直直线段绕下端点逆时针旋转60°，如图5-117（b）所示。单击"默认"选项卡"修改"面板中的"旋转"按钮↻，选择"复制"模式，将竖直直线段绕上端点顺时针旋转60°，完成诱导灯符号的绘制，如图5-117（c）所示。

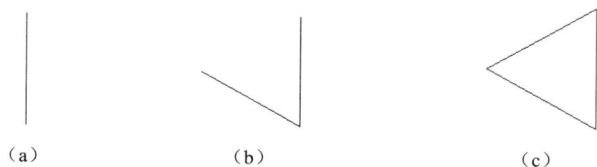

图 5-117 绘制诱导灯符号

（15）移动图形。单击"默认"选项卡"修改"面板中的"移动"按钮✛，将绘制的扬声器、障碍灯、警铃和诱导灯符号插入图纸中。单击"默认"选项卡"绘图"面板中的"直线"按钮，添加连接线，如图 5-118 所示。

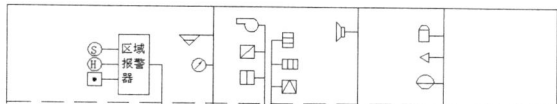

图 5-118 移动图形并添加连接线

（16）复制图形。单击"默认"选项卡"修改"面板中的"复制"按钮，将图 5-118 中的扬声器、障碍灯、诱导灯和警铃符号向下复制两份，复制距离分别为 25mm 和 72mm。单击"默认"选项卡"修改"面板中的"修剪"按钮，修剪掉多余的曲线，如图 5-119 所示。

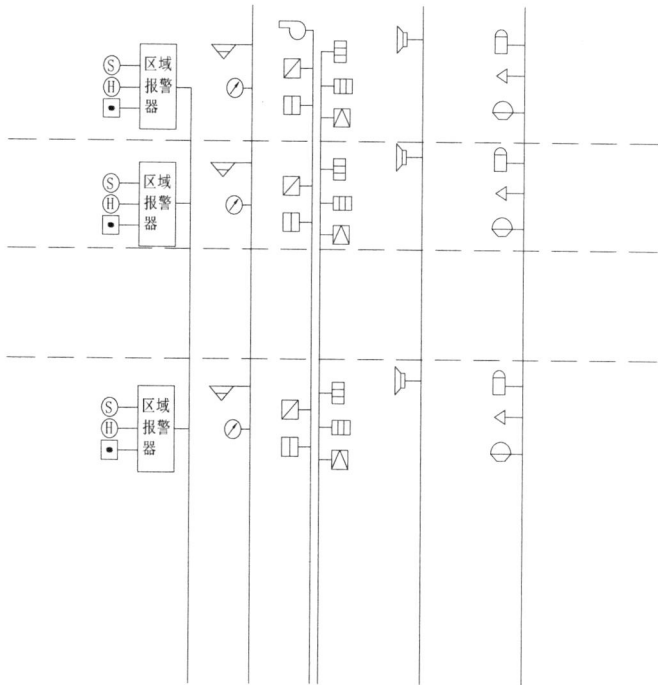

图 5-119 复制图形

8．完善图形

（1）绘制其他设备标志框。单击"默认"选项卡"绘图"面板中的"矩形"按钮，绘制一系列矩形，代表各主要组成部分在图纸中的位置分布，如图 5-120 所示。

（2）添加连接线。单击"默认"选项卡"绘图"面板中的"直线"按钮，绘制连接线，然后单击"默认"选项卡"修改"面板中的"移动"按钮✛，将各连接线移动到合适的位置，结果如图 5-121 所示。

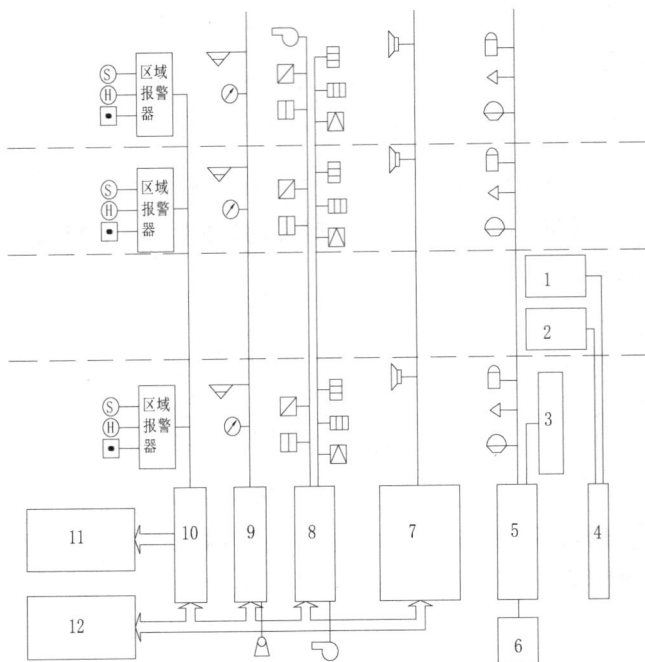

图 5-120　绘制一系列矩形

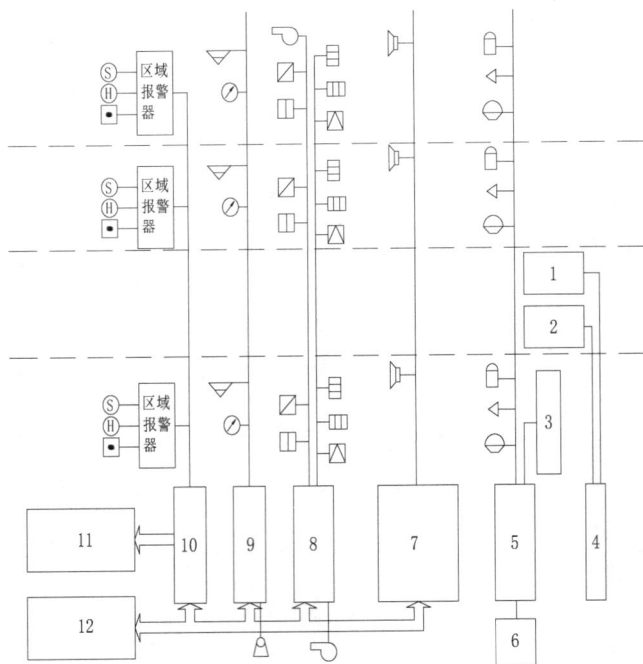

图 5-121　添加连接线

（3）添加文字。将"标注层"图层设置为当前图层，在图中对应的矩形中间和各元件旁边添加文字。单击"默认"选项卡"修改"面板中的"分解"按钮，将图 5-121 中的矩形 7 分解为直线段。在命令行中输入 DIV 命令，等分矩形 7 的长边，命令行提示与操作如下。

命令：DIV✓
选择要定数等分的对象：（选择矩形 7 的一条长边）
输入线段数目或[块(B)]：7✓

（4）绘制直线段。单击"默认"选项卡"绘图"面板中的"直线"按钮 ，以各个节点为起点，水平向右绘制直线段，直线段的长度为20mm，如图 5-122 所示。

（5）添加文字。单击"默认"选项卡"注释"面板中的"多行文字"按钮 A，在矩形框中输入文字，结果如图 5-123 所示。

图 5-122　绘制直线段

图 5-123　添加文字

（6）生成最终图形。单击"默认"选项卡"注释"面板中的"多行文字"按钮 A，添加其他文字，结果如图 5-124 所示。仔细检查图形，补充绘制消防泵、排烟机等图形符号，完成图纸的绘制，如图 5-125 所示。

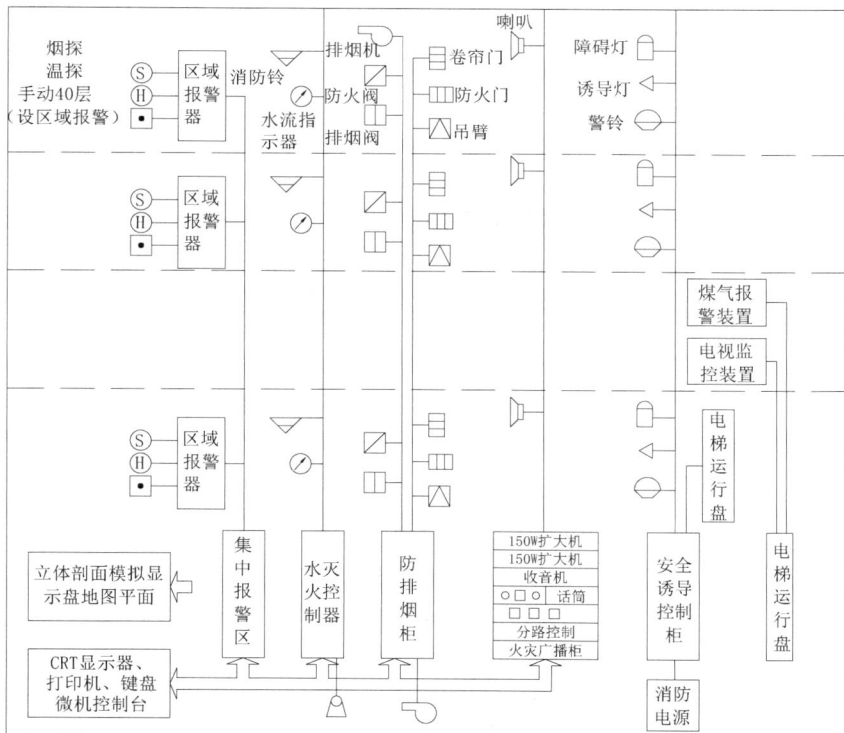

图 5-124　添加其他文字

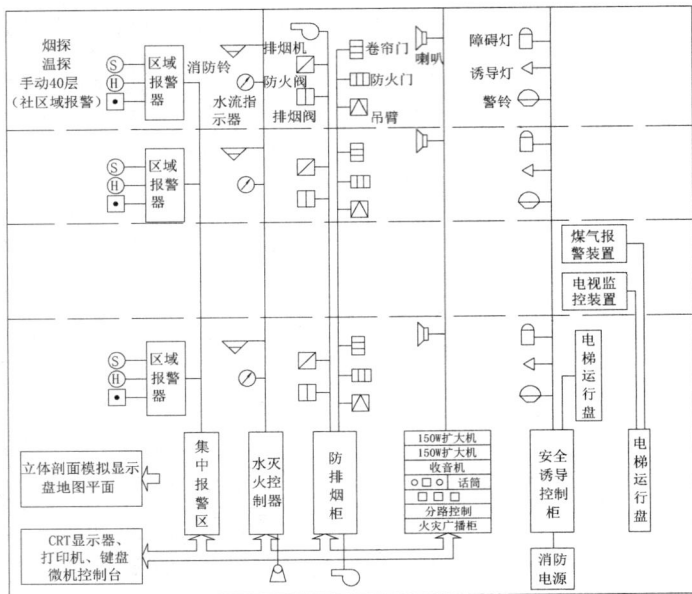

图 5-125　某建筑物消防安全系统图

拓展知识

一、建筑平面图绘制概述

建筑平面图是表达建筑物结构的基本图样之一，主要反映建筑物的平面布局情况。

1. 概述

建筑平面图是假想在门窗洞口之间用一水平剖切面将建筑物剖切成两部分，下半部分在水平面上（H 面）的正投影图。

平面图中的主要图形包括剖切到的墙、柱、门窗、楼梯，以及看到的地面、台阶等剖切面以下部分的构建轮廓。因此，从平面图中可以看到建筑物的平面大小、形状、空间平面布局、内外交通及联系、建筑构配件大小及材料等内容，除了按制图知识和相关规范绘制建筑构配件的平面图形外，还需标注尺寸及文字说明、设置图面比例等。

由于建筑平面图能突出地表达建筑物的组成和功能关系等方面的内容，因此一般建筑设计都从平面设计入手。在平面设计中应从建筑物整体出发，考虑建筑空间组合的效果，照顾建筑物剖面和立面的效果和体型关系。在设计的各个阶段中，都应有建筑平面图样，但表达的深度不同。

一般的建筑平面图可以使用粗、中、细 3 种线型来绘制。被剖切到的墙、柱断面的轮廓线用粗线绘制；被剖切到的次要部分的轮廓线，如墙面抹灰、轻质隔墙，以及没有剖切到的可见部分的轮廓，如窗台、墙身、阳台、楼梯段等，均用中实线绘制；没有剖切到的高窗、墙洞和不可见部分的轮廓线都用中虚线绘制；引出线、尺寸标注线等用细实线绘制；定位轴线、中心线和对称线等用细点画线绘制。

2. 建筑平面图的类型

（1）根据剖切位置分类

根据剖切位置，建筑平面图可分为地下层平面图、底层平面图、X 层平面图、标准层平面图、屋顶平面图和夹层平面图等。

（2）根据设计阶段分类

根据设计阶段，建筑平面图可分为方案平面图、初设平面图和施工平面图。不同图样表达的深度不一样。

3. 建筑平面图的图示要点

建筑平面图的图示要点如下。

（1）每个平面图对应一个建筑物楼层，并注有相应的图名称。

（2）可以表示多层的平面图称为标准层平面图。标准层平面图中各层的房间数量、大小和布置必须一样。

（3）建筑物左右对称时，可以将两层的平面图绘制在同一张图纸上，左边和右边分别绘制出各层的一半，同时中间要注上对称符号。

（4）如果建筑平面较大，可以进行分段绘制。

4. 建筑平面图的主要内容

建筑平面图的主要内容如下。

（1）标注墙、柱、门、窗等的位置和编号，房间的名称或编号，以及轴线编号等。

（2）标注出室内外的有关尺寸及室内楼层、地面的标高。如果本层是建筑物的底层，则标高为±0.000。

（3）标注出电梯、楼梯的位置以及楼梯的上下方向和主要尺寸。

（4）标注阳台、雨篷、踏步、斜坡、雨水管道、排水沟等的具体位置以及尺寸。

（5）画出卫生器具、水池、工作台以及其他重要设备的位置。

（6）画出剖面图的剖切符号以及编号。根据绘图习惯，一般只在底层平面图中绘制出来。

（7）标注出有关部位上的节点详图的索引符号。

（8）标注出指北针。根据绘图习惯，一般只在底层平面图中绘制指北针。

5. 建筑平面图绘制的一般步骤

建筑平面图绘制的一般步骤如下。

（1）设置绘图环境。

（2）绘制轴线。

（3）绘制墙线。

（4）绘制柱。

（5）绘制门窗。

（6）绘制阳台。

（7）绘制楼梯、台阶。

（8）布置室内。

（9）布置室外周边景观（底层平面图）。

（10）标注尺寸、文字。

二、简单建筑平面图的绘制

商品房单元是现代建筑设计中广泛用到的一种建筑结构型式，是现代民用建筑中的基本组成单元。图 5-126 的绘制思路为依次绘制墙体、门窗和建筑设备等，最后进行尺寸标注和添加文字说明。在绘制墙体的过程中，首先绘制主墙，然后绘制隔墙，最后进行合并调整。绘制门窗时，首先在墙上开出门窗洞，然后在门窗洞上绘制门和窗户。绘制建筑设备时，充分利用建筑设备图库中的图例来提高绘图效率。对于建筑平面图，尺寸标注和文字说明是非常重要的部分，建筑各个部分的具体大小和材料做法等都以尺寸标注、文字说明为依据。

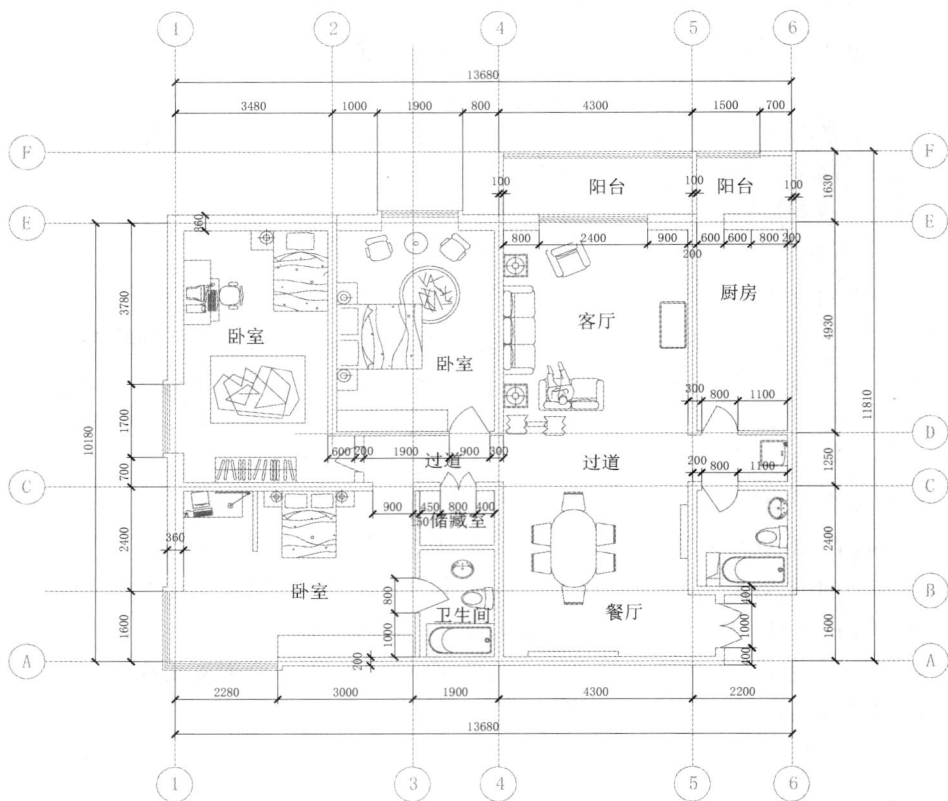

商品房单元平面图1：100

图 5-126　商品房单元平面图

1．设置绘图参数

（1）设置图层。

（2）设置标注样式。

2. 绘制辅助线

底层建筑的辅助线网格如图 5-127 所示。

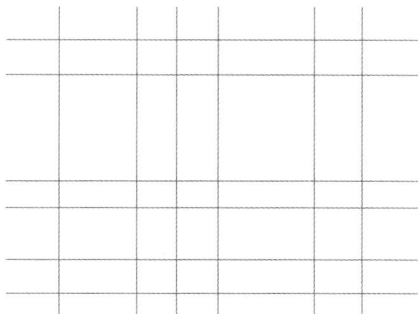

图 5-127　底层建筑的辅助线网格

3. 绘制墙体

绘制的墙体如图 5-128 所示。

4. 绘制门窗

绘制的门窗如图 5-129 所示。

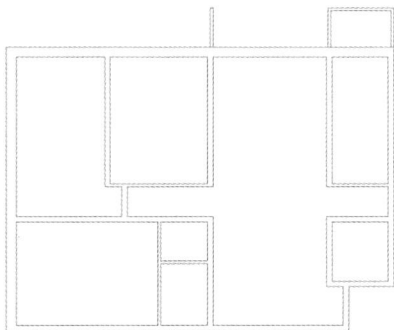

图 5-128　绘制的墙体

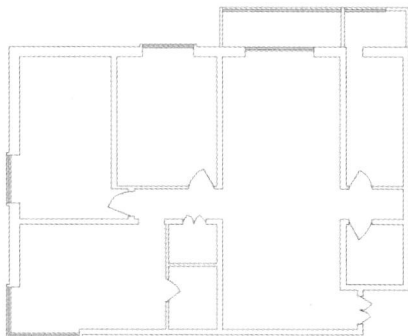

图 5-129　绘制的门窗

5. 绘制建筑设备

全部建筑设备的绘制结果如图 5-130 所示。

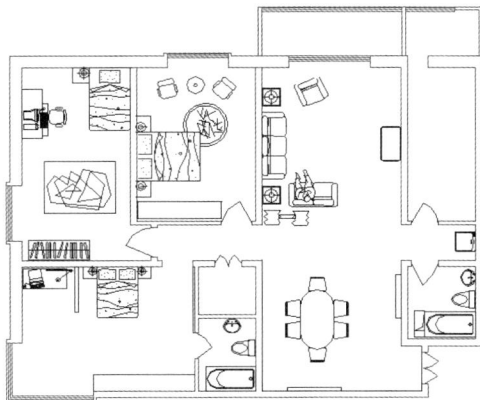

图 5-130　全部建筑设备的绘制结果

6. 尺寸标注和文字说明

添加尺寸标注和文字说明，结果如图 5-126 所示。

自测练习题

1. 如果选择的比例因子为 2，则长度为 50 的直线段将被标注为（　　　）。

  A. 100
            B. 50

  C. 25
            D. 需询问，然后由设计者指定

2. 将图和已标注的尺寸同时放大 2 倍，结果是（　　　）。

  A. 尺寸值是原尺寸的 2 倍
     B. 尺寸值不变，字高是原尺寸的 2 倍

  C. 尺寸箭头是原尺寸的 2 倍
     D. 原尺寸不变

3. 将尺寸标注对象（如尺寸线、尺寸界线、箭头和文字）作为单一的对象，必须将（　　　）变量设置为 ON。

  A. DIMON
            B. DIMASZ

  C. DIMASO
            D. DIMEXO

4. 尺寸公差中的上下偏差可以在线性标注的（　　　）选项中堆叠起来。

  A. 多行文字
           B. 文字

  C. 角度
             D. 水平

5. 下面不能作为多重引线线型的是（　　　）。

  A. 直线段
           B. 多段线

  C. 样条曲线
          D. 以上均可以

6. 新建一个标注样式，此标注样式的基准标注为（　　　）。

  A. ISO-25
            B. 当前标注样式

  C. 应用最多的标注样式
     D. 命名最靠前的标注样式

实战演练

实战演练 1——绘制办公室电气照明平面图

绘制图 5-131 所示的办公室电气照明平面图。

操作提示如下。

（1）设置绘图环境。

（2）绘制建筑平面图。

（3）绘制各元器件的图形符号。

（4）添加注释文字与尺寸标注

微课

实战演练 1——
绘制办公室电气
照明平面图

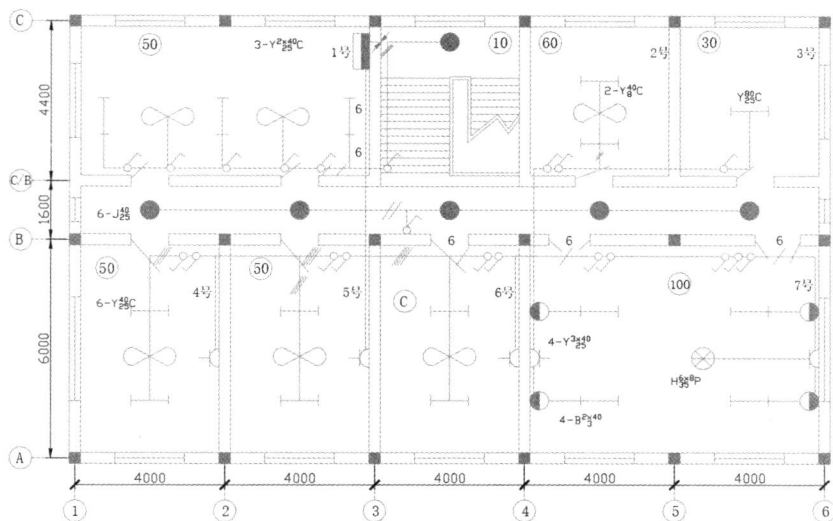

图 5-131　办公室电气照明平面图

实战演练 2——绘制门禁系统图

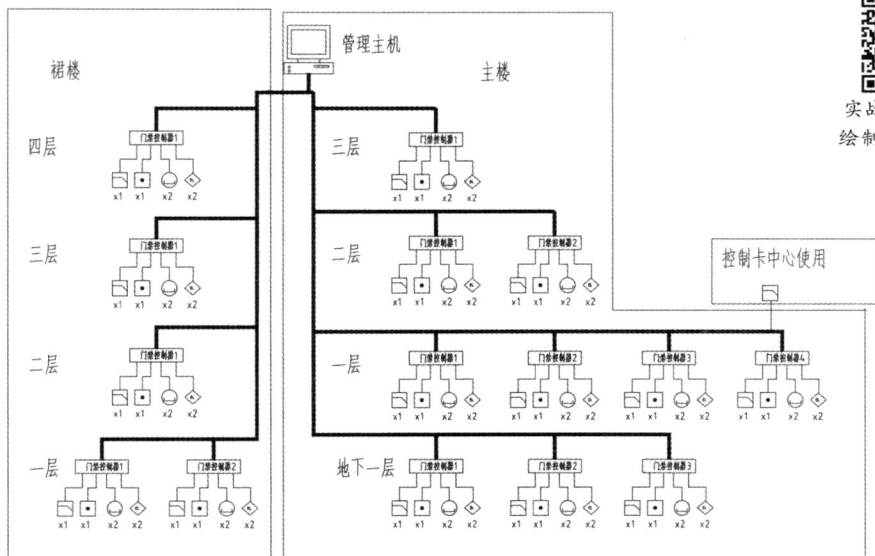

绘制图 5-132 所示的门禁系统图。

图 5-132　门禁系统图

操作提示如下。

（1）绘制各个单元模块。

（2）插入和复制各个单元模块。

（3）绘制连接线。

（4）标注文字。

龙门刨床电气设计综合实例

项目导入

本项目将以大型龙门刨床的电气设计为实例，综合运用 AutoCAD 2020 的电气设计功能，帮助读者提高电气设计能力，从而更加熟练地掌握 AutoCAD 2020 电气设计技能。

素养目标

1. 在设计龙门刨床的电气系统时，精确的设计直接关系到机床的性能和操作者的安全。这要求学生具备强烈的责任感和对技术细节的关注，以确保设计的高可靠性和安全性。

2. 鼓励学生在传统设计的基础上进行创新，探索更高效、更节能的电气设计方案，体现技术进步对社会生产力发展的推动作用。

3. 技术的发展日新月异，学生需要不断学习新的知识和技能。这种终身学习的态度对个人的发展是至关重要的。

相关知识

一、龙门刨床介绍

龙门刨床是一种大型机床，如图 6-1 所示，主要用来加工有平面加工要求的大型工件，如箱体、横梁、立柱和导轨等，既可以在这些工件上刨削各种平面、斜面和槽等，也可以一次装夹多个中、小型工件进行加工。图 6-2 所示为龙门刨床的主要构造示意，本项目主要介绍 A 系列龙门刨床的电路。

龙门刨床的主运动是工作台前进和后退的往复直线运动，进给运动是刀架的移动，辅助运动包括刀架的快速移动与抬刀、工作台的步进与步退，以及横梁的升降和横梁的夹紧与放松等。这些运动分别由电动机驱动，包括 9 台交流电动机、3 台直流电动机和 1 台电机放大机。

龙门刨床的工作台做往复运动，切削时刀具速度低，后退时刀具速度高，为提高工作效率，要求工作台调速范围宽，最高转速与最低转速之比不低于 10：1。龙门刨床采用电动机放大机—

直流发电机—直流电动机系统，可实现无级调速。

图 6-1　龙门刨床

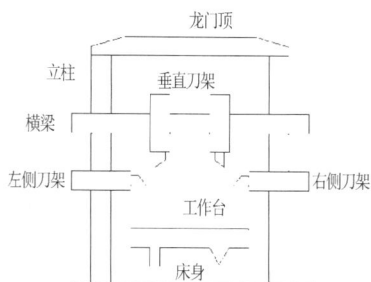

图 6-2　龙门刨床的主要构造示意

切削负载变化时，拖动工作台的电动机转速变化要小，以免影响加工表面的精度和光洁度，要求静差率为 5%～10%。

在刨削过程中，一般采取刀架慢速切入，加速至移动工作速度，然后减速前进，工作台慢速前进，工作台制动并反向启动，后退加速，以一定工作速度后退，然后后退减速，制动返回切入位置。

工作台往返一次，刀架能自动进给一次，在返回行程中，刀架应自动抬起。出于安全保护，应该设置急停和行程开关，装置于操作面板和床身处。

二、主电路系统图

微课

主电路系统图

拖动工作台做往复直线运动的主电路系统包括 2 台交流电动机和 4 台直流电动机。由交流电动机 M1 拖动直流发电机 G1 和励磁机 G2，G1 为主直流电动机 M 的电枢提供直流电源，G2 为 M 提供励磁电源。交流电动机 M2 拖动电机放大机 K，K 作为励磁调节器，调节直流发电机 G1 的励磁磁通，改变直流发电机的输出电压，从而达到调节直流电动机 M 的转速（即主运动速度）的目的。

其他的辅助运动则由 7 台交流电动机完成。交流电动机 M3 装在直流电动机 M 上面，用于通风；交流电动机 M4 装在床身右侧，作为润滑电动机；交流电动机 M5 装在横梁右侧，用于完成垂直刀架水平进刀和垂直进刀；交流电动机 M6、M7 分别装在左、右侧立柱上，用于左、右侧刀架的上下运动；交流电动机 M8 装在立柱顶上，用于完成横梁升降；交流电动机 M9 装在横梁中间，用于夹紧横梁。主电路系统图的绘制流程如图 6-3 所示。

1. 主供电线路设计

主供电线路由 9 台交流电动机提供电源和实现过流保护。

（1）打开随书资源中的"源文件\6\A0.dwt"文件，以此为基础建立新文件，将新文件命名为"主电路系统图"并保存。

（2）单击"默认"选项卡"图层"面板中的"图层特性"按钮，弹出"图层特性管理器"选项板，新建"主回路层""控制回路层""文字说明层"3 个图层。

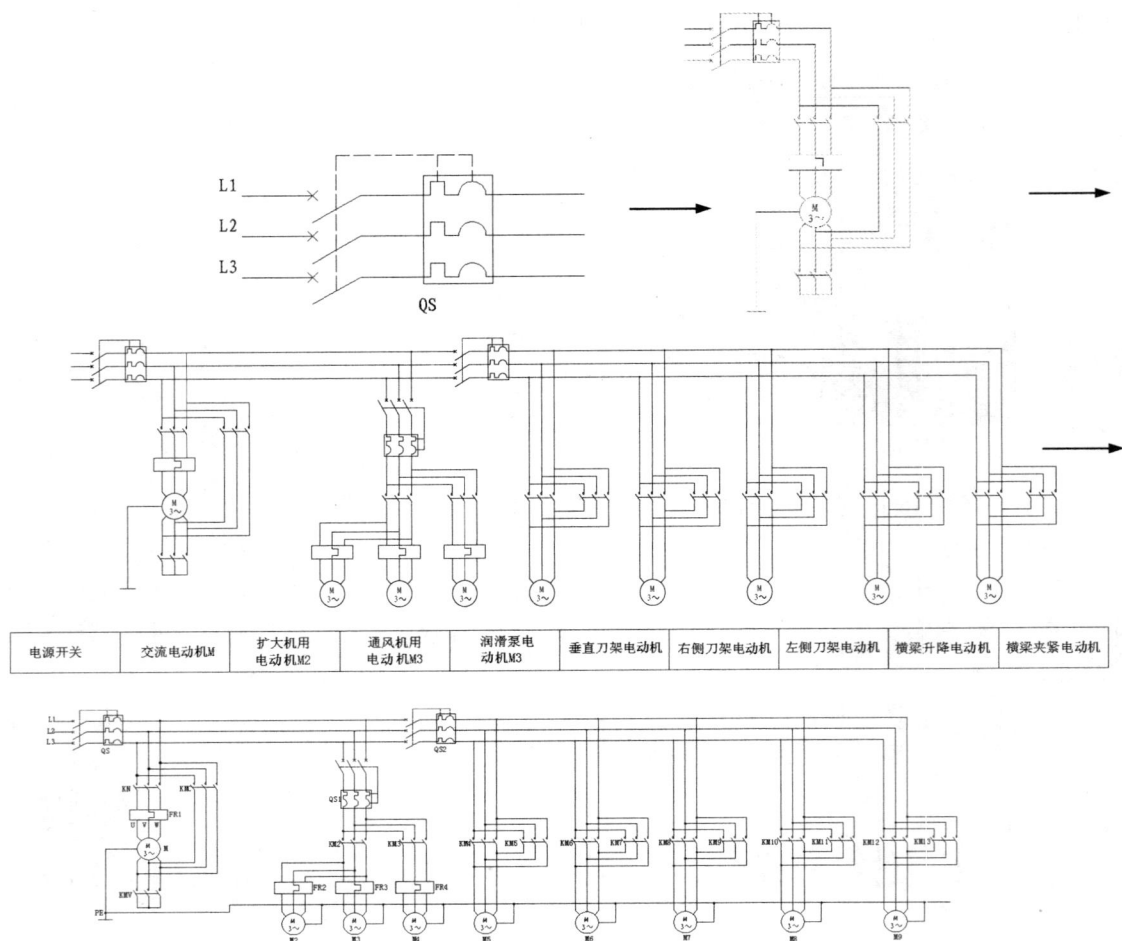

图 6-3　主电路系统图的绘制流程

（3）选择"主回路层"图层作为当前图层，单击"默认"选项卡"绘图"面板中的"直线"按钮／，绘制图 6-4 所示的折线，命令行提示与操作如下。

```
命令：_line
指定第一个点：＜正交 开＞ ＜对象捕捉 开＞（适当指定一点）
指定下一点或 [放弃(U)]：@50,0
指定下一点或 [放弃(U)]：@0,-20
指定下一点或 [闭合(C)/放弃(U)]：@40<30
指定下一点或 [闭合(C)/放弃(U)]：@50,0
指定下一点或 [闭合(C)/放弃(U)]：@0,10
指定下一点或 [闭合(C)/放弃(U)]：@10,0
指定下一点或 [闭合(C)/放弃(U)]：@0,-10
指定下一点或 [闭合(C)/放弃(U)]：@100,0
指定下一点或 [闭合(C)/放弃(U)]：*取消*
```

（4）单击"默认"选项卡"绘图"面板中的"圆"按钮⊙，绘制图 6-5 所示的圆形，命令行提示与操作如下。

```
命令: _circle
指定圆的圆心或 [三点(3P)/两点(2P)/切点、切点、半径(T)]: 2p
指定圆直径的第一个端点:
指定圆直径的第二个端点: @20,0
```

图 6-4　绘制折线

图 6-5　绘制圆形

（5）单击"默认"选项卡"修改"面板中的"移动"按钮✛，把绘制的圆形向 X 轴正方向平移 10mm，结果如图 6-6 所示。

（6）选中图 6-6 中左侧的竖直直线段，右击并在弹出的快捷菜单中选择"删除"命令，或者按 Delete 键将其删除，结果如图 6-7 所示。

图 6-6　平移圆形

图 6-7　删除效果

（7）单击"默认"选项卡"绘图"面板中的"直线"按钮⟋，绘制图 6-8 所示的两段与 X 轴正方向成 45°、长 2mm 的斜线。

（8）单击"默认"选项卡"修改"面板中的"镜像"按钮⚞，把步骤（7）中绘制的两段斜线沿水平直线段镜像，效果如图 6-9 所示。

图 6-8　绘制两段斜线

图 6-9　镜像效果

（9）单击"默认"选项卡"修改"面板中的"修剪"按钮⛏，以水平直线段为边界，裁去圆形的下半部分，以半圆为边界，裁去与半圆相交的直线段，如图 6-10 所示。

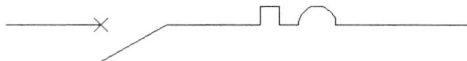

图 6-10　修剪效果

（10）选择菜单栏中的"格式"→"线型"命令，弹出"线型管理器"对话框，加载虚线，如图 6-11 所示。将线型选择为虚线，单击"默认"选项卡"绘图"面板中的"直线"按钮⟋，绘制图 6-12 所示的连接线，命令行提示与操作如下。

```
命令: _line
指定第一个点: _mid 于（捕捉斜线中点）
指定下一点或 [放弃(U)]: @0,40
指定下一点或 [放弃(U)]:（水平向右指定一点）
指定下一点或 [闭合(C)/放弃(U)]:（竖直向下指定圆弧上的一点）
指定下一点或 [闭合(C)/放弃(U)]: *取消*
命令: _line
指定第一个点: _mid 于（捕捉凸起水平线的中点）
指定下一点或 [放弃(U)]: _per 到（捕捉与水平虚线的垂足）
```

（11）单击"默认"选项卡"修改"面板中的"复制"按钮⽕，将图 6-10 中绘制的图形复制两份，并向 Y 轴负方向移动，移动距离为 30mm。

（12）单击"默认"选项卡"绘图"面板中的"矩形"按钮▢和"修改"面板中的"移动"按钮✛，绘制图 6-13 所示的矩形框，命令行提示与操作如下。

```
命令: _rectang
指定第一个角点或 [倒角(C)/标高(E)/圆角(F)/厚度(T)/宽度(W)]:（适当指定一点）
指定另一个角点或 [面积(A)/尺寸(D)/旋转(R)]: @50,-80
命令: _move
选择对象: 找到 1 个
选择对象:
指定基点或 [位移(D)] <位移>:
指定位移 <10.0000,0.0000,0.0000>: @-5,5
```

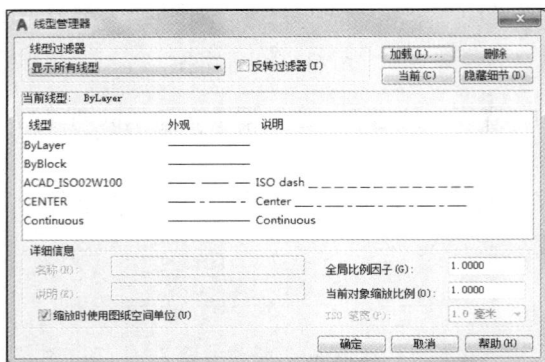

图 6-11　加载虚线

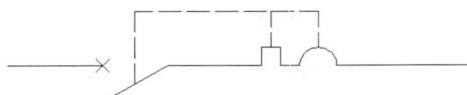

图 6-12　绘制连接线

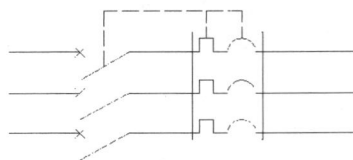

图 6-13　绘制矩形框

（13）单击"默认"选项卡"修改"面板中的"延伸"按钮━┨，延伸虚线，如图 6-14 所示。

（14）单击"默认"选项卡"注释"面板中的"多行文字"按钮A，为导线和开关添加标注文字，如图 6-15 所示。

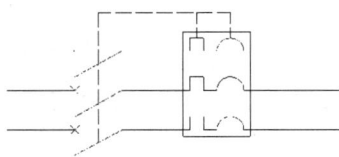

图 6-14　延伸效果

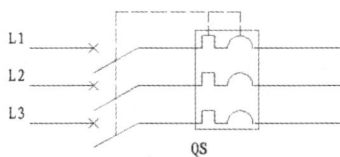

图 6-15　添加标注文字

2. 交流电动机 M1 供电线路设计

（1）单击快速访问工具栏中的"打开"按钮🗁，打开随书资源中的"源文件\6\三相异步交流电动机控制线路图.dwg"文件，选中电动机供电线路，选择菜单栏中的"编辑"→"复制"命令。打开主电路系统图设计窗口，选择菜单栏中的"编辑"→"粘贴"命令，结果如图 6-16 所示。

（2）单击"默认"选项卡"修改"面板中的"删除"按钮✐，删除多余的导线和开关 QG，结果如图 6-17 所示。

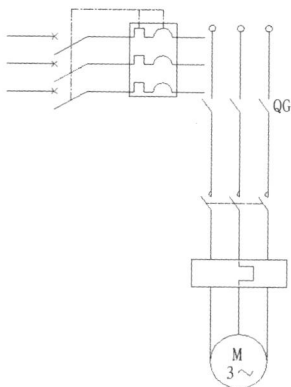

图 6-16　粘贴效果

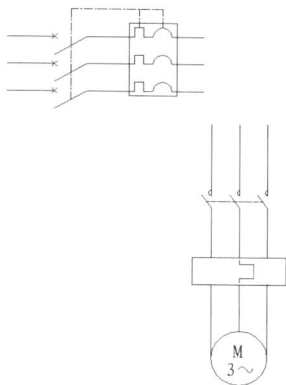

图 6-17　删除效果

（3）单击"默认"选项卡"绘图"面板中的"直线"按钮 ╱，在电动机上方绘制一条水平直线段，结果如图 6-18 所示。

（4）单击"默认"选项卡"修改"面板中的"修剪"按钮 ，剪切两侧直线段，并将绘制的水平直线段删除，再单击"默认"选项卡"绘图"面板中的"直线"按钮 ╱，绘制折线，结果如图 6-19 所示。

（5）单击"默认"选项卡"修改"面板中的"延伸"按钮 ，把电动机电源线与主电源线连通，结果如图 6-20 所示。

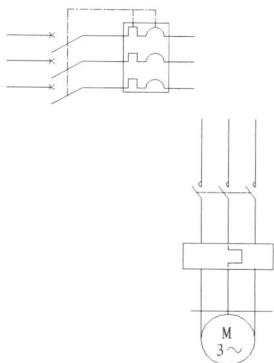

图 6-18　绘制直线段

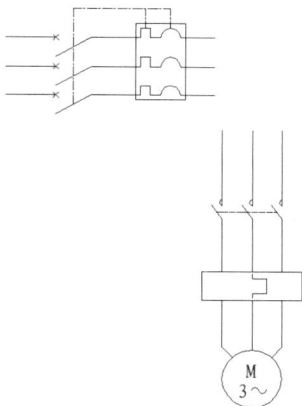

图 6-19　绘制折线

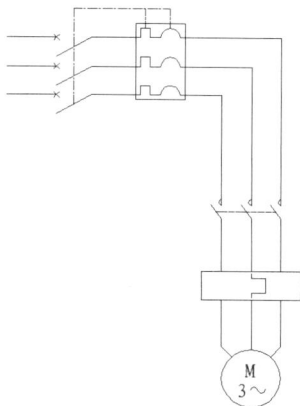

图 6-20　连通效果

（6）单击"默认"选项卡"修改"面板中的"复制"按钮 ，把主触点向 X 轴正方向复制，并移动 150mm。调用"直线"命令，把主触点的一端与电动机电源线连通，如图 6-21 所示。

（7）单击"默认"选项卡"修改"面板中的"镜像"按钮 ，沿电动机外圆的水平直径镜像复制电动机的 3 个端子，如图 6-22 所示。

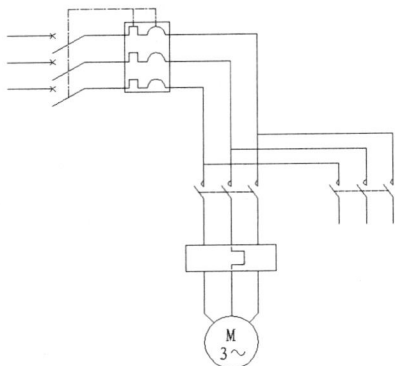

图 6-21　复制主触点并连通　　　　　　　　图 6-22　镜像端子

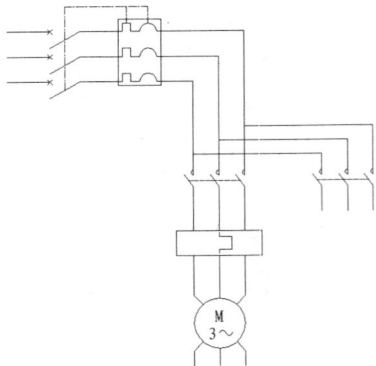

（8）单击"默认"选项卡"绘图"面板中的"直线"按钮╱，用实线连通步骤（6）中复制的触点与步骤（7）中镜像的 3 个端子，如图 6-23 所示。

（9）单击"默认"选项卡"修改"面板中的"复制"按钮，向 Y 轴负方向复制触点；单击"默认"选项卡"绘图"面板中的"直线"按钮╱，把三相连通起来，作为 Y 启动线路，效果如图 6-24 所示。

（10）单击"默认"选项卡"绘图"面板中的"直线"按钮╱，绘制电动机的公共接地符号，如图 6-25 所示。

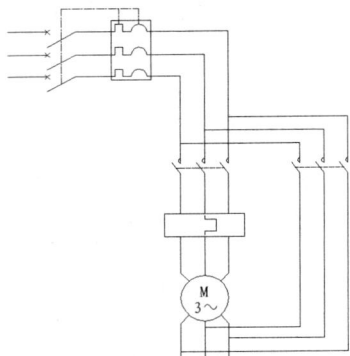

图 6-23　连通触点和端子　　　　图 6-24　绘制 Y 启动线路　　　　图 6-25　绘制公共接地符号

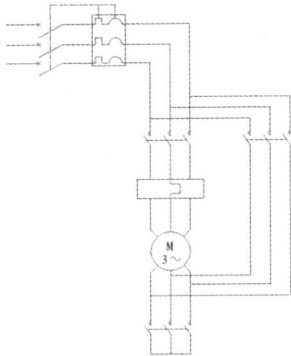

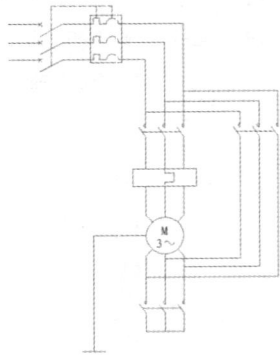

3. 其他交流电动机供电线路设计

（1）完成其他 8 台交流电动机的过载保护和正/反转主线路的设计，效果如图 6-26 所示。

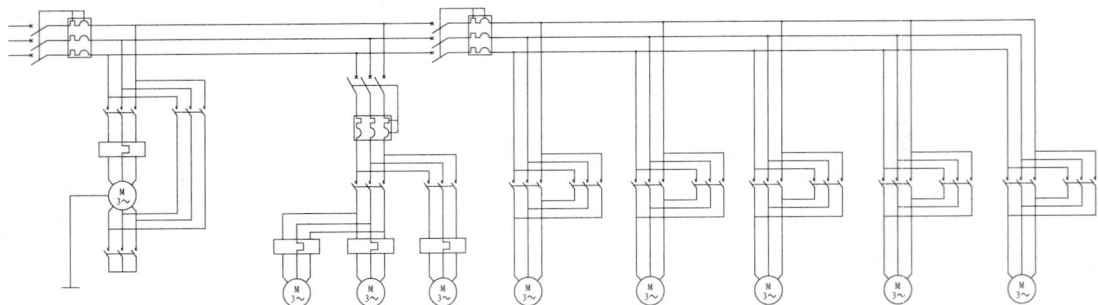

图 6-26　电动机主线路

（2）单击"默认"选项卡"绘图"面板中的"直线"按钮 ╱，把各个交流电动机的机壳接地，结果如图 6-27 所示。

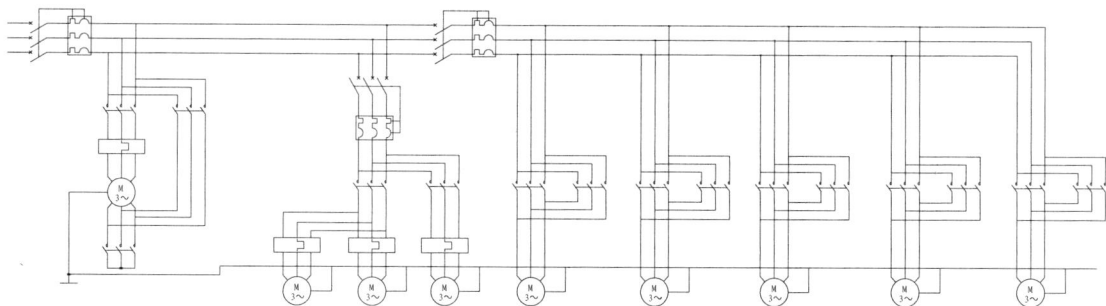

图 6-27 机壳接地

（3）在导线导通处绘制半径为 2mm 的圆，并用 SOLID 图案填充，将其作为导通点，如图 6-28 所示。

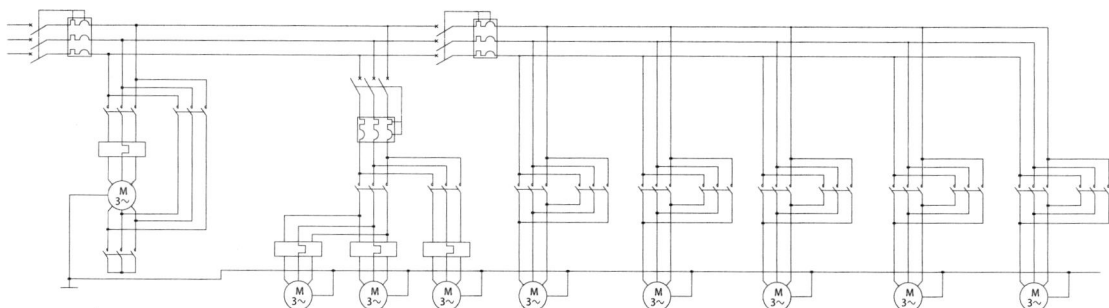

图 6-28 绘制导通点

（4）单击"默认"选项卡"注释"面板中的"多行文字"按钮 A，为各个元件添加文字标识，如图 6-29 所示。

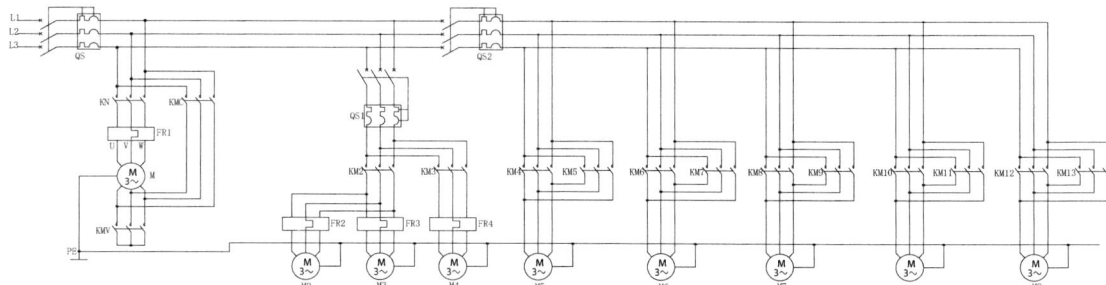

图 6-29 添加文字标识

（5）单击"默认"选项卡"绘图"面板中的"矩形"按钮 □ 和"注释"面板中的"多行文字"按钮 A，为原理图各部分添加标识，如图 6-30 所示。

电源开关	交流电动机M	扩大机用电动机M2	通风机用电动机M3	润滑泵电动机M3	垂直刀架电动机	右侧刀架电动机	左侧刀架电动机	横梁升降电动机	横梁夹紧电动机

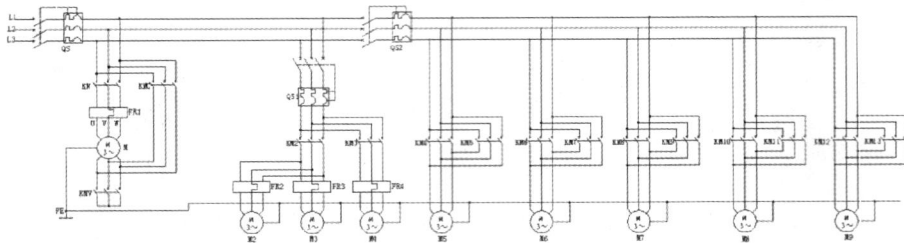

图 6-30　为原理图各部分添加标识

三、主拖动系统图

　　主拖动系统的电气设备示意如图 6-31 所示。在该图中，用矩形框作为部件符号，用文字说明来标识各个部件，箭头方向表示电流或者信号流向，而虚线连接表示两个部件之间具有机械连接关系。矩形框中包括交流电动机 MA、直流发电机 G1 和励磁机 G2 等。其中励磁机 G2 是一台自励发电机，其电压一方面供直流电动机 M 的励磁绕组；另一方面作为直流控制电路的电源。

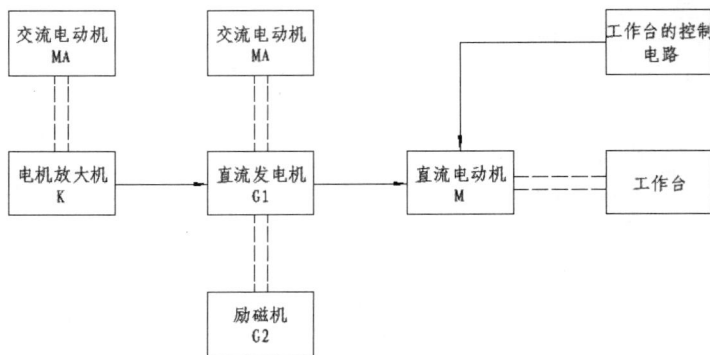

图 6-31　主拖动系统的电气设备示意

主拖动系统图的绘制流程如图 6-32 所示。

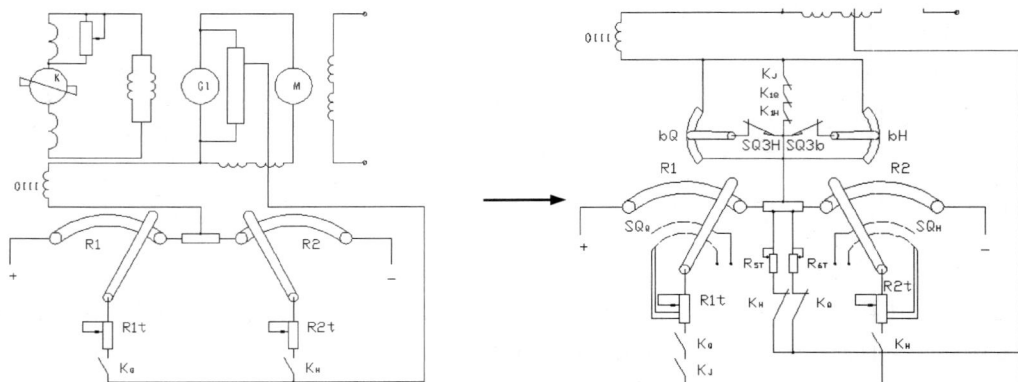

图 6-32　主拖动系统图的绘制流程

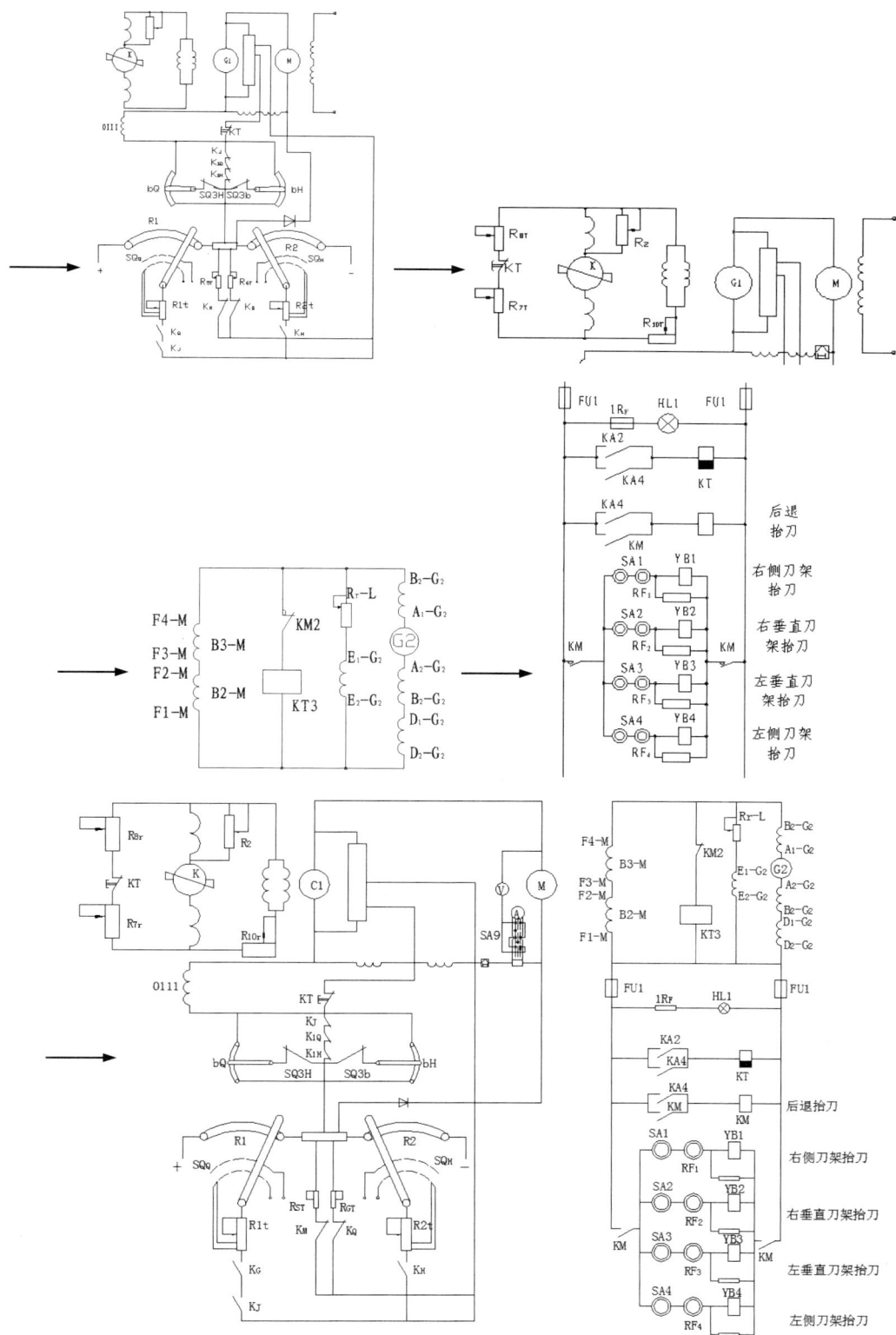

图 6-32 主拖动系统图的绘制流程（续）

1．工作台的前进与后退

（1）新建文件与图层。

① 打开随书资源中的"源文件\6\AD.dwt"样板文件，以此为模板建立新文件，将文件命名为"主电路系统图"并保存。

② 新建"回路层"和"文字说明层"2 个图层，并将"回路层"图层设置为当前图层。

（2）绘制电动机放大机 K 及其励磁绕组。

① 单击"默认"选项卡"绘图"面板中的"圆"按钮⊙和"直线"按钮／，绘制电动机放大机符号，如图 6-33 所示。

② 单击"默认"选项卡"绘图"面板中的"圆弧"按钮／、"直线"按钮／和"矩形"按钮▢，绘制电动机放大机的励磁绕组，包括电感和电阻部分，如图 6-34 所示。

③ 单击"默认"选项卡"绘图"面板中的"圆弧"按钮／和"直线"按钮／，绘制电动机放大机的控制绕组，如图 6-35 所示。

④ 单击"默认"选项卡"注释"面板中的"多行文字"按钮 A，给电动机放大机及其控制绕组添加文字说明，如图 6-36 所示。

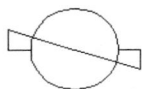
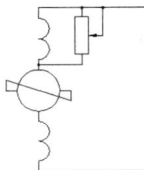
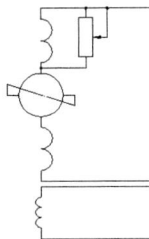
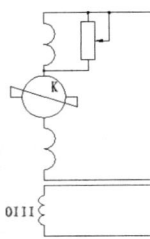

| 图 6-33 绘制电动机放大机符号 | 图 6-34 绘制电动机放大机的励磁绕组 | 图 6-35 绘制电动机放大机的控制绕组 | 图 6-36 添加文字说明 |

⑤ 单击"默认"选项卡"绘图"面板中的"圆弧"按钮／和"直线"按钮／，绘制直流发电机 G1 及其励磁绕组，如图 6-37 所示。

⑥ 单击"默认"选项卡"绘图"面板中的"圆弧"按钮／和"直线"按钮／，绘制直流电动机 M 及其电枢绕组，如图 6-38 所示。

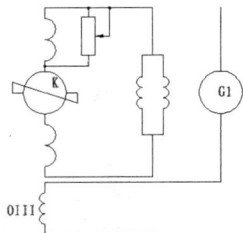
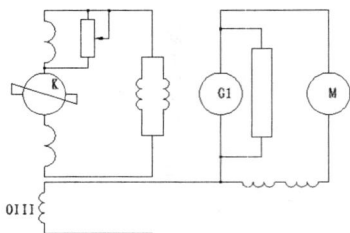

图 6-37 绘制直流发电机及其励磁绕组　　　　图 6-38 绘制直流电动机 M 及其电枢绕组

⑦ 单击"默认"选项卡"绘图"面板中的"圆弧"按钮／和"直线"按钮／，绘制直流电动机 M 的励磁绕组，如图 6-39 所示。

⑧ 单击"默认"选项卡"绘图"面板中的"圆"按钮⊙、"圆弧"按钮／和"矩形"按钮▢，绘制调速电位器，如图 6-40 所示。

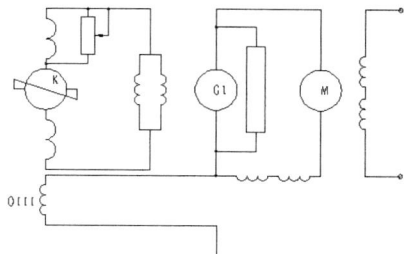

图 6-39　绘制直流电动机 M 的励磁绕组

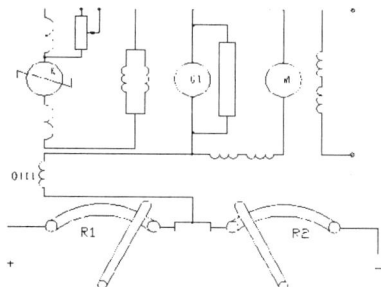

图 6-40　绘制调速电位器

⑨ 单击"默认"选项卡"绘图"面板中的"直线"按钮 ／ ，绘制前进方向的负反馈通道，如图 6-41 所示。

⑩ 单击"默认"选项卡"绘图"面板中的"直线"按钮 ／ 和"矩形"按钮 □ ，绘制后退方向的负反馈通道，如图 6-42 所示。

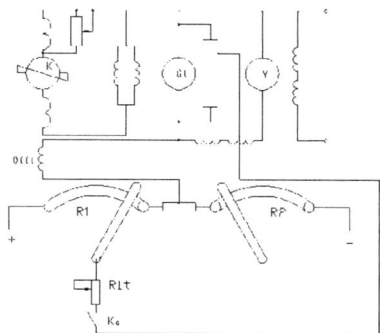

图 6-41　绘制前进方向的负反馈通道

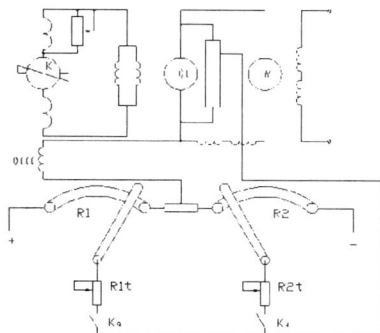

图 6-42　绘制后退方向的负反馈通道

2. 工作台的慢速切入和减速

（1）单击"默认"选项卡"绘图"面板中的"圆弧"按钮 ／ 和"直线"按钮 ／ ，绘制前进通道串联电位器，该电位器可起到加速度调节器的作用，如图 6-43 所示。

（2）单击"默认"选项卡"绘图"面板中的"直线"按钮 ／ ，绘制前进通道串联继电器常开触点 K_J，并联继电器常闭触点 SQ3H，如图 6-44 所示。

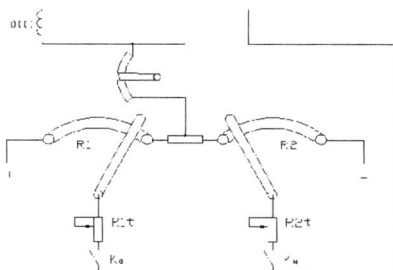

图 6-43　绘制串联电位器

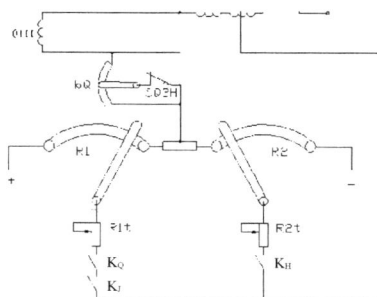

图 6-44　插入控制开关

（3）单击"默认"选项卡"绘图"面板中的"圆弧"按钮 ／ 和"直线"按钮 ／ ，绘制多减速制动挡位，如图 6-45 所示。

（4）重复步骤（1）～（3），绘制后退加速度调节器，如图 6-46 所示。

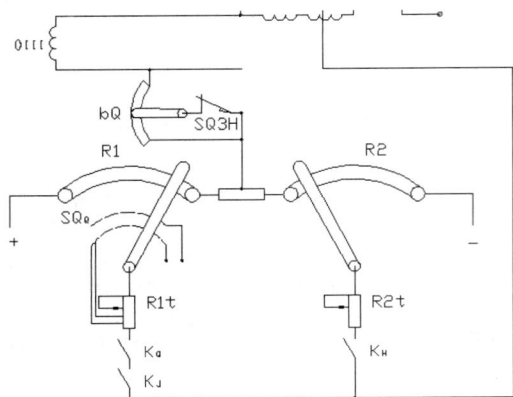

图 6-45　多减速制动挡位

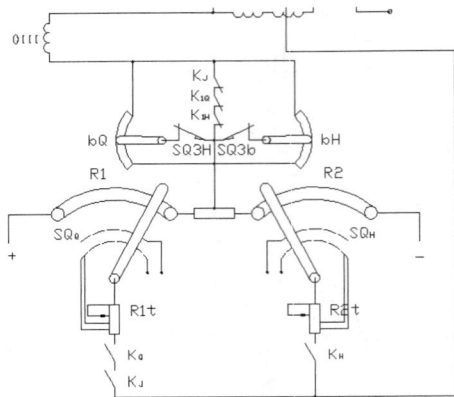

图 6-46　后退加速度调节器

3．工作台的步进和步退

单击"默认"选项卡"块"面板中的"插入"按钮，插入两个滑动变阻器符号和两个继电器的常闭触点符号，并连接各端子，如图 6-47 所示。当工作台步进时，工作台前进继电器 K_Q 得电，图中 K_Q 常闭触点断开，给定电压较低，工作台就以较低的速度前进。

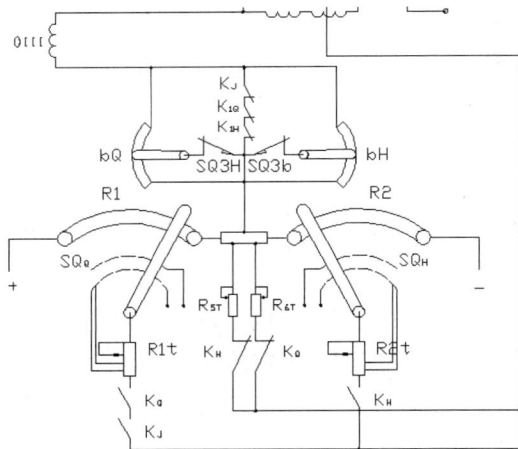

图 6-47　工作台的步进和步退回路

4．工作台的停车制动和自消磁

（1）单击"默认"选项卡"块"面板中的"插入"按钮，插入二极管符号，并用导线连接，工作台的停车制动回路如图 6-48 所示。

（2）单击"默认"选项卡"块"面板中的"插入"按钮，插入时间继电器 KT 的常闭触点符号，并用导线连接，自消磁回路如图 6-49 所示。

5．欠补偿环节

在工作台停车后，为了消除电动机放大机 K 的剩磁电压，更有效地防止工作台出现爬行现象，系统中还设有欠补偿环节。

（1）单击"默认"选项卡"块"面板中的"插入"按钮和"修改"面板中的"复制"按钮，在电动机放大机 K 左侧放置图 6-50 所示的两个滑动变阻器符号。

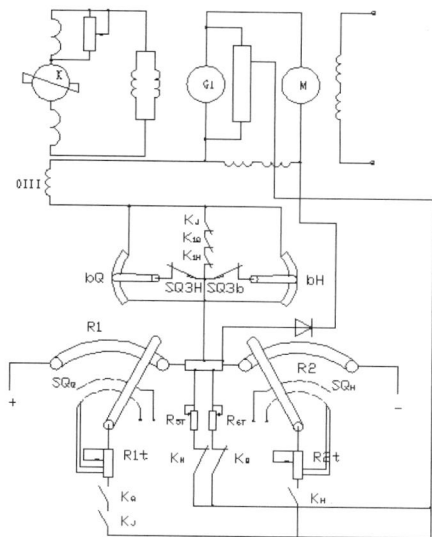

图 6-48　工作台的停车制动回路

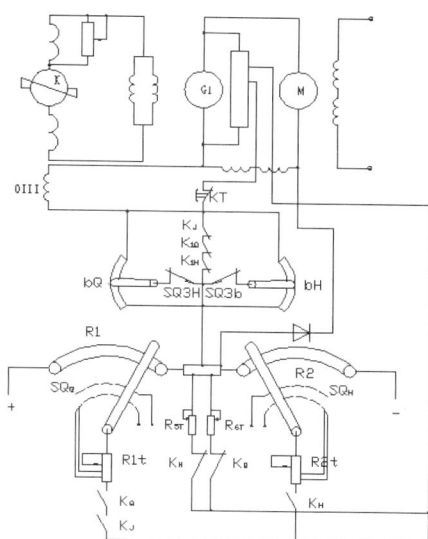

图 6-49　自消磁回路

（2）单击"默认"选项卡"块"面板中的"插入"按钮，插入时间继电器 KT 的常闭触点符号，并用导线连接，如图 6-51 所示。

（3）单击"默认"选项卡"注释"面板中的"多行文字"按钮 A，为滑动变阻器和常闭触点添加文字标识，如图 6-52 所示。

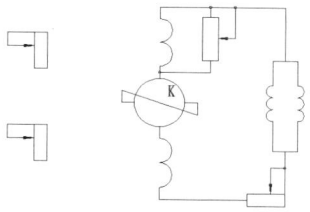

图 6-50　放置滑动变阻器符号

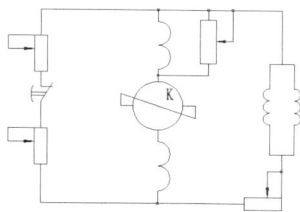

图 6-51　插入符号并连线

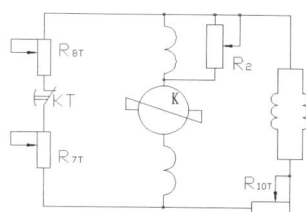

图 6-52　添加文字标识

6. 主回路过载保护和电流及工作台速度测量

（1）在主回路中串联过流继电器 KT 的线圈，起到过载保护作用。单击"默认"选项卡"块"面板中的"插入"按钮，在主回路中插入过流继电器线圈符号，如图 6-53 所示。

（2）为了测量主回路电流和工作台的速度，主回路接了一个电流表和一个电压表，并由主令开关 SA9 控制其是否处于测量状态。单击"默认"选项卡"绘图"面板中的"圆"按钮和"注释"面板中的"多行文字"按钮 A，绘制电流表和电压表，调用"直线"和"圆"命令绘制主令开关，导线连接情况如图 6-54 所示。

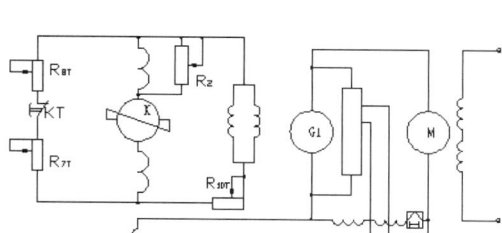

图 6-53　插入符号

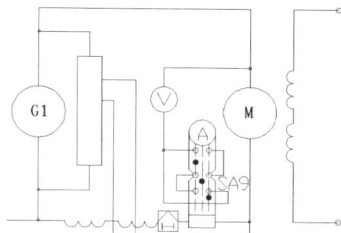

图 6-54　导线连接情况

7. 并励励磁发电机

（1）并励励磁发电机绕组接线。

① 单击"默认"选项卡"绘图"面板中的"圆弧"按钮，绘制 4 个绕组符号，如图 6-55 所示。

② 单击"默认"选项卡"绘图"面板中的"圆"按钮和"注释"面板中的"多行文字"按钮，绘制并励励磁发电机符号，并标注文字说明，如图 6-56 所示。

③ 单击"默认"选项卡"块"面板中的"插入"按钮，插入继电器常闭触点符号，并将其放置于图 6-57 所示位置。

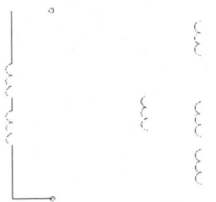

图 6-55　4 个绕组符号　　　图 6-56　并励励磁发电机符号　　　图 6-57　放置继电器常闭触点符号

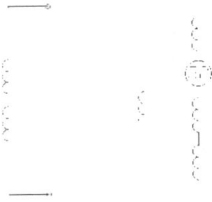

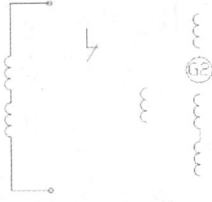

④ 单击"默认"选项卡"块"面板中的"插入"按钮，插入滑动电阻器符号，并将其放置于图 6-58 所示位置。

⑤ 单击"默认"选项卡"绘图"面板中的"直线"按钮，绘制继电器符号 KT3，如图 6-59 所示。

⑥ 单击"默认"选项卡"绘图"面板中的"直线"按钮，用导线连接各元件，在导线连通处绘制连通点，如图 6-60 所示。

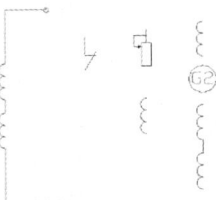

图 6-58　放置滑动电阻器符号　　　图 6-59　绘制继电器符号 KT3　　　图 6-60　连接各元件

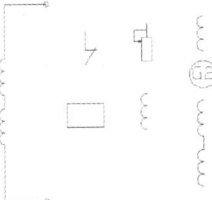

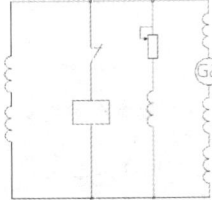

⑦ 单击"默认"选项卡"注释"面板中的"多行文字"按钮，为各元件添加文字标识，如图 6-61 所示。

（2）并励励磁发电机输出端接线。

① 单击"默认"选项卡"块"面板中的"插入"按钮，插入保险丝符号，在并励励磁发电机输出端两端放置保险丝，如图 6-62 所示。

② 单击"默认"选项卡"块"面板中的"插入"按钮，插入电阻和灯符号，用导线连接，绘制发电机组的工作指示灯，如图 6-63 所示。

③ 单击"默认"选项卡"块"面板中的"插入"按钮，插入时间继电器和继电器常开触点符号，并用导线连接，绘制 KT 控制支路，如图 6-64 所示。

④ 基于图 6-64 中已有的图形，采用复制加修改的方法绘制后退行程抬刀控制支路，如图 6-65 所示。

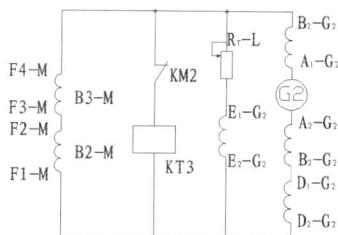

图 6-61　添加文字标识

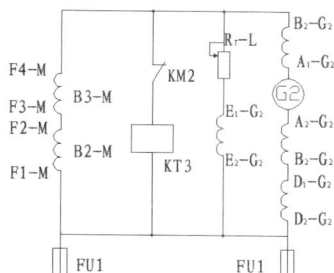

图 6-62　放置保险丝符号

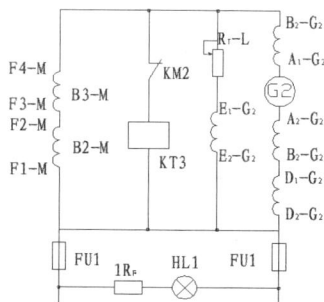

图 6-63　绘制发电机组的工作指示灯

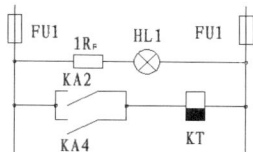

图 6-64　绘制 KT 控制支路

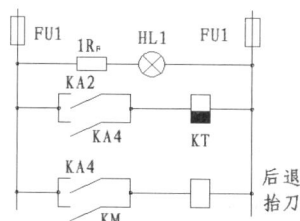

图 6-65　绘制后退行程抬刀控制支路

（3）抬刀电磁铁控制线路设计。

① 单击"默认"选项卡"绘图"面板中的"圆"按钮⊙、"直线"按钮╱和"矩形"按钮▭，绘制各元件，并按图 6-66 所示布局各个元器件。

② 单击"默认"选项卡"绘图"面板中的"直线"按钮╱，连接各个元件，并在导线连通处绘制导通点符号，如图 6-67 所示。

③ 单击"默认"选项卡"注释"面板中的"多行文字"按钮A，为元器件和各支路添加标识文字，如图 6-68 所示。

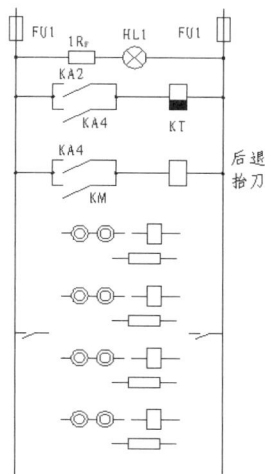

图 6-66　布局元器件

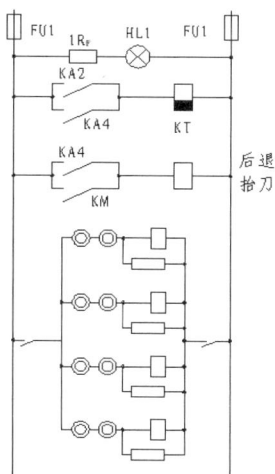

图 6-67　连接导线

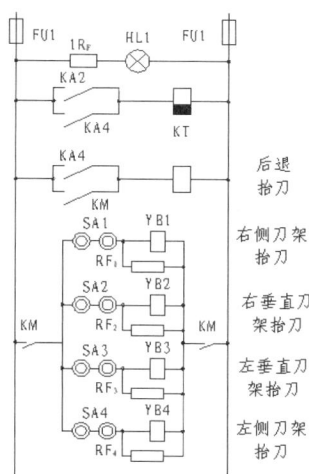

图 6-68　添加标识文字

综合以上内容，将绘制的各部分电路组合，完成整套系统图的绘制，如图 6-69 所示。

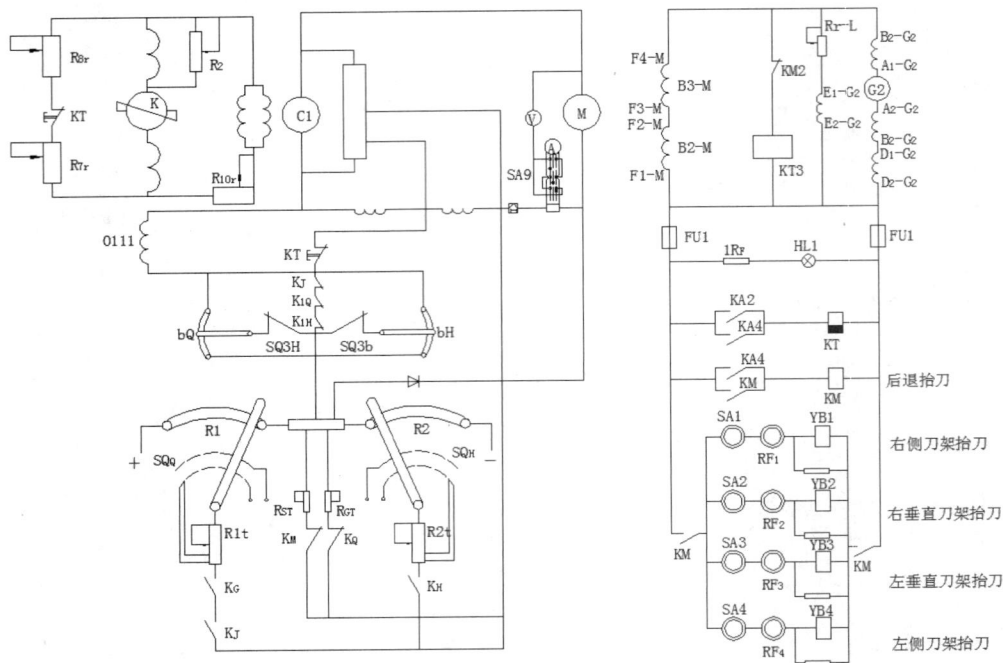

图 6-69　主拖动系统图

四、电动机组的启动控制线路图

电动机组包括交流电动机 MA、直流发电机 G1 和励磁机 G2，它们由交流电动机 M1 拖动。M1 的容量较大，启动电流大，在实际机床上一般采用星-三角降压启动。在星-三角降压启动中，星接法启动时间和星接法断开到三角接法运行的间隙时间分别由两个时间继电器控制，延时调节分别为 3～4 秒和小于 1 秒。下面具体介绍其设计过程。电动机组的启动控制线路如图 6-70 所示。

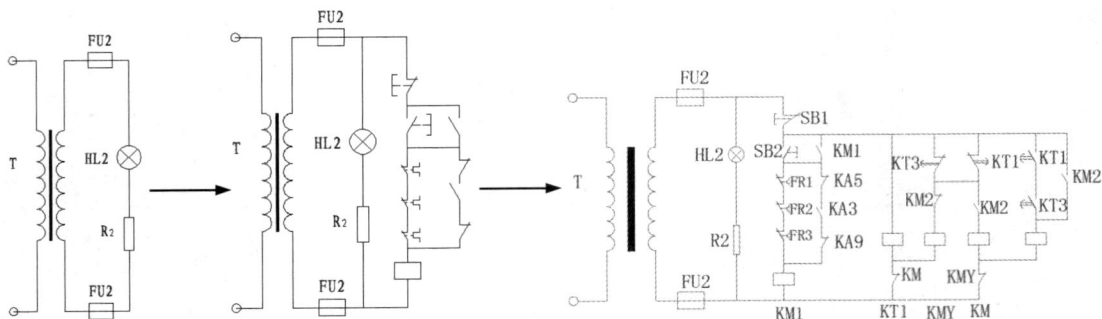

图 6-70　电动机组的启动控制线路

1. 电路设计过程

（1）新建文件，将文件命名为"电动机组的启动控制线路图"。新建"线路层"和"文字说明层"2 个图层，并将"线路层"图层设置为当前图层。

（2）单击"默认"选项卡"绘图"面板中的"直线"按钮 ╱、"圆弧"按钮 ╱、"矩形"按钮 ⬜ 和"图案填充"按钮 ▨，绘制变压器符号，用于为启动控制回路供电，结果如图 6-71 所示。

（3）在控制回路中添加保险丝，起过流热保护作用，如图 6-72 所示。

（4）设置通电指示灯。单击"默认"选项卡"块"面板中的"插入"按钮 🗔，插入灯和电阻符号，并用导线连接，效果如图 6-73 所示。

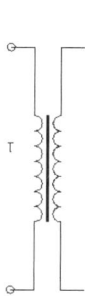

图 6-71　绘制变压器符号　　　　图 6-72　添加保险丝　　　　图 6-73　插入灯和电阻符号

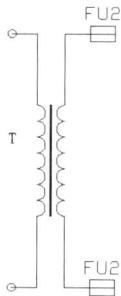

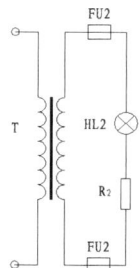

（5）绘制 KM1 三角接通控制支路（KM1 支路），由继电器 KM1 控制。单击"默认"选项卡"块"面板中的"插入"按钮 🗔，分别插入手动常开和常闭按钮，以及热继电器触点符号，并用导线连接，KM1 支路如图 6-74 所示。

（6）单击"默认"选项卡"注释"面板中的"多行文字"按钮 **A**，为 KM1 支路添加文字标识，结果如图 6-75 所示。

（7）绘制时间继电器 KT1 控制支路，并为时间继电器添加文字说明，绘制的 KT1 支路如图 6-76 所示。其中，KM1 表示三角接法的一对触点。

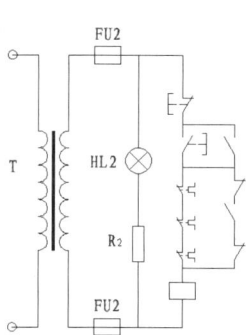

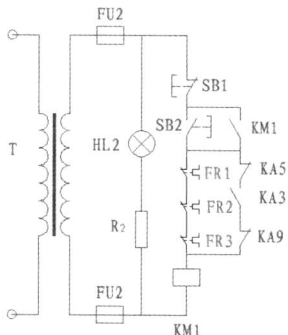

图 6-74　KM1 支路　　　图 6-75　为 KM1 支路添加文字标识　　　图 6-76　KT1 支路

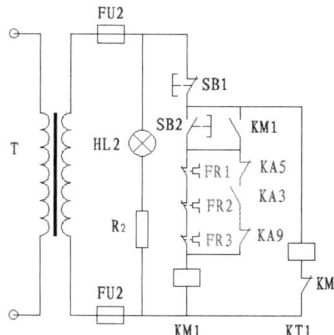

（8）绘制星接法的控制支路，由继电器 KMY 控制。调用时间继电器 KT3 常闭触点和继电器 KM2 常闭触点符号，并用导线连接，为各元件添加文字说明，结果如图 6-77 所示。

（9）绘制三角接法的控制支路，由继电器 KM 控制。调用时间继电器 KT1 常闭触点、继电器 KM2 常开触点和 KMY 常闭触点符号，并用导线连接，添加文字说明，结果如图 6-78 所示。

（10）绘制 KM1 的星接通控制支路，由继电器 KM2 控制。绘制方法同步骤（7）和步骤（8），添加文字标识后的结果如图 6-79 所示。

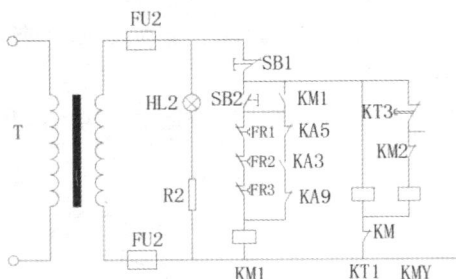

图 6-77　星接法控制支路

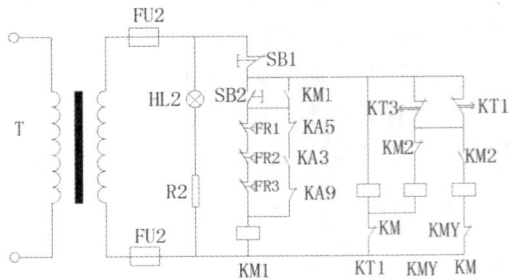

图 6-78　三角接法控制支路

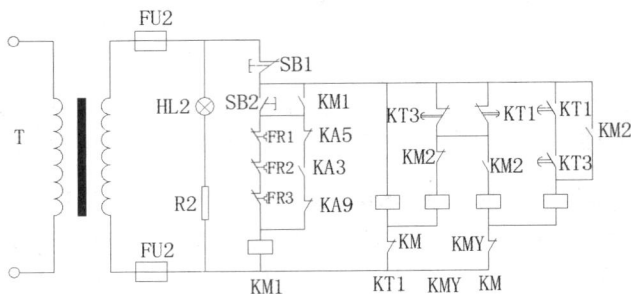

图 6-79　电动机星-三角启动控制

2. 控制原理说明

总电源接通后，变压器 T 次级得电，电动机启动控制回路通电，指示灯 HL2 亮。

当启动按钮 SB2 闭合时，接触器 KM1 通电吸合，其辅助触点 KM1 闭合，KM1 三角接通控制支路实现自锁。接触器 KMY 得电吸合。图 6-79 中，KM1 与 KMY 闭合，交流电动机 M1 按星接法启动。同时，KT1 得电，定时开始。KMY 接触器由 KT1 和 KT3 两路常闭触点供电。随着 M1 转速的升高，M1 拖动的励磁机 G2 转速升高，当 G2 输出电压达到额定电压的 75%时，接于 G2 输出端的时间继电器 KT3 动作，KMY 支路的 KT3 常闭触点断开，KMY 仅由 KT1 供电。当 KT1 定时结束时，KM1 支路的 KT1 断开，KMY 失电，M1 的星接法启动停止。

当 KT3 开始动作时，KM2 支路的 KT3 闭合。当 KT1 延时结束时，即星接法结束时，其 KM2 支路的常开触点 KT1 闭合，KM2 通电并且自锁。图 6-79 中，KM2 的主触点使拖动电机放大机的交流电动机 M2 及通风机用电动机 M3 启动。KM1 支路的 KM2 常开触点闭合，接触器 KM1 得电。KM2 的动作使时间继电器 KT3 断电，KT3 断电延时开始定时。

当 KT3 断电延时结束时，其 KMY 支路常闭延时闭合触点 KT3 闭合，接触器 KM1 通电，其主触点闭合，使电动机 M1 开始三角接法的全压启动。

五、刀架控制线路图

微课

刀架控制线路图

龙门刨床一般有 4 个刀架，包括 2 个垂直刀架、1 个左侧刀架和 1 个右侧刀架。2 个垂直刀架由交流电动机 M5 拖动，左侧刀架由交流电动机 M7 拖动，右侧刀架由交流电动机 M6 拖动。

刀架控制线路如图 6-80 所示。

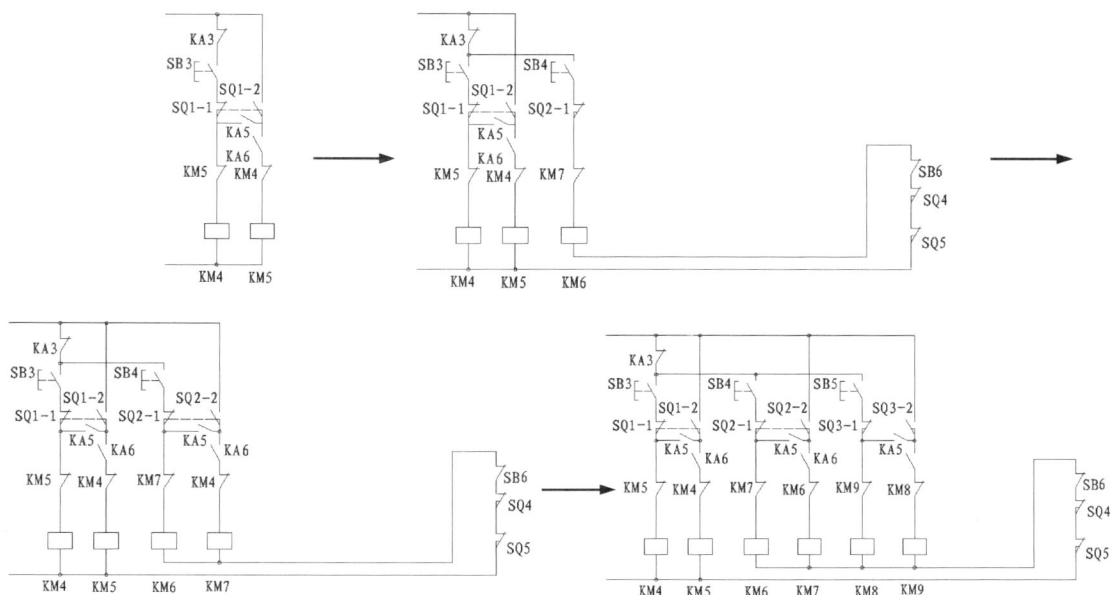

图 6-80   刀架控制线路

1. 刀架控制线路设计过程

（1）新建文件。打开绘制的"电动机组的启动控制线路图.dwg"文件，将文件另存为"刀架控制线路图"。

（2）控制线路的供电由变压器 T 提供。

（3）设计交流电动机 M5 的正向运行控制支路，如图 6-81 所示。

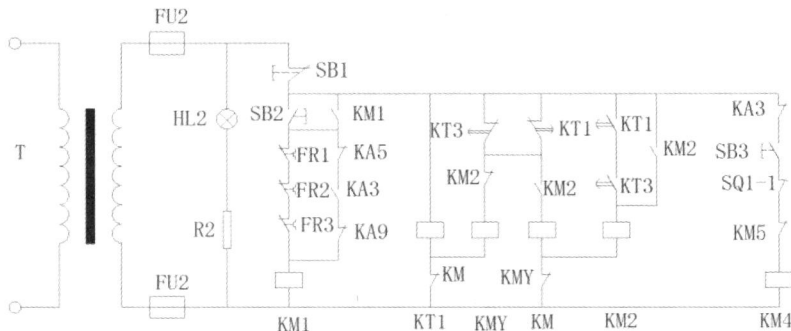

图 6-81   M5 的正向运行控制支路

（4）设计交流电动机 M5 的反向运行控制支路，如图 6-82 所示。开关 SQ1-1 与垂直刀架进刀箱上的一个工作状态选择手柄联动。当手柄置于"快速移动"时，SQ1-1 断开，SQ1-2 闭合。

（5）设计 M6 的正向运行控制支路，如图 6-83 所示。

（6）设计 M6 的反向运行控制支路，如图 6-84 所示。开关 SQ2-1 与右侧刀架进刀箱上的一个工作状态选择手柄联动。当手柄置于"快速移动"时，SQ2-1 断开，SQ2-2 闭合。

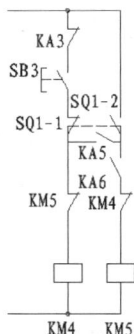

图 6-82　M5 的反向运行控制支路

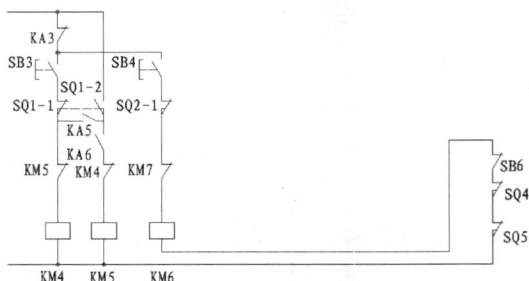

图 6-83　M6 的正向运行控制支路

（7）设计 M7 的正向运行控制支路，如图 6-85 所示。

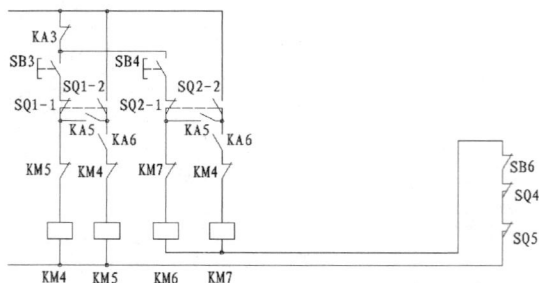

图 6-84　M6 的反向运行控制支路

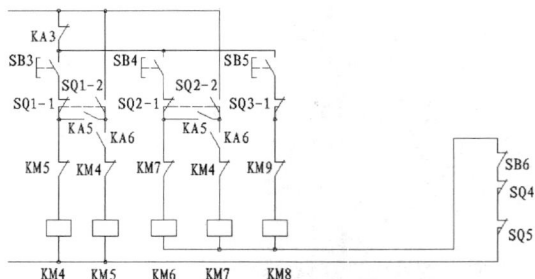

图 6-85　M7 的正向运行控制支路

（8）设计 M7 的反向运行控制支路，如图 6-86 所示。开关 SQ3-1 与右侧刀架进刀箱上的一个工作状态选择手柄联动。当手柄置于"快速移动"时，SQ3-1 断开，SQ3-2 闭合。可以让刀架快速移动到指定位置。

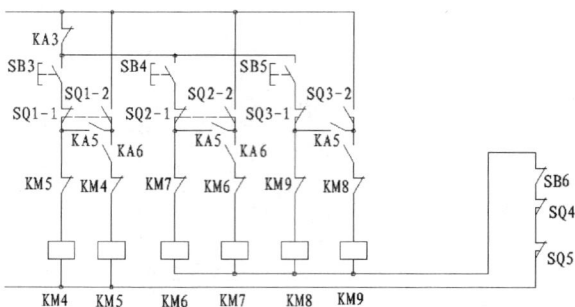

图 6-86　M7 的反向运行控制支路

2．刀架控制线路原理说明

当垂直刀架快速移动时，工作台控制电路中的联锁继电器 KA3 处于断电状态，常闭触点 KA3 闭合，当扳动工作状态选择手柄于"快速移动"位置时，指示刀架以更快的速度移动到指定位置，SQ1_1 闭合；SB3 接通时，KM4 得电，主触点闭合，交流电动机 M5 正向启动旋转。

当选择手柄置于"自动进给"位置时，KA3 得电，常闭触点断开，此时 SB3 已不起作用，实现了自动进给与快速移动两种工作状态的互锁。刀架的自动进给是与工作台自动工作相互配合实现的，当工作台由后退变为前进时，继电器 KA5 通电，触点 KA5 闭合，使 KM4 通电，垂直刀架电动机 M5 正转，当工作台前进变为后退时，继电器 KA5 断电，KA6 通电，触点 KA6 闭合，KM5 通电，拖动 M5 反向旋转。

左右侧刀架的控制电路与垂直刀架的控制电路工作原理相似，不同的是，接触器线圈的一端没有直接接在电源上，而是经过行程开关 SQ4、SQ5 的动断触点接到电源上。SQ4 和 SQ5 起到左右侧刀架限位保护作用。

微课

横梁升降
控制线路图

六、横梁升降控制线路图

为了加工不同高度的工件，横梁可以在两个立柱上垂直升降。横梁上升时，能自动地进行放松→上升→夹紧；横梁下降时，除了能自动地进行放松→下降→夹紧外，还要求在下降到所需要位置时稍微回升一下，目的在于消除传动丝杠与丝杠螺母的间隙，防止横梁不平。横梁的升降由交流电动机 M8 拖动，横梁的放松和夹紧由交流电动机 M9 控制。横梁升降控制线路如图 6-87 所示。

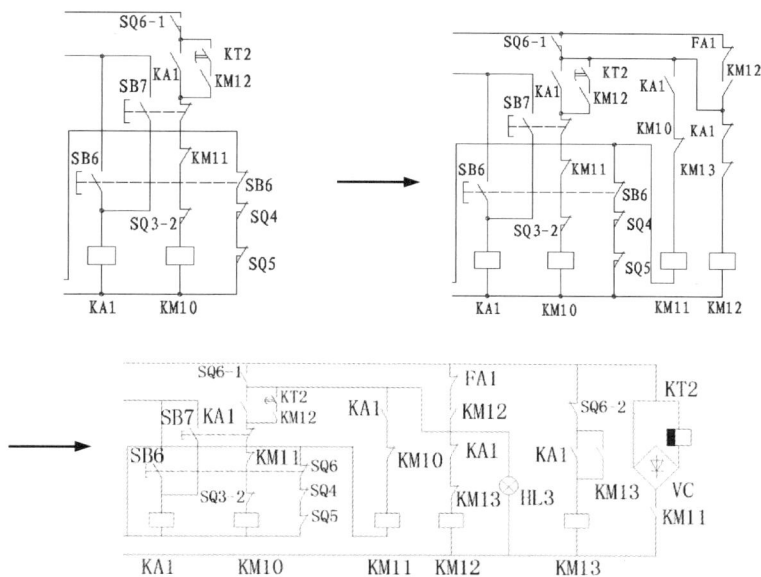

图 6-87　横梁升降控制线路

1. 横梁升降控制线路的设计

（1）打开绘制的"刀架控制线路图.dwg"文件，将文件另存为"横梁升降控制线路图"。

（2）控制线路的供电由变压器 T 提供。

（3）横梁上升控制线路设计。横梁上升控制线路分为两个支路。一个是 KA1 继电器支路；另一个是 KM10 继电器支路，结果如图 6-88 所示。

（4）横梁下降控制线路设计。插入常开行程开关、常开触点、常闭触点和接触器图块，并用导线连接，如图 6-89 所示。

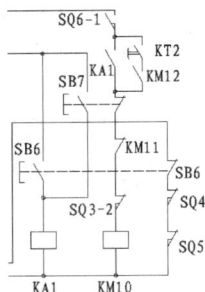

图 6-88　横梁上升控制线路

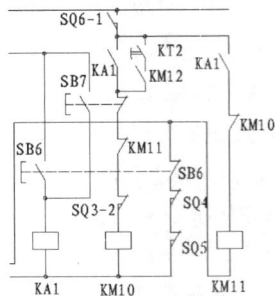

图 6-89　横梁下降控制线路

（5）横梁夹紧控制线路如图 6-90 所示。

（6）横梁运行中指示灯控制线路如图 6-91 所示。

（7）横梁放松控制线路如图 6-92 所示。

（8）横梁升降后的回升延时控制线路如图 6-93 所示。

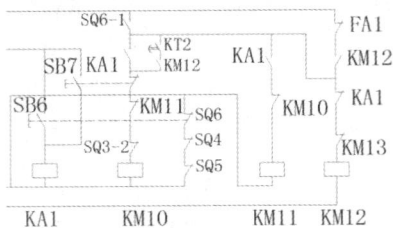

图 6-90　横梁夹紧控制线路

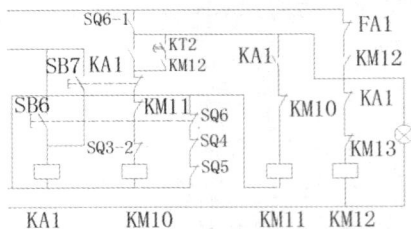

图 6-91　横梁运行中指示灯控制线路

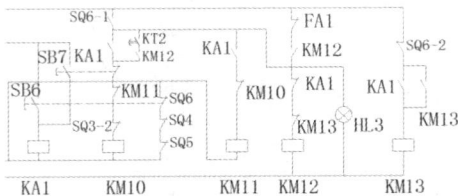

图 6-92　横梁放松控制线路

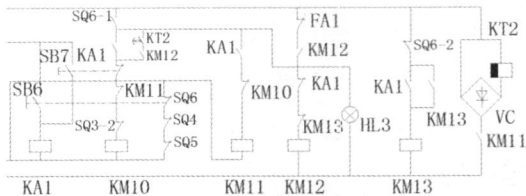

图 6-93　横梁升降延时控制线路

2.　横梁升降控制线路原理说明

工作台停止运动时，联锁继电器 KA3 断电，其常闭触点 KA3 闭合，横梁控制线路开始工作。横梁的上升动作分为 3 个子运动，详细分析如下。

（1）自动完成横梁放松。

KA3 闭合后，当 SB6 接通时，上升控制支路中的 KA1 继电器得电，KM11 支路的 KA1 常开触点闭合，但是由于 SQ6-1 断开，KM11 并不得电，横梁升降电动机仍然不能动作。KM13 支路的 KA1 常开触点闭合，KM13 得电并自锁，夹紧交流电动机 M9 向放松横梁方向运动。当横梁放松到位时，SQ6-1 闭合，SQ6-2 断开，KM13 断电，M9 断电，横梁放松完毕。

（2）横梁上升。

横梁放松完毕后，SQ6-1 闭合，由于 KM10 支路的 KA1 已经处于闭合状态，因此 KM10 得电，控制横梁升降的电动机 M8 做上升横梁运动。当 SB6 松开时，KA1 断电，KM10 断电，M8 停止运动，横梁上升结束。

（3）上升后横梁自动夹紧。

KA1 断电后，KM12 支路的 KA1 常闭触点闭合，SQ6-1 亦处于闭合状态，KM12 得电并自锁，KM12 由两路供电，M9 启动夹紧横梁。当横梁夹紧到一定程度时，SQ6-1 断开，KM12 仅由其自锁支路供电，横梁继续夹紧。当横梁进一步夹紧时，FA1 得电，其常闭触点断开，KM12 断电，横梁夹紧完毕。

横梁下降过程与上升过程的原理类似，读者可以自行分析。需要注意的是，横梁下降后有自动上抬过程，以消除传动丝杠与丝杠螺母的间隙。

微课

工作台的
控制线路图

七、工作台的控制线路图

工作台在调整时可以步进和步退，在自动工作时，可按选择的速度进行自动往复循环。工作台的控制电路与主拖动电路配合作用。工作台的控制线路如图 6-94 所示。

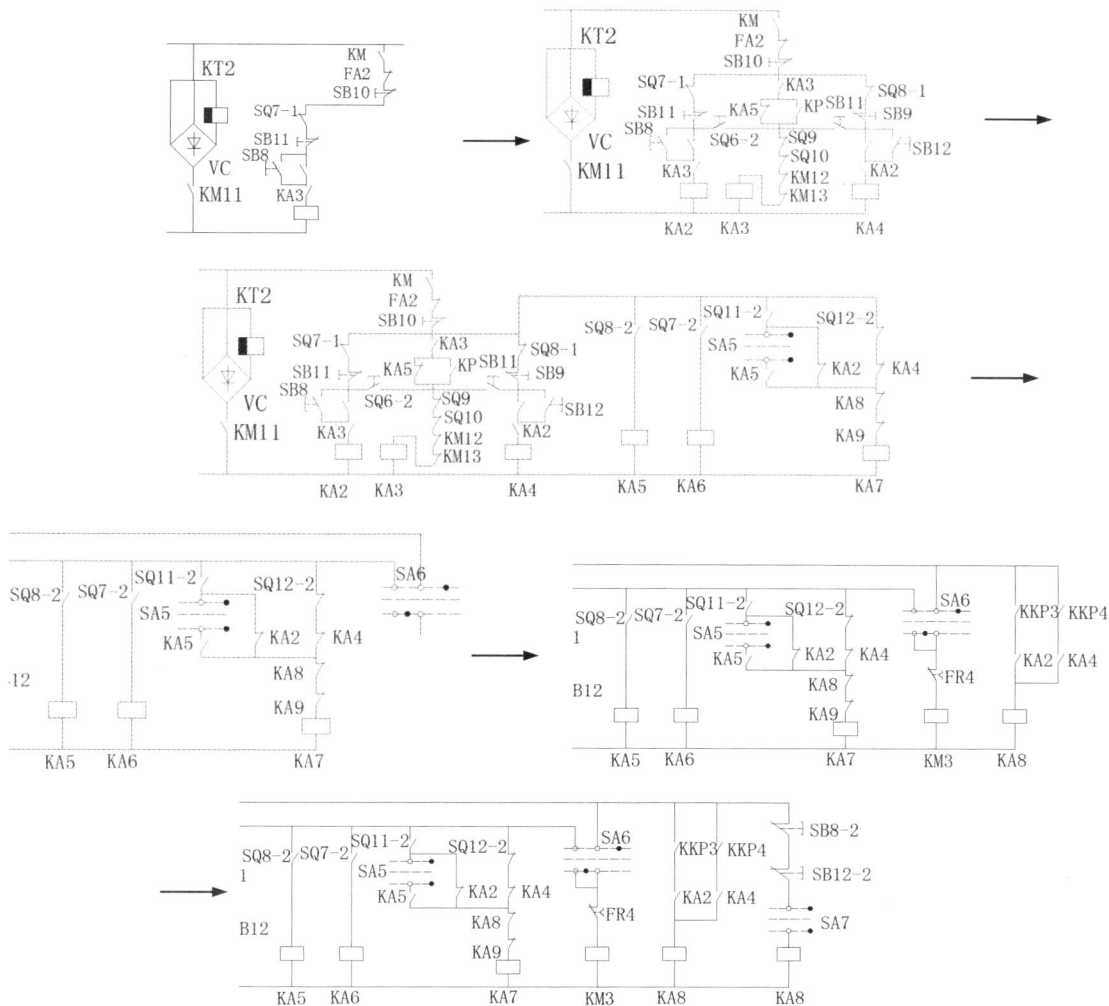

图 6-94 工作台的控制线路

1. 工作台主要控制线路设计

（1）打开前面绘制的"横梁升降控制线路图.dwg"文件，将文件另存为"工作台的控制线路图"。

（2）控制线路的供电由变压器 T 提供。

（3）工作台前进控制线路设计。插入按钮、接触器常开/常闭触点和接触器符号，并用导线连接，如图 6-95 所示。

（4）工作台自动控制线路设计。插入按钮、接触器常开/常闭触点和接触器符号，并用导线连接，如图 6-96 所示。

（5）工作台后退控制线路设计。插入按钮、接触器常开/常闭触点和接触器符号，并用导线连接。其设计与步骤（3）相同，可镜像其中已有图形后再做修改，如图 6-97 所示。

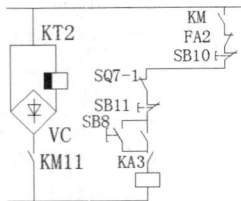

图 6-95 工作台前进控制线路

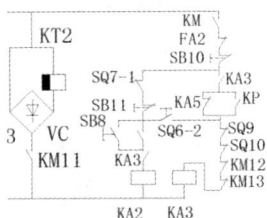

图 6-96 工作台自动控制线路

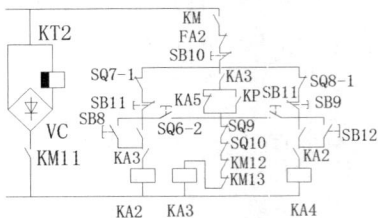

图 6-97 工作台后退控制线路

（6）工作台后退换向线路设计。调入行程开关常开触点和接触器符号，用导线连接，如图 6-98 所示。

（7）工作台前进换向线路设计。插入行程开关常开触点和接触器符号，用导线连接，如图 6-99 所示。

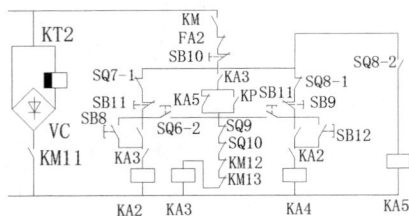

图 6-98 工作台后退换向线路

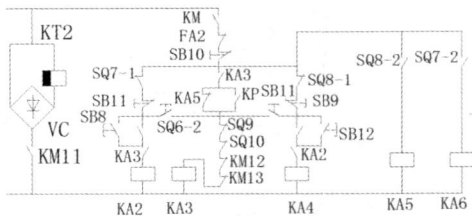

图 6-99 工作台前进换向线路

（8）工作台后退减速慢速切入控制线路设计。插入行程开关常开触点和接触器符号，用导线连接，如图 6-100 所示。

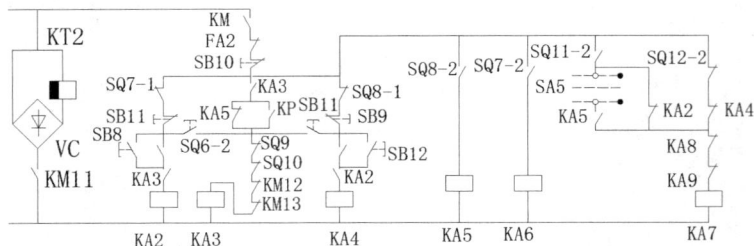

图 6-100 工作台后退减速慢速切入控制线路

2. 工作台其他控制线路设计

（1）绘制转换开关 SA6，如图 6-101 所示。

（2）绘制热熔断器 FR4 和接触器 KM3，如图 6-102 所示，完成润滑泵控制支路设计。

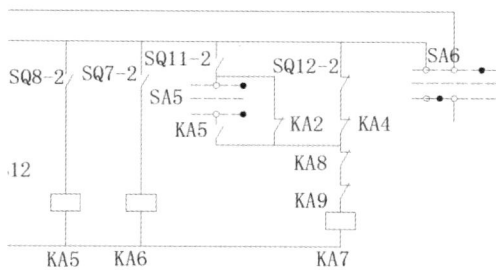

图 6-101　绘制转换开关 SA6

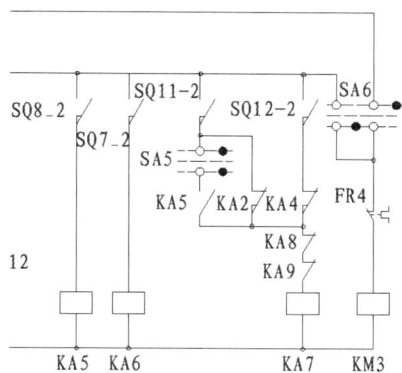

图 6-102　润滑泵控制支路

（3）设计工作台低速运行控制支路，如图 6-103 所示。

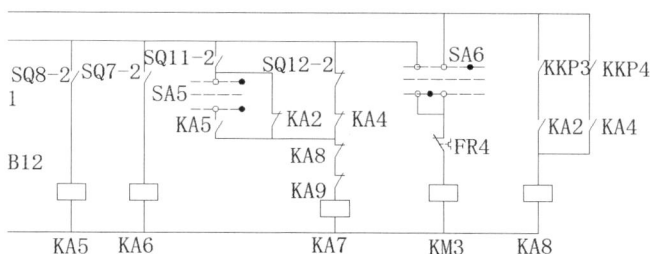

图 6-103　工作台低速运行控制支路

（4）设计工作台磨削控制支路，结果如图 6-104 所示。

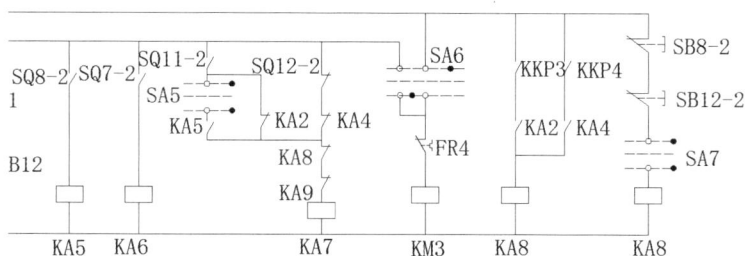

图 6-104　工作台磨削控制支路

　　本项目以大型龙门刨床作为复杂控制系统的电气设计实例，综合运用了 AutoCAD 2020 的电气设计功能。首先介绍了龙门刨床的结构和电气布局，接着设计了龙门刨床的主电路系统、主拖动系统、电动机组的启动控制线路、刀架控制线路、横梁升降控制线路和工作台的控制线路。这些电路原理图综合起来就得到了整个龙门刨床的电气原理图，如图 6-105 所示（局部有所删减）。

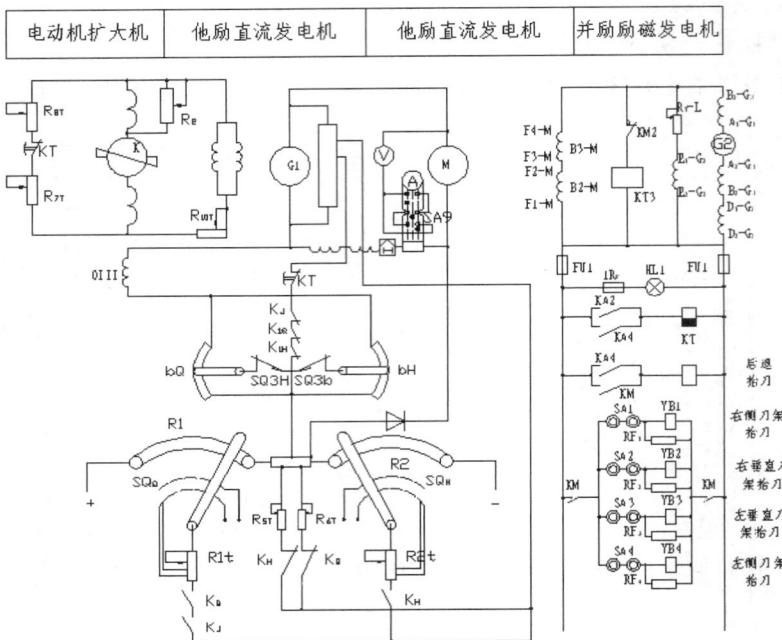

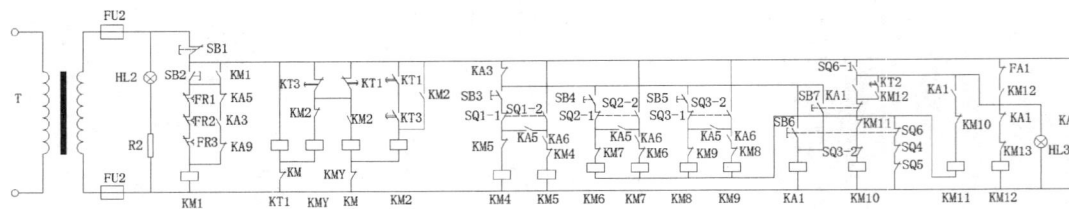

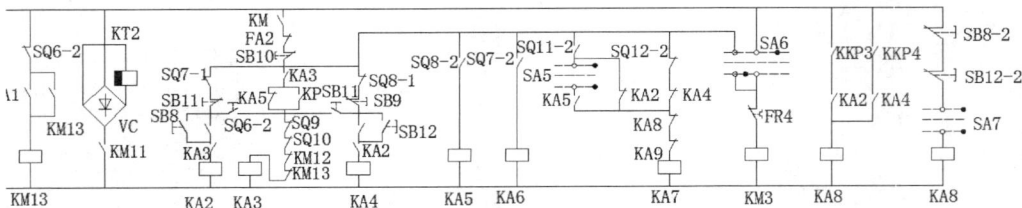

图 6-105　龙门刨床电气原理图

实战演练

实战演练 1——绘制别墅弱电平面图

绘制图 6-106 所示的别墅弱电平面图。

微课

实战演练 1——
绘制别墅弱电平
面图

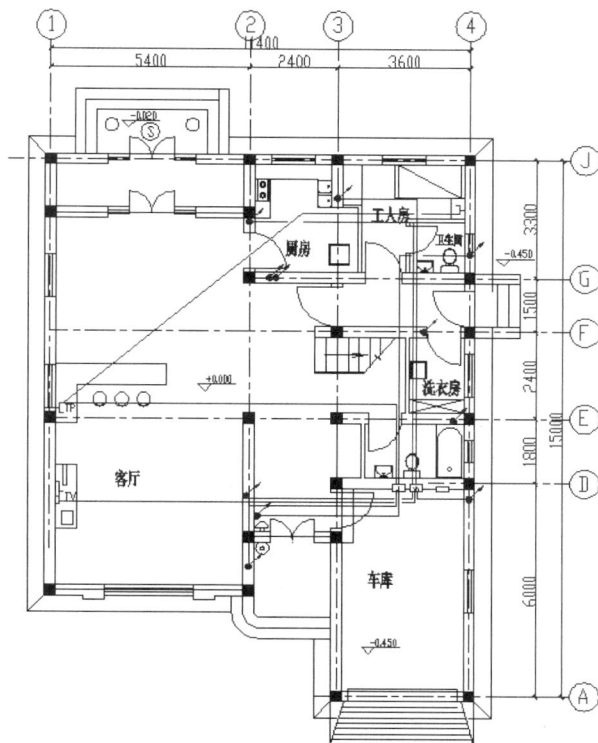

图 6-106　别墅弱电平面图

操作提示如下。

（1）打开别墅建筑平面图。

（2）绘制电视天线分配器并插入其他元件。

（3）绘制连接线路。

（4）添加文字说明和尺寸标注。

实战演练 2——绘制 X62W 型铣床电气原理图

绘制图 6-107 所示的 X62W 型铣床电气原理图。

操作提示如下。

（1）绘制主动回路。

（2）绘制控制回路。

（3）绘制照明指示回路。

（4）绘制工作台进给控制回路。

（5）添加文字说明。

微课

实战演练 2——
绘制 X62W 型铣
床电气原理图

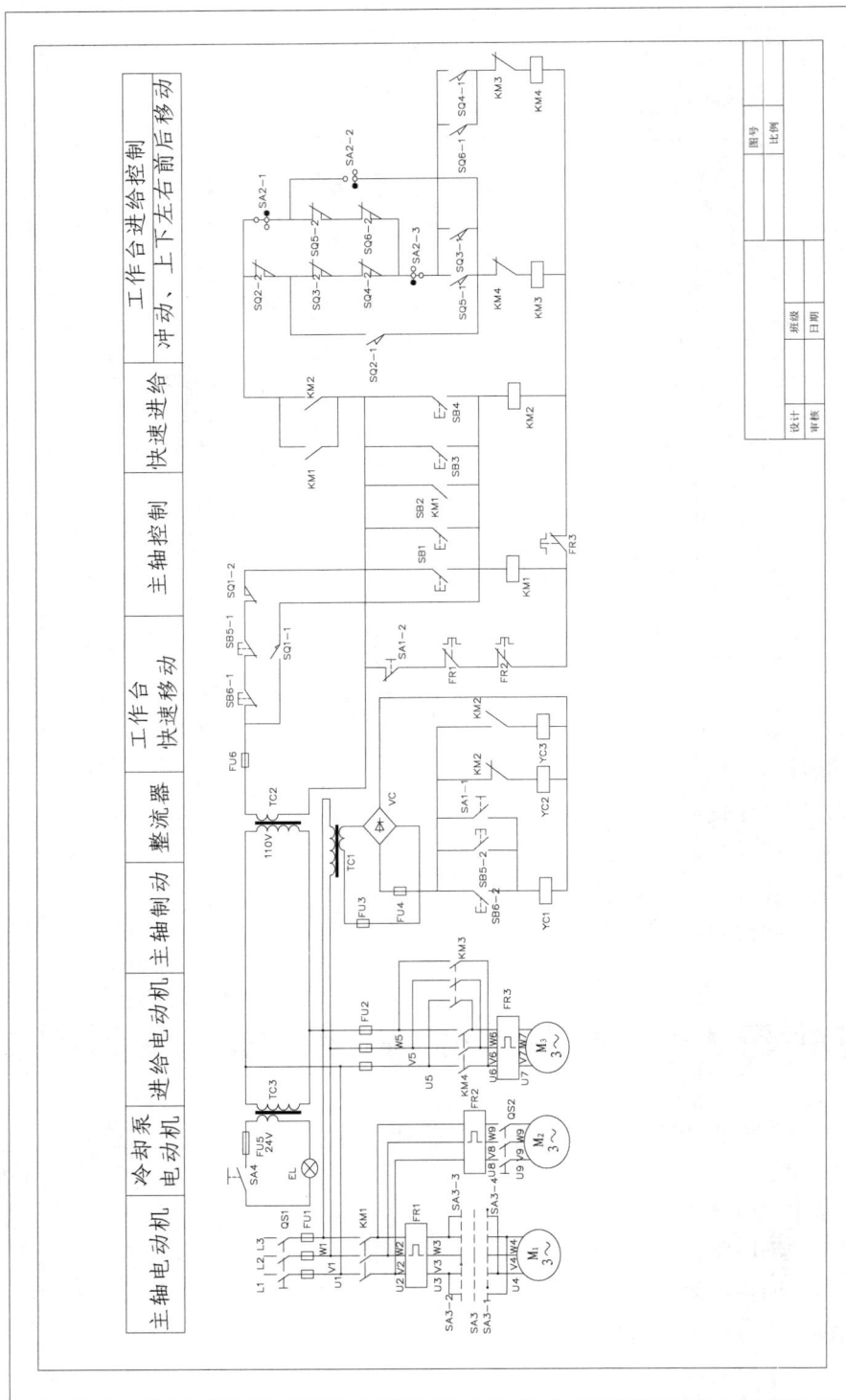

图 6-107　X62W 型铣床电气原理图